ELOGIOS PARA

Nieve en La Habana

"Profundamente conmovedor... El tono de Eire es tan apremiante y tan íntimamente personal que sus inspiradas críticas a prácticamente todos los interesados —incluidos él mismo— se vuelven aún más excepcionales".

—*The New Yorker*

"Esta biografía exquisita y cautivadora tiene el realismo mágico de Gabriel García Márquez... Una encantadora aventura biográfica".

—*People*

"*Nieve en La Habana* es un libro exuberante y delicioso... el viaje más económico al trópico que existe en forma de libro".

—*The Denver Post*

"Una bella autobiografía de gran estilo. Tejida con toda la imaginación de una gran obra de ficción".

—*Publishers Weekly* (mención especial)

"Las memorias de Eire sobre su niñez en Cuba son para saborear. Una profusión de recuerdos se desenvuelve para darle forma a una vida joven en esta autobiografía lírica sobre lo que ha desaparecido irremisiblemente".

—*Kirkus Reviews* (mención especial)

Carlos Eire
Nieve en La Habana

Carlos Mario Nieto Eire nació en 1950 en La Habana, Cuba, y abandonó su patria a los once años como uno de los 14.841 menores de edad que salieron sin acompañantes de Cuba por el puente aéreo que ahora se conoce como la Operación Pedro Pan, pero que en aquel entonces no tenía nombre. Entre abril de 1962 y noviembre de 1965, cuando su madre por fin logró salir de Cuba, él y su hermano Tony vivieron en varias casas de acogida en los estados de Florida e Illinois. Su padre se quedó en Cuba y murió allá, separado de su familia. En 1979 el autor recibió su doctorado de la Universidad de Yale y comenzó su carrera de profesor, primero en la Universidad de Saint John's de Minnesota por dos años y después en la Universidad de Virginia por quince. Durante ese tiempo también pasó un año en Madrid gracias a una beca Fulbright, y dos años en el Instituto de Estudios Superiores de la Universidad de Princeton, realizando investigaciones históricas. En 1996 regresó a la Universidad de Yale, donde actualmente ocupa la cátedra T. Lawrason Rigs de Historia y Religión. Reside en Guilford, Connecticut con su esposa Jane, sus dos hijos, John-Carlos y Bruno y su hija Grace. Este es su primer libro sin notas a pie de página.

Nieve en La Habana

Nieve en La Habana

Confesiones de un cubanito

Carlos Eire

Vintage Español

Una división de Random House, Inc.

New York

PRIMERA EDICIÓN VINTAGE ESPAÑOL, SEPTIEMBRE 2007

*Copyright de la traducción © 2007 por Vintage Books, una
división de Random House, Inc.*

Todos los derechos reservados. Editado en los Estados Unidos de
América por Vintage Español, una división de Random House,
Inc., Nueva York y en Canadá por Random House of Canada
Limited, Toronto. Originalmente publicado en inglés en EE.UU.
como *Waiting for Snow in Havana* por Free Press, una división de
Simon & Schuster, Inc., Nueva York. Copyright © 2003 por
Carlos Eire.

Vintage es una marca registrada y Vintage Español y su colofón
son marcas de Random House, Inc.

El autor expresa su sentido agradecimiento a George Braziller,
Inc., por concederle permiso para traducir y reimprimir un
fragmento del poema "Breasts", publicado en *Charles Simic:
Selected Early Poems*, copyright © 1999 por Charles Simic.

Biblioteca del Congreso de los Estados Unidos
Información de catalogación de publicaciones
Eire, Carlos M. N.
[Waiting for snow in Havana. Spanish]
Nieve en La Habana : confesiones de un cubanito / by Carlos Eire.
p. cm.
ISBN 978-1-4000-7970-4
1. Eire, Carlos M. N.—Childhood and youth. 2. Cuban Americans—Biography.
3. Refugee children—United States—Biography. 4. Havana (Cuba)—
Biography. 5. Chicago (Ill.)—Biography. 6. Eire, Carlos M. N.—Family.
7. Havana (Cuba)—Social conditions—20th century. 8. Cuba—History—
Revolution, 1959—Personal narratives. 9. Operation Peter Pan. I. Title.
E184.C97E3718 2007
729.1'23063092—dc22
[B] 2007004635

Traducido del inglés por José Lucas Badué, con la
colaboración de José Manuel Prieto.

www.grupodelectura.com

Impreso en los Estados Unidos de América
10 9 8 7 6 5 4 3 2 1

Para John-Carlos, Grace y Bruno

I spit on fools who fail to include
breasts in their metaphysics,
Star-gazers who have not enumerated
them among the moons of the earth.

Escupo sobre los imbéciles que no incluyen
a los senos en sus metafísicas,
y sobre los astrólogos que no los enumeran
entre las lunas de la tierra.

—Charles Simic, "Breasts" ("Senos")

Sobre la traducción

Varias semanas antes de morir, mi madre dijo que estaba impaciente por reencontrarse con mi padre en el más allá.

Tampoco dejó de preguntarme cuándo aparecería este libro en español.

Una amiga, Graciela Nápoles, se lo había estado traduciendo, poco a poco. La visitaba cada vez que podía y le leía el libro en voz alta, traduciendo al español improvisadamente.

Desdichadamente, cuando llegaron al Capítulo 20, el tiempo de mi madre se agotó.

Graciela está en este libro y es también una de las pruebas de la existencia de Dios, aunque no la mencione por su nombre. Ella es la muchacha que conocí en Chicago y cuyo padre fue fusilado por Fidel. Hablo de ella en el Capítulo 23.

Mil gracias, Graciela. Tu traducción es ahora venerada en el más allá, o sea, en la eternidad.

Dos o tres milisegundos antes de que mi madre dejara de respirar, sentí una tremenda corriente eléctrica pasar de su mano hacia la mía, y esta señal invadió instantáneamente todo mi cuerpo y mi mente. Estoy convencido de que también tocó mi alma.

Recibí el mensaje, y era algo bellísimo, sin palabras, que confirmó el vínculo entre la eternidad y esta esfera en la cual nos toca vivir brevemente.

Las palabras habían sido un gran obstáculo hasta este punto. Mi madre nunca aprendió inglés, y jamás pude compartir mis más íntimos pensamientos con ella, al menos no con el tipo de precisión que a veces uno necesita.

Algunos pensamientos no pueden ser traducidos. De ninguna manera. E intentar traducirlos en el sentido literal es el mayor de los errores. Vean, por ejemplo, el título de este libro. *Nieve en La Habana* es un compromiso. El título en inglés, *Esperando a que nieve en La Habana (Waiting for Snow in Havana)* es gramaticalmente incorrecto en español y, por lo tanto, debió ser evitado: o al menos eso se me dijo. Abandoné la gramática castellana hace cuarenta y cincos años, y debo confiar en los expertos. Y todos ellos pronunciaron las mismas dos frases que han yacido en el corazón mismo de la cultura hispana por tanto tiempo: "No se puede". "Es imposible".

Así que nos decidimos por el críptico —aunque gramaticalmente correcto— título que el lector ahora ve en la portada y en el lomo de este libro.

También tuvimos que lidiar con el subtítulo. El sarcasmo y la ironía profundamente soterrados en la frase *Confessions of a Cuban Boy* no podían traducirse correctamente como *Confesiones de un niño cubano*. De ninguna manera. La frase en inglés contiene un fuerte gruñido contra la injusticia, ya que el *"boy"* en la jerga de todos los racistas de lengua inglesa puede ser cualquier adulto de una raza o nación subalterna. Así que opté por *Confesiones de un cubanito,* con el objetivo de conservar el sarcasmo. Y es así que ahora carga otro sentido, pues todos aquellos que están en desacuerdo con Fidel son considerados cubanos inferiores, o infrahumanos por aquellos que gobiernan nuestro propio país. Y es así que en los ojos de los Fidelistas todos los que somos clasificados como contrarrevolucionarios nos volvemos *cubanitos,* del tamaño de motas de polvo, o incluso menos que eso. Por mucho tiempo simplemente fuimos *gusanos* o *escoria,* entes ajenos a nuestra patria, indeseables asquerosos. Y el subtítulo contiene ahora todo ese nuevo gruñido.

Yo quería tener lista la traducción al español para el 2002, y anhelaba que se publicara este libro simultáneamente en inglés y castellano. Pero no ocurrió así.

Terminar la traducción fue todo un reto. Durante largo tiempo, ninguna editorial hispana mostró interés por el libro. Y todavía, años después, ninguna editorial hispana en América Latina o España quiere publicarlo. No importa que el libro ya haya sido traducido al holandés, al finlandés, al alemán, al portugués, al polaco, al griego, al checo, al turco, al serbio y al búlgaro, y que muchas otras traducciones estén por aparecer. Hasta ahora, las editoriales hispanas solamente han mostrado desdén por este libro.

Si no fuese por Anne Messitte y Carlos Azula de la editorial Vintage Español, quienes tomaron un interés especial en mi libro, no existiría esta traducción al castellano. José Lucas Badué, el traductor, trabajó muy duro y le entregó todo, haciendo lo que yo jamás habría podido hacer.

Luego yo lo leí minuciosamente y le puse mis huellas. José fue lo suficientemente gentil y cubano de dejarme diluir su versión en español y hacerla sonar más como mía, con mi propia voz.

Mil gracias, José.

Luego, para asegurar que tendríamos la mejor de las traducciones, otras buenas personas se integraron al proyecto en Vintage Español: Milena Alberti y Jackeline Montalvo como editoras, y el novelista cubano José Manuel Prieto como editor *freelance.* Con su impresionante habilidad literaria, José Manuel logró elevar a un nivel superior la calidad de la traducción.

Mil gracias por todo, Milena, Jackie y José Manuel, por el cuidado y la atención con que han manejado este texto, y por permitir que mi voz se conservara en él.

Aquellos de ustedes para quienes el castellano es su lengua

materna, quizá noten algo extraño en mi voz. Discúlpenme, por favor, si encuentran alguna frase o palabra que les parezca rara.

La verdad irrefutable es esta: el español ya no es mi lengua, a pesar de ser mi lengua materna. Ya no pienso en español ni sueño en español. Ni tan siquiera cuento ni rezo en español. Pero sí sé cómo debo sonar en español, y reacciono con una mueca ante palabras que jamás pronunciaría, como "calcetines", "chiquillos", "autobuses" o "gafas". Y a menudo, prefiero expresiones que están más cercanas al inglés que al castellano.

Recuerden, por favor, que hay decenas de miles y cientos de miles, quizá más de un millón, de cubanos como yo: cubanos que ya no pensamos en castellano y que podemos pifiar funestamente, y que somos capaces de llamar una tienda de comestibles *(grocery store)* una "tienda de groserías".

Denle las gracias a Fidel por eso. Él nos echó a los cuatro vientos.

Así que, por favor, tomen mi voz por lo que es: la voz de un desterrado.

Les agradeceré el aprecio de una voz a la que quizá no están acostumbrados. Lo mismo que mi madre, y todos los cubanos que fueron expulsados o asesinados por Fidel y que han pasado al inmenso más allá, donde no se padece más de la maldición de la Torre de Babel.

Y no me pregunten: ¿Qué tal los cubanos que todavía viven en Cuba? ¿Qué dirán sobre mi libro?

¿Quién sabe? Esos compatriotas están en otra dimensión, aislados del resto del planeta, esclavizados sin esperanza en un laberinto de ruinas, donde reina la censura. Fidel y su Inquisición han colocado este libro en su *index librorum prohibitorum*, y me han distinguido con el más alto de los honores: enemigo de la revolución.

Ruego que algún día todos los cubanos en Cuba puedan leer este libro libremente y hasta reír con él.

Y no me importa si se reirán de lo que digo o si se reirán de mí. Sólo confío en que algún día tendrán la oportunidad de leer lo que les venga en gana y de decir y escribir cualquier cosa que se les ocurra, sin censura o represión.

Lo que no han podido hacer por más de medio siglo.

A todos los que están allá, atrapados, y a todos los que estamos desperdigados por el mundo, desterrados, ofrezco una sencilla y potente letanía para reemplazar a la que nos ha dividido por tantos años:

Patria y vida. Volveremos.

—Carlos Eire

Preámbulo

Este libro no es una obra de ficción,
aunque el autor quisiera que lo fuera.
Nos volvemos mejores cuando nos convertimos en
ficción, todos y cada uno de nosotros,
y cuando el pasado se convierte en una novela,
nuestros recuerdos se perfeccionan.

La memoria es la verdad más poderosa.
Muéstrame un cuento que no haya sido tocado
por los recuerdos,
y lo que me muestras son mentiras.
Muéstrame mentiras sin raíces en los recuerdos,
y lo que me muestras son las peores mentiras de todas.

Si todos los personajes en este libro son de ficción,
ninguno de ellos aún lo sabe.

Todas las semejanzas con personas de carne y hueso
fueron predestinadas antes de la creación del mundo.
Importa poco que los nombres no siempre coincidan.

Todos los incidentes y los diálogos provienen directamente
de la imaginación de Dios.
Como es el caso de este autor.
Y del lector.

Aun así, todos somos responsables de lo que hacemos.
Ni Fidel se salva de eso.
Ni el Che, con sus choferes y su mansión.
Ni los muchos cubanos que se ensuciaron los pantalones
antes de ser fusilados.
Ni las catorce mil ochocientos cuarenta y un criaturas
que alzaron vuelo
y se desprendieron de los brazos de sus padres.
Ni el amor y la desesperación que las hizo volar.

Nieve en
La Habana

1

One

El mundo cambió mientras dormía, y para mi gran asombro, nadie me pidió el permiso. Siempre sería así a partir de aquel día. Jamás había sido de otra forma, claro está, pero no lo había notado hasta aquella mañana. Una sorpresa tras otra: algunas buenas, otras malas, la mayoría ni buenas ni malas. Y siempre sin mi consentimiento.

Acababa de cumplir los ochos años y me pasaba las horas soñando con las tonterías con que suelen soñar todos los niños. Mi padre, que guardaba un vivo recuerdo de su previa encarnación como Luis XVI, rey de Francia, tal vez soñaba con bailes de disfraces, la turba amotinada y guillotinas. Mi madre, sin embargo, no recordaba haber sido María Antonieta y no podía compartir en nada de aquello. Quizá soñó en vez con flores exóticas y finas sedas. O con ángeles, como siempre me pedía que hiciera antes de dormir: "Que sueñes con los angelitos". Que por ser ángeles pequeños, eran demasiado hermosos para ser ángeles caídos.

Los demonios jamás pueden ser hermosos.

Como siempre, el sol tropical entraba acuchillando las per-

3

sianas, colándose en estrechos rayos que iluminaban mi cama y revelaban el polvo arremolinándose en ellos como galaxias en la infinitud de un cosmos que yo contemplaba extasiado. No recuerdo cuándo dejé mi cama, pero sí me veo entrando al dormitorio de mis padres, con las persianas abiertas y todo bañado de luz. Como siempre, mi padre se estaba poniendo los pantalones por encima de los zapatos. Se ponía primero los calcetines, se calzaba los zapatos y vestía luego los pantalones con los zapatos ya puestos. Pasé años tratando de imitar aquella hazaña, siempre sin resultado alguno: los bajos de los pantalones se me trababan en los zapatos, y mientras más los jalaba para pasarlos, menos se movían. En más de una ocasión, solté unas cuantas malas palabras, arriesgándome a la condena eterna del infierno. No sabía que si los pantalones son suficientemente anchos, pueden ser pasados por encima de cualquier cosa, hasta por encima de esquíes de nieve. Pero entonces sólo se me ocurría pensar que mi padre era inimitable.

Luis XVI me dio la noticia mientras deslizaba los pantalones por encima de sus zapatos sin esfuerzo aparente.

—Se cayó Batista. Huyó por la madrugada en un avión. Al parecer ganaron los rebeldes.

—Mentira —dije.

—No, es verdad. Te lo juro —contestó.

María Antonieta, mi madre, sentada enfrente de su tocador, me confirmó la noticia sin dejar de pintarse los labios. Aquel era un mueble precioso de caoba con tres lunas: una central, y una a cada lado, articuladas con bisagras de manera que podían ser movidas a voluntad. Yo acostumbraba a moverlas hasta dejarlas frente a frente para crear reflejos infinitos. De vez en cuando, me zambullía en esa infinidad.

—Mejor quédate hoy en casa —dijo mi madre—. Dios sabe qué pueda pasar. Ni se te ocurra asomar la cabeza por la puerta.

¿Quizá ella también, después de todo, veía guillotinas en sus sueños? ¿O quizá tan sólo eran los sensatos consejos de cualquier madre preocupada? O bien sabía que cuando las revoluciones triunfan, las cabezas de la élite suelen peligrar por las calles, aun las de los más pequeños.

Era el 1 de enero de 1959.

La noche anterior habíamos ido a una boda en una iglesia en el corazón de La Habana Vieja. De regreso a casa, éramos los únicos en la calle. Ni un automóvil a la vista, ni un alma en toda la avenida marítima conocida como el Malecón. Ni tan siquiera una prostituta solitaria. A Luis XVI y a María Antonieta les preocupó visiblemente aquello, lo muy vacía que se veía la capital, demasiada tranquila para una Víspera de Año Nuevo.

No recuerdo lo que mi hermano mayor Tony hacía esa mañana, ni lo que hizo durante el resto del día. Posiblemente envolvía lagartijas con alambritos de cobre que conectaba al transformador de nuestro juego de trenes Lionel. Le encantaba electrocutarlas, le fascinaba hacerlo, al tiempo que les gritaba: "¡Electrochoque! ¡Ja! ¡Para que pierdan sus delirios de grandeza, para que sepan quiénes son!" No quiero ni imaginar qué estaría haciendo Ernesto, mi hermanastro. Seguro algo aún más monstruoso que lo que Tony les hacía a las lagartijas.

Tanto mi hermano mayor como mi hermanastro habían sido príncipes borbónicos en sus vidas anteriores. Mi hermanastro había sido el Delfín, el heredero del trono. Un día mi padre lo reconoció en la calle, vendiendo billetes de la lotería, e inmediatamente se lo llevó para nuestra casa. Mi suerte, sin embargo, había sido peor que la de un segundón: era el único de la familia sin un pasado Borbón. Mi padre rehusaba decirme quién había sido en mi otra vida.

—No estás listo para conocer tu pasado —me decía—. Pero te aseguro que fuiste alguien muy especial.

Lucía, la hermana de mi padre que vivía con nosotros, pasó ese día como el ser invisible que siempre fue. También ella había sido una princesa borbónica. Pero ahora, en esta vida, era una simple solterona, una dama acostumbrada a una vida ociosa con tiempo de sobra y pocas amistades. Tanto la habían protegido de la corrupta cultura imperante en Cuba y de los piropos de los jóvenes que alardeaban de dicha cultura, que quedó atrapada, varada en la isla solitaria que era nuestra casa: la isla menor dentro de la isla mayor en que nos refugiábamos del mal gusto y de indecencias tales como bailar la conga al compás de los tambores. Había vivido siempre junto a su madre y una tía soltera, quien, como ella, se había mantenido virgen sin tomar los votos. Al morir ambas, se mudó a un cuarto al fondo de nuestra casa del cual nunca salía. Si alguna vez le atravesó algún deseo, fue algo que jamás notamos. Creo que nunca sintió nada. Ni la recuerdo diciendo nada el día de la caída de Batista y del triunfo de Fidel y sus rebeldes, aunque sí recuerdo perfectamente lo que dijo días más tarde: que a esos tipos bajados de la Sierra Maestra no les vendría mal pelarse y afeitarse.

Como siempre, nuestra sirvienta trabajó ese día. Se llamaba Inocencia y era de piel oscura, del color de las berenjenas. Inocencia cocinaba, limpiaba la casa y lavaba la ropa. Siempre estaba en casa; parecía no tener familia propia. Vivía en un pequeño cuarto al fondo de la casa, con su propio baño que a veces yo usaba cuando jugaba en el traspatio.

En cierta ocasión, mucho antes de aquella mañana en que el mundo cambió, abrí la puerta de aquel baño y me la encontré desnuda en la ducha. Todavía recuerdo el grito que lanzó y el susto que me llevé. Quedé asombrado y aturdido a mis cuatro años de edad, mis ojos clavados en sus gigantescos senos africanos. Días más tarde, de visita en compañía de mi madre en la Plaza de Marianao, señalé un estante lleno de berenjenas y grité:

—¡Tetas de negra!

María Antonieta tapó mi boca y me sacó de ahí a toda prisa entre las risas y las bromas obscenas de los vendedores. No entendí la reacción de mi madre y mucho menos las de aquellas personas del mercado. ¿No era cierto lo que dije? Aquellas berenjenas eran idénticas a los senos de Inocencia, con sus aureolas y pezones. La única diferencia era que en ella eran negras como el carbón, y las de las berenjenas, verdes. Años más tarde, al intentar hallar indicios de la presencia de Dios, entendí que aquella similitud había sido la primera prueba concluyente que tuve de la existencia divina. Las berenjenas quedarían como un recuerdo constante de nuestra desnudez y nuestra vergüenza.

Inocencia se fue a los pocos meses después de ese primero de enero. En su lugar entró Caridad, una mujer flaca, ladrona, llena de odio, a quien mis padres terminaron despidiendo por lo mucho que robaba. Adoraba a Fidel y se pasaba el día escuchándolo en la cocina, aquellos discursos que interrumpían los mambos y chachachás de la programación radial, la única música cubana que escuché en casa. Mi padre, el otrora Luis XVI, sólo permitía que se escuchara música clásica en la parte principal de la casa. Recordaba haber conocido alguno de aquellos compositores cuya música le gustaba escuchar, y añoraba aquellos conciertos en Versalles. En casa, la música cubana estaba restringida a la cocina y al cuarto de la criada.

A Caridad le encantaba molestarme cuando mis padres no estaban en casa. "Pronto lo van a perder todo", me decía. "Pronto los veré barriendo el piso de *mi* casa". "Pronto te veré en tu elegante club de la playa sacando los latones de basura, mientras yo nado en la piscina". Y con una sonrisita de bruja, me amenazaba de que me haría daño si le decía algo a mis padres.

"Sé mucho de brujería, Changó me oye. Le pongo mucho aguardiente y tabaco bueno. Te voy a echar una brujería a ti y a toda tu familia. Changó y yo les vamos a zumbar un montón de maldiciones".

Mi padre ya me había advertido de los poderes maléficos de Changó y los dioses africanos, contándome de hombres que habían muerto en plena juventud, de señoras que se habían enamorado locamente de sus jardineros y de niños desfigurados sin remedio, por lo que no me atreví jamás a abrir la boca. Aun así, creo que de todas formas nos hizo una "brujería" por no permitirle seguir robando y burlándose de nosotros hasta que llegara el momento, "muy pronto", cuando al fin se adueñaría de la casa. Sus demonios nos cayeron encima con la misma rapidez que los rebeldes cayeron sobre la Isla aquel día.

Como siempre, las lagartijas no notaron lo sucedido. A pesar de lo que Tony, mi hermano, les gritaba al electrocutarlas, no creo que se hacían ideas, ni se veían a sí mismas como importantes. Sabían de sobra quiénes eran. Nada cambió para ellas aquel día, nada jamás cambiaría. El mundo les pertenecía en su totalidad desde siempre, libre de vicios y virtudes. Trepaban por las paredes de la terraza, corrían por sobre las brillantes baldosas con filigrana del piso. Reposaban en las ramas de los árboles, tomaban el sol encima de las piedras. Colgaban de los techos a esperar alguna mosca que les sirviera de merienda. Nunca se enamoraban, ni pecaban, ni corrían peligro de que se les rompiera el corazón. Desconocían toda traición, toda humillación. No necesitaban las revoluciones, ni tampoco soñaban con guillotinas. No le temían a la muerte ni a ser torturadas por niños. Los maleficios no las mortificaban, ni tampoco les preocupaba la existencia de Dios, ni la desnudez. Sus patas se asemejaban mucho a nuestros brazos y piernas, de la misma forma que las berenjenas parecen senos de mujer. Las lagartijas eran espantosas, de eso no cabe duda, o por lo menos así me parecía en aquel entonces. Me hacían dudar de la bondad del Creador.

Nunca besaré una lagartija, pensaba yo. *Jamás.*

Quizá las envidiaba. Su lugar en la tierra parecía más seguro que el nuestro. Nosotros perderíamos nuestro lugar, nuestro mundo. Allá siguen ellas, sin embargo, echadas al sol. Como lo han hecho siempre. Viendo pasar los días.

2

Two

No debió haberme sorprendido esa mañana del Año Nuevo. Muchas eran las señales de que las cosas andaban mal, de que se avecinaba un cambio. Hasta un niño mimado como yo podía darse cuenta de que algo estaba a punto de reventar. Desde entonces no he dejado de repasar esa mañana, intentando relacionarla con los acontecimientos que la precedieron, y quizá así poder comprender cómo todas nuestras vidas se extraviaron tanto.

Muy a menudo mis recuerdos me llevan al día en que casi perdemos la vida.

Estábamos a sólo unas cuadras de la casa de mi abuela, muy cerca del jardín botánico de la Quinta de los Molinos, cuando comenzaron los disparos. Al principio se escuchó como si fueran unos petardos en la distancia: *pa-pa-pá*. Pero en menos de un minuto a los *pa-pa-pá* se le sumaron unos *pácata* y unos *rácata ta-ta-tá* en continuo *crescendo*. Y el estruendo se acercaba más y más, cada vez con mayor fuerza.

Mi madre comenzó a gritar.

—¡Un tiroteo! ¡Un tiroteo! ¡Ay Dios mío, nos van a matar

a todos! Para la máquina, Antonio, para la máquina aquí mismo.

Antonio era como se llamaba mi padre en esta vida; Antonio Juan Francisco Nieto Cortadellas. Y el nombre de mi madre era María Azucena Eiré González. Una caída un tanto brusca desde aquella posición tan alta que habían ocupado como Luis XVI y María Antonieta. María Antonieta había sufrido poliomielitis poco antes de cumplir su primer año de vida, y a consecuencia de esto no podía valerse de su pierna derecha. Parece que su encarcelamiento en la *conciergerie* y su decapitación en 1793 no habían bastado para saldar su deuda kármica.

—Si paro ahora, nos matan —dijo mi padre—. Deja de gritar, que estás asustando a los niños.

Al parecer no se le ocurrió pensar que aquellos disparos ya eran suficientes para asustarnos.

—Para, para, por favor, para… nos bajamos aquí mismo. Conozco a la familia que vive en esa casa —dijo María Antonieta, señalando hacia adelante en la misma calle.

En aquel barrio todas las casas estaban juntas unas de otras y muy cerca de la acera, sin patios ni pasillos entre sí. Saltar del auto y lanzarnos rápidamente para entrar a una de ellas no era una mala idea.

—¿Y qué pasa si tus amigos no están? —preguntó Luis XVI.

¡Pa-pá, ra-ta-ta-tá, ka-pum!

—No son amigos míos. Simplemente los conozco —replicó María Antonieta—. Son amigos de unos amigos de mi hermana. —*¡Pa-pá, pum, ra-ta-ta-tá, ka-pum!*—. ¿Y además, dónde más estarían un domingo por la noche?

¡Pa, pa-pá, ka-pum!

—¡Dios mío, nos van a matar! —gritó mi madre.

¡Pa, ka-pum, pa!

Mi hermano y yo nos miramos incrédulos. ¡Era como si estuviéramos en una película de guerra! Por fin teníamos la buena suerte de haber ido a dar en medio de un tiroteo. Ya habíamos escuchado un estruendo semejante en las películas y a menudo de lejos —sobre todo a la hora de acostarnos—, pero nunca tan de cerca. ¡Sonaba mucho más alto! Pensé en Audie Murphy en *Regreso al infierno,* la película en que mataba a todos aquellos nazis malvados y hacía volar sus tanques por los aires. Debimos haber visto aquella película por lo menos una docena de veces. Ambos queríamos ser Audie Murphy, el soldado americano más condecorado de la Segunda Guerra Mundial. Y como nuestro padre era juez, podíamos entrar sin pagar en cualquier cine de La Habana, lo cual hacíamos muy a menudo.

—La televisión tiene muy buenos programas esta noche —añadió mi hermano. ¡*Pa-ta-ta-tá, pum, pa-pa-pá, ka-bu-búm!*—. Ahora mismo estarán viendo el programa de *Rin Tin Tin.*

¡PA-PÚM! ¡PA-PÚM! ¡PA-PÚM!

—Pero los mayores no ven *Rin Tin Tin.* A los adultos no les gustan los programas con perros —dije.

¡PA-PÚM! ¡PUM! ¡PA! ¡RA-TA-TA-TÁ!

—Ay Dios mío, ay Dios mío, ay Virgen Madre de Dios en el cielo. ¡Ay Virgencita de la Caridad del Cobre! ¡Para la máquina! ¡Párala ya! —gritó Mamá todavía más alto, sobreponiéndose al ruido de los disparos.

Quién sabe si fue mi imaginación desbordante, pero juraría que también oí un *ka-pín.* Una bala que rebotaba contra las casas, como mismo pasaba en las películas de guerra. ¡Tremendo! Entonces escuché un golpe sordo. Las balas penetrando las casas. ¡Mejor todavía!

De un brusco golpe al volante, Antonio Nieto Cortadellas llevó el automóvil hasta el contén de la acera y lo detuvo frente a la casa que mi madre le había señalado. Mi hermano y yo nos estrellamos contra el asiento delantero del automóvil. Nadie usaba cinturones de seguridad en aquel entonces.

María Azucena Eiré González fue la primera en abrir la puerta.

Y entonces ocurrió lo inesperado. Antes de que pudiera sacar su pierna buena, un hombre surgió de repente de las sombras y la agarró por ambos brazos, agachándose tanto que su rostro quedó muy por debajo del de ella.

—¡Sálvenme! ¡Ayúdenme! ¡Me están persiguiendo! ¡Me van a matar! —rogó el hombre con voz temblorosa.

Forcejeó con mi madre, impidiéndole salir del automóvil.

—¡Se los ruego! ¡Por el amor de Dios, escóndanme! ¡No dejen que me vean! *¡Por favor, se lo ruego!*

Asomé la cabeza por encima del asiento y lo pude ver bien. Tenía el rostro redondo y el pelo oscuro rizado. Estaba empapado en sudor y tenía la camisa abierta hasta la mitad del pecho. Aparentaba unos treinta y tantos años, aunque no podría asegurarlo ya que entonces todos los mayores me parecían más o menos de la misma edad hasta que, de pronto, se convertían en viejos.

El tiroteo subió de volumen. Por primera vez en mi vida se me pusieron los pelos de punta. Oí más golpes sordos y *ka-ta-ta-pines,* seguidos por el aullido de las sirenas. María Antonieta soltó un grito espeluznante, como si se tratara de una película de horror.

Mientras tanto, Tony se había bajado apresuradamente del automóvil sin haber visto al fugitivo. Cuando terminó de rodear el auto, el hombre lo agarró y lo sujetó firmemente.

—¡Por el bien de este niño, escóndanme! —suplicó el hombre con los dientes apretados.

Luis XVI le gritó:

—¡Aléjese, váyase de aquí! ¡Nos matarán por culpa suya! ¡No ve que mi mujer es coja y que estoy tratando de salvarles la vida a mis hijos! ¡Váyase! ¡Nada podemos hacer por usted! ¡Suelte a mi hijo ya! ¡Ande! ¡Corra!

El hombre me miró fijamente. Yo había visto esos ojos antes, en las pinturas e imágenes de Jesucristo.

También los había visto en mis sueños. Yo solía soñar que Jesucristo se me aparecía cargando su cruz en la ventana del comedor a la hora de la cena. Se paraba ahí y me miraba con la sangre brotándole de la frente. Sólo yo lo veía. Él no tenía que decir nada; yo sabía lo que Él quería y me aterraba. La familia entera seguía comiendo sin percatarse de nada. Entonces, al poco rato, se esfumaba repentinamente.

Los ojos de aquel hombre me miraban de igual manera.

Me agaché para evadir su mirada.

En ese instante el hombre le echó un vistazo a la pierna de mi madre, soltó a mi hermano y huyó corriendo. Desapareció tan de improviso como había aparecido. Cuarenta y dos años después, el día que por primera vez escribí estas palabras, mi hermano me comentó que nunca había visto a nadie correr tan rápido.

Saltamos del auto sin molestarnos siquiera en cerrar las puertas. Tony y yo nos agachamos muy cerca del piso, como hacían los soldados en las películas de guerra. Al fin habían valido la pena todas las horas pasadas en el cine y frente al televisor.

—¡Ay Dios mío, ay Dios mío, *ay Dios mío*! —rezaba María Antonieta, mientras cojeaba precipitadamente hacia la puerta de la casa.

¡BA-BÁN, BAN, BAN, RA-TA-TA-TÁ!

El estruendo era ensordecedor. Hasta se alcanzaba a oír el zumbido de las balas que nos pasaban muy de cerca.

¡FIUUUUUUUUUU! ¡PIN!

María Antonieta y Luis XVI comenzaron a golpear la puerta. El rey Luis lo hacía con la aldaba y María Antonieta con su bastón. Golpearon por lo que me pareció una eternidad hasta que al fin una señora canosa abrió un poquito y asomó la cara. Sin decir palabra, María Antonieta se lanzó como una tromba por la puerta entreabierta y todos la seguimos.

—Parece que sí conoce a esta gente —comentó Tony.

—Por favor, por favor, déjenos quedarnos aquí hasta que pare el tiroteo —suplicó María Antonieta mientras pasaba a la sala, cojeando.

Sin pedirle permiso a la señora, mi madre nos condujo hacia la primera habitación que vio y nos advirtió:

—Métanse debajo de la cama, rápido.

Tony y yo nos arrastramos debajo de la cama para escondernos y nos abrazamos, temblando. Me acuerdo que la colcha era color carmelita y que el piso de baldosas de mármol se sentía agradablemente fresco. Mamá se sentó encima de la cama como una gallina que cuida sus pollitos y rezaba en voz baja unos cuantos Padre Nuestros y Ave Marías. Papá y la señora de la casa también entraron a la habitación.

Los mayores sólo permanecieron sentados o de pie, en silencio. Las súplicas de mi madre se habían vuelto inaudibles. Afuera, el tiroteo fue disminuyendo lentamente, alejándose poco a poco. Y entonces, tan rápido como había empezado, el ruido cesó.

Mis padres le dieron efusivas gracias a la señora del pelo cano y platicaron por un rato en ese modo pesadísimo que tienen los adultos de conversar. Tony y yo salimos de nuestro escondite debajo de la cama, y la señora nos regaló unos caramelos.

Y nos fuimos a casa.

Esa noche no me quedé dormido en el asiento trasero del automóvil, como acostumbraba. Llegamos a casa, Mamá y Papá nos acostaron y en muy poco tiempo el sueño se apoderó de nosotros.

Esa noche no soñé ni con Jesucristo ni con su Cruz.

Al día siguiente mis padres leyeron en el periódico que la policía había matado a tiros a unos fugitivos cerca de la Quinta de los Molinos. El hombre desesperado que habíamos encontrado era tan sólo uno de los muchos que habían escapado de la cárcel de fortaleza El Príncipe, una reliquia de la colonia.

—¿Te acuerdas del hombre que anoche nos pidió que lo escondiéramos? Lo mataron a tiros —comentó mi padre.

—Lo mató la policía —añadió mi madre.

Luis XVI no nos permitió ver el periódico, pero de alguna forma mi hermano y yo lo pudimos conseguir más tarde. Así fue que logramos ver la foto sangrienta. El hombre yacía sobre un charco de sangre, con un brazo torcido de una forma espantosa y con la camisa empapada en sangre. Un delgado hilo oscuro de sangre se escapaba por su boca. Tenía los ojos abiertos, pero no lucían como cuando me habían mirado. Lucían vacíos.

En los últimos días del régimen de Batista, los diarios estaban llenos de fotos como aquellas. Rebeldes ultimados. Fugi-

tivos asesinados. Transeúntes inocentes muertos. Sangre por
doquier. Hasta moscas, también.

Nosotros también habíamos sido unos transeúntes inocentes. No se derramó ni una sola gota de nuestra sangre. Qué
suerte tuvimos, y qué caro le costó al hombre que rechazamos
en su hora más desesperada.

Así era el mundo antes de que cambiara; cambio que debí
haber visto venir.

Era el año 1958. Ese mismo día, le habíamos dado una
fiesta de despedida a la hermana de mi madre, mi tía Lily,
quien salía en una excursión a los Estados Unidos y Canadá.
Fuimos al puerto para despedirla y verla abordar el ferry que
hacía el recorrido entre La Habana y Miami. Me encantó ver
cómo subían los automóviles por una rampa y cómo entraban
al enorme barco. Pero el ferry tardó mucho en levar anclas, y
me aburrí. Llevaba conmigo una sola revista de "muñequitos", y era una de las peores: *El Hombre Elástico*. ¡Qué superhéroe más imbécil! Lo único que sabía hacer era estirarse. Y
también vestía un traje rojo sin capa, ridiculísimo.

Cuando había estado escondido sobre las frías baldosas debajo de aquella cama, oyendo el murmullo de los rezos y los
disparos, pensé en el Hombre Elástico. ¿Cómo hubiera reac-
cionado él a los disparos? ¿Se habría estirado por completo
hasta llegar a ser una figura plana contra el piso? ¿O bien se
habría estirado hasta convertirse en un hilo casi invisible? De
ningún modo se habría escondido bajo una cama, ni siquiera
para evitar que alguien se burlara de su disfraz.

No cabía duda de que yo no era ningún superhéroe. Ni
tampoco lo eran ninguno de mis parientes.

El mar estaba picado ese día. Tan picado que mi tía se
mareó en su viaje a Miami. A su regreso a La Habana, me impresionó muchísimo con sus cuentos de las olas enormes y de
cómo el ferry se mecía violentamente, y de cómo se le puso
verde la cara a su compañera de camarote. Me imaginé a mi
tía Lily sacando su propia cabeza verde por el ojo de buey, vo-
mitando sin parar sobre las olas. Ciento veinte millas de vó-
mitos. ¡Impresionante! Todavía más que todos sus cuentos

sobre Nueva York, las cataratas del Niágara, la Casa Blanca o la Gendarmería Real Canadiense.

Casi tan impresionante como el sonido de balas que pasan zumbando por mi cabeza, y la figura sangrienta de Jesucristo en la ventana del comedor, con su Cruz y todo lo demás.

3

Three

La Habana de noche. Tremenda vida nocturna, según las leyendas. Nunca llegué a disfrutarla, y por lo tanto, nada puedo decirles sobre eso.

La Habana de día. Calurosa y radiante. Un sol que era espeso e íntegramente nítido a la vez. Las sombras tan marcadas, tan frescas. Cada nube en el cielo azul era un poema, algunas haikúes, algunas épicas. Las puestas de sol. Nada hay en el mundo que pueda compararse a ese milagro, a esa hostia roja fulminante en el momento en que se la traga el azul turquesa del mar en medio de aquella luz naranja que lo baña todo y hace que la creación entera comience a brillar como oro ardiente, como si la luz brotara de su interior. Incluso las lagartijas. Y esas olas, azules y transparentes, estrellándose contra el Malecón, saltando por encima del muro e inundando la avenida, sus lluvias de rocío empapándolo todo, sin fin, perennemente, el aire estremeciéndose como ráfagas de suspiros. Hasta en las peores tormentas, las olas siempre parecían ser las caricias de un amante, un abrazo incansable, un chaparrón perenne de besos.

Naturalmente que yo no lo veía así en aquel entonces.
Nada de eso. Yo era un niño. Sólo pensar en los abrazos y los
besos me daba asco. Las olas eran una diversión, no tonterías
ñoñas. Durante las peores tormentas, mi hermano y yo le pedíamos a Papá, a Luis XVI, que nos llevara al Malecón en el
auto para que nos tragaran las grandes olas. Y el rey Luis —
siempre amable— nos complacía.

—Oigan muchachos, ¿saben que el agua salada acaba con la
máquina, verdad? —nos decía.

Pero se divertía tanto como nosotros, quién sabe si hasta
más. Y no le importaba mucho que la máquina se le oxidara.
Nos encantaba hacerlo, sobre todo cuando una enorme ola
nos caía encima y casi nos volteaba, y los limpiaparabrisas no
eran lo suficientemente rápidos como para enfrentarse al diluvio. A veces metíamos la mayor cantidad de amigos posible
en el automóvil y, muy valientemente, mi padre nos llevaba a
montar las olas *dentro* del carro. Sin cinturones de seguridad,
por supuesto. Si La Habana hubiera estado en los Estados Unidos, hubieran prohibido toda la circulación por el Malecón, y
Papá hubiera ido preso por ser tan imprudente y atrevido con
las olas en un carro lleno de muchachos.

Pero La Habana no quedaba en los Estados Unidos. Eso representaba su maravilla y su horror. Tanta libertad, tan poca libertad. La libertad de ser imprudente, pero ninguna libertad
genuina contra una desgracia. Una abundancia de diversiones,
y un exceso de riesgos, grandes y pequeños. Pero un margen
de error tan delgado, e igual de delgada la red de protección.
Para los pobres, los sueños tan sólo se materializaban gracias a
la lotería nacional o la bolita, la lotería clandestina. Para el que
no fuera pobre, la vida podía ser bella, aunque se balanceara al
filo de la navaja. Tan bella como una gigantesca ola azul turquesa a punto de cubrirte.

La Habana era la capital de una nación insular que apenas
acababa de celebrar medio siglo de independencia del Imperio Español. Los padres de mi padre habían crecido en una
colonia española con esclavos en la casa. Muchos de los hombres de la familia habían estudiado carreras militares en Es-

paña, y su objetivo principal en la vida había sido mantener a Cuba como territorio español. Muchos murieron negando que eran cubanos. La generación de mi padre había nacido en la Cuba española y maduró con la República. Su hermana, mi tía Lucía, recordaba haber oído la explosión que hundió al acorazado *Maine* en la bahía de La Habana en 1898. Cincuenta años es un pestañeo. ¿Qué se puede esperar de un país tan joven, y sobre todo, uno tan próximo al país más rico y poderoso de la Tierra, y del cual dependía tanto para su estabilidad económica?

Tremendo problema.

Pero aquellas olas, esas olas azul turquesa bajo el resplandor del sol, casi remediaban todas las dificultades. Casi. Porque ese sol divino y omnisciente también alumbraba las cosas malas y perversas. Barriadas repletas de niños desnudos con barrigas infladas por los parásitos. Prostíbulos. Bastardos. Cadáveres. Sobornos. Limosneros. Flema color esmeralda en las aceras. Muchachos abusadores en el colegio. Y al caer la noche aquella luz era suplantada por una penumbra amenazadora, llena de murciélagos, mosquitos, prostitutas y cucarachas voladoras. Las olas azul turquesa se convertían en negro azabache. Nada me asustaba más que aquella agua negra, con la excepción, quizá, de los tiburones que nadaban silenciosamente en ella, o la magia maléfica de los brujos que urdían y lanzaban sus maldiciones de noche.

Muy a menudo encontrábamos frente a nuestra casa alguna brujería que alguien había arrojado por la noche. Todo tipo de maldiciones, sin nota alguna que las acompañara. Baratijas y monedas hediondas. Frutas podridas amarradas con cintas rojas. Plumas manchadas de sangre. De vez en cuando la cabeza de un pollo. Altares improvisados donde habían quemado una u otra cosa. Todos eran regalitos que nos dejaban los parientes de esos hombres y mujeres que Papá, el juez, diariamente multaba o mandaba a la cárcel.

Papá era un hombre amable, apacible, de voz suave. También podía tener un carácter fuerte, pero siempre mantenía un aspecto manso y vulnerable, tal vez porque era tan gordo.

Medía unos cinco pies, seis o siete pulgadas, y pesaba mucho
más de doscientas libras. Canoso y casi calvo. Cuando se casó
con mi madre a la edad de treinta y siete años, ya parecía un
viejo. Coleccionaba porcelana fina y pinturas, y todo tipo de
arte; llegó a reunir más de seis mil piezas. Se hizo dueño de un
plato de Palissy del siglo dieciséis, de valor incalculable, una de
las primeras porcelanas pintadas que se produjeron en Europa.
Cuando mi padre prestó aquel plato al Museo Nacional para
que lo exhibieran, pusieron un guardia a cuidarlo día y noche.
Años más tarde, vería yo un plato de Palissy casi idéntico en
el museo Walters, en Baltimore. Aunque ya era un hombre
hecho y derecho, esa mañana de un domingo bello y soleado
del verano de 1978, rompí a llorar como un niño, a moco tendido. No por el plato, sino por mi padre.

También teníamos otras cosas valiosas. En una pared de la
sala teníamos un cuadro de Murillo del Niño Jesús, y en la
otra lo acompañaba un cuadro de la emperatriz María Teresa
de Austria. Bajo sus inquisitivas miradas me sentaba yo a ver la
televisión. Debajo de sus propias narices la cultura norteamericana inundaba la sala con un diluvio incesante de imágenes:
El Gato Félix, Los Tres Chiflados, el Pájaro Loco, el Gordo y
el Flaco, el Ratoncito Miguel, el Pato Donald, el Perro Pluto,
el Super Ratón, Betty Boop, Buck Rogers, Flash Gordon, El
Llanero Solitario, Roy Rogers, Hopalong Cassidy, *La Ley del
Revolver, Bat Masterson,* Fred Astaire, Jimmy Cagney, *Rin Tin
Tin,* Tarzán, *Caza submarina,* Superman, *Perry Mason,* El
Zorro. Pero nunca vi *Yo quiero a Lucy.* De lo cual me alegro.
Supongo que un programa de televisión norteamericano con
un personaje cubano nos hubiera confundido por completo.

El Niño Jesús de Murillo, que cuidaba su rebaño en un
lienzo manchado a través de los siglos por el humo de las
velas, siempre me lucía amable pero melancólico, sus ojos fijados en las colinas de Galilea, escudriñándolos en busca de ovejas descarriadas. Pero su compañera, la amargada emperatriz
María Teresa, me daba mucho miedo. En mis sueños ella solía
lanzar los peores juramentos, tal como un marinero recién de-
sembarcado en un prostíbulo. Esa gorda me escupía las cosas

más groseras del mundo. Cuando le conté a mi padre lo que esa emperatriz malhablada me hacía en las pesadillas y le rogué que la sacara de la casa, él acudió a la exactitud histórica y me respondió sencilla y llanamente:

—No seas bobo. Ella era una mujer muy fina. Nunca hubiera dicho tales groserías.

Naturalmente no podía repetir los juramentos para comprobarle a mi padre todo lo experta que era la María Teresa en ese tema. Si los hubiera repetido, Papá me hubiera pegado un bofetón. Las malas palabras no estaban permitidas en casa. Si se decía alguna, se castigaba inmediatamente a quien la hubiera proferido. Por eso, en mi forma de numerar los Diez Mandamientos, "No diréis malas palabras" ocupaba el primer lugar.

En la biblioteca de mi padre teníamos un relicario de plata con fragmentos de huesos de siete santos y dos astillas de la Santa Cruz. Cuesta creerlo: ¡la *Santa* Cruz! Y por si fuera poco, también teníamos un *Ecce Homo,* aquel cuadro de Jesucristo con el cual yo soñaba, en el punto máximo de su Pasión, chorreando sangre y cargando la Cruz, aparte de un plato de porcelana italiano con la imagen de la cara de Jesucristo, grabada en relieve de tal forma que los ojos parecían seguirte siempre. Ojos azules. A mi padre le encantaba exhibir ese plato, y tomarle el pelo a las visitas:

—Te apuesto que no puedes escapar de Su mirada.

En la otra pared frente al Cristo de los Ojos, había un cuadro de una dama inglesa en su ropa de montar, llevando las riendas de su corcel en las manos. Ésa me dijo malas palabras una sola vez. En sueño, lógicamente, y en español, lo mismo que María Teresa.

Ahora sólo sueño en español cuando el espíritu de mi padre me visita.

Mi padre, Luis XVI, el juez cubano, el coleccionista de arte, el surfista imprudente, hacía bellísimos dioramas de corales y caracoles. Eran muy imaginativos y delicados. Los caracoles se convertían en mariposas, y los corales hacían las veces de la vegetación donde se posaban las mariposas. Y no hacía dos dioramas iguales. Luis XVI también fabricaba a mano —y con mucho esmero— las cajitas de madera y cristal forradas de terciopelo donde colocaba los dioramas. Algunos los colgaba de las paredes de la casa, pero la mayoría los regalaba. Los caracoles y corales procedían de un lugar donde se cernía arena del mar que se les vendía a los constructores. "La Arenera". Así le decíamos. Estaba ubicada en las orillas del río Almendares, cerca de la fábrica de aceite de maní El Cocinero, que asfixiaba con su olor a maní tostado.

A mí me encantaba pasar por ahí en camino a la casa de mi abuela.

—¡Ahí viene el maní! ¡Ahí viene El Cocinero! ¡Prepárense para olerlo! —gritaba yo desde el asiento de atrás del automóvil.

De repente, el aroma penetraba en el automóvil como si nos hubiéramos estrellado contra una pared de maníes, y permanecía dentro por cuadras y cuadras, hasta casi llegar a la casa de Abuela.

—Oye, eso cuenta como tu merienda —solía decirme María Antonieta.

De vez en cuando visitábamos La Arenera para buscar caracoles y coral. Mi padre conocía al dueño. Parecía conocer a todo el mundo. Había montañas de arena por doquier. Arena blanca, arena gris, arena rosada, arena carmelita, arena amarilla. Y de verdad que eran montañas, de cinco o seis pisos de alto. Sólo nos permitían tamizar la arena en la parte inferior de aquellos cerros, aunque estábamos locos por subirnos a la cima de cada uno de ellos.

—Es muy peligroso, muchachos, muy peligroso —nos advertía el dueño antes de pasarnos los cernidores—. No los quiero ver subiéndose a la arena, ¿me oyen?

Y Papá siempre nos leía la cartilla.

—Oigan... se han perdido muchos hombres en esas pilas de arena —nos advertía cuando entrábamos a La Arenera en el auto—. Pobres empleados. Subieron, y se los tragó la arena. Desaparecidos, hundidos y tragados por la arena. Esas pilas de arena están llenas de cadáveres, ¿no lo sabían? Una vez que la arena se los chupa, ahí se quedan, nadie los puede sacar. Miren esas pilas de arena. Son como las pirámides de Egipto. Tumbas. Como tumbas gigantescas.

Aquello tuvo su efecto. Aunque fuéramos traviesos, nunca nos atrevimos a subirnos a la arena. Mientras tamizábamos la arena en la parte más inferior de los montones, no dejaba de pensar en los esqueletos sepultados allí. *¿Quién sabe si algún día tengamos suerte y nos encontremos unos huesos?*, pensaba para mí. Pero nunca llegamos a los huesos. Sólo encontramos conchas hermosas, hechas por las manos de Dios, que pronto se convertirían en obras de arte en manos de mi padre.

Papá también hacía los más maravillosos papalotes de papel de china con armazones de madera de balsa o de junquillo. Usaba un cuchillito que guardaba en una caja especial, cortaba la madera en trozos de varios tamaños y el papel en todas las formas posibles. Colocaba los papeles en combinaciones descabelladas, lo pegaba con goma, le amarraba un cordel, y así, como por acto de magia, aparecía un papalote multicolor. El toque final era una cola echa de tiras de tela anudadas las unas con las otras, en una cadena de nudos. A veces hacía diez, o hasta más de veinte papalotes de una sentada que regalaba a nuestros amigos, nos montaba en el automóvil, y nos llevaba a la costa para volarlos en la desembocadura del Almendares, no lejos de La Arenera.

Los que más me gustaban eran los papalotes de pelea, que llevaban una navaja de doble filo amarradas a la cola en forma de cruz. Los hacíamos volar bien altos, separados unos de los otros, para luego ir acercándolos poco a poco, tratando de cortar el cordel del otro con las navajas. A veces funcionaba, pero la mayoría de las veces los papalotes tan sólo se enredaban y se estrellaban contra el suelo. Pero cuando lográbamos cortar el cordel, eso sí que era maravilloso. Primero los papalotes se quedaban inmóviles, suspendidos en el aire por un segundo, desconcertados por la libertad que se les había otorgado, y después se iban a donde los llevara el viento. A veces caían en los techos de las casas, a unas cuadras de distancia o se estrellaban contra el mar azul turquesa. Vitoreábamos y gritábamos, salvo si el papalote dañado era el de uno, por supuesto. Me enfurecía cuando cortaban el mío, y la triste verdad es que nunca pude cortarle el papalote a nadie. A mi padre, Luis XVI, no parecía molestarle para nada la destrucción de su trabajo. Al contrario, creo que le gustaba.

Papá también metía a la gente en la cárcel, o la multaba, todos los días.

Y esa gente nos devolvía el golpe de la única forma que sabía. Nos echaban brujerías. Les suplicaban a los demonios que nos sobrevinieran desgracias.

Junto con los demonios también llegaban los regalos. Ser un juez no era del todo malo. Favor que se hacía, favor que se pagaba. Una vez, un señor trigueño llegó a nuestra casa con una caja repleta de pollos vivos. "Para el Doctor Nieto. Él sabe por qué", fue lo único que dijo. Mi hermano y yo soltamos los pollos en el traspatio y les disparamos con pistolitas de agua. Aun así, nos portamos mejor con ellos que la criada Caridad, que los desnucó y los cocinó a todos. En otra ocasión, un Cadillac azul se acercó a la casa, y un chofer con uniforme nos dejó una caja de vino en el portal. Enseguida mi padre se la regaló a un vecino. La bebida no era permitida en la casa.

—Que se emborrache otro —dijo Luis XVI.

Junto a las brujerías y los regalos, a veces nos llegaban amenazas físicas. Cuando yo era pequeño, mi padre se hizo cargo del caso de un notable bandolero y revolucionario conocido como "El Colorado". Muchos jueces se habían negado a juzgar a aquel hombre en sus tribunales. Importa poco si fue por miedo o debido a sobornos. Lo que sí importa es que Papá se quedó solo frente a ese hombre y a todos los que lo apoyaban, y que nuestra familia se volvió el blanco de amenazas. Nos dejaban cartas. Gente desconocida nos llamaba por teléfono en la madrugada. De modo perverso, los recados eran casi tan imaginativos como los dioramas de conchas y corales de Papá.

"Sabemos cuándo tu linda esposa sale a pasear con los niños por el parque con las niñeras negras. Ese vestido azul con lunares que tiene es muy bonito, y le queda tan bien, sobre todo por la parte de arriba. Qué pena que tiene la pata jodida. ¿Qué te parece si se la cortamos?"

"Tus hijos rubiecitos son unas joyas. ¿Tú crees que les vaya a gustar el parque especial que tenemos? Como sabrás, en La Habana sobran viejos verdes que darían un dineral por pasar un rato con ellos todas las noches".

"Tu querida y anciana madre y tu tía lucen muy débiles. ¿Nunca has pensado en lo fácil que sería desnucarlas cuando las secuestremos y violemos?"

"Señor Juez, ¿quisiera usted ver a sus hijos torturados en su presencia, y después que le saquemos a usted los ojos, y que se los demos a ellos a comer?"

Etcétera.

Sabrá Dios cuántas veces trataron de sobornarlo con esos recados. Hubo un momento cuando un ministro del gobierno se apareció en la casa con un cortejo tan largo de automóviles que ocuparon la calle entera. Papá se encerró en su despacho con el ministro de no-sé-qué y ahí hablaron por largo rato. Siempre me he preguntado si Papá le habría mostrado el Cristo de los Ojos durante esa visita. Al final, Papá, Luis XVI, salió ganando. O quién sabe si el Cristo de los Ojos tuvo que ver con ello. Papá mandó a El Colorado a la cárcel y no nos sucedió nada. Al paso del tiempo, el policía que nos pusieron las veinticuatro horas del día a cuidar la casa desapareció como si nada. El Colorado terminó muerto en un tiroteo después de fugarse de la cárcel, de lo cual no me enteré hasta que cumplí los treinta y ocho años. Permaneció en nuestro hogar aún después de su muerte, ya que mis padres lo tuvieron como rehén en una perversa vida de ultratumba. Los padres de los otros niños usaban "El Coco" para meterles miedo a sus hijos, para que se portaran bien. Pero mis padres usaban El Colorado, quien parecía tan inmortal y omnipresente como El Coco.

"¡No hagas eso, que El Colorado te va a secuestrar!" "¡Tómate la sopa, o si no El Colorado te va a pegar un tiro!" "¡Mira, ahí está en la ventana!" "¡Mira qué clase de pistola tiene! ¡Ay Dios mío, va a jalar el gatillo!" "Acuéstate ya, o llamamos a El Colorado".

Jamás vi un retrato de El Colorado. Pero me lo imaginaba gordo y con un cutis rojizo, muy parecido al turista americano que una vez vi por la calle, completamente quemado por el sol . Todavía lo puedo ver a ese Colorado de mi imaginación, aferrado a los hierros de la ventana de mi cuarto, riéndose con maldad, su cara bien roja, saltándosele los botones de su camisa hawaiana. La verdad es —lo juro por Dios— que no me infundía tanto miedo. La emperatriz María Teresa de Austria y el Cristo de los Ojos me aterraban mucho más que él.

Cuando El Colorado dejó de ser útil como instrumento de susto para mejorar mi comportamiento, y habiendo crecido yo un poco, mi padre comenzó a llevarme al juzgado los veranos, en mis vacaciones. A veces llevaba a Tony también. Luis XVI nos comenzó a llevar cuando lo nombraron juez en Regla, un humilde municipio ubicado en la orilla oriental de la bahía de La Habana, al que llegábamos tras un viaje divertidísimo.

Primero íbamos hasta el puerto en autobús, o como decimos los cubanos, en "guagua". Mi padre —el acomodado coleccionista de arte, antiguo rey de Francia— siempre andaba en guagua. Siempre, a pesar de que teníamos un automóvil muy bueno. Ésta era una de sus numerosas manías, como cuando se ponía los zapatos antes de los pantalones, o cuando se acordaba de una encarnación previa, o cuando nos explicaba cómo fueron las encarnaciones previas de los demás. Debido a esto, los otros jueces se burlaban de él.

"Oye, Nieto, ¿el chofer te dejó plantado otra vez?" "Nieto, qué guagua más bonita tienes". "¿Qué pasa Nieto, que no puedes comprarte un carro por estar manteniendo a tantas queridas?"

No recuerdo que mi Papá contestara nunca, sobre todo cuando se trataba de chistes que tenían que ver con el sexo, los cuales en Cuba superan todos los demás en una proporción de más o menos cien mil millónes a uno. Esa era otra de sus manías extrañas. Nunca hablaba del sexo y detestaba los chistes de relajo, lo cual era una anomalía entre los hombres cubanos. Desde el primer grado, la reputación de todo niño de ser bien macho era continuamente puesta a prueba por medio del humor sexual y el libre intercambio de las malas palabras. A quien no le gustara en el primer grado, tenía que aguantar la pulla de mariquita. Al llegar al tercer grado, el insulto se ampliaba a maricón. Y no había nada peor que ser maricón. Hasta el ahogarse y quedarse sepultado en un enorme arenal era mejor que ser maricón.

Pero regresando a Regla y al juzgado donde trabajaba mi padre. Después de bajarnos de la guagua, nos montábamos en una lanchita repleta de gente y cruzábamos la bahía. En el muelle de Regla los niños pobres se zambullían en el agua para buscar monedas. La mayoría eran de mi edad, y algunos hasta más jóvenes. El agua era asquerosa y turbia. En cuanto caía una moneda, desaparecía enseguida bajo el agua. Aquí no había nada de agua azul turquesa. Era un agua tenebrosa, verde oscura y espesa, con manchas de petróleo que se irisaban al sol, y un olor más asqueroso que la mugre que se veía flotando sobre ella. Los cuentos que me hacía mi padre mientras cruzábamos la bahía me asustaban aun más.

"Imagínate la cantidad de tiburones que están nadando debajo de nosotros en este mismo momento".

"Sabes, una vez vi a una negra vieja caerse de la lancha, y ahí mismo se ahogó. Y los tiburones se comieron al tipo que se tiró para salvarla. Fue espantoso".

"Sabes, una de estas lanchas se hundió una vez durante una tormenta, y todo el mundo se ahogó. No, no, espera. Me equivoco. Lo que pasó fue que algunos se ahogaron, y los otros se los comieron los tiburones. Fue terrible. Qué tragedia".

"Sabes, una vez a un loco se le ocurrió taladrarle un hueco a una de las lanchas, y cuando estaba en medio de la bahía, se hundió. Fue terrible. Los que no se ahogaron, se los comieron los tiburones".

Esos pobres niños que se tiraban para buscar menudo en esa agua tan espesa y oscura, en la cual nadie podía ver si se

aproximaba un tiburón, me parecían los seres más valientes
sobre la faz de la Tierra. O los más desesperados. En aquel entonces no entendía que la desesperación y la valentía frecuentemente suelen ser una misma cosa. Papá siempre me daba
una moneda para tirar al agua, casi siempre un "medio", una
moneda de cinco centavos. A veces era un medio cubano, a
veces un *nickel* americano. (En aquel entonces, el peso cubano
y el dólar americano eran intercambiables, ya que ambas monedas solían estar a la par). Los niños se tiraban al agua y peleaban por la moneda. No tiene precio la expresión de júbilo
en la cara del niño que surgía repentinamente del agua sucia
con el medio mío en la mano.

Del muelle caminábamos al juzgado, a unas cuantas cuadras
de distancia. Estas son calles mugrientas, pensaba, repletas de
edificios viejos y asquerosos y gente pobre. El único color que
recuerdo haber visto en aquel vecindario era el color carmelita. Los edificios eran color carmelita, las calles eran color carmelita, la gente era color carmelita. Hasta la imagen de la
Virgen del Santuario de Regla era color carmelita. El sol ardiente se mantenía allá arriba, bien lejos, en su dominio puro,
incapaz de penetrar esos callejones estrechos. No se veía ni siquiera un árbol, al menos en el camino al juzgado.

El juzgado me parecía idéntico a los otros edificios en
aquella estrecha calle, quizá porque no había casi dónde dar
un paso para atrás y mirarlos bien. La puerta lucía antigua y
gastada. Era color carmelita. El guardia también solía ser color
carmelita. Una vez que franqueabas la entrada, comprendías
que no era un edificio común y corriente. Tenía celdas, las
únicas que jamás he visto. Y había gente en las celdas. En su
mayoría gente color carmelita. Debíamos pasar por ellos para
llegar al despacho de Papá. Esos tipos lucían tristes, rabiosos y
sucios, y me miraban con odio, o por lo menos así me parecía. Me alegraba siempre ver al policía que guardaba aquel pasillo. Seguro que esta era gente mala que había hecho algo
malo. ¿Quién sabe lo que me podían hacer si mí padre no los
hubiera metido detrás de las rejas? Las celdas me recordaban

las jaulas de los leones en el zoológico, y la gente dentro de ellas parecían ser tan poco felices como las bestias atrapadas.

El descubrimiento más asombroso que hice en ese juzgado fue ver que mi padre era mucho más que un señor gordo, bobón y excéntrico que le gustaba hacer papalotes y pasearnos en el automóvil bajo las olas gigantes. Él tenía poder. Verdadero poder, del tipo que hace que algunos hombres se arrastren ante otros. En el juzgado lo trataban como si de verdad fuera el rey de Francia, y a mi hermano y a mí como si fuéramos los príncipes herederos. Los escribientes le rendían pleitesías y nos adulaban, en el verdadero sentido de la palabra. Como en el colegio y en la casa yo siempre me encontraba en el nivel más bajo de la jerarquía, me vino de sorpresa la atención y el respeto que me mostraban ahí.

Todos los hombres que trabajaban para mi padre me comían a preguntas. Hombres bigotudos, hechos y derechos, con el pelo peinado hacia atrás con brillantina. "¿Quieres que te traiga una Coca-Cola? ¿O quieres mejor una Royal Crown? ¿O una Pepsi-Cola? ¿Orange Crush? ¿Cawy? ¿O qué te parece un batido? ¿Quieres que te ponga el ventilador más alto? ¿No tienes calor? ¿Quieres que te traiga unos muñequitos?"

Una vez que yo asentía, el hombre a quien le tocaba el honor de complacer mi pedido chasqueaba los dedos y ordenaba a otro a hacer el mandado. "Ñico, vete al frente, y tráele una Coca-Cola al hijo del doctor Nieto". "Oye, Argimiro, vete al puesto de la esquina y tráele los últimos muñequitos de Superman". "¡Chucho! ¡Chucho! ¡Chucho! ¡Dale! Ve y tráele chicle Juicy Fruit a este buen muchacho". En sólo unos minutos cumplían con mi pedido. Y, siendo niño, nunca pensé en quién pagaba por todo eso.

Esos mismos hombres se arremolinaban alrededor del escritorio de Papá como hormigas obreras, trayendo documentos y llevándoselos tan pronto los firmaba. Le consultaban si esto o aquello ya estaba bien. Y siempre asentían con la cabeza y un "Sí, señor" a cada una de las órdenes de Luis XVI. Presenciar esos intercambios me resultaba siempre una nueva revelación. En el juzgado, el velo se descorría por un instante y revelaba un mundo de jerarquías, en el cual los cinco sentidos se percataban del poder y entendían su efecto sobre los hombres. Dichoso yo, que me encontraba en la cima. Y pensaba que así sería para siempre.

Estaba seguro de ello las veces que me permitían sentarme junto a mi Papá en el estrado. ¿Cómo no iba a poder sentarme allá arriba, junto al Señor Juez? Obsequiosos, sus ayudantes colocaban una silla. Y allí sentado, por encima de todos, miraba desde lo alto a los culpables, a los inocentes y a las víctimas. Ya dije que La Habana no estaba en los Estados Unidos. Mi padre, un hombre que hacía papalotes y desafiaba las olas, escuchaba los testimonios, interrogaba a los testigos, descubría las verdades, dictaba sentencia y decidía lo que era justo con su hijo sentado a su derecha. En aquel mundo colmado de males, era su responsabilidad enderezar la justicia: de perdonar y castigar, de subsanar las pérdidas y convertirlas en ganancias.

Me fascinaba verlo trabajar. Despachaba todos los casos velozmente; no había querellas ni testimonios —por enrevesados que fueran— que pudieran detenerlo. Yo había oído hablar de Salomón en el colegio, y de las dos mujeres y el niñito, y de cómo Salomón, en un abrir y cerrar de ojos, dictó sentencia. ¡Dividir al niño en dos! ¡Alabado sea Dios, mi padre era como Salomón! En un segundo, con sólo hacerles una o dos preguntas, se percataba de quiénes eran los culpables y en un dos por tres dictaba sentencia. Tiene usted que pagar una multa de veinte pesos. Tendrá usted que cumplir veinte días.

Yo permanecía ahí, a su diestra, pasmado. Todos los que estaban en la sala del juzgado me miraban con una mirada interrogante que parecía preguntar: "Niño, ¿qué diablos haces ahí?" Una mujer a quien mi padre encontró culpable de no sé qué y a quien multó cincuenta pesos me miró como suplicante luego de recibir su sentencia. ¿Quizá me pensaba capaz de hacer algo?

No creo que los juicios duraran más de dos horas. Tras dejar el estrado, Papá firmaba otros documentos y luego nos íbamos a casa. Regresábamos en la lancha para después tomar la gua-

gua. Ahora que lo pienso, me doy cuenta que el día laboral de
mi padre era tan sólo de tres o cuatro horas. Con razón le alcanzaba el tiempo para hacer tantas otras cosas, tales como
mecanografiar en pequeñas fichas los datos de todas y cada
una de sus piezas de colección, o construir dioramas, o llevarnos en el automóvil a la orilla del mar.

Luego, cuando el mundo cambió, lo asignaron a un juzgado
más remoto, en el campo, al que fuimos en tren. Fue lo más
lejos que viajé de La Habana hasta que alcé vuelo y me fui
para siempre. El viaje fue muy emocionante, sobre todo porque el tren casi se descarrila. Nos tomó unas dos horas hacer
un viaje de unas treinta millas. Cuando llegamos al juzgado,
un pequeño edificio de madera, Papá firmó unos documentos
y regresamos a casa. Había sólo dos hombres trabajando para
él en ese juzgado, y se mostraron tan obsequiosos como los de
Regla. Lo único que cambió con la Revolución fue que ya no
tenían nada con qué agasajarme. No había refrescos, ni chicles, ni muñequitos. No había nada. Ni siquiera guarapo de
caña. Ni siquiera eso, en Cuba. Sin embargo, seguían trayén-
dole documentos a Papá para que los firmara, se los llevaban,
y procuraban su aprobación.

El poder siempre es el poder, y los hombres siempre son
hombres.

¡Qué trabajo más agradable ser juez! ¡Qué agradable ser
hijo de un juez! ¡Qué clase de lugar era aquél, mi Cuba! Dichoso yo.

Mucho antes de que yo fuera a Regla en lancha, muchos
sabios ya habían descifrado la mejor forma de cargar con tanta
suerte. Uno de estos sabios fue san Jerónimo, el genio que
hace quince siglos tradujo la Biblia del hebreo y el griego al
latín. Se dice que san Jerónimo, que nació en la provincia ro-
mana de Dalmatia, solía rogar, "Ten piedad de mí, Señor, dál-
mata soy", a la vez que se daba golpes de pecho con una
piedra, tratando de reprimir su voluntad y preparar su alma
para recibir la abundante gracia de Dios. ¡Qué hombre sabio,
y santo! Sabía a conciencia cuán profundo mora el pecado en
nosotros. Mis inclinaciones más bajas me siguen llevando

hacia el agua azul turquesa, a las puestas de sol color naranja y al estrado del juzgado. Yo también me veo tomando agudas piedras de granito, o mármol, dándome golpes de pecho, buscando la salvación. Pero le hago una pequeña modificación a la plegaria de san Jerónimo —un pequeño cambio que a la vez representa todo un mundo:

Miserére mei, Dómine, Cubanus sum.

"Ten piedad de mí, Señor, cubano soy".

4

Four

—¿**Q**uién descubrió Cuba?

Una pregunta fácil. Casi todos los alumnos levantaron las manos. Con la excepción de aquellos a quienes les pareció demasiado fácil, y que por lo tanto se paralizaron.

—Felipe... ¿Nos lo podrás decir?

Felipe no había levantado la mano.

—Cristóbal Colón, en 1492.

—Muy bien —dijo el maestro—. Pero no te pregunté la fecha. Me alegro de saber que no estabas mirando las musarañas. Ahora una pregunta un poquito más difícil: ¿Qué fue lo primero que dijo Colón cuando desembarcó en Cuba?

Unos cuantos serviles levantaron sus manos con más entusiasmo que nadie. Uno de ellos hasta llegó a apoyar su brazo derecho en el izquierdo, como para elevarlo aún más. Como siempre, el maestro se dirigió a un alumno que ni siquiera se había molestado en moverse.

—Daniel, ¿qué dijo Colón?

Con una mueca de dolor, Daniel tartamudeó.

—Eh... eh...eh... Gracias a Dios que... ¿al fin tocamos tierra?

Entre risas, algunos otros levantaron las manos. El maestro movió la cabeza con un gesto de disgusto y sorprendió a otro alumno que parecía distraído y que tampoco había levantado la mano.

—Miguel, ¿tú sabes lo que dijo?

Miguel miró al maestro fijamente y le contestó:

—Colón dijo:"Esta es la tierra más bella que ojos humanos han visto".

—Muy bien. Me alegra saber que no sólo estabas prestando atención, Miguel, sino que también por lo menos algunos de ustedes han recibido una buena educación en sus casas y les han contado esto antes que llegáramos al tema de hoy. Como ya sabrán, lo que dijo Colón es muy importante. Posiblemente sea una de las cosas más importantes que se ha dicho sobre nuestra Isla, y una de las más ciertas.

—Sí, efectivamente, Cuba es un paraíso —dijo Ramiro espontáneamente. Ramiro era el que había levantado el brazo más alto—. Mi papá me dijo que el Edén estaba aquí en Cuba, y que Adán y Eva no fueron sólo los primeros seres humanos, sino que también fueron los primeros cubanos, y por eso toda la humanidad es, más o menos, cubana. Y también me contó que por eso es que aquí no hay reptiles venenosos de ningún tipo.

—Es cierto, Ramiro, Cuba es un paraíso, y puede que haya sido el primer paraíso, el Edén. ¿Cuántos de ustedes ya habían oído decir esto antes?

Numerosos alumnos levantaron las manos.

—Efectivamente, Cuba sí es un paraíso. No hay lugar en el mundo que sea tan bello como Cuba, y por eso deben estar muy orgullosos de su país. Han tenido mucha suerte de nacer y vivir en un paraíso.

Al instante me vinieron a la mente lagartijas verdes y asquerosas, y me quedé mirando a través de la ventana a un niño arrodillado sobre la grava del patio bajo el sol cegador. Me fijé también en el crucifijo sobre la pizarra, y en la sangre que brotaba de las llagas de Cristo. Pocas cosas me aterraban más que los crucifijos, salvo el Jesucristo sangriento que se me aparecía en los sueños. Y las brujerías.

¿Esto, un paraíso? Me costó trabajo creerle al maestro, y también a mi padre. Luis XVI me había contado muchas veces que Cuba era el Edén. Supongo que él lo creía, aunque era imposible que recordara haber vivido en el Jardín del Edén. Era una de las pocas cosas que admitía no recordar. ¿Sería verdad?

¡Jesucristo Maestro de Judas!

En aquel entonces no lo sabía, pero ese llamado Edén era demasiado parecido al de la Biblia, y muy similar a todo lo demás que seguía en aquella historia, incluido el pleito entre Caín y Abel. Yo no tendría a ningún extranjero a quien culpar por haber arruinado mi país, mi casa y mi familia, ni por haber causado los peores momentos de mi vida. No habrían ningunas hordas bárbaras ni tampoco invasores de ultramar a quienes podría señalar. Mis heridas más profundas, incluyendo las más recientes, se las debería a mi propia gente. Pero también muy grande sería mi deuda con ellos. Los hermanos cubanos que me dejarían desnudo y me darían el beso de Judas, los que terminarían avasallándome, serían también los que me indicarían la vía hacia el paraíso.

El ganar y el perder son hermanos siameses que comparten un solo corazón. También lo son la vida y la muerte, el infierno y la gloria celestial. Traté de negar esta verdad cuando era niño, y aún, en mis peores días, me resisto a entenderla.

Imbécil que fui, e imbécil que soy todavía por tratar de llevar la contraria. Sólo debería haberle prestado más atención a las enseñanzas de los Hermanos de La Salle. Aunque no lo sabía en esa época, esos monjes y curas me lo habían explicado casi todo. Les debo mucho, incluido el miedo que les tengo a los choferes.

Fui dichoso. Estudié en una de las mejores escuelas de La Habana: el Colegio de La Salle de Miramar. Los Hermanos de La Salle tenían varios colegios en Cuba, pero ninguno superaba al que tenían en el elegante vecindario de Miramar, y no sólo dentro de la orden religiosa, sino también entre todos los colegios privados de la Isla. El presidente Batista debió haber creído lo mismo, ya que envió a sus hijos a estudiar ahí. Éstos eran mis compañeros de aula, como también lo eran los hijos de muchos de los ministros y generales batistianos. Los hijos de aquellos que tenían centrales azucareros, fábricas de tabacos, minas, talleres, grandes negocios o cualquier otra cosa que tuviera algún valor también eran mis compañeros de aula, junto con los hijos de los médicos, abogados y jueces.

Claro, La Salle era un colegio católico para varones, administrado por curas muy severos —muchos de ellos españoles y franceses—, cuyo único propósito en esta vida era ponernos al tanto de nuestros instintos nefastos y convertirnos en verdaderos cristianos, sobrecogidos por el temor a Dios. Aparte de unos cuantos niños judíos cuyos padres habían emigrado a Cuba luego de escapar de Hitler y los nazis, todos éramos católicos. A los niños judíos se les permitía no participar en la clase de catecismo, pero debían permanecer en el aula mientras nos instruían en la doctrina cristiana. Eso nos parecía raro, pero cuando la clase se trataba de un cuento bíblico del Antiguo Testamento, todos aquellos judíos levantaban las manos. Y siempre se sabían todas las respuestas. No entendíamos cómo sabían tanto si no se les exigía que estudiaran el catecismo, pero debíamos admitir que se merecían la medalla más grande y prestigiosa. Ese era uno de los misterios que los queridos hermanos nunca se molestaron en explicarnos.

O sea, no lo explicaban todo. Tan sólo nos explicaban *casi* todo.

El director del colegio, el hermano Néstor María, era de poca estatura y grueso, y hablaba español con un fuerte acento francés. Ya podrás imaginarte cómo nosotros, niños cristianos ejemplares, nos divertíamos con eso. El acento francés suena cómico en cualquier idioma, sea el español o el inglés. Solía visitarnos en el aula y se paraba junto a la puerta con las manos en la espalda, y aquella enorme barriga que ponía a prueba los botones de su sotana. Alardeaba del colegio ante todos los padres; mi madre todavía lo recuerda.

—¿Te acuerdas cómo al hermano Néstor María le gustaba decir que en su colegio estudiaba *"la crème de la crème"*?

La crema y nata. Sí, seguro. Seríamos niños mimados, pero en lo más profundo éramos unos salvajes, unos pequeños monstruos repletos de pecado original. No pasaba una hora sin que un alumno no pretendiera abusar de otro, o que alguno no fuera blanco de burlas. No pasaba un día sin que hubiera una pelea a puñetazo limpio en el patio. A veces surgían dos o tres peleas a la vez durante el recreo. Nos apretujábamos para hacerles coro. Los hermanos observaban sin intervenir, salvo cuando saltaba el primer chorro de sangre. Si había más de una pelea a la vez, los espectadores acostumbraban pasar de una a otra para ver quién estaba peleando. Algunas de las peleas eran mejores que otras, pero eso dependía de la fama que tuvieran los contendientes. Lo que de verdad la gente quería ver era una pelea entre dos bravucones. No era muy divertido ver a un bravucón entrarle a golpes a un mariquita. Los únicos muchachos que se ponían a ver esas peleas eran los maricones.

A mí no me contaban entre los mariquitas ni los maricones, pero así y todo, constantemente me ponían a prueba. Como yo me abstenía de usar malas palabras, eso me situaba incómodamente demasiado cerca de la línea que separaba a los machos de los mariquitas, lo cual provocaba todo tipo de desafíos a mi masculinidad en formación. Por lo tanto, quedé en el fondo de una jerarquía que no comprendía y que todavía me desconcierta. Y también recibí más golpes de los que quisiera recordar.

Sin embargo, sí me acuerdo de haber ganado una pelea, y con sólo un golpe.

Fue un día cualquiera en el segundo grado, afuera en el patio, bajo el sol cegador, cuando se me acercó el hijo de uno de los secuaces más temidos de Batista. Incluso a la tierna edad que teníamos entonces, ya todos rumorábamos que su padre estaba a cargo de las torturas que se cometían en Cuba, lo cual no era una tarea fácil, ya que la Isla estaba plagada de rebeldes. Y como casi siempre pasa, el hijo anhelaba ser igual a su padre. Así que ese niño, cuyo nombre se me ha olvidado, era uno de los peores abusadores de mi aula.

El Gran Verdugo *junior* se me acercó en el patio del colegio mientras yo conversaba con otro alumno. Nos interrumpió groseramente, como suelen hacer los abusadores.

—Ven acá, ¿por qué siempre te paras así, con las manos en la cintura, como una niña? —me preguntó.

Me miré las manos y me horroricé al ver que, efectivamente, las tenía colocadas en la cintura. Tuve que actuar rápidamente, sobre todo porque nunca había oído decir que colocar las manos en la cintura era una señal de feminidad. Pero si así lo decía aquél, así debía ser. Después de todo, los abusadores eran el prototipo del machismo.

—No siempre lo hago —contesté, quitándome las manos de la cintura.

—No, *siempre* lo haces. *Siempre* te veo haciéndolo.

—Te equivocas.

—No, el que se equivoca eres tú. Pregúntaselo a cualquiera. Tú *siempre* te paras como una niña, con las manos en la cintura.

El Gran Verduguito se volteó hacia el otro alumno que estaba conmigo.

—Díselo. Tú lo viste también. ¿No es verdad que siempre se para así?

Y el abusador hizo un gesto muy femenino, moviendo las caderas, con una mano en la cintura derecha y la otra en la frente.

—Yo… yo… yo no sé —dijo el otro, por temor de verse envuelto en aquello.

—No siempre me paro como una niña —refuté una vez más—. No exageres.

—¿Me estás acusando de mentiroso? —replicó el abusador, ofendido.

—Eh… no, no.

—Me dijiste mentiroso, maricón. Me dijiste mentiroso. Lo que eres es un maricón. Me das asco.

Había dicho la palabra. La había dicho. Y sólo estábamos en el segundo grado. La cosa se estaba poniendo muy seria.

El Gran Verduguito continuó:

—No sabes cuánto asco me das. Te comportas como una niña y nunca dices malas palabras. Mira, pruébame que sabes decir malas palabras. Di "mierda". Dilo. Di "mierda".

—Eh... eh... no puedo. Eso es un pecado mortal. El... el primer mandamiento no me permite que lo diga.

—¿Ves? Te lo dije. No puedes ni decir "mierda". Tú sabes que las niñas son las únicas que no pueden decir malas palabras. Sólo las niñas y los maricones.

—No lo puedo decir. Y no tiene nada que ver con ser niño o niña. Es que no quiero que Dios me mande al infierno.

—¿Entonces, otra vez me acusas de mentir, eh? Bueno, eso no lo resisto. Di "mierda". Di "pinga". Vamos, di "pinga".

Sin pensarlo, de pronto, le di un puñetazo en la cabeza, encima de la oreja. Todo ocurrió tan rápido que el Gran Verduguito no tuvo tiempo de bloquear el golpe. Se dobló y quedó en esa posición por lo que me pareció una eternidad. Entonces rompió en sollozos. Me quedé pasmado y mudo, asombrado por las lágrimas del abusador, y por el dolor que sentía en mi puño. Sollozaba y sollozaba, ese abusador, y lloriqueaba, y se sobaba la sien. Pensé que quizá le había quebrado el cerebro o algo por el estilo.

Entonces me habló entre sollozos.

—Tú sabes... *sollozos*... puedes matar a alguien si le das por la sien... *sollozos*... Ese es un lugar peligrosísimo... *sollozos, sollozos*... Si le das a alguien ahí... *sollozos*... el golpe va directo al cerebro y lo puedes matar.

Pensé en decirle "Sí, seguro. Es algo que sabes porque tu padre es un asesino que ha matado a muchos. Te apuesto que tu padre te enseñó cómo hacerlo. Te apuesto que le da muchos puñetazos a la gente por la sien. Por eso eres tan experto". Pero en lugar de decirle eso, me quedé quieto, tan quieto como una estatua, dando resoplidos. Y él siguió llorando.

Mientras más lloraba, más pena sentía por él. Me parecía

que aquella pena me inundaba como un oleaje. Pero a aquellas olas de pena se sumaron otras de terror. Me di cuenta de
que había herido al cabrón más malo del colegio, cuyo padre
tenía el poder de hacer desaparecer a cualquiera. Había metido la pata, y bien a fondo. Aquello sería la muerte para mí y
mi familia.

La pena y el temor se juntaron en un asfixiante nudo en mi
pecho.

—Lo siento —le dije.

Sonó la campana, el recreo llegó a su fin y regresamos al
aula. Más tarde, cuando llegué a la casa, les advertí a mis padres
sobre nuestra inminente catástrofe, pero nada nos pasó. No
apareció ningún policía al amanecer. Nadie me secuestró durante el recreo en un carro negro para llevarme a toda velocidad al cuartel donde torturaban a la gente. El abusador dejó
de mortificarme. No se hizo mi amigo, pero, a partir de ese
día, al menos comenzó a respetarme.

Aunque no lo entendí en ese momento, había dado con
una de las reglas fundamentales del universo: los abusadores
son todos unos cobardes. Son mariquitas de corazón, o incluso, maricones. Mucho más tarde, cuando ingresé en una escuela superior pública en un peligroso barrio de Chicago,
donde los bravucones no sólo portaban cuchillos sino que los
usaban, los recuerdos que tenía de aquel abusador llorón me
fueron de mucha ayuda.

Por supuesto, los queridos Hermanos de La Salle nos ense-
ñaban repetidamente el Sermón de la Montaña: "bienaventurados los pobres pues ellos heredarán la tierra", "ama a tu
prójimo como a ti mismo", "reza por tus enemigos", "si alguien te abofetea en la mejilla derecha, preséntale también la
izquierda", y todas esas cosas. Pero eran enseñanzas que no
penetraban ni la mente ni el alma, encadenados como estábamos al pecado original. Éramos todos igualmente malditos,
esclavos del pecado, tan ciegos como los murciélagos y tan
contentos como ellos cuando se cuelgan del techo de sus cue-
vas. Todos peleábamos —sin excepción— como puros salvajes. Nos insultábamos desenfrenadamente, nos burlábamos de

los menos afortunados, y despreciábamos a casi todos los demás en nuestra inculta Isla. Claro, nosotros éramos *la crème de la crème*, y el mundo entero era inferior a nosotros. Sabíamos eso muy bien. Nuestros padres lo sabían. Los hermanos lo sabían. El orgullo era nuestro peor pecado.

Pero todos creíamos que el peor pecado era el que los hermanos llamaban "malos pensamientos".

Ay, Dios mío.

Eso es todo lo que puedo decir cuando recuerdo mi introducción al sexo: "Ay, Dios mío". Entiendo que los hermanos querían advertirnos de la tormenta que se avecinaba, pero, por lo menos en mi caso, aviso y tormenta fueron la misma cosa.

En el primer grado, el hermano Alejandro acostumbraba entrar en el aula y advertirnos que "no tuviéramos malos pensamientos" o que "no pensáramos en suciedades". Al principio, todos nos quedábamos tan mudos como las momias de Egipto, ya que no nos atrevíamos a preguntarle qué diablos quería decir con eso. Yo imaginaba alguna ropa sucia con mal olor. Pero poco a poco las charlas del hermano se volvieron más explícitas. Nos hablaba de nuestras partes pudendas, y del rasgo masculino más ignominioso —las erecciones—, esa sensación, tenaz e inevitable, que llevó a San Agustín a decir *"¡Ecce unde!"* ("¡Mira, aquí está!"). Si deseas ver prueba del pecado original, dijo el hermano Alejandro, sólo basta con contemplar el miembro viril. Tiene vida propia y la mente no lo puede controlar. Mira, aquí está. Pero no lo mires mucho, y por supuesto, no te lo manosees mucho al ir a orinar. Y no te lo manosees de ninguna manera en ningún otro momento.

Nunca sabré cómo fue que al hermano Alejandro le dieron el puesto de maestro de pecados sexuales del primer grado. Quién sabe si se debía a que era el hermano que mejor entendía la enormidad de nuestra corrupción. De todos los hermanos, era el más severo, y estaba a cargo de la disciplina en el colegio. Y por eso mejor era no meterse con él, y no portarse mal. Naturalmente, nadie quería que lo mandaran a ver al hermano Alejandro. Imponía una disciplina estricta y todos le teníamos miedo a los golpes que propinaba en la cabeza con los nudillos. También se pasaba todas las tardes supervisando a los alumnos que quedaban castigados después del colegio, y les hacía escribir frases centenares de veces en la pizarra. Algunas de esas frases eran negativas: "Nunca haré X o Y de nuevo". Otras eran positivas: "Siempre haré X o Y". Si el castigo era de escribir más frases de las que cabían en la pizarra, el hermano contaba cuántos renglones habías escrito, anotaba la cantidad, y te mandaba a borrar la pizarra para seguir escribiendo. Si te quejabas, el hermano te mandaba a empezar desde el principio, o a regresar el día siguiente. Yo me enteré de todo esto por mi hermano Tony, quien pasó mucho tiempo de castigo. A veces el hermano Alejandro hacía a los peores indisciplinados arrodillarse afuera sobre la grava, bajo el ardiente sol tropical. Aquellos malhechores se arrodillaban allá afuera por lo que parecía una eternidad. Podía verlos desde mi aula mientras miraba de vez en cuando el reloj en la pared. Cada vez que uno de ellos terminaba allá afuera de rodillas, el segundero parecía reducir su marcha. Yo tuve suerte, o quizá fui bueno. Nunca provoqué la ira del hermano Alejandro.

Pero empecé a temer sus visitas a nuestra aula. Imagínate ese cuadro: un aula repleta de niños de seis años y decorada con muñequitos de Disney, que escuchan a un fraile hablar sobre el sexo. Estoy seguro que no era el único que pensaba que si nos prevenían contra algo, era porque ese algo tenía un lado agradable, lo mismo que las demás cosas que nos prohibían hacer. Un día, el hermano Alejandro nos introdujo a un nivel de perversión y deleite totalmente inconcebible.

—Nunca vayan a mirar las revistas sucias que tienen los choferes de sus padres —nos advirtió.

Un alumno valiente se atrevió a hacer la pregunta fundamental que a mí también me vino a la mente.

—Hermano, ¿qué es una revista sucia?

—Es una revista con fotos de mujeres desnudas.

¿Mujeres desnudas? ¿Y quién quiere ver retratos de mujeres desnudas? *Eso sí que es cosa de locos,* pensé para mí. Lo único que me vino a la mente fue la imagen de la vieja Inocencia y sus senos de berenjenas. ¡Qué asco! ¿Y por qué los choferes tienen revistas sucias al alcance de los menores? ¿Sería que eran anormales, como los enanos y los cojos? O quizá había algo que yo desconocía. Bueno, no tenía por qué preocuparme, ya que no teníamos chofer. Mi padre iba al trabajo en guagua, y manejaba su propio automóvil.

Entonces caí en cuenta. Aunque mi familia no tenía chofer, mi hermano y yo sí íbamos todos los días al colegio en un automóvil manejado por un chofer. Sin excepción, todos los días que íbamos al colegio nos recogía y traía un chofer en un Cadillac amarillo con aire acondicionado, junto al hijo del dueño de una de las minas de níquel más grandes de Cuba, que vivía en nuestra misma cuadra. Cuatro veces al día entrábamos en ese automóvil: para ir al colegio por la mañana, para regresar a casa para el almuerzo, para regresar al colegio, y al fin volver de nuevo a casa. A partir de ese día, cada vez que me sentaba dentro del Cadillac amarillo lo hacía con mucho temor. Esperaba que en cualquier momento el chofer sacara una revista sucia y nos la tirara al asiento trasero. Naturalmente, eso sería peor que una bomba o una granada, ya que nos podía costar una eternidad en el infierno. *Ipso facto.* Bastaba con mirar a una mujer desnuda para que murieras al instante, sin alcanzar a confesarte. ¿Y qué pasaba si la revista caía junto a ti, o en tu cara, y lograbas captar la foto de una mujer desnuda un segundo antes de que el chofer, riendo como un loco, permitiera al automóvil estrellarse, matando a todos los pasajeros? Pronto sospeché que los taxistas también tenían esas revistas sucias, ya que a ellos también les decían "choferes". Llegué hasta a tenerle miedo a los taxistas.

A menudo pensaba en cuál sería el trato que los hijos del presidente Batista recibían en mi colegio. ¿Acaso los otros alumnos los mortificaban? ¿Eran sometidos a las mismas charlas sobre el sexo? ¿Tuvieron alguna vez que escribir la misma frase en la pizarra cien veces? "Nunca olvidaré hacer la tarea", o quizá, "Le pediré a mi padre que nunca más torture a nadie". El hermano Alejandro, ¿les habrá pegado alguna vez un azote en la cabeza?

No lo sé. Lo único que sí sé es que sus guardaespaldas pululaban por el colegio, tanto afuera como adentro. Todo el día de pie, paseando de un lado a otro, vistiendo trajes o sacos de sport, hasta por la tarde, a la hora de mayor calor. Sabíamos que portaban pistolas debajo de sus sacos. Un día, cuando íbamos para el recreo, un alumno de mi aula tuvo el valor de acercarse sigilosamente a uno de ellos y le levantó el saco para verle la pistola. El guardaespaldas sólo sonrió y se cerró el saco. Yo alcancé a verle la pistola en su funda, y me pareció enorme.

No sé lo que pensarían los otros alumnos, pero yo creía que los guardaespaldas estaban ahí para proteger a los hijos del Presidente de los abusadores. O quizá para protegerlos de mí. Y una tarde, ya en segundo grado, me di de bruces con la posibilidad de que uno de esos guardaespaldas me pegara un tiro. Fue algo que pasó de repente. Iba corriendo a toda velocidad por el pasillo hacia el traspatio del colegio donde todo tipo de vendedores se amontonaban durante el día, esperando por la salida de los alumnos. Helados, caramelos, postalitas de béisbol, navajas sevillanas. Aquellos tipos vendían de todo. Sí, efectivamente, hasta navajas. Ya dije que La Habana no estaba en los Estados Unidos. Si teníamos dinero, los hermanos permitían que compráramos cualquier chuchería que esos hombres vendieran, o cualquier navaja que se nos antojara, de cualquier tamaño. Uno de esos tipos hacía las rositas de maíz más ricas que jamás he comido. Las vendía en cartuchos que enseguida absorbían la grasa. Eran algo digno de ver, esos cartuchos empapados en grasa. Bueno, iba corriendo a comprar algo, y *¡zaz!*, ¡me estrellé contra un alumno del primer grado! Lo tumbé. Las rositas de maíz que llevaba en su mano volaron por los aires. Yo también caí al piso, y el golpe me dejó aturdido.

Cuando vi a quién había tumbado, me quedé frío. Era el hijo menor de Batista, el que cursaba el primer grado. Se parecía mucho a su padre. *Aaaaaay*, pensé, *ahora sí que metí la pata. La requetemetí*. Seguro que los guardaespaldas vendrían a matarme a tiros. O posiblemente me llevarían a la cárcel, donde me arrancarían las uñas y me darían golpes en la sien. Pero antes que me asustara demasiado, el hijo de Batista me miró, y con la bolsa de rositas de maíz media vacía en la mano me preguntó:

—¿Quieres?

Tenía cara de angelito, con los ojos llenos de gracia. Yo esperaba la muerte o tortura, o por lo menos que me encarcelaran. Pero al contrario, me ofreció las mismas rositas de maíz que yo le había tumbado de la mano.

Los guardaespaldas nunca usaron sus armas en contra de mí, ni tampoco en contra de ningunos de los abusadores, pero llegó el día que finalmente sí las usaron. Me enteré otra tarde del segundo grado, cuando de repente docenas de perseguidoras, o automóviles policíacos, rodearon el colegio. El hermano Alejandro entró en el aula y le pasó una nota al maestro, quien nos mandó a que nos quedáramos tranquilos y que esperáramos hasta que nuestros padres nos recogieran. No hubo más colegio ese día; teníamos que regresar a la casa lo antes posible. Uno por uno, nuestros padres aparecieron con caras preocupadas. Ese día, mi madre, María Antonieta, tenía la misma expresión en la cara que tuvo la noche del tiroteo cerca de la Quinta de los Molinos. Cuando nos montamos en el automóvil, me di cuenta que el vendedor de las navajas no estaba en su lugar habitual. No había ningún vendedor, sólo policías, algunos de ellos con las pistolas en la mano.

—¡Asaltaron el Palacio Presidencial! —dijo mi padre una vez que estábamos sanos y salvos en el automóvil—. Tenemos que llegar a casa lo antes posible. Quién sabe lo que vaya a suceder ahora.

Mi madre iba muy callada. Un policía nos hizo señas para que pasáramos por las barricadas que habían levantado. No fue para nada como esa otra vez, anteriormente, cuando en ese mismo lugar, Luis XVI nos vino a recoger de sorpresa con un cachorrito en el asiento trasero del automóvil.

El ataque al Palacio fracasó. Aunque los rebeldes lograron llegar hasta el despacho y el dormitorio presidencial, Batista no estaba. Se equivocaron, o no pudieron encontrarlo. Decenas de hombres de ambos bandos murieron ese día, lo cual le proporcionó a los periódicos una cantidad exorbitante de fotos bañadas de sangre. Dios sabe qué hubiera pasado si a los rebeldes les hubiera dado por atentar contra el colegio también. Los hijos de Batista estaban ahí ese día, y uno de ellos estaba en el aula junto a la mía. ¿Y si a esos rebeldes se les hubiera ocurrido hacer como los compañeros de El Colorado, cuando nos dejaban en la casa todos aquellos mensajes amenazadores contra mi familia? Si hubieran fijado como objetivo a los hijos en lugar del padre, el mundo pudiera haber cambiado más rápido de lo que cambió. Posiblemente uno de los rebeldes que mataron ese día hubiera vivido y relegado a Fidel Castro al olvido. O tal vez yo hubiera muerto ese día, y no estarías ahora leyendo estas palabras.

Especulaciones inútiles. Las cosas pasan por algo.

Todo está planeado desde el principio, eterno es todo, y eternos somos todos. Nosotros y esa realidad, somos uno y lo mismo para siempre. La manera en que el cuello almidonado del hermano Alejandro se movía mientras hablaba. La manera en que los rayos del sol alumbraban y quemaban a los niños castigados al arrodillarse sobre la grava. Sus sombras contra el suelo. Las burlas, los golpes a la cabeza, las lágrimas, las revistas sucias, la bolsa de rositas de maíz. Cada mancha de grasa en el cartucho de las rositas de maíz, y la trayectoria de cada rosita cayendo al piso. La mano extendida en buena voluntad. Cada desconcertante obsequio que procede de los cielos. Cada tentación, cada mirada fugaz al abismo profundo que llevamos dentro del alma. El beso de Judas. Las afrentas más bajas. Todo. Todo fácilmente urdido en la historia de mi caída, de nuestra caída, la tuya y la mía, esa caída profunda y empinada. Esa caída alegre, esa gozosa caída en la cual siempre se puede, en un abrir y cerrar de ojos, con la gracia de Dios, hacer que nos salgan alas y alzar vuelo a tocar las puertas del Cielo.

5

Five

El jeep de fumigación dobló la esquina, rociando la muerte, y nosotros saltamos a nuestras bicicletas y le caímos atrás. Casi siempre era Eugenio, "El Apestoso", quien le daba más fuerte a los pedales, alcanzaba al jeep, se enganchaba a la defensa y lo seguía por varias cuadras. Eugenio se perdía en la nube, manteniéndose invisible mientras el jeep seguía su camino. Diez o veinte minutos más tarde, regresaba sudando y sonriendo —el chico más feliz del mundo—, y nos daba un recuento de cuán lejos lo había llevado el jeep: "¡Esta vez fueron diez cuadras!" "¡Veinte cuadras! ¡Dieciséis cuadras!"

Pocos podían igualar su hazaña. Ni siquiera mi hermano, quien lograba hacer casi todo lo que se le ocurría, como nadar desde la orilla del mar hasta el horizonte junto a los tiburones y las barracudas, y sondear con la vista el negro abismo que se abría bajo él cuando el fondo del mar descendía a miles de pies bajo las olas azul turquesa.

El mundo se transformaba al paso del jeep, todo se volvía invisible. No alcanzabas a ver tu propia mano extendida. La calle entera se volvía una enorme nube de pesticida que tardaba en desaparecer. Debe haber sido DDT, el mortífero veneno que luego sería prohibido en los Estados Unidos y en el resto del mundo. Control de mosquitos. La mejor manera de frenar la malaria en un paraíso tropical. Qué imagen hermosa la de aquel jeep rojo. Cuán hermoso el color de aquel veneno, de un matiz azuloso.

Me veo dando vueltas como un derviche en aquella neblina espesa, respirando desenfrenadamente, cayendo en éxtasis sobre el negro asfalto de la calle. El cielo debía de ser así, pensaba: espesas nubes de color azul y de aquel olor maravilloso.

El mundo está repleto de olores riquísimos. Maní tostado. Aceitunas. Rositas de maíz. Gases del escape. Aguarrás. Queroseno. Talco. Gasolina. Neumáticos nuevos. Pegamento. Betún. Chicles. Pólvora. Papitas fritas bien finitas y perros calientes fritos en aceite de oliva. Cuando dejé de ser niño, otras cosas también comenzaron a emitir olores agradables. El pan recién horneado. El whiskey. Tabacos. Rosas. Vino tinto. Billeteras nuevas. Automóviles nuevos. Las corvas de una mujer recién salida de un baño caliente. Otras sustancias que no me atrevo a mencionar. Los olores son la quinta dimensión, estoy seguro de eso.

Pero ningún olor podía superar el de aquel veneno. Tan fuerte, pero a la vez tan dulce. Nos gustaba tanto que nos llenábamos los pulmones de él.

Eugenio, nuestro campeón en la caza del jeep, era el más afortunado y alocado de todos. Éramos un grupo de amigos inseparables —cinco en total— del barrio. Mi hermano y yo, Manuel y Rafael Aguilera, hermanos también, y Eugenio Godoy, quien era lo suficientemente desafortunado de tener hermanas en lugar de hermanos. Cuando conocimos a Eugenio, mi hermano y Manuel lo apodaron el "El Apestoso" por lo mal que olía. Pero luego comenzó a usar desodorante y debimos buscarle otro apodo. Por eso le pusimos "El Alocado". No podíamos decirle "El Loco" debido a que teníamos que distinguir entre nuestro amigo y el pordiosero borracho que vivía al aire libre y a quien ya le pertenecía aquel apodo espectacular. Había una gran diferencia entre los dos. El padre de Eugenio era el presidente de un banco, y su casa y los patios que la rodeaban ocupaban media manzana. El Loco era un hombre andrajoso y sucio que acostumbraba a recorrer el barrio murmurando poemas y obscenidades. A veces también pegaba gritos y agitaba los brazos y sacudía la cabeza de un lado a otro. No sabíamos a ciencia cierta dónde vivía o en qué momento podíamos tropezarnos con él, de modo que le temíamos mucho. Siempre aparecía inesperadamente, lo mismo que el jeep de fumigación, pero más a menudo. Y no nos gustaba esa combinación de frecuencia e incertidumbre.

El Loco estaba mal de la cabeza. Tanto nosotros como nuestros padres lo sabíamos. También le decían El Loco. Era una de las únicas personas del barrio —posiblemente el único— en el fondo de la escala social. Por lo menos a las criadas y niñeras se les pagaba bien y dormían bajo techo. El Loco sólo poseía la ropa sucia que vestía, y un sombrero de guano de alas anchas. Era como un producto de la naturaleza, salvaje y peligroso, capaz de cualquier cosa.

Lógicamente, nosotros estábamos totalmente cuerdos, como también lo estaban nuestros padres. Al contrario de El Loco, que huía del jeep de la fumigación como si fuera la peste bubónica, teníamos la sensatez de poder distinguir lo verdadero, lo bueno y lo hermoso, y perseguir la nube de pesticidas. Y nuestros padres estaban lo suficientemente bien educados como para animarnos a hacerlo.

Uno de los hermanos de mi padre, Rafael, era el único adulto que nos regañaba por decirle "El Loco" a aquel hombre. Rafael tenía un apodo raro, "Filo", y era el único de la familia de mi padre que se permitía el placer ocasional de beber ron, cerveza y vino. De ahí quizá radicó aquel extraño brote de compasión, pues mi tío no era lo que llamaríamos un hombre compasivo. O quizá fuera un presentimiento suyo, porque llegaría el día en que Filo sería encarcelado y torturado, y perdería su propia mente. Así son las revoluciones. En todo caso, Filo nos azuzó la conciencia un poco, pero no lo suficiente para que dejáramos de atormentar a El Loco. La verdad es que no teníamos conciencia. Y El Loco sí que estaba realmente loco.

Como todos éramos tan cuerdos e inteligentes, creíamos que era nuestro derecho y privilegio mortificar a El Loco desde una distancia prudente.

—¡Chiflado!

—¡Looocooooo!

—¡Oye, ¿cómo te escapaste de Mazorra?!

(Así se llamaba el asilo psiquiátrico más grande de Cuba).

—¡Al manicomio!

A veces nos gritaba a su vez y nos perseguía. Eugenio nos contó que una vez El Loco sacó un cuchillo enorme y lo persiguió por dos cuadras.

Éramos ejemplos de virtud, los cinco. También atormentábamos a un retrasado mental que era vecino de Manuel y Rafael. A veces le gritábamos, y como se movía lentamente, lo mortificábamos hasta que no lo soportaba más.

—¡Mongólico!

—¡Oye, ¿cuánto son dos y dos?!

—¡Oye, ¿de qué color era el caballo blanco de Napoleón?!

—¡Oye, bobón! ¡A ver si puedes correr!

Etcétera.

Hace mucho tiempo, en el quinto siglo, San Agustín llegó a lamentar profundamente que a él y a sus amigos les encantara robarse las peras del árbol de un vecino. Pobre Agustín, ¡todo un pecador fracasado! En cualquier concurso de depravación, nos hubiéramos ganado la medalla de oro, mientras que los jueces se hubieran burlado de San Agustín.

Tocábamos los timbres de las puertas y salíamos corriendo. Llamábamos taxis por teléfono y los mandábamos al otro extremo de la ciudad. Con las voces más graves que podíamos fingir, comprábamos víveres y otros artículos por teléfono y pedíamos que se los llevaran a los vecinos. Arrancábamos las plantas de los patios vecinos y de los parques. Robábamos las frutas de los vecinos sin saber que con ello estábamos imitando al gran santo. Nos llevábamos las botellas de leche de los portales y las acribillábamos con nuestras escopetas de aire comprimido. Regábamos tachuelas y botellas rotas por toda la calle y esperábamos que los carros les pasaran por encima. Explotábamos petardos enormes —algunos de los cuales eran como la mitad del tamaño de un cartucho de dinamita— por todo el barrio, destruyendo los jardines, manchando los portales de negro y espantando a Dios sabe cuántas viejitas. Chocábamos nuestros carros de juguete unos contra los otros con la mayor fuerza posible, le dábamos martillazos o los volábamos con enormes petardos. Tupíamos los cerrojos de los vecinos con bolitas de chicle. Nos robábamos soldaditos de juguete de la tienda Woolworth's y les prendíamos fuego sólo para verlos arder. Por la noche, les disparábamos a los faroles con pistolas de agua, para que reventaran sus focos calientes, y cuando no teníamos pistolas de agua a mano, les tirábamos piedras. También apedreábamos a los gatos y perros. A los pájaros. Nos apedreábamos entre nosotros mismos.

Cuando se nos acababan las piedras, recurríamos a nuestros arsenales de armas. Les disparábamos a los pájaros con escopetas de aire comprimido y pistolas de perdigones. A veces le disparábamos a la gente. Dos veces, los hermanos Aguilera —que siempre estaban peleando— se entraron a tiros con las escopetas de municiones. Nunca olvidaré aquella vez que Rafa persiguió en su bicicleta a su hermano mayor Manuel, con el manubrio en una mano y la escopeta de municiones en la otra, pedaleando, disparando y gritándole insultos y malas palabras. Pasamos semanas y semanas riéndonos de eso. De hecho, una vez mis cohortes dispararon desde el techo de la casa de Eugenio a las guaguas que pasaban. No estuve con ellos ese día. Seguro estaba enfermo. ¡Cómo me hubiera gustado haber estado en aquel techo acompañando a mis amigos y a mi hermano! Los cuatro me contaron con lujo de detalle cómo los pasajeros de las guaguas brincaban espantados cuando las municiones daban en el blanco. Añadieron que Eugenio hasta le había roto una ventana a un autobús, pero no quise creerlo.

¿Pero por qué detenernos con las guaguas y las escopetas de

aire comprimido? ¿Por qué no aspirar a más? En la casa de Eugenio había muchas armas de caza, con balas verdaderas. Rifles, pistolas, escopetas. Ninguna guardada bajo llave, y su padre nunca parecía estar presente para impedir que las usáramos. Un día, mis cuatro cohortes se subieron al techo de Eugenio con un rifle de calibre veintidós, y se turnaron para tirarles a los aviones que sobrevolaban la casa. Sí, fue así, lo juro, trataban de tumbar los aviones. Pero yo no estuve ahí, desdichadamente, y así me perdí una de las aventuras más grandes del mundo. ¿Qué hubiera pasado si hubieran logrado tumbar un avión? Traté de imaginar la bola de fuego y la explosión del avión estrellándose contra una casa. Durante años lo he imaginado con enorme placer.

Éramos capaces de cualquier cosa.

También matábamos lagartijas que cazábamos sin tregua. Les dábamos muerte de maneras tan horrorosas que todavía no me atrevo a revelarlas. Lo único que puedo decir es que a veces tratábamos de mandarlas al espacio como a Laika, la perra rusa.

Pobres lagartijas.

Como pueden ver, mi hermanastro Ernesto no era el único pecador. Todos lo éramos. La diferencia entre él y nosotros era que él hacía cosas aún más perversas que nosotros, y que nunca lo sorprendieron haciéndolas. Comparados con él, los cinco no éramos sino unos aficionados. Siempre nos sorprendían haciendo nuestras maldades y debíamos pagar caro por ellas. Como el día en que Tony, Manuel y Eugenio se unieron contra Rafa y yo, y nos sometieron a la tortura de los Comanches.

No hacía mucho habíamos visto una película en la que unos indios Comanches enterraban en la arena a un vaquero hasta el cuello y le embarraban la cara con miel. Cuando vimos a las hormigas comerle la cara, nos retorcimos de horror y evitamos mirar a la pantalla, aunque no dejamos de espiar a través de los dedos, de modo que pudimos ver la suerte del cowboy. Fue una imagen que se adueñó de nosotros y una maldad que pedía a gritos ser imitada.

Había varios nidos de hormigas bravas en el jardín de Rafa y Manuel. Sabíamos que eran hormigas bravas porque ya nos habían picado. Sabíamos que debíamos mantenernos bien lejos de los hormigueros, y sobre todo del más grande, el que parecía un pequeño volcán. A menudo, cuando jugábamos en el jardín, uno de nosotros se topaba con un hormiguero y comenzaba a chillar del dolor mientras corría en círculos como un loco. Todos aprendimos a reconocer el grito que acompañaba la picadura. La hinchazón podía tardar, pero el dolor de la picada era inmediato.

Comparadas con aquellas hormigas, las lagartijas eran unas bellezas.

Pero las hormigas no eran el único recuerdo constante de la traicionera naturaleza que colmaba el jardín. El Señor también había bendecido el edén tropical de Aguilera con un arbusto de ajíes picantes. No eran los chiles jalapeños que hoy día todos conocen en Estados Unidos. Comparado con los ajíes de los Aguilera, los jalapeños son dulces como caramelos. Estos ajíes rojos preciosos y pequeños eran capaces de matar a un hombre. Eran de un aspecto maravilloso, de un color rojo vivo y resplandeciente. Del color de un carro deportivo o de un lápiz labial carmín. Tan bellos que parecían gritar "¡Acaríciame, bésame, cómeme!" Todo un engaño grande y fatal. Sentimos la tentación de probarlos —con mucho cuidado, y sólo con la punta de la lengua— y lamentábamos siempre haberlo hecho. Sólo bastaba rozar su jugo maléfico para conocer el sabor del infierno. Quemaban más que la lava y hacían que la piel se hinchara hasta casi reventar.

No exagero. Por eso los cubanos le decían "ajíes del coño'e tu madre".

Y un día, poco después de haber visto la película de aquel vaquero que era comido en vida por las hormigas, los muchachos mayores decidieron revivir la fatídica escena. Naturalmente escogieron a los dos más jóvenes y débiles para el rol del infeliz vaquero. Y se les ocurrió la idea, muy cubana, de combinar los ajíes picantes con las hormigas bravas.

Los tres —Manuel, Eugenio y Tony— se lanzaron contra

Rafa y yo, nos embarraron las caras con los chiles picantes, nos tiraron encima del hormiguero, y nos mantuvieron allí por un rato. Nunca había imaginado que tanto dolor era posible. No sé qué era peor, las picadas de las hormigas o el ardor de los ajíes. Pero aún recuerdo bien cómo se me hincharon los párpados y los labios.

Rafa y yo no paramos de gritar, rogándoles a nuestros verdugos que tuvieran piedad de nosotros, y pidiéndoles auxilio a nuestras madres. Pero ellas ya estaban demasiado acostumbradas a nuestros juegos de guerra y a nuestros gritos constantes de agonía ("¡Auxilio! ¡Socorro! ¡No me arranquen el cuero cabelludo!" "¡Auxilio! ¡Socorro! ¡Me volaron las piernas con una granada! ¡Aaaaaaaay!" "¡Ay, no! ¡Se me están saliendo los intestinos! ¡Aaaaaaaay no!"). Y ninguna salió de la casa para rescatarnos, aunque gritábamos con toda la fuerza de nuestros pulmones.

Tan pronto nuestros verdugos nos soltaron, Rafa y yo corrimos a la casa en pleno llanto. Veíamos borroso debido al jugo picante que nos nublaba los ojos y la hinchazón de los párpados, pero logramos encontrar a nuestras madres, que conversaban en la cocina. Yo gritaba como un desesperado: pensaba que me había quedado ciego para toda la vida y que me hallaba al borde de la muerte. Entre sollozos, Rafa y yo les explicamos a nuestras madres lo que había ocurrido, mientras ellas nos bombardeaban con preguntas y pegaban sus propios gritos. Ni Rafa ni yo nos dábamos cuenta de lo desfigurados que estábamos y lo mucho que aquello asustó a nuestras madres. Enseguida nos llevaron al baño, nos metieron en la ducha así como estábamos, sin quitarnos la ropa, y nos enjuagaron de pies a cabeza, formando las dos un revuelo todavía mayor.

Si alguna vez necesitas despertarte rápidamente de un sueño bien, bien profundo, búscate a dos madres cubanas que griten junto a tu cama porque alguien ha lastimado a sus hijos. Si quieres que te saquen de un coma, o que te resuciten de la muerte, búscate unas cubanas que sepan gritar al ver el daño que sus hijos mayores han infligido a sus hijos menores.

A Rafa y a mí nos lavaron los ojos con algo que nos hizo llorar aún más, y nos untaron varias capas de pomada en los lugares donde las hormigas bravas habían dejado sus picadas. No sé si fue igual para Rafa, pero ese día yo lloré más que nunca.

Los niños mayores fueron detenidos y llevados ante la justicia. Su comportamiento de abusadores quedó al descubierto ante sus padres, y debieron pagar por lo que hicieron. No recuerdo cuál fue el castigo, pero cualquiera que haya sido, debe haber sido leve comparado con el delito cometido. Nunca más hicieron algo tan cruel, pero sí se burlaban de lo que habían hecho, e incluso les encantaba contarlo a todo el mundo. Seguro que también se vanagloriaban del castigo recibido.

Después de un tiempo Rafa y yo también comenzamos a alardear, y hasta llegamos a reírnos de lo que nos habían hecho. Era un cuento que siempre dejaba a los otros muchachos con una magnífica impresión de nosotros.

Pero lo mismo no pasaba con las niñas. La primera vez que le hice el cuento a una, debió también ser la última. Pero pasé años insistiendo en hacerlo, porque pensaba que las podía impresionar.

Ahora tengo un juego con el cual suelo poner a prueba a mis propios hijos. Les pregunto: "¿Cuál es la ley?" Ellos ya saben la respuesta, y la pronuncian tal como les he enseñado, lenta y enfáticamente: "No andaremos en cuatro patas. No beberemos sangre". Una respuesta bien simpática cuando sale de la boca de mi hijo menor: "No andauemos en catro patas. No bebeuemos sangue". Nunca han visto la película de la cual provienen estas palabras, *La isla de las almas perdidas*, donde Charles Laughton hace el papel de un científico trastornado, el doctor Moreau, quien transformaba las bestias en seres humanos y los mantenía a raya con un látigo y aquella sola pregunta, "¿Cuál es la ley?" El doctor Moreau hacía restallar el látigo: *¡Zaz!* "¿Cuál es LA LEY?" *¡Zaz! ¡Zaz! ¡Zaz!* "¿Cuál es LA LEY?" *¡Zaz!* Las criaturas del doctor Moreau, precariamente erectas, se preguntaban a sí mismas y a su creador: "¿Acaso no somos hombres?" Y contestaban luego aquella pregunta al unísono y enfáticamente: "No andaremos en cuatro patas. No beberemos sangre".

A este examen sobre "la ley" le he añadido una tercera respuesta de mi propia cosecha: "No respiraremos veneno".

Mis hijos creen que les estoy tomando el pelo cuando emprendo este examen inesperado. Quizá imaginan que estoy igual de trastornado que el doctor Moreau. Pero les hablo muy en serio. Quiero que comprendan que sí existe una ley, y que sí hay una bestia que vive dentro de nosotros, una bestia siempre dispuesta a desobedecer la ley, y de hacerlo con fruición. Y también deseo que comprendan que hay un látigo chasqueando encima de sus cabezas que por lo pronto ni pueden ver ni oír muy bien. Algún día les explicaré que oirán el sonido del látigo y comprenderán que son ellos mismos quienes se castigan, erectos y absteniéndose de probar sangre, conscientes del peligro del veneno, y de lo importante que es evitarlo como si se tratara de la peste.

Pues, entonces, ¿cuál es la ley? ¡*Zaz*! ¡*Zaz*! ¿Cuál es LA LEY? ¡*Zaz*!

Oye, presta atención. Ahora te toca el turno.

Vamos, contesta.

6

Six

Ahí estaba de nuevo. Cuánto hubiera querido que desapareciera para siempre.

El Señor. Mi Cristo. Ahí estaba de nuevo, en la ventana, cargando el peso de esa enorme y espantosa cruz. Siempre se me aparecía de repente. No era que se acercara lentamente o cosa así. Simplemente se aparecía, *ex nihilo*. Y siempre sin hacer el menor ruido.

Cómo lo odiaba, y cuánto me espantaba.

Se paraba ahí en la ventana, como siempre, con los hilos de sangre corriéndole por la cara y esa grotesca corona de espinas hincada en Su frente. Espinas enormes y puntiagudas serpenteando entre mechones de aquel pelo largo y despeinado, empapado en sangre.

Tan sólo se paraba ahí y me miraba fijamente.

Como siempre, mi familia seguía cenando sin darse cuenta de que teníamos visita, tranquilísimos, hartándose y conversando, mientras Jesucristo se situaba en la ventana, y clavaba sus ojos en mí. "Pásame los plátanos fritos, por favor". "Azucena, sírveme un poco de malanga". "Tony, tómate la sopa,

que se te va a enfriar. Y si te la tomas fría, te dará una indigestión". "Antonio, ¿quieres postre?"

Dios mío, cómo me miraba. Con esos ojos, esos ojos tan
afligidos. Ojos oscuros, no azules, tan imponentes, tan domi-
nantes. Ojos que penetraban hasta lo más profundo del alma,
ojos que me leían el pensamiento. Ojos suplicantes e impe-
riosos a la vez.

—Ven, sígueme.

*Vete, vete, vete, por favor. Desaparécete, esfúmate, por favor. Deja
de torturarme. ¿Por qué me haces esto?* No necesitaba hablar. Él
sabía lo que estaba pensando antes de que yo lo pensara. Y yo
sabía que Él lo sabía.

Tan sólo se paraba ahí, mudo, clavándome su mirada.

Traté de decirle algo a mi familia, pero las palabras no me
salían de la boca. Era inútil tratar de explicarles. Él me hizo
saber que no valía la pena, que estaba ahí sólo para mí. Y entonces desaparecía tan rápido como había aparecido.

Perdí la cuenta de las veces que pasó. Lo curioso es que
cuando Jesucristo se me aparecía en sueños, yo siempre estaba
sentado en la mesa en el lugar de mi padre, frente a la ventana
que daba a la casa con el árbol de la fruta del pan. Aunque lo
normal fuera, en la vigilia, que me sentara en el extremo
opuesto de la mesa, frente a la ventana que daba a la casa de
las naranjas agrias. La casa de Chachi.

Chachi era una niña de mi edad. Su padre era un negociante de tabacos, y ella era su única hija. No sé cuál era su
nombre de pila. Sólo me acuerdo de su apodo: "Chachi". A
todos los mayores en mi casa les encantaba tomarme el pelo,
constantemente: "Chachi es muy linda. Algún día va a ser tu
novia". No tenían piedad conmigo, eran implacables. "Algún
día te vas a casar con Chachi. Ya verás". "Qué pareja más bonita van a hacer".

Cuánto odiaba sus labios pintados absurdos. ¿Y qué diablos
hacía pintándose los labios a los seis años?

Ser niño y saber que tu futuro ya está decidido es algo espantoso. No sabía frente a cuál ventana era peor sentarme:
frente a la ventana donde se aparecería Jesucristo con Su cruz,

o frente a la que estaba Chachi con sus labios pintados. Jesucristo me mostraba mi destino claramente: A mí también me tocaría en suerte una de esas cruces enormes y una corona de espinas. Pero mi familia me ofrecía un martirio distinto: me casaría con Chachi y pasaría el resto de mi vida embarrado con su ridícula pintura de labios. ¿Habría peor destino para mí?

Ambos eran futuros aterradores. Pero había una enorme diferencia entre estos dos personajes, y el papel que jugarían en mi vida.

Uno era Dios, y el otro no lo era.

Había, además, otra diferencia: Yo veía a Jesucristo sólo en mis sueños, pero veía a Chachi en carne y hueso casi todos los días. Y siempre escuchaba su voz por encima del muro que separaba nuestras casas.

Si mi familia no hubiera echado a perder mi relación con Chachi, quizá hubiéramos sido buenos amigos. Supongo que su familia también la mortificaba constantemente. A los cubanos les gusta hacer esas cosas. Supongo que muchas madres cubanas empiezan a planear las bodas de sus hijas y arreglarles el noviazgo incluso antes que ellas mismas lo sepan. De todas formas, cuando Chachi y yo estábamos afuera jugando, o cuando nos veíamos, los dos nos volvíamos como dos imanes con cargas positivas que se repelen, separados por un campo energético muy fuerte. Jamás hablé con ella, ni ella conmigo.

Cuando más nos acercamos a una conversación fue el día en que me emborraché en la boda de su tía.

Tremenda fiesta que fue. Todo el mundo acudió bien vestido, y Chachi se pintó los labios y se puso más maquillaje que de costumbre. Tendríamos unos ocho años. Pasé la fiesta con Jorge y Julio, los primos de Chachi, ambos más jóvenes que yo. Me encantaba ser el mayor del grupo, algo inusual. Jorge era muy gracioso, y me caía bien, a pesar de que Chachi era su prima. Julio era demasiado joven para ser gracioso, pero también me caía bien.

La fiesta se celebró a dos casas de la mía, en la casa de la abuela de Chachi, Jorge y Julio. Verán, el papá de Chachi vivía al ladito de la casa de sus padres, lo cual no era nada extraño en aquel entonces en Cuba. Jorge y Julio vivían la mayoría del tiempo con su abuela. Nunca me molesté en preguntar por qué. Eso también era algo muy común en Cuba. En todo caso, estaban sirviendo champán en la mesa principal, y esas copas llenas de un refresco con burbujas me parecían maravillosas. Las copas con sus pies largos y delicados sobre aquella mesa, llenas hasta el borde, y a disposición de quienes desearan beber de ellas. No debíamos pedirle a nadie que nos las llenaran. Así fue que bebimos, bebimos y bebimos. Aquel champán era riquísimo, con unas burbujitas que no se parecían a las de ningún refresco. Reventaban en la boca como mil petardos microscópicos.

Chachi apareció, abriéndose paso por entre la multitud. Recuerdo que me fijé en sus labios rojos y pensé para mí que, después de todo, quizá no me asustaban tanto. Hasta sus zapatos de charol ya no me atolondraban tanto ni tampoco me lucían tan misteriosos.

De pronto, toda la fiesta comenzó a lucir diferente. Yo estaba muy, pero muy contento. Contentísimo. Jorge y yo no parábamos de reír, de Dios sabe qué, y sin que supiéramos que ya estábamos borrachos. Y seguimos emborrachándonos más y más. Recuerdo que me pregunté, *¿por qué ahora, de repente, el mundo me luce tan agradable? ¿Por qué Jorge nunca antes me había contado chistes tan cómicos?* Mientras yo contemplaba el creciente éxtasis, un poco confundido, le dije algo a Jorge que le pareció comiquísimo, y se rió con tanta fuerza que el champán le brotó en chorros por la nariz.

Dos chorros amarillos, simétricos, aparentemente infinitos.

Era como si la nariz se le hubiera vuelto una manguera o como si él se hubiera vuelto un elefante. Así mismo hacían los elefantes con sus trompas en las películas de Tarzán. Chuuuuuuus! El champán salió a chorros y cayó en el piso de mármol, formando un charco amarillo efervescente enfrente de mí. Y entonces me eché a reír tanto que el cuerpo entero se me estremeció y los ojos se me aguaron. Jorge miró al charco incrédulamente, se sacudió las gotas que le quedaban en la nariz con los dedos, y empezó a reírse y a estremecerse igual que yo.

Una mano grande y gorda apareció de no sé dónde y me agarró por el hombro. Entonces otra mano también apareció de no sé dónde y agarró a Jorge de la misma manera. Mis pies se alejaron del piso y de repente me sentí en posición horizontal. Lo último que recuerdo es a mi padre sacándome rápidamente de la fiesta, cargándome en sus brazos. Entonces caí en un vacío profundo, oscuro e insondable. No recuerdo cuándo me llevaron cargado para la casa, que quedaba casi al lado, ni cuándo me acostaron, ni cuándo me desvistieron. Pero al día siguiente me desperté en mi cama con mi piyama puesta. Como siempre hacía al despertar, me fijé en las motas de polvo que se arremolinaban en los rayos del sol. Sin embargo, había algo diferente ese día. Me acuerdo de la desilusión que sentí al ver que el mundo ya no era tan agradable y gracioso, y me pregunté por qué no podía ser así siempre.

Más tarde, ese mismo día, mis padres me explicaron qué era la embriaguez. No entendí lo que me dijeron, pero sí comprendí que me había emborrachado en la boda. "Emborrachado?" Qué palabra más indigna. También me quedó bien claro que había pecado, y que nunca, nunca más debería volver a hacerlo. Podías acabar en el infierno si morías borracho. ¿Y qué me pasaría si expulsara tanto champán por la nariz que me ahogara y me muriera antes de tener la oportunidad de confesar mis pecados, especialmente el de la borrachera? ¿Y qué pasaría, encima de eso, si un chofer me tirara una de aquellas sucias revistas y me cayera abierta, encima de la cara, un momento antes de que el corazón me dejara de latir? Aquello me infundía miedo. Pero no tanto como la pintura de labios de Chachi. Juré abstenerme del alcohol por el momento, pero estaba orgulloso de haber tenido una experiencia reservada a las personas mayores, y aún más orgulloso de haber hecho que el champán que Jorge había estado tomando le saliera por la nariz.

Por años, Jorge y yo continuamos riéndonos de lo que

pasó, hasta el día que dejé Cuba. Seguro que todavía estaríamos hablando de lo mismo si no hubiera sido por Fidel y su funesta revolución.

Sin embargo, Jesucristo no abandonó su puesto en la ventana hasta el día que salí de Cuba y, en el transcurso de sólo una noche, me volví un hombre a la edad de once años. Se aparecía súbitamente. Mientras soñaba con otra cosa, de repente me encontraba en la mesa, de cara a esa ventana espantosa, sentado en el asiento de mi padre, suplicándole a Jesucristo que se fuera y no volviera. Hasta el alma se me estremecía cada vez que soñaba con eso. Él no me leía la mente, sino que me explicaba lo que yo estaba pensando. Aquellos sueños eran la antítesis de la divertidísima boda de la tía de Chachi. Eran terror, temor y temblores.

No se me ocurría que Él acudía a salvarme. ¿A salvarme de qué? ¿De labios pintados? ¿De las lagartijas? ¿De los abusadores del colegio? ¿De mí mismo? ¿De los brujos y sus hechicerías? Yo no sabía qué significaban la cruz, la corona de espinas, la sangre y Su escalofriante mensaje: "Ven, sígueme". Mejor hubiera preferido que se me apareciera el Cristo de los Ojos, con sus ojos azules. Él no era más que un rostro en un plato. Sin cruz, sin corona de espinas, sin sangre; tan sólo un hábil truco con Sus ojos. Ahora que lo pienso, ¿por qué no se me apareció mejor el Jesucristo de la boda de Caná, con Su madre, la Virgen María, a su lado? ¿Por qué no acudió a transformar mi agua en vino? ¿O en champán?

Parece que el Cristo Sangriento tenía un mensaje que sólo él podía brindarme.

Mi padre, Luis XVI, decía que una vida no basta para aprobar todos los exámenes. Hay tantas cosas que aprender, tantos errores que cometer, tantas deudas que saldar. Por eso uno debía regresar, una y otra vez. Debía saldar y seguir saldando las deudas, y educarse paso a paso, entre angustias. Mil millones de revoluciones, mil millones de guillotinas cortando mil millones de cabezas, mil millones de paredones no serían suficientes. Mares enteros de sangre no bastarían.

A veces pienso que Jesucristo me visitó en sueños para ex-

plicarme, mientras me sentaba en el asiento reservado para
Papá, que aquel hombre que creía en la reencarnación, aquel
hombre que decía haber sido el rey de Francia, estaba equivocado. Totalmente equivocado.

—Ven. Sígueme a Mí, no a él.

Mi madre, quien nunca afirmó haber sido María Antonieta
hasta que una mala reacción a una medicina le hizo perder los
estribos por dos días a la edad de setenta y ocho años, no tenía
mucho que decir en lo que se refería a la educación, sobre
todo en el campo de la metafísica y la escatología. Más que
nada, ella nos brindaba un cariño incondicional. A veces
pienso que Jesucristo se asomaba por aquella ventana del comedor simple y llanamente para que yo le prestara más atención a ella.

—Ahí tienes a tu madre.

O quizá Jesucristo quería quedarse a cenar con nosotros.
Estoy seguro que los plátanos fritos, la carne asada y la malanga sabían mucho mejor que cualquier pescado que pudo
comer a la orilla del mar de Galilea. Sí, claro. Jesucristo no sólo
me miraba a mí, sino que también se fijaba en la comida,
oliéndola profundamente.

¿Qué hubiera pasado si Dios se hubiera hecho Hombre en
un lugar con una cocina tan sabrosa como la de Cuba? Preguntas como ésta me han permitido darme cuenta que Jesucristo se infiltró en mis sueños para comunicarme infinidad
de cosas. Una cantidad tan enorme de mensajes que es imposible entenderlos todos de golpe. Que ni siquiera una vida
entera en la Tierra bastaría para comprenderlos. Mensajes im-
prescindibles como:

"Ahí tienes a tu madre".

"Los labios pintados son una maravilla".

"Las lagartijas son bellas".

"Los demonios están condenados al fracaso. Yo vencí el
mal, y tú también lo vencerás".

"No temas a la muerte. Vivirás para siempre, en un cuerpo
maravilloso, igual que el Mío".

"Bebe el champán y expúlsalo por la nariz".

Cuando contemplo al Cristo de mis sueños, siempre me acuerdo del hombre desesperado, con el pelo rizado, que no pudimos ayudar durante el tiroteo, y me acuerdo del reto de mi padre a todos los que hacía enfrentarse a su plato del Cristo de los Ojos: "Te apuesto que no puedes escapar de Su mirada".

Son recuerdos bastante extraños, hasta para un cubano. Pero sí tienen un uso, porque este mundo es más raro de lo que imaginamos. Entre los muchos mensajes transcendentales que me dejó Jesucristo en la ventana de mi casa en La Habana, uno supera a los otros en los momentos más difíciles; en esos momentos tan duros que parecen partir el alma, y que a todos nos sobrevienen alguna vez. No oí a nadie decírmelo en mis sueños de entonces, pero sí lo he oído muchas veces desde entonces, y todavía lo sigo escuchando.

"Este dolor, esta cruz, desaparecerán tan de repente como mismo desaparecí Yo de tus sueños; esas manchas que tienes en el alma también se borrarán, justo como aquella mancha de lápiz labial que una vez te dejaron en la cara, esa mancha que nunca viste, del beso que nunca sentiste, borracho imbécil".

7

Seven

Blacky, el mono, había vuelto a escaparse. Le dio un arrebato, salió a la calle, y saltó de árbol en árbol, con gran escándalo y susto de todo el vecindario.

Esta vez lo habían vestido en un *lederhosen* de color verde olivo. Así mismo como lo oyes: aquel gran chimpancé africano, que se había fugado de su presidio en pleno Miramar, estaba vestido con un *lederhosen* alemán, uno de esos ridículos trajecitos de cuero con pantalones cortos que los hombres hechos y derechos se ponen en Baviera. Saltaba de árbol en árbol, buscando su libertad, muy lejos de su legítimo domicilio en la selva africana, cargando con la cruz de aquel nombre en inglés en un país hispanoparlante.

Su dueño lo seguía a pie asistido por una pequeña patrulla de criados, vigilando sus movimientos, asegurándose de no perderlo de vista. Desde el portal vi a Blacky esconderse en un árbol frente a mi casa, y también vi a su amo suplicarle que bajara, con el sombrerito alpino en la mano. Aquel sombrerito que formaba parte del disfraz y que el mono prófugo había dejado caer, o del que quizá él mismo se había deshecho. Aún recuerdo vívidamente las plumas de colores que adornaban el cintillo de aquel sombrerito. Una era roja, otra dorada y otra verde claro. Blacky gritaba a toda voz desde su refugio, como hacía Chita en las películas de Tarzán. Blacky también se parecía mucho a Chita, pero tenía un toque neurótico. Hasta un niño podía darse cuenta de que aquel mono estaba bastante mal de la cabeza.

Cualquiera lo hubiera estado, alguien con la inteligencia de un chimpancé y viviendo encadenado a una casucha pequeñita, más o menos del tamaño de un escaparate, sobre una plataforma a unos ocho pies de altura. Ahora me doy cuenta de que se parecía mucho a la casa de Tarzán. Los postes de concreto que sostenían la casita de Blacky habían sido cuidadosamente diseñados para que simularan las ramas de un árbol. Incluso le habían moldeado una superficie rugosa que imitaba la corteza de los árboles, y unas cuantas ramas truncas. Yo no dejaba de mirar esos muñones artificiales cuando jugaba allí, en aquel zoológico. Tanto trabajo para hacer que algo se vea natural. Todo para un mono y su dueño.

Y cualquiera estaría más loco que Blacky si tuviera que enfrentarse a un montón de mocosos que constantemente lo mortifican, tirándole cosas. De todos los crímenes que mis amigos y yo acostumbrábamos cometer en el barrio, había olvidado contar lo mal que tratábamos a Blacky.

El pobre Blacky, encadenado a su casa. Cómo nos encantaba chivarlo. Cómo nos encantaba gritarle e imitarlo, y tirarle cosas. Siempre nos daba tanta risa cuando jalaba su cadena con furia y le daba golpes al vaso de aluminio que siempre tenía en la mano. Y cómo nos encantaba cuando nos tiraba aquel vaso azul, su única posesión aparte de la cadena, aunque entonces no me quedaba muy claro si la cadena le pertenecía a él o él a la cadena, y hoy sigo sin saberlo. Supongo que los disfraces también le pertenecían y lo apresaban a la misma vez. Pero por lo menos sólo se los ponían en ocasiones especiales.

A veces, si lo enfurecíamos demasiado, defecaba en sus manos y nos tiraba sus excrementos. Fácil es imaginar cómo

una partida de muchachos gozaba con eso, y cómo nos dábamos empujones para que a alguien le cayeran encima los misiles que Blacky lanzaba en nuestra dirección.

—¡Oye! ¡Cuidado!

—¡Prepárate!

Esperábamos que nos pasara lo peor. ¿A quién embarraría
con su mierda? Pero nunca logró el pobre mono acertar con
sus mojones, y eso nos molestaba enormemente.

Blacky le pertenecía a un vecino, el magnate del níquel, el
hombre que tenía el Cadillac y el chofer que nos llevaba al
colegio. Aquel vecino, Gerardo Aulet, había creado un zoológico en el jardín de su casa, al doblar la esquina. Ahí tenía un
león, un tigre, una pantera, un chimpancé, algunos monos más
y otros pequeños mamíferos y pájaros. Pájaros hermosos y
exóticos, en jaulas de todos tamaños. Algunas de las jaulas eran
tan inmensas que más tarde, después de que el mundo cambió
y la gente pobre se apoderó de aquel zoológico y de todo el
país, las convirtieron en sus viviendas.

¿Sería eso una señal del progreso, o una de las cosas más
tristes que jamás haya sucedido en la faz de la tierra? Dime tú.
¿Qué opinas? Todavía no sé qué pensar de eso.

Lo que sí sé es que eso fue exactamente lo que le pasó a mi
patria y a mis compatriotas, y que la pasión aturde mis recuerdos. Por mucho que he tratado de escapar, de borrar lo que
fui y lo que dejé de ser, todavía no lo he logrado. Es tan inútil
como tratar de volverme un muchacho irlandés-americano
—de pelo rojo y pecoso—, oriundo de una finca de Indiana,
alimentado a base de maíz. O Michael Jordan, el emperador
negro del baloncesto, desafiando la gravedad. O el capitán
James Tiberius Kirk, al mando de la *Enterprise,* traspasando el
universo a velocidad pasmosa, y acostándose con todas las
hembras —ya sean terrestres o extraterrestres— que se encontrara en su recorrido cósmico. Y ya que estoy hablando de
personajes ficticios, posiblemente Popeye fue el más sabio de
todos, el que supo desde siempre lo que a mí me costó tanto
trabajo y una vida entera aprender. Como él decía, *"I yam
what I yam", "*Soy lo que soy".

"I yam Cuban".

Maldito sea ese lugar donde nací, maldito ese lugar donde todo fue destruido. Arruinado en el nombre de la justicia social. En el nombre del progreso. En el nombre de los oprimidos, en adulación a los dioses Marx y Lenin.

Destruido totalmente.

Tengo fotos que comprueban que ni miento ni exagero. Fotos que mi madre tomó con una camarita *Kodak Instamatic* cuando regresó de visita en 1979. Ya para esa época todo estaba tan destruido que casi era irreconocible. Habían acabado con el barrio y con la Isla entera, lo mismo que le pasó a la Roma imperial, con la excepción que la destrucción de Cuba fue más rápida y sin la participación de los bárbaros germánicos. La capital entera. El país entero, del Cabo de San Antonio a la Punta de Maisí. Me cuentan que mi casa se derrumbó hace cuatro años, y que Ernesto, mi hermanastro, debió mudarse. Pero no tenemos forma de saber qué más pasó. Hace más de veinte años que ni mi madre, ni mi hermano ni yo hablamos con Ernesto. Pero eso no me quita el sueño. Para mí La Habana pudiera estar en la otra cara de la Luna, o en Plutón, o en Mongo, el planeta de Ming el Despiadado, o en los márgenes del universo, donde lo único que se desploma es el tiempo y el espacio, y no las casas.

De todas formas, a mí ya no me importa ni un bledo esa casa. Y si de verdad se desplomó porque ya no podía sostener su propia pudrición, pues ya era hora. Si no se desplomó, lo primero que haré cuando regrese a La Habana será alquilar un buldózer y acabar con ella. O hasta aún mejor, la llenaré de dinamita y la volaré por los aires. Sería la última sorpresa que le daría a mi antiguo barrio, un "petardo *máximus*", un recuerdo de mis travesuras del pasado. Tengo un vecino, aquí en el pueblo de Connecticut donde vivo, que me puede enseñar cómo hacerlo bien y sin víctimas inocentes. Este vecino se gana la vida reventando las piedras que yacen bajo la tierra de toda esta comarca, y sus hijos juegan con los míos. Una muy buena persona, y un experto con la dinamita.

¿Significaría esto que mis vecinos actuales son más extraordinarios que los vecinos de mi niñez? ¿O que son normales?

Pero perdona que me aparte tanto del tema. Déjame regresar a mi barrio y al cuento de Blacky. El hijo de Aulet, Gerardito, era también muy buena persona. Si no hubiera padecido de un asma severa, hubiera formado parte de nuestra pandilla, el sexto apóstol de la travesura. Un tipo muy cómico, pero el asma dominaba su vida. Sólo podíamos jugar con él en su casa y en su jardín zoológico.

Gerardito estudiaba con mi hermano Tony y conmigo en el mismo colegio, y compartía con nosotros el peligroso viaje diario en el Cadillac, aunque él no le temía al chofer. Parecían amigos, o por lo menos compartían lo más parecido posible a una amistad entre un niño rico blanco y un negro humilde. Incluso se contaban chistes sucios. Y los dos decían malas palabras sin pena alguna. Eso sí tenía sentido: las malas palabras y la casa de los Aulet iban de la mano.

En una de las terrazas del fondo de la casa, Aulet tenía un ave tropical que podía imitar la voz humana mejor que cualquier cotorra: un pájaro mina. Aquella ave era una bestia muy especial que podía competir dignamente con la emperatriz María Teresa. Se sabía todas las malas palabras al uso en Cuba y gritaba aquellas palabrotas tan alto que se oían a casi una cuadra de distancia. "¡Coño, coño, coño!" "¡Hijo de puta! ¡Puta! ¡Hijo de puta!" "¡Puta, puta!" "¡Carajo, carajo, qué mierda! ¡Qué mierda! ¡Mierda!" "¡Me cago en la puta de tu madre! ¡Cago, me cago, puta de tu madre!" "¡Culo grande, culo grande y gordo! ¡Culo, culo feo!"

Y éstas son las palabras menos ofensivas que decía. El gran temor que le tengo al infierno me prohíbe revelar las peores.

El pájaro mina de Aulet no tenía por qué preocuparse del infierno, ni tampoco debía preocuparse de otras cosas. Lo alimentaban bien y vivía como un rey. E indiscutiblemente le habían puesto un maestro de voz que debía haber trabajado muy duro para que dominara un vocabulario tan especializado. En aquel entonces yo sospechaba del chofer. Pero también pudo haber sido mi amigo Gerardito, o quizá su padre. O cualquiera de los que vivían en aquella casa. ¿Quién sabe? No quiero ni pensar en todo el esfuerzo que debió haber costado crear obra maestra tan insólita como aquella. El pájaro mina, que no tenía nombre, sólo se sabía una frase decente: "Gerardito, ven a comer". Me fascinaba oírlo decir aquel "Gerardito, ven a comer" intercalado dentro de la larga cadena de palabrotas y frases obscenas inconexas.

Acostumbrábamos a jugar mucho con nuestro amigo en su privado jardín de animales, lo que no estaba exento de riesgos. Una vez, mientras Papá descansaba en uno de los muchos bancos de aquel patio, de repente sintió que algo le pesaba sobre los hombros, como si dos manos grandísimas lo estuvieran sujetando. Se volteó y vio que tenía las fauces de un león a menos de una pulgada de su propia nariz. Quizá el león había querido saludarlo porque era tan gordo, con los huesos bien forrados en carne. Como ya se había enfrentado a la guillotina en otra vida, Papá no se aterró. O quizá se paralizó. Por suerte no movió ni las pestañas ni respiró hasta que el león levantó las patas y se fue a pasear por el jardín. Fue entonces que tranquila y apresuradamente nos recogió a todos, uno por uno, y nos metió en la casa de los Aulet.

Luis XVI, el héroe.

Muchos años más tarde, cuando mi hermosa esposa y yo aún éramos novios, y ella todavía cursaba sus estudios doctorales, trató de argumentar en una clase que el tigre del cual se hablaba en un cuento latinoamericano —un tigre en una casa— no tenía por qué ser visto como una simple metáfora. El profesor y los otros alumnos se burlaron de ella. "Realismo mágico", todos dijeron. Gracias a los cuentos que yo le había hecho, mi esposa sabía mucho más que ellos de lo que de veras significaba el realismo mágico. Por ejemplo, ella ya sabía el cuento de la venganza de Blacky.

Jugábamos a las escondidas. Yo había encontrado un lugar muy bueno detrás de la jaula del tigre. El mismo tigre que luego moriría de una indigestión por el enema que le administraron con una manguera. Lo que más me importaba era esconderme bien, tan importante que me atreví a meterme en el espeso follaje con las lagartijas. Ahí permanecí detrás de la jaula, muy bien escondido, empeñado en volverme invisible, escuchando atento mientras mis amigos, uno a uno, eran sorprendidos en sus escondites. Todo esto sin dejar de vigilar a las lagartijas.

Y entonces sentí el abrazo.

Alguien me había agarrado las piernas por atrás, a la altura del muslo. Pensé que Rafael, mi mejor amigo, trataba de asustarme, aunque hubiese sido muy raro que él me diera un abrazo como ése.

—Suéltame, Rafa —dije en voz baja.

Y enseguida sentí el dolor. Unos dientes largos y agudos que me penetraban por los pantalones. Y a mayor fuerza del abrazo, más se me hincaban los dientes en la piel. Ya había sido mordido por perros y gatos, pero esta era una mordida totalmente desconocida. Y no sólo porque era en mi trasero. Aquellos dientes me mordían con ganas, como buscándome el propio centro del alma.

Sentí un terror salvaje, a lo mejor impulsado por una enzima heredada de nuestros antepasados recolectores. La enzima que le indica al cerebro: "Oye, que te están comiendo". Entonces otra enzima entró en función, la que te advierte: "Estás a punto de morir", y ambas se juntaron con los compuestos químicos que cifran y envían al cerebro el regalo más especial de toda la naturaleza, el dolor intenso.

Me dolía y me requete dolía. Requetemucho.

Comprendí entonces que era Blacky mi atacante, porque ni los leones ni los tigres pueden dar abrazos. Esos brazos que ceñían mis piernas eran igualitos a los de un ser humano, pero yo sabía que ninguna persona me podía morder así. Por suerte, en ese entonces todavía no sabía lo fuertes que son los chimpancés. Si lo hubiera sabido, quizá el susto me hubiera matado.

Afortunadamente, tan pronto terminó de hincarme los dientes lo más profundo que pudo, Blacky me soltó. Un mono civilizado, ese Blacky. Hubiera podido atacarme sin piedad, arrancarme todo el pellejo de pies a cabeza, me hubiera podido perforar la aorta o la arteria femoral, o me hubiera podido triturar sabe Dios cómo. Pero tuvo piedad de mí. Se limitó a morderme una nalga, el lugar más carnoso, menos importante y más ridículo del cuerpo. ¿A lo mejor el *lederhosen* y todos esos otros disfraces lo habían dulcificado, le habían enseñado a controlarse? ¿Habrá sido el disfraz de cowboy? ¿O el uniforme de pelotero? ¿El traje de hilo blanco? ¿O quizá era tan sólo que Blacky el mono, mi primo genético, con su alma casi humana, sencillamente decidió que bastaba con sacarme un poco de sangre del trasero?

Blacky soltó mi nalga y chilló altísimo: un aullido triunfante que me asustó casi tanto como la mordida. *Aquí muero yo,* pensé. Pero chilló y aulló un poco más, y como mono que era, se fue dando brincos, apoyándose en los nudillos.

Entonces me tocó a mí gritar, aunque no en un tono triunfante. Mis aullidos provenían del dolor.

—¡Me mordió! ¡Aaaaaay! ¡Blacky me mordió! ¡Aaaaaay!

—Oye, te descubriste —dijo Manuel cerca de mí, sin compasión alguna.

—No estoy bromeando. Me mordió, ¡de veras que me mordió! ¡Ay! ¡Aaaaaay!

Y me puse a llorar como el niño que era.

Uno por uno, mis compañeros vinieron adonde me había escondido. Todos parecían hablar a la vez.

—¡Déjame ver!

—¿Cómo? ¿Se soltó Blacky?

—¡Aaaaay!

—Oye, vamos a meternos en la casa, ¡antes que nos ataque a todos!

—Mentira. Déjame ver. No te lo creo.

Desde la terraza arriba, el pájaro mina irrumpió.

—Coño. Carajo. Puta. Puta. Gerardito. Gerardito, ven a comer. Coño.

Mi madre, que estaba en la casa conversando con la hermana mayor de Gerardito, oyó los gritos y salió enseguida. Mientras tanto, mis compañeros se me acercaron y vieron que yo no mentía. La mancha de sangre se veía claramente en la tela de mis pantalones. Entonces nos metimos en la casa, rápidamente, y mirando para ver por dónde andaba Blacky. Mi hermano trató de consolarme.

Sin pensarlo dos veces, corrí hacia la cocina, donde ningún mono podría atacarme. Mi madre me tranquilizó, me secó las lágrimas y me limpió las heridas. Sin embargo, para limpiármelas, debía bajarme los pantalones y el calzoncillo. Como había mucha gente en la cocina que no mostraban ninguna intención de irse, y que tampoco quisieron irse cuando ella les pidió que se fueran, le costó un poco de trabajo convencerme de que me bajara los pantalones. Todo el mundo quería ver la mordida que me dejó Blacky en las nalgas. Creo que todo el mundo la vio.

El agua oxigenada y el yodo dolieron tanto que lloré un poco más. La herida que me dejó la mordida era profunda, pero no era más grande que el tamaño de cada uno de los dientes de Blacky. Me mordió una sola vez, y parece que los pantalones me protegieron un poco. Sobre todo porque me mordió en uno de los bolsillos de atrás. Gracias a Dios, mi padre había recibido rollo tras rollo de mezclilla de una de sus agradecidas amistades, y mi madre me había cosido aquellos pantalones. Desde ese día he confiado siempre en la protección que ofrecen los *jeans*.

No sé quién agarró y encadenó a Blacky ese día. Pudo haber sido el jardinero, o el encargado de los animales en el zoológico de Aulet. Pero sí lo agarraron, y se lo llevaron a su pequeña choza estilo Tarzán. Me fui para la casa con una nalga herida y con un mayor aprecio por la naturaleza, por este dulce mundo nuestro donde hasta las flores están embarradas de sangre, y donde hasta el piar de los pájaros oculta un canto fúnebre. Quiero pensar que ese día Blacky comprendió la ley universal que yo había descubierto en el patio de mi colegio: cuando las cosas van mal, los abusadores son los más cobardes.

Nunca más volví a molestar a Blacky. Nunca más. Ni siquiera cuando mis amigos se burlaban de mí por no hacerlo.

¿Y en qué terminó la fuga Bavieresca de Blacky, el chim-

pancé vestido de *lederhosen*? Como era de esperar, lo captura-
ron y volvieron a encadenarlo. Pero no sé cómo lo hicieron.
Lo único que recuerdo es cómo Blacky brincaba vertiginosamente de una rama a la otra en el dosel verde de los árboles,
alejándose más y más de su casucha, mientras su amo Aulet y
su comitiva lo perseguían, pegándole gritos. Aulet lucía preocupado y bastante ridículo con el sombrerito del mono en la
mano. Blacky lucía regio en su *lederhosen*. Ese día se volvió el
rey de Baviera, y ni menos inteligente ni menos majestuoso
que Luis II, El Loco, quien mandara a construir el Castillo de
Neuschwanstein y fuera amigo y mecenas de Richard Wag-
ner. Yo estaba a favor de Blacky y lo alentaba para que corriera
más rápido, que se balanceara más vertiginosamente de rama
en rama, que encontrara la libertad.

Me gustaría saber qué le pasó a Blacky después que yo
mismo, en busca de libertad, debí fugarme de la Isla. No lo he
dejado de tener presente, a aquel mono. Tal vez él tenga algo
que ver con el hecho de que un títere de mono sirvió de padrino en mi boda, con una solitaria rosa roja en sus manos.
Tengo retratos de aquel muñeco, mi padrino de boda, con su
rosa roja. También tengo retratos del muñeco viajando por
Europa conmigo y mi esposa, todos lugares bien lejos de Miramar. Frente al Museo del Jeu de Paume, con la Torre Eiffel
en el fondo. Durante la travesía por el canal de la Mancha, con
los blancos acantilados de Dover azuleando en el horizonte.
Frente a la Alhambra, al otro lado de un barranco profundí-
simo, posado en la orilla de un muro tan blanco como las nie-
ves de la Sierra Nevada.

Gerardito saldría de Cuba sin sus padres, lo mismo que yo.
Aquel niño rico, mi amigo, se transformó en un huérfano
pobre en el mismo momento que pisó suelo americano, lo
mismo que yo. No sé qué le habrá pasado aquí en el exilio;
nunca volvimos a hablar desde el día que dejó Cuba. Quizá él
también deambuló al anochecer por terrenos baldíos de los
barrios pobres de Miami, buscando botellas de refrescos para
recibir dos centavos a cambio y poder juntar el dinero necesario para comprarse un dulce o un granizado para cenar. Su

familia lo siguió unos años después, como hicieron muchos otros. Su padre, el magnate de minas de níquel, perdió su fortuna. Se vio forzado a buscarse trabajos de poca monta en la Florida, y debió acostumbrarse a vivir sin los animales de su jardín zoológico. Posiblemente hasta tuvo que limpiar pisos y oír a otros llamarlo *spic,* como les dicen los ignorantes a los hispanos en los Estados Unidos.

No sé en qué terminó el bestiario Aulet. Después de tantos años, no me importa un bledo adónde fueron a parar las cosas, incluyendo las que más me importaban. Ya que la Revolución lo destruyó todo y convirtió a todos los cubanos en esclavos y pordioseros, nada vale nada. Pégale fuego a todo, ponle una bomba, reviéntalo, tíralo todo por el vórtice del agujero negro más monstruoso del universo. Mándalo todo al infierno. Eran trastes solamente, y nada más.

Polvo.

Porquería. Más nada que porquería. O por lo menos es lo que quisieras creer. Entonces un muñeco en forma de mono se aparece en tu boda, años más tarde, y ni siquiera entiendes qué hace ahí, ni por qué te estás burlando de ti mismo en tu propia boda. Y entonces, si al fin quizá llegas a entender por qué aquel mono se coló en tu fiesta, inmediatamente volverás a pensar en el buldózer y la dinamita.

Quizá. A lo mejor.

Blacky me estaba esperando en su pequeño bohío de Tarzán, en el jardín de los animales, aquella última mañana que pasé en La Habana. Todavía estaba ahí tan sólo unas horas antes de que yo saliera para el aeropuerto, unas horas antes que Luis XVI me abrazara por última vez en esta vida. Esa mañana, fui en patines a ver a Blacky y a despedirme de él. Fue lo último que hice antes de irme. Blacky hizo retumbar su cadena y me hizo muecas, como siempre.

Creo que también oí al pájaro mina decir: "¡Culo, culo, culo feo!" Así mismo fue. Lo juro aun a riesgo de mi condena eterna.

8

Eight

Cohetes. Una de las palabras más bellas de la lengua castellana. Sin duda alguna.

En inglés, *firecrackers* no tiene el mismo efecto. Es una palabra sin fuerza, me parece. Pálida.

Los cohetes nos llevan a otros mundos. Flash Gordon y el doctor Zharkov volaban en cohetes, al igual que Buck Rogers. El Sputnik fue lanzado en un cohete, y también Laika. Pobre Laika, la perra que los rusos mandaron en un cohete al espacio a morirse de hambre en un viaje sin regreso.

¿*Firecrackers*? ¡Qué va! En inglés, *fire* es "fuego", y *cracker* es "galletica". Cuando aprendí cómo se decían cohetes en inglés, lo único que me venía a la mente eran galleticas ardientes.

Y por cierto, aquí en los Estados Unidos nunca vi cohetes tan grandes como los que había en La Habana, ni siquiera los que son ilegales.

Me veo en la calle Zanja de La Habana, en el barrio chino. Luis XVI, mi hermano y yo compramos cohetes y petardos en una tiendecita atiborrada de maravillas.

—¡Yo quiero esos grandes!

—¿Y me puedes comprar uno de esos de los cordones largos, esos siquitraques? ¿Dos? ¿Tres? ¿Diez? Por favor, Papá. Por favor.

—¡Nos hacen falta esas bombitas redondas también!

—Está bien. Felipe, déme diez cajas de esos. Y veinte de aquellos.

Sí, efectivamente, La Habana tenía su barrio chino, y un cementerio chino también. No sé cómo, pero muchos chinos acabaron en La Habana, y algunos se llamaban Felipe. Uno podía comprar cualquier explosivo en la calle Zanja. "Zanja" suena parecido a "Shanghai". ¿Será por eso que los chinos terminaron en aquella calle? ¿O tiene algo que ver con que los culíes chinos abrieron muchas zanjas en Cuba?

De verdad, no me importa. Lo que importa es que los chinos vendían los mejores cohetes y petardos de la capital, y estábamos almacenando un arsenal impresionante.

Me encantaba la mercancía que había en aquella tienda. Largas ristras de cohetes de todos los tamaños. Desde pequeños y tan delgados como tallos de rosas, amarrados de dos en dos en hileras perfectamente simétricas y largos como la canana de Pancho Villa, hasta los muy grandes, gruesos como salchichas y amarrados en bultos del ancho de una tumba común. Petardos chiquitos, de dos pulgadas de largo, del grueso de lápices. Explosivos de tamaño mediano, tan gruesos como el dedo índice de un adulto. Petardos largos, casi la mitad del tamaño de un cartucho de dinamita. Petardos enormes que parecían cartuchos de dinamita, los únicos que el rey Luis nunca nos compró.

Increíblemente, aquella era tan sólo una de las muchas tiendas que vendían cohetes en el barrio chino. Había otra al lado y otra al frente, y otra junto a ésa, por todo lo largo de la calle Zanja, y algunas en las calles aledañas. Un suministro casi infinito de cohetes y petardos.

Nosotros íbamos a la tienda de Felipe Wang porque Papá lo conocía, y siempre nos daba buenos precios. Favores. Tantos favores. Los bumeranes más bellos del mundo.

Todos los cohetes y petardos eran de color rojo. Rojo

oscuro, como el color de la sangre. Hasta el papel fino transparente que usaban para envolverlos era rojo. Papel de china, el mismo que Papá usaba para los papalotes, lo único que más fino. ¡Cómo me gustaba aquel papel! Me encantaba palparlo, acariciarlo, respirar la pólvora, cubrirme los ojos con él y ver el mundo entero colorearse de rojo oscuro. Todos esos dragones en las etiquetas eran maravillosos, a pesar de su parentesco con las lagartijas. Eran dragones de cohetes y petardos, diosecitos de pura alegría. Y todos esos caracteres chinos en las etiquetas: palabras místicas, secretos de otra dimensión. Estaba seguro de que en algún lugar de la China había hombres sumamente sabios —una casta sacerdotal— que habían descubierto la pólvora e inventado aquel sistema de escribir tan novedoso.

Guardaba aquellos papelitos rojos en la gaveta de las medias, como le decimos los cubanos a los calcetines, y los tuve que dejar todos atrás, junto a Mamá y Papá, y a casi toda la familia, y todos los trastos que acaparó mi padre. Cuando vi la película *El ciudadano Kane* por primera vez, me sentí como si me hubieran golpeado la cabeza cuando al final me encontré con la gran sorpresa de la palabra "Rosebud": cuando se descubre que el recuerdo más perdurable del protagonista —lo único en que pensó al morirse— era un humilde juguete de su niñez. Si todavía fuera cien por cien cubano, diría que me desmayé, o que me dio un ataque al corazón o una embolia. Pero mis poderes de exageración han disminuido mucho en el exilio. Tengo que reconocer que fue sólo un escalofrío que me sacudió todo el cuerpo, porque yo sabía lo que había sido mi Rosebud. El amor que sentía por aquellos papelitos rojos era en serio. Temo que cuando muera mis últimas palabras serán "los papelitos rojos" en lugar de algo piadoso.

Estos tesoros vinieron de lejos, del otro extremo del planeta. Papá me dijo muchas veces que si cavábamos un hueco profundo que atravesara el centro de la Tierra, podíamos llegar a la China. Le creí por mucho tiempo, aunque su versión de la geología no tomara en cuenta ni el Purgatorio ni el Infierno. Los queridos Hermanos de La Salle me habían explicado que aquellos dos lugares también estaban bajo nuestros pies. Pero en este asunto prefería creer a mi padre.

El barrio chino también estaba lleno de cosas espeluznantes. Imágenes de dragones de todos tipos y tamaños. Imágenes de deidades paganas, algunas de las cuales se parecían a los demonios de nuestra religión cristiana. Claro, había muchas estatuas del Buda. Pero muy pocas representaban al serenísimo Buda Iluminado. Parecía que a la mayoría de estos Budas les faltaba perspicacia, padecían de ceguera del tercer ojo. Me recordaban algunas de las imágenes católicas que me daban tanto miedo: San Lázaro y sus muletas, con los perros lamiéndole las piernas; Santa Bárbara, con el cáliz en una mano y la espada en la otra. Éstas eran las imágenes que usaban los brujos y los que practicaban la santería, esa muy criolla religión cubana que enmascara creencias, símbolos y rituales originarios de África con un débil barniz de catolicismo. Pero lo que más me asustaba eran las estatuas del Buda, más raras que ninguna otra que haya vuelto a ver, y disponibles en todos los tamaños: un Buda gordísimo con niñitos gateándole por encima de la panza y todo el cuerpo, con sus rollizos brazos en alto, y con una sonrisa ridícula, casi siniestra, en la cara. Parecía como si los niños lo estuvieran devorando poco a poco. En algunos de los barrios más humildes, como Regla y Marianao, y en La Habana Vieja, se veían estas estatuas expuestas con mucho orgullo en las ventanas que daban a las calles. Papá me explicó que mucha gente creía que esos Budas les traían buena suerte. Lo único que me daban a mí era un susto que casi me hacía cagarme en los pantalones.

A Luis XVI le encantaba el Buda Iluminado, claro, puesto que él creía en la reencarnación, y se supone que el Buda superó ese ciclo trágico de vida tras vida tras vida. Yo me erizaba cuando me repetía el cuento de Siddhartha. Quería que Papá admitiera que el cuento estaba equivocado, y que Siddhartha no había sido la última encarnación del Buda, y que además, él también había sido el Buda. Solía contarme de los santos cristianos que habían regresado a este mundo luego de ser canonizados por la Iglesia. Si el cielo no era el destino final de los hombres y las mujeres más santos, ¿por qué entonces suponer que el nirvana fue el último paradero del Buda? Gracias a Dios que nunca llevó sus meditaciones hasta ese punto.

De todas formas, los cohetes y petardos compensaban todo lo desagradable que había en el Barrio Chino. Hacíamos estallar nuestras bombitas por todo el barrio. Las metíamos entre las ramas de las plantas del jardín. En los árboles. En los muros y rejas. En los portales de los vecinos. En los juguetes. En los hormigueros. Encima de las lagartijas. Dentro de las botellas vacías. Dentro de los desagües y las cloacas. Para alcanzar algunos de estos lugares teníamos que encender el petardo en la mano, y tirarlo antes que explotara. Mi hermano y Manuel eran expertos en eso, y no les daba miedo hacerlo. Jugaban un juego que era una combinación de ruleta rusa y una carrera al revés, en el cual los dos prendían un petardo en la mano a la vez y esperaban a ver quién lo aguantaba por más tiempo antes de lanzarlo. Yo jugué ese juego varias veces, y siempre fui el primero en lanzar el petardo.

También hubo aquella vez que intentamos establecer el primero, último y único programa espacial cubano. Inspirados por el viaje de la perra rusa Laika, decidimos lanzar un ser vivo al espacio. ¿Y qué mejor criatura que una lagartija? Así que cazamos un camaleón verde, lo pegamos con esparadrapo a la tapa de una lata grande, le pusimos un cohete por debajo, y lo colocamos en la acera del parque de la avenida ancha que quedaba al doblar la esquina de nuestra calle. Luego decidimos que un solo cohete no era lo suficientemente fuerte para propulsar la lata al espacio, y lo reemplazamos con petardos de tamaño mediano, pero enseguida descubrimos que no había manera alguna de encender todas las mechas a la vez. Lo que de verdad necesitábamos era un solo petardo gigante. Y fue entonces que Eugenio vino al rescate. Corrió a su casa a buscar uno de esos petardotes que Papá nunca nos dejaba comprar, los que parecían cartuchos de dinamita. Su papá no era tan cobardón como el mío.

Cuando Eugenio apareció en su bicicleta, sudado y sonriente, y sacó el petardo gigantesco del bolsillo, nos fue imposible ocultar nuestra alegría. Colocamos el monstruoso explosivo debajo de la lata con gran cuidado, para que sólo se viera la mecha. Decir que era un "petardo" sería insultar esa bomba. Me parece que a lo mejor era un cartucho de dinamita.

—¡Esta lata va a salir volando! Así, *¡fuácata!*

—Así mismo. *¡Zun!* El impulso de la explosión la va a mandar más allá de las nubes.

—¿Y qué pasa si la lagartija entra en órbita?

—Eso sería tremendo.

—¿Cuánto tiempo crees que va a durar en el espacio?

Nuestro reacio astronauta verde se retorcía debajo del esparadrapo blanco que lo mantenía fijo a su cápsula. Era muy verde, verdísimo, aquel bello camaleón cubano. Era del tipo de verde que se ve entre la flora tropical, y hasta en el follaje primaveral de las latitudes septentrionales, donde sin embargo no hay animales de ese color.

Como era su petardo, Eugenio prendió la mecha. Todos nos alejamos unos seis pies, y esperamos el despegue.

Era una mecha larga. Nos paramos ahí por lo que nos pareció una eternidad, vigilando cómo las chispas subían por la mecha hacia el fondo de la lata y el petardo que le habíamos puesto por debajo.

¡PÁCATA!

Un destello cegador, una nube espesa de humo. *¡Shu, shu, shu! ¡ Shu, shu! ¡Shu, shu!*

—¿Qué pasó?

—Oye, ¿dónde está la lata?

—Se reventó, imbécil.

—¿Dime? ¿Qué?

—Se reventó. Desapareció. ¿No sentiste ni oíste la metralla que nos pasó volando?

—Se reventó en un millón de pedazos. De verdad. Lo vi pasar —dijo mi hermano Tony—. Y uno de esos trozos de la lata me cortó la oreja. Mira, estoy sangrando.

Y así era. A Tony le brotaba un poco de sangre de la oreja izquierda. Todos nos registramos para ver si estábamos heridos. Nos habíamos salvado. Menos la lagartija, por supuesto.

—Oye, ¿crees que podamos encontrar los pedazos de la lagartija?

—¿Cómo los vamos a encontrar, idiota? Desapareció completamente. No hay lagartija que se salve de una explosión como esa.

—Vamos a buscar los pedazos de la lata —dijo Manuel.

—Sí, vamos a ver si encontramos uno con los sesos de la lagartija —añadió Rafael.

Nos apartamos unos ciento cincuenta pies, dejando atrás el epicentro ahumado de nuestro experimento. Encontramos algunos pedacitos que quedaron, pero nada grande. No quedó ni rastro de la lagartija, ni del esparadrapo. Sí, efectivamente, nuestra nave espacial y su astronauta habían abandonado la tierra, pero no de la forma en que esperábamos.

Nos reímos y reímos como los imbéciles que éramos. Ahora cuando contemplo lo que hicimos, me doy cuenta de que fue un milagro que los pedazos de metralla no nos lastimaron. El peor terror de toda madre es que un pedazo de metal se clave en el ojo de su hijo. *¡Fua! ¡Shu, shu, shu!* Eso es lo más cerca que estuvimos del peligro, una ráfaga de extraños susurros que siguieron a la explosión.

Dios nos amparó ese día.

Idiotas, todos. Más adelante, ninguno de nosotros sacaría buenas notas en física. En aquel entonces me parecía —y aún me parece— que las supuestas leyes de la física son actos del azar que resultan directamente de la voluntad de Dios. Estas supuestas leyes pueden cambiar en cualquier momento, como sucedió cuando la lata se nos reventó en la cara.

Pasaba así cuando nadie nos vigilaba, lo cual era casi siempre. Pero de vez en cuando a Papá se le ocurría salir a divertirse con nosotros, y entonces teníamos más cuidado. Muchas veces, cuando nos acompañaba, íbamos a un parque situado a unas dos cuadras de la casa, en la Quinta Avenida, la calle más distinguida de Miramar. No sé cómo se llamaba, pero toda la gente lo conocía como "el parque de los ahorcados". Los amantes desquiciados, los que no querían vivir más por falta de amor o los que habían sufrido un amor funesto, se ahorcaban de las ramas más bajas y más fuertes de los árboles. Era el parque más romántico de Cuba, y también el más lleno de desencantos.

Era un parque antiguo y elegante que bordeaba los dos bandos de la avenida y en él crecían muchos árboles viejos con troncos que eran del tamaño de una casa. Esos árboles tienen unos zarcillos que les salen de las ramas, y cuando tocan tierra, se arraigan y se hinchan lentamente, formando así otro tronco. Tronco tras tronco, los árboles crecen de adentro para afuera. Algunas veces, un solo árbol es en sí una selva de troncos, algunos amontonados, otros a varias distancias del centro. Nos divertíamos mucho subiéndonos en los troncos y llenándolos de petardos. Tenían tantos rinconcitos, tantos lugares que ocultaban a todas aquellas lagartijas que queríamos volar.

El parque también tenía una glorieta enorme, sostenida con gruesas columnas corintias. Nos encantaba detonar petardos ahí. La acústica de la cúpula hacía que sonaran como si hubiéramos estallado una bomba atómica, o por lo menos así nos parecía. Tronaba y reverberaba, lo cual nos llevaba al borde del delirio.

Entonces se olía la pólvora. Los petardos grandes soltaban vapores embriagadores. Pero hasta los cohetes más pequeños eran dignos de ser olidos. Corríamos velozmente al lugar de la explosión y respirábamos lo más profundo posible.

Cómo me hubiera gustado oler la pólvora de las bombas genuinas que estallaban por la noche. Imagínate cuánta potencia debe tener un montón de dinamita. Casi siempre, las bombas estallaban bastante lejos, pero a veces teníamos suerte y zumbaba una lo suficientemente cerca como para hacer vibrar las porcelanas de las vitrinas de Luis XVI.

Durante los últimos años de la dictadura batistiana se oyeron muchas bombas en La Habana.

Hasta el día de hoy, cuando me acuesto a dormir, a veces me imagino que van a sonar una o dos bombas en la distancia. Se convirtió en un sonido casi consolador. Casi como una canción de cuna. Aunque parezca raro, me calmaba aún más si a las explosiones les seguía un tiroteo.

Porque por lo menos uno sabía que el mundo no había cambiado.

A veces, luego, uno se enteraba dónde había estallado la bomba, el daño que había hecho y cuántas víctimas había que lamentar. Los periódicos se encargaban de tomar fotos de los muertos y mutilados, pero a veces nadie se enteraba de nada. Cuando día tras día explotan tantas bombas, cuesta trabajo llevar la cuenta de lo que está pasando. También cuesta trabajo prestarles atención, salvo cuando te explotan enfrente.

Tuvimos mucha suerte; nunca nos pasó nada. Me duele decirlo, pero ansiaba encontrarme cerca de una bomba, o de conocer a alguien que tuvo la mala suerte de encontrarse con una.

Me encantaban las explosiones. Me encantaban en las películas de guerra. Me encantaba oírlas en la distancia, al irme a dormir. Me encantaban aún más de cerca, cuando explotábamos petardos y cohetes.

Me encantaba el ruido de los fósforos al rayarlos con la lija, y la llamarada que surgía tan súbitamente. Me encantaba ver el fósforo encendido y respirar el olor que soltaba cuando lo acercaba a la mecha y le traspasaba su llama ardiente. Me encantaba ver la mecha y olerla mientras ardía y se consumía como con vida propia, transformada por el fuego.

Ésta es una manera perfecta de pensar sobre las mechas, y sobre la vida: empiezas a arder de repente, y mientras vas avanzando al compás del reloj, pasito ínfimo tras pasito ínfimo, vas soltando chispas. Lo que se deja atrás queda carbonizado, consumido, transfigurado. Y ni hablar de la marcha gloriosa hacia el fin; los poetas nunca se cansan de tratar de explicarla. La última etapa, el destino propio o el *telos,* como dirían Aristóteles o Santo Tomás de Aquino en griego, es el propósito de la existencia, de todo lo viviente. Nuestro *telos* como seres humanos, el tuyo y el mío, es pasarnos la eternidad con Dios. Digamos que las chispas en nuestro camino, tanto las grandes como las pequeñas, son el amor. El *telos* de la mecha de un cohete es una buena explosión. Las chispas en ese camino, también son el amor, por así decirlo.

En los días que me siento bien, me atrevo a pelear hasta la muerte con cualquiera que me diga que esas chispas no son el amor, sea con mis manos o con la quijada de un asno o el cabo de una espada rota. Me importan mucho las metáforas, y sobre todo las que son perfectas.

Me encantaba aquel momento preciso en que la mecha desaparecía por completo, cuando el cohete rojo se tragaba las chispas. Siempre sabía lo que venía después, pero eso no quiere decir que la sorpresa me impactara menos.

Un silencio total por una eternidad infinitesimal.

¡PÁCATA!

Las explosiones buenas estremecen lo más íntimo del ser y arrasan con todos los sentidos. El ver, el oír, el gustar, e incluso, el sentir. Sí, efectivamente, el sentir también; una buena explosión se siente por todo el cuerpo.

Un destello, uno de esos momentos raros cuando la energía pura se hace visible, la propia sustancia de la vida, que no deja ver nada más.

Un estruendo ensordecedor que súbitamente arrasa con todos los otros sonidos.

Ola tras ola de partículas del objeto explotado que llenan el aire, vapores que inundan las narices y anulan los demás olores, incluso el de las flores más dulces.

Esas mismas partículas invaden tu lengua, vencen los demás sabores al ligarse con la saliva.

Y las ondas de choque, el aire meciéndose, nuestro océano de gas invisible rasgado de arriba abajo, como le pasó al velo del Templo en Jerusalén cuando Jesucristo murió crucificado. El aire pulsando con aquella energía que se te mete en la piel, en los poros, en los nervios y finalmente en el cerebro. Arrasa con todas tus otras sensaciones, forzándote a decir "Sí, estoy vivo". A veces las ondas de choque que te bombardean la cara te hacen decir "Dios".

Los cohetes indudablemente lucen mucho menos líricos y espirituales cuando se te revientan en la mano, o por lo menos mientras sientes el dolor. Sé lo que digo, porque a mí me pasó.

Fue un día como cualquier otro. Habíamos ido al parque

con Papá, y nos dedicamos a explotar cohetes en la glorieta. En esa ocasión Mamá también estaba presente, sentada en un banco en la sombra de un árbol enorme, observando cómo su marido y sus hijos jugaban con los cohetes.

Ese día, muchos de los cohetes fallaron. No explotaban. En inglés, a los cohetes que fallan se les dice *duds,* una de las palabras más perfectas de ese idioma: un vocablo que compensa el miserable *firecracker.*

Vimos al cohete tragarse la mecha y no pasaba nada. El cohete permanecía inerte, como muerto en su lugar, mudo. Nuestra frustración era enorme.

Sin embargo, hasta aquellos cohetes faltos de fe podían redimirse. Recogíamos los que no detonaban, los abríamos con una cuchilla y encendíamos la pólvora con un fósforo. ¡*Fuá!* Lo que provocaba más bien un destello que una explosión. Era como ganarse la medalla de plata. Pero así y todo, era magnífico ver esos cohetes, oírlos y olerlos. ¡Qué olor tan sublime!

Ya habríamos hecho volar unos veinte cohetes ese día cuando encendí otro más en la glorieta al pie de una de las columnas. Como siempre, esperamos muy animados a que se quemara la mecha. Parecía que estaba ardiendo demasiado rápido, pero podía ser una ilusión óptica, o puede que la memoria me esté fallando. Un cohete inservible. La mecha se consumió, se acabaron las chispas, y nada. Nada de nada. Me puse furioso. Era el tercer o cuarto cohete que me había traicionado ese día. Me pareció que había esperado lo suficiente, pero cuando estiré la mano para agarrarlo, Papá y mi hermano y mis amigos gritaron al unísono.

—¡No, todavía no!

—¡Aguanta! ¡Aguanta!

—¡Oye, espera!

—¡No, no lo toques!

Aquél cohete era una basura. Y yo estaba tan furioso que no les hice caso a lo que me decían. Lo agarré con la mano derecha y lo apreté para aplastarlo.

¡Bang!

¡Qué cosa más bella! Por un instante la explosión me alumbró la mano. Resplandeció como una estrella por menos de un segundo. Corrientes de luz y chispas salieron volando de entre mis dedos, igualito que en los dibujos de Superman, cuando el Hombre de Hierro aplastaba bombas con las manos. Pero la emoción duró muy poco.

De la manera más grosera, el dolor echó la emoción a un lado y se apoderó de mi cerebro. Mi mano se convirtió en puro dolor. El ardor, las punzadas y los latidos eran insoportables. Mantuve el puño cerrado y me agarré la muñeca con la mano izquierda, tratando en vano de aliviar el dolor. Quedé tieso, paralizado, en estado de shock.

Algunas imágenes lograron grabarse en mi memoria, como una serie de retratos.

Papá, mi hermano y mis amigos corriendo hacia mí.

Papá regañándome: —Te advertí que no lo tocaras.

Otra voz diciéndome: —Te dije que lo soltaras.

Mi cuerpo rehusando sentarse junto a Mamá en su banco.

Mi cuerpo accediendo ante su voz.

Mamá, sentada junto a mí, tratando de abrirme la mano.

Mi mano, no queriéndose abrir.

Mi boca, soltando un sonido raro, un tipo de aullido que no reconocía como mío.

Mi mano rindiéndose, abriéndose, accediendo ante la voz de Mamá.

Mi mano, al fin a la vista de todos. Roja y negra por todas partes. Una extraña mezcla de carbón y carne cruda. Recuerdo que sentí un gran alivio cuando no vi ningún hueso. Y qué sorpresa ver que no quedaba nada del petardo en mi monstruosa mano.

Un viaje largo en auto a la clínica. Demasiado largo. Gemí durante todo el camino.

Una inyección en el brazo en la sala de emergencia.

El médico abriéndome la mano, con Mamá y Papá a mi lado. El médico pasándome algodoncitos con un ungüento por la mano y embarrándome los dedos por una eternidad.

Mamá y Papá diciéndome que no me mirara la mano.

Mamá acunando mi cabeza entre sus manos, abrazándome fuerte contra su pecho.

Más dolor.

Una enfermera envolviéndome la mano con varas tras varas de gasa, momificándomela.

Otra inyección, pero esta vez en la nalga.

Tranquilidad, paz, alivio, sueño. La luz se desvaneció.

¿Y acaso esto nos hizo abandonar los cohetes y petardos? Por supuesto que no. Desde entonces le tomé respeto a los petardos que fallaban, pero seguí haciendo todo lo otro como si nada. Duele mucho abandonar las explosiones. Duele más abandonarlas cuando son tan normales como los rayos del sol, o tan corrientes como los latidos del corazón, y vives en un mundo desquiciado, un mundo que tal vez necesite unas cuantas explosiones para enderezarlo. Si me hubiera quedado en Cuba, esa experiencia me hubiera venido muy bien más tarde, ya que seguro que hubiera volado cosas mucho más grandes, tal como hizo el pariente mío que fue fusilado.

Espera. Un último recuerdo acaba de salir de su escondite. Una imagen final.

Estoy en mi aula de primer grado. Estamos casi a final del curso. Estoy loco por que lleguen ya las vacaciones de verano. El hermano Pedro está en la pizarra repasando la aritmética. Un preludio básico a la física. Los patéticos muñequitos de Disney todavía siguen ahí, por todas las paredes. Hipócritas todos, siempre sonrientes, con la excepción del Pato Donald, el único que de veras revelaba sus inquietudes más oscuras, el único que podía explotar. Él era, y sigue siendo, el más decente de todos ellos, y el único que yo respetaba entre todos los dibujados en la pared. En todo caso, después de echarle un vistazo al Donald, veo por la ventana, en el patio, a uno de los pillados en falta por el hermano Alejandro, de rodillas en la grava, bajo un sol de justicia, sufriendo su suplicio. La luz del sol llena toda el aula. Estoy arrancándome tiritas de piel de la palma de la mano, maravillado con su transformación. La mano se me había curado. Ya era la misma de antes, no la que me dejó el cohete, toda carbonizada y bañada en sangre. El pellejo que me he arrancado de la mano es tan puro, tan bello, tan transparente. Parecía el papel de los paquetes de cohetes, sólo que no era rojo.

Manoseo el pellejo blanco, lo amaso con los dedos y hago una bolita con él. Oigo al hermano Pedro llamarme.

—¡Carlos! ¡Presta atención!

Dejo caer el pellejo al piso. Estoy cambiando la piel.

Igualito a una lagartija.

9

Nine

Fiestas, fiestas, fiestas de cumpleaños.

"¡Fiesta!" Una de las pocas palabras en castellano que todos los norteamericanos conocen. Con su prima dormilona, la "siesta". Fiestas y siestas, las únicas cosas para las que son buenos los *spics*.

Dios quiera que Mel Blanc, la voz de Speedy González y de miles de otros muñequitos de Hollywood, esté en el infierno. O como dirían unos de esos infames muñequitos de Warner Brothers: "Sí, señor, *ferst ay go tu di* fiesta, *an den ay teik di* siesta. Primero voy a la fiesta y después me echo la siesta. ¡Olé! ¡Ándale, ándale! ¡Arriba, arriba!"

Discúlpame, Mel, no es lo que quise decir. Me dejé llevar. Creo que el infierno sería demasiado castigo por los pecados que has cometido. Seguramente fuiste un ignorante. Tal vez sería mejor para ti estar en el cielo, donde te tocaría estar rodeado de *spics* vagos que hablan mal el inglés y no hacen sino celebrar fiestas y dormir la siesta.

De la siesta a la fiesta, de la fiesta a la siesta, eternamente.

No podía decidir si me gustaban o no las fiestas de cumpleaños de aquella Habana, de mucho sol y mucha brisa. Debieron pasar muchos años para que finalmente comprendiera que en la vida hay muy pocas cosas sencillas, y otras muchas complicadas. Un poco de eso junto con un poco de lo otro. El bien y mal en un baile muy juntos, con sólo una partícula subatómica de espacio entre ellos, y con la indiferencia haciendo el papel de chaperona, vigilándolos con sus ojos bizcos, ninguno de los cuales es capaz de enfocar bien. Aquí tienes, Mel, un nuevo dicho en castellano que acabo de inventar: "La indiferencia es bizca".

Y, escucha: el bien y el mal, esa pareja de polos opuestos, bailan con tal frenesí que nunca puedes bailar con tan sólo uno de ellos, y si tratas de meterte entre los dos, terminarán bailando juntos los tres. Pero si temes unirte al bien y al mal y bailar con ellos, te aseguro que acabarás bailando con la chaperona, fea y bizca.

Hasta los amores más profundos y maravillosos te llevan a veces a tan espantoso baile, y entonces todas las melodías se vuelven tangos. Tangos pesadísimos y muy amargos, escritos exclusivamente para ti y tu amante por un argentino borracho. Tangos interminables.

Pero volvamos a los cumpleaños cubanos. En ellos no se bailaba. En lo absoluto. Dábamos, es cierto, vueltas agitadas, pero aquello no era un baile, en sentido estricto. No había ninguna orquesta de Desi Arnaz golpeando los tambores con esas ridículas mangas abombadas, trepidando al compás de la música. No había rumba, ni mambo, ni chachachá. Ni tangos ni cuartetos de cuerdas. Ni valses. Ni tampoco, gracias a Dios, había Bartók. Los cubanos del ayer eran demasiado inteligentes como para permitir que se tocara la música de Bartók en el Territorio Nacional. Creo que existían leyes que la prohibieran, y hasta unos policías de Bartók que —sin nadie saberlo— servían de espías entre las colonias de los inmigrantes provenientes de Europa Central y Oriental radicados en Cuba que podrían atreverse a contaminar la atmósfera con un tipo de música que ni siquiera Satanás sabría bailar. Los que violaban la ley anti-Bartók serían prendidos y se les propinaría un bofetón en la sien, justo encima de la oreja.

En los cumpleaños a los que yo asistía tan sólo jugábamos, nos disfrazábamos y nos daban regalos. No había música, con la excepción del *Happy Birthday*.

¡Cómo celebraban los hijos de los afortunados su buena suerte! ¡Qué bueno era nacer en el seno de una de esas familias, y que los hijos de otras familias similares te dieran regalos y te cantaran *Happy Birthday* en inglés, mientras apagaban las velas de un *cake* tan adornado que hería la vista!

Bueno, estoy exagerando un poco. Las palabras eran en inglés, pero casi irreconocibles, por lo menos de la forma en que las cantábamos. Por eso es que me imagino cantando: *Japi bérsdei tu yú, Japi bérsdei tu yú*. Para mí era igual que una abracadabra, una suerte de jerigonza, *Hocus Pocus, Gú gú ga yú, Meka leka-jái, meka jáini-jó*. Era un conjuro en el lenguaje de los dioses, el inglés. El idioma de quienes hacían las películas y quienes habían inventado todas las comodidades modernas.

Aunque no lo supiéramos, nos asemejábamos en ello a los habitantes de Oceanía, que practicaban un primitivísimo culto religioso que los hacía susurrar en un remedo de inglés, en espera que los bombarderos B-26 norteamericanos aparecieran cargados de mercancía: cuchillos, zapatos, sombreros, espejos, clavos, calzoncillos, cigarros y chicle. Sus frases eran tan shakespearianas como las nuestras.

Sin saberlo éramos pagopagoanos de Pago Pago. Tonganos de Tonga. Papuanos de Papúa, Nueva Guinea. Boraboraenses de Bora Bora. Manihikianos de Manihiki. Nukulaelaelanos de Nukulaelae. No éramos más que caníbales en busca de cabezas humanas, salvajes con taparrabos y las narices traspasadas con huesos. Y alardeábamos de ser cubanos. Y no sólo de ser cubanos, sino de ser cubanos cultos.

Pero allí estábamos, cumpleaños tras cumpleaños, cantando la misma canción, *Japi bérsdei tu yú*, justo antes de que aparecieran los regalos envueltos con tanto esmero. A Mel Blanc le hubiera encantado oírnos cantar. Gracias a Dios que nunca nos oyó.

Naturalmente, sabíamos que nosotros mismos habíamos traído los regalos. Y, naturalmente, todos estudiábamos inglés en el colegio y sabíamos, aunque fuera a un nivel muy elemental, lo que estábamos cantando. Pero eso no hacía menos mágico al *Happy Birthday* que cantábamos. Ni menos sacramental. Tan semejante era al latín que se usaba en la misa, que entendíamos un poco y que era capaz de provocar enormes cambios en el tejido de la realidad. *Hoc est enim Corpus meum.* Porque éste es mi Cuerpo. *Hic est enim Cálix Sánguinis mei.* Porque éste es el Cáliz de mi Sangre. *Angus Dei, qui tollis peccáta mundi, miserére nobis.* Cordero de Dios que quitas el pecado del mundo, ten piedad de nosotros. *Per ómnia seculae sæculórum.* Por los siglos de los siglos. E incluso el griego que pensábamos que era latín, *Kyrie eléison.* Señor ten piedad.

Estábamos entre los salvajes del océano Pacífico y los romanos de la antigüedad. Entre Londres y Madrid, entre el cielo y la tierra, pero eso sí: mucho más cerca del cielo que tantos otros cubanos.

Y cada pastel, cada *cake*, tenía su tema. Temas americanos. Vaqueros e indios. Popeye. Hopalong Cassidy. Si formaba parte del imperio cultural norteamericano, aparecía en el *cake*. El *keik*. O en la pronunciación menos formal habanera, *kei*. Así los llamábamos en La Habana, *keikes* o *kéiis* en el plural. Nunca le decíamos "tartas", ni "tortas", ni "pasteles", ni "bizcochos" ni "bizcochuelos". Jamás llamamos "bollo" a un pastel de cumpleaños, como lo hacen en algunos otros lugares. En Cuba, la palabra "bollo" había de alguna manera evolucionado en una palabra grosera que se refería a las partes íntimas de una mujer. ¿Sería acaso por eso que *cake*, la palabra en inglés, se había sobrepuesto a la terminología de la lengua española? ¿O fue quizá que "bollo" se convirtió en una palabra prohibida como venganza por *cake*?

En cualquier caso, esos dulces eran una maravilla. Algunos eran como montañas de merengues multicolores. Otros eran dioramas dignos de las vitrinas de cualquier museo. Y debajo de sus decoraciones se escondían sorpresas. Algunas de las flores y figuritas plásticas del *keik* cubrían los caramelos duros, o "rompequijadas", que yacían dentro del *keik*. Golosinas dentro de una golosina. Lo cierto es que no me gustaban los rompequijadas, pero me encantaba descubrirlos. Me hacían sentir dichoso, aun si los tiraba detrás de las plantas del jardín, para pasto de las lagartijas y las hormigas bravas.

Y casi todos los cumpleaños se convertían en fiestas de disfraces. Sobre todo los cumpleaños de los niños pequeños. Los disfraces no tenían ningún tema específico. Eran de todos tipos, como en temporada de carnaval: payasos, vaqueros, indios, policías, cosacos, piratas, capitanes de yates, peloteros, toreros, holandeses con zuecos, bávaros con *lederhosen,* médicos en batas blancas. Pero nunca nos disfrazábamos de monjes, curas o campesinos. Y nunca, nunca nos disfrazábamos como los niños en calzoncillos que se tiraban del muelle de Regla para rescatar monedas del agua.

Algunas veces aparecían monos disfrazados, igualito que Blacky. Tengo fotos para comprobarlo. Parecía que en La Habana a mucha gente le gustaba tener monos como mascotas, y que los cubanos de dinero tenían la manía de vestirlos, aunque en Cuba no haya habido ningún simio nativo. Ni mono ni simio de ningún tipo. Tampoco quedaban humanos nativos: casi todos los siboneyes, taínos y guanahatabeyes que vivían allí anterior a la llegada de los españoles fueron aniquilados antes de que finalizara el siglo diecisiete. Sus genes quedaron casi totalmente desvanecidos, tal como el humo de las hogueras en que padecieron sus caciques.

Ningún disfraz de indio que vi en esas fiestas tenía nada que ver con el vestuario de los aborígenes cubanos, quienes acostumbraban sólo vestir taparrabos o andar desnudos. Una decente madre cubana jamás permitiría que un hijo suyo fuera a una fiesta sin ropa, casi desnudo. Si hacía eso, quizá los tomarían por niños de Regla, o pensarían que era demasiado haragana para hacerles un disfraz, o peor aún, que no le alcanzaba el dinero. Todos esos niños cubanos iban vestidos como los indios de las Grandes Praderas del Oeste norteamericano, y casi todos eran caciques, con tocados grandes llenos de plumas, pintura de guerra en la cara, chalecos de flecos, cuentas y mocasines. Algunos cargaban pipas de la paz, o hasta saludaban con un *"¡Jao!",* alzando las palmas de las manos.

Cuando no estábamos de fiesta a veces jugábamos a los vaqueros e indios. Nunca jugamos a los conquistadores e indios.
Supongo que eso se debía a que no teníamos películas basadas en nuestra historia.

Pero eso es lo que significa ser una colonia, ¿o no?

Muchos años después, cuando transitaba en un autobús en
Londres, un jamaiquino me hizo comprender al fin que me
había criado en una colonia. Qué sabio aquel señor, aquel vecino caribeño, leyendo su periódico sensacionalista. Le pregunté por qué se había detenido el bus y dónde se había
metido el chofer sin avisarle a nadie.

—Es la hora del té —me explicó en inglés con su caden-
cioso acento jamaiquino, y pasó la página sin levantar los
ojos—. El chofer tiene que parar para la hora del té. Y si te
quejas, *ellos* dirán que *tú* eres un inculto —añadió, y se rió.
Fue una risa fuerte, que le salía del fondo del alma. Pronunció
cada "¡Ja!" claramente, como las cuentas de un rosario.

—*If you come-plain, dey say you're not Ci-vi-laiiis'd*. ¡Ja!-¡Ja!-
¡Ja!-¡Ja!-¡Ja!-¡Ja!

Y pasó la página.

En algún momento entre el primer y segundo grado dejaron
de haber disfraces en los cumpleaños. Persistieron los juegos,
el *keik* y los regalos. Yo me alegré tanto cuando llegó ese cambio; detestaba casi todos mis disfraces.

Jugábamos muchos juegos norteamericanos, por supuesto.
Ponerle el rabo al burro. Usar la boca para recoger manzanas
de un cubo lleno de agua, o como le dicen los americanos,
bobbing for apples. Carrera de sacos. Jalar de la cuerda. La gallina ciega. Podíamos haber estado en Ohio. Pero también teníamos piñatas, una humilde genuflexión a nuestra cultura.
Las piñatas cubanas eran iguales a las mexicanas que ahora se
venden en los Estados Unidos, hechas de cartón y papel de
seda de colores vivos, repletas de caramelos y chucherías. Pero
hay una diferencia entre las dos. Desafortunadamente, las piñatas cubanas no se destruían con palazos. Las nuestras tenían
cintas largas amarradas a su base. Cada uno de los niños invitados agarraba una cinta, y cuando contábamos a tres, a siete o

hasta a diez, todos tirábamos las cintas a la vez, la piñata se abría y todas las golosinas nos llovían encima.

Imagínate lo celoso que me puse el día que me enteré que los mexicanos le entraban a palos a sus piñatas. *Esa tiene que ser una cultura muy superior a la mía,* pensé.

Desbaratar la piñata era uno de los puntos culminantes de todos los cumpleaños. En el momento que caían todas esas golosinas al piso, nos desquiciábamos y caíamos encima unos de otros, como hacen en el fútbol o el rugby. O como los niños de Regla, tirándose en la bahía para buscar unos cuantos centavos. Pandemonio total. Brazos y piernas por doquier. Empujones. Jalones. Puñetazos. Patadas. El sálvese quien pueda. De vez en cuando un niño salía del tropel con un ojo amoratado o el labio partido.

Yo siempre salía con unos cuantos caramelos. Pero nunca me tocó uno de esos juguetes sensacionales que a veces salían con los caramelos. A mi hermano Tony siempre le tocaban.

Parecía que a las madres les gustaba el tumulto. Gritaban y se reían como locas.

Esos cumpleaños estaban llenos de madres. Algo muy cubano. Las madres se quedaban en la fiesta. No eran como las norteamericanas hoy en día, con eso de Gracias-a-Dios-que-puedo-dejar-a-estos-chiquitos-y-los-vengo-a-recoger-en-dos-horas. Para nada. Nuestras madres se quedaban todo el cumpleaños, vigilándonos y conversando. Recuerdo bien esa multitud de madres, y a mi madre entre ellas.

Creo que cuando era muy pequeño, los disfraces me asustaban. Tantas caras conocidas, pero tantas otras cosas fuera de lugar. Y yo iba vestido tan ridículamente como los demás, quién sabe si hasta más ridículo. Me mantenía bastante cerca de Mamá, acercándome a ella repetidamente como si buscara amparo.

Al cabo del rato, me apartaba de ella y seguía mi propio camino, buscando a ver qué había en la fiesta. Lo mismo que haría —pero en mucho mayor escala— a la edad de once años, cuando ella y Papá me montaron en un avión y me mandaron para Miami con una maleta que contenía dos pares de medias, dos camisetas, dos calzoncillos, dos camisas, un pañuelo, un suéter, una chaqueta y un libro. Los disfraces no eran permitidos. Ni juguetes, ni recuerdos, ni dinero, ni joyas tampoco. A mi hermano Tony y a mí nos desnudaron hasta los calzoncillos en el aeropuerto de Rancho Boyeros, igualitos a los niños de Regla, para que un miliciano pudiera asegurarse de que no estábamos escondiendo ningún tesoro. Sí, así mismo, tesoros que le hacían mucha falta a la gloriosa Revolución y al pueblo cubano, esas cosas que yo había egoístamente acaparado, como mis muñequitos de *Batman,* mis papelitos rojos y los retratos de mi familia.

Lo peor era cuando te jalaban el elástico del calzoncillo y te registraban las nalgas y los genitales para ver si llevabas algo escondido.

Un momento. Mentira. Creo que lo peor era cuando se burlaban de lo que estaban viendo.

No pensé en los cumpleaños el día que me fui, pero quizá me hubiera ayudado hacerlo. Debería haber recordado el mejor de todos los cumpleaños. El cumpleaños del *Sugar Boy,* o "Cañita", como se le puede decir en cubano, choteando con lo metafórico y con las maravillosas cañas de la cuales su padre sacaba el azúcar y el dinero. Gracias a esa fiesta fue inevitable que yo terminara en un cubículo de la aduana de Rancho Boyeros con un desconocido mirándome las nalgas desnudas y burlándose de mí.

Fue en el segundo grado. O quizá fue la primera parte del tercer grado. No pudo haber sido después de eso, ya que el mundo cambió durante las Vacaciones de Pascuas del tercer grado. Pero la fecha exacta no tiene importancia. Lo que sí importa es lo que pasó, que yo estuve ahí y que esa experiencia me cambiaría para siempre.

Ya sabía que algunos de mis condiscípulos eran muy ricos. Lo sabía porque mi casa era bien pequeña en comparación con otras del barrio. Estaría llena de cosas que valían mucho, pero aun así, era pequeña. La casa de Eugenio era mucho más grande, como lo era la de Gerardito. También lo sabía porque mis padres me habían contado que algunos de mis compañeros tenían muchísimo dinero. Pero yo no tenía ni idea de lo que era ser rico hasta que me llevaron a ese cumpleaños.

Era la fiesta del hijo del dueño de una de las compañías azucareras más grande de Cuba. En esa época, eso sería equivalente a ser el industrialista de acero más importante de Pittsburg o Chicago, o el dueño de una línea de ferrocarriles en los Estados Unidos durante el fin del siglo diecinueve.

Cañita era uno de mis compañeros de colegio, e invitó a toda el aula a su cumpleaños.

Nadie nunca había hecho algo semejante. Los cumpleaños eran ritos de inclusión y exclusión. Siempre para unos cuantos, pero nunca para todos. Pero esa familia sí tenía los medios para cambiar las reglas. Si lo hubieran querido, habrían podido invitar al colegio entero. Quizá incluso a todos los varones que figuran en el *Registro social,* algunos de los cuales habían tenido la malísima suerte de estudiar en otros colegios.

Ese día amanecí mal.

—Ay Dios mío, hoy es el cumpleaños y se me olvidó comprar un regalo.

No era lo que yo quería oír salir de la boca de mi madre.

—¿Qué quieres decir con eso? ¿Quieres decir que no tengo un regalo para llevar a la fiesta?

—Es que se me olvidó por completo, y ahora no nos alcanza el tiempo para ir hasta Los Reyes Magos para comprar el regalo. Nos queda sólo media hora para vestirnos, y nos tomará otra media hora llegar hasta allá.

Los Reyes Magos era la mayor y mejor tienda de juguetes de toda La Habana. Y quedaba lejos de casa, hacia el este, en el centro de la capital. El cumpleaños era en la dirección opuesta, pasando los lujosos suburbios que quedaban al oeste.

Esa tienda de juguetes era mi lugar preferido, mi cielo en la tierra. Era un templo al que se entraba con cautela y con pocas esperanzas. Con suerte podrías salir de allí con una pequeña muestra de sus enormes y maravillosos tesoros. Quizá encontrarías algunas de las cosas que exhibían debajo del árbol de Navidad, dejado ahí por *Santicló,* o el seis de enero por los

Reyes Magos, quienes también traían regalos, y en cuyo honor había sido bautizada la tienda.

—¡Ay, no, yo no puedo ir a la fiesta sin un regalo! No puedo. No puedo.

—Sí puedes.

—¿Cómo? Dime. ¿Cómo puedo ir a la fiesta sin un regalo? Se necesita un regalo para ir a una fiesta de cumpleaños.

—No te preocupes. Seguro que hay algo aquí en la casa que le puedes llevar.

Pero aquella idea todavía era peor de lo que ya yo me había imaginado.

—¡No, no, no! ¡No le puedo llevar uno de mis juguetes usados! ¡De ninguna manera!

—Sí, cómo no. No te preocupes. Vamos a buscar algo que casi no has tocado, y nadie se dará cuenta que no es nuevo de paquete.

En ese momento comencé a rogarle a Dios que me concediera un milagro.

—¿Qué? ¿Cuál juguete tengo yo que no he usado? Juego con todos mis juguetes.

Recuerdo perfectamente el lugar exacto donde se llevó a cabo tan desesperada conversación. Fue en el comedor, junto a la ventana que daba a la casa de Chachi y su árbol de naranja agria, la ventana exactamente opuesta a la del Cristo Sangrante de las visitas y la casa del árbol de la fruta del pan. Debajo de esa ventana mi madre tenía su máquina de coser. Su lugar favorito.

—No te preocupes. Vamos a ver lo que tienes en tu cuarto. Vamos a buscar algo.

No quise acompañarla y me puse a llorar. Puede ser que también me diera una rabieta, tirándome en el piso de mármol y dándole patadas y puñetazos.

Pronto estaba en mi cuarto con Mamá, buscando entre mis juguetes a ver si había algo que no pareciera gastado y maltratado. Pero todo se veía muy mal. La mayoría de los juguetes estaban destruidos. No había esperanza. ¿Y acaso Mamá no sabía que todos los juguetes nuevos vienen dentro de sus cajas?

—¿Y qué vamos a hacer con la caja? No podemos llevar un regalo en una caja cualquiera de cartón. Tiene que estar en su caja original.

—Ah, no se me había ocurrido eso —dijo María Antonieta, y añadió—, pero me acabas de dar una buena idea.

Me di cuenta de que no había ninguna fuga de este laberinto de la vergüenza.

—¿Y qué te parece uno de tus juegos de tablero? Esos sí que los guardas en las cajas, y no están tan gastados. Vamos a verlos todos.

Me subí en la cama y me estiré hasta llegar arriba de mi escaparate donde tenía guardados, limpios, organizados y sin polvo, mis juegos de tablero. La criada limpiaba ahí frecuentemente.

Los registramos todos con mucho cuidado. ¿El Monopolio? ¡Qué va! Hasta un ciego se daría cuenta que no era nuevo. ¿Ajedrez? Piezas bonitas de madera, pero muy gastadas. ¿El juego de damas? No estaba demasiado gastado, pero hasta Mamá tuvo que reconocer que al niño más rico en Cuba no se le daba un juego de damas para su cumpleaños. ¿El Parcheesi? Tampoco servía. Gastado y de muy baja clase. ¿Damas chinas? Peor que el otro juego de damas y el parcheesi en conjunto.

Debajo de ese montón de juegos de tablero Mamá encontró lo que buscaba: uno que no se había usado mucho. Las esquinas de la caja estaban un poquito gastadas, y las instrucciones se veían un poco arrugadas, pero todo lo demás parecía casi nuevo. Quisiera enfatizar la palabra *casi*. Yo sabía de sobra que sin duda el juego lucía usado, pero ella me convenció con esa voz suya que todo tenía solución. Todo iba a salir bien. Todo lo que ella tocaba siempre salía bien. Y su voz me podía convencer de casi cualquier cosa.

—¡*Oy vey*!

Eso es lo que diría en yidish la familia judía que me acogió más tarde en Miami.

O a lo mejor hubieran dicho:

—¡*Oy gevalt!*

Luis XVI no habló del asunto. Nunca se metía en los detalles de los cumpleaños. Así que me fui, mancillado, al cumpleaños de Cañita. Cuando al fin llegamos en el automóvil, después de haber viajado más allá de cualquier suburbio que jamás había visto —incluso, más lejos que el Biltmore—, nos encontramos con una puerta enorme con palmas reales a ambos lados. Nos dejaron pasar por ella y entramos en un paraíso terrenal.

La residencia de Cañita lo tenía todo, y todavía más. Una piscina grandiosa. Canchas de tenis. Una caballeriza. Un garaje enorme lleno de automóviles de lujo. Un campo de golf. La casa —si es que alguien se atreviera a insultarla con una palabra tan humilde— no era una casa, sino más bien un palacio. No era ni Versalles, ni Aranjuez, ni Neuschwanstein, pero sí definitivamente era un palacio digno del valle del Loira. Un Chambord tropical, con palmas, claro, y follaje exuberante.

El camino que conducía al palacio desde la entrada era largo y serpenteante. La hierba de los jardines era verde y espesa, podada con esmero. Era un mar de esmeralda, con acentos de muchos tonos por doquier. Crotos de todos los tamaños. Filodendros enormes. Caladios. Flores. Palmas de todos los tipos y tamaños. Sobre todo las palmas reales, tan grandes, tan regias. Tan cubanas. Esas son las palmas que aún me traspasan el corazón y las entrañas hasta el día de hoy.

Otros automóviles también entraban a tropel, una caravana de invitados, cada uno con su regalo.

Y entonces lo vi a él, a Cañita, en la entrada en semicírculo que bordeaba el garaje palaciego, conduciendo un carrito deportivo en miniatura. No era un simple juguete, sino una réplica exacta en miniatura de un Ferrari o un Porsche, o algo por el estilo. Estaba dando la vuelta a las curvas, sonando su bocina, impresionando a cada uno de los que se pararon boquiabiertos a observarlo. No me saludó cuando me bajé del automóvil. Ni siquiera dio a entender que me había visto.

Cuando se detuvo, todos los otros niños lo rodearon a él y

a su carrito, como hormigas que rodearan un cubito de azúcar o un rompequijadas abandonado sobre la hierba.

—¡Mamá, mira ese carro! ¡Mira, Papá!

—Sí, es muy bonito —dijo Luis XVI, seguramente anhelando aquellos días de antaño en Versalles.

—¿Me pueden regalar uno así? ¿Por favor? ¿Para los Reyes? ¿Para mi cumpleaños?

—Lo siento mucho, pero no nos alcanza el dinero para eso —contestó el rey de Francia.

Yo sabía que iba a decir eso, pero de todas formas, tenía que pedírselo. ¡Imagínate lo que sería tener tu propio carro de carreras! Por poco me atrevo a pedirle a Papá que vendiera a la María Teresa, la malhablada. Pero me aguanté la lengua. Papá no la hubiera intercambiado en pago por mi rescate ni aun si El Colorado me hubiera secuestrado. Y da la casualidad que tampoco la dio como rescate cuando el secuestrador se llamó Fidel.

Se veía que Mamá estaba más impresionada por la residencia que Papá, tal vez porque ella no tenía ningún recuerdo de Versalles, ni del Louvre, ni de Chambord.

Tony no estaba con nosotros. No había sido invitado. Debió quedarse en casa con la hermana de Papá y Ernesto. Pero no sentí demasiada pena por él: iba al cumpleaños del hijo de Batista todos los años, y yo no. Uno de los hijos mayores de Batista era su compañero de aula.

Después de dejar a María Antonieta y al hijo que no había sido borbónico, Luis XVI se fue.

—Nos vemos a las nueve —dijo, y se largó para la casa.

No creo que ni siquiera miró para atrás.

Se veía indiferente. Despreocupado. *Nonchalant*. Una palabra francesa muy fina, que le pegaba perfectamente bien.

Pero allí estábamos, en aquella fiesta, Mamá y yo, en el fabuloso cumpleaños de Cañita. Me arrimé a una montañita de regalos y deposité mi ofrenda horrorosa a un lado, en el suelo. Hubiera querido que el montón de juguetes le cayera encima y que cubriera a mi regalo. Lo que más deseaba era que Cañita no lo abriera. Eso habría sido lo mejor.

Entonces, en cuanto le di la espalda al montón de juguetes para irme a jugar, una señora me dio una enorme caja envuelta con gran elegancia.

—¿Qué es? —pregunté.

—Son regalitos para ti —contestó la señora, tan bien vestida.

—Pero la fiesta acaba de empezar.

—Sí, yo lo sé, pero van a hacerte falta durante la fiesta.

Hablando de sorpresas, ¡aquella fue la mejor de todas!

Corrí hacia María Antonieta, que ya estaba conversando con las otras madres, y me senté lo más cerca de ella posible. Abrí la preciosa caja atada con una cinta roja. El papel que habían usado para envolverla era plateado, en dos tonos, con rayas estrechas que se alternaban, atravesándola diagonalmente. Todavía recuerdo perfectamente aquel papel. Hasta el día de hoy, las rayas me recuerdan la riqueza.

Era la Caja de la Humillación Infinita, la Caja del Remordimiento Eterno.

Cuando la abrí me encontré con una pistola y su funda. Una preciosa pistola de cápsulas fulminantes con muchos rollitos de municiones. Un cinturón de cuero, elaborado con mucho detalle con adornos del Oeste norteamericano, y una funda de cuero que le hacía juego. Era negro. Con ribetes plateados. Una placa de sheriff, de metal, como la pistola, y nada de plástico. Había unas cuantas cosas más, recuerdos que sólo existen en el calabozo más seguro, profundo y oscuro de mis pensamientos reprimidos.

Creo que me puse a temblar. Si no le hubiera tenido tanto miedo al pecado, creo que hubiera dicho "¡Qué mierda!". Yo no podía decir esas palabrotas en aquel entonces debido al terror que le tenía al infierno, aunque ahora las digo cuando quiero, y frecuentemente. Eso es lo que pasa cuando lees demasiado los escritos de Martín Lutero, el santo más malhablado de toda la historia.

"¡No, no, no!" Eso fue lo que dije. "No, no, no, no, no". Se volvió un mantra. Una cadena casi infinita. Un rosario.

Una de las madres que estaba cerca entró en la conversación.

—Vamos, póntelo. Ve y reúnete con los otros niños.

De repente oí varios *¡pá!* Tantos *¡pá!* que se oían por doquier. Tremendo tiroteo.

—Vamos, dale —fue la orden de María Antonieta.

Me metí en el tiroteo, que duró hasta que se nos acabaron los rollitos de fulminantes.

Por la tarde jugamos al tesoro escondido. Yo nunca había jugado eso antes, y por lo tanto, completamente despistado, no encontré nada. Eso me puso rabioso.

O sea, que en el cumpleaños de Cañita, la caja de regalitos no bastaba. Teníamos que dar vueltas por todo el terreno de esa maravillosa residencia para encontrar más juguetes, cuyos escondites nos eran revelados sólo por medio de mensajes crípticos. Y eran muy buenos juguetes, no ninguna basura. Fue una generosidad espléndida con un toque norteamericano: busca tu tesoro, rómpete la cabeza y suda bastante.

No recuerdo el *keik* ni los regalos. Esos detalles han desaparecido para siempre, sepultados en la bóveda del olvido. Ni me acuerdo de cómo le fue a Cañita, o la expresión que puso cuando abrió mi vergonzoso regalo. A lo mejor le puso la misma cara a todos los regalos, incluyendo el mío. ¿Qué le podíamos dar a alguien que ya lo tenía todo, multiplicado por diez?

Lo último que recuerdo fue la película. Tan pronto empezó a oscurecer, nos reunimos en una glorieta y nos pusieron una película del rey Arturo y sus Caballeros de la Mesa Redonda. Todo lo que recuerdo son los caballeros y los caballos, todos con armaduras, peleando en el lodo, y mi creciente, atosigante, envidia.

Lo que recuerdo mucho mejor que la película es cómo brilló el sol esa tarde. Cómo parecía darle vida a cada brizna de la hierba, a las hojas de cada árbol. Cómo iluminaba los arbustos junto a la cancha de tenis. Cómo caía sobre el papel plateado. Cómo resplandecía sobre el juguete que uno de los niños encontró en la búsqueda. Todo relumbraba, como si la luz brotara de su interior.

Desde ahí en adelante nada me pareció igual. Había visto con mis propios ojos cómo era la vida de los más privilegiados. Durante una sola tarde compartí su vida encantada, asfixiado y cautivado a la misma vez. Había traído el peor regalo y fui redimido por los regalos que me dieron a cambio. Quedé marcado. Sólo me faltaba ser barrido del mundo cuando todo cambiara.

Estoy seguro que el flaco feo que años más tarde me registró los calzoncillos en Rancho Boyeros, con ese bigotico tan finito y ridículo bajo sus narices, nunca fue a una fiesta como la de Cañita. No creo que nadie jamás le dio una caja envuelta con papel de rayas plateadas llena de tesoros a cambio de un juego de tablero maltratado. Tampoco creo que ninguno de los que gritó "¡Paredón!" tuvo una experiencia como ésta.

Gracias. Muchas gracias, Cañita, por haberme colmado de gracia a cambio de mi regalo tan insignificante. Espero que eso sea un anticipo del juicio final, la mayor fiesta de todas, cuando nos aparezcamos con regalos inservibles, y en lugar de que nos expulsen sumariamente, con una mano delante y otra detrás, a gemir y a rechinar los dientes, seremos recibidos con generosidad abrumadora y súper abundante, con regalos eternos mejores de los que jamás nos pudiéramos imaginar.

Gracias también por haberme hecho reír tanto muchos años después, cuando vi tu apellido en *El Informe Starr,* el cual daba a conocer todos los detalles del sórdido romance entre el presidente Bill Clinton y Monica Lewinsky. El guajirito *Bubba* Clinton estaba hablando por teléfono con un pariente tuyo —seguramente tratando de sacarle unas monedas del bolsillo—, mientras Monica jugueteaba con su pinga. ¿Sería acaso tu nombre el que Monica tenía grabado en su mente y que quedó registrado en el cuaderno de llamadas telefónicas de la Casa Blanca?

Colonizados inferiores, indignos de cualquier respeto, aun cuando el rey americano *Bubba* nos alza a caballeros titulados. Lo siento, Cañita. Supongo que nosotros los cubanos aún no somos civilizados. O mejor dicho, *"¿Ci-vi-laiiisd?"* ¡Ja, ja, ja, ja, ja, ja!

Gracias. Muchas gracias, jamaiquino sabio de aquel bus londinense. Eres lo más parecido a esos ángeles de la Biblia que deambulan por la tierra con apariencia humana.

Gracias. Les estoy muy agradecido a todos ustedes, los isleños de la Oceanía, allá en el suroeste del mar Pacífico, por ser mis almas gemelas. Gracias, nanumanganos de Nanumanga, *Japi bérsdei tú yú.* Y a ustedes también, los manihikianos de Manihiki, y a todos ustedes los nukulaelaelanos de Nukulaelae. *Japi bérsdei tú yú* ¡Llegó la hora de los regalos!

Gracias. Muchas gracias, Mel Blanc, experto en el tema de los *spics,* por haberme dado la oportunidad de acercarme a Dios cuando perdoné tu ignorancia. Arriba, arriba, ándale, ándale. Colonialista imbécil, ojalá que te guste tener que compartir el cielo con todos nosotros, los *spics.*

Gracias. Muchas gracias, compañero registrador, quienquiera que hayas sido. Gracias, compañero, socio, miliciano inspector de calzoncillos en el aeropuerto de Rancho Boyeros, por haberme jalado el elástico, por haber inspeccionado mi trasero y mi *ecce unde,* como diría San Agustín y, sobre todo, gracias por haberte burlado de mí. Gracias, hermano desconocido, hermano cubano, dondequiera que estés. Ahí mismo en el aeropuerto, delante de ti, semidesnudo, sin un centavo, me convertiste en un niño del muelle de Regla, en camino a un destino totalmente desconocido y a muchos años de "reglanidad".

Pero con el chasquido de aquel elástico también me pusiste en buen camino, en el camino de la ilustración. Eso fue lo que me hiciste tú, cabrón, agente celestial, hermano mío.

Supongo que ese fue el regalo que me tocó por haber sido invitado a la gloriosa y selecta fiesta que armó Fidel.

Gracias, muchas gracias. Seguro que me lo merecía. Compañero, ojalá que te pases la eternidad viviendo bien cerca de Mel Blanc.

¡Arriba, arriba! ¡Ándale! ¡Llegó la hora de armar una gran fiesta en el cielo!

10

Ten

El experto artesano volvió a las andadas, creando mundos en miniatura. Tantos mundos que crear, y tanto tiempo para hacerlo.

Luis XVI cortaba la caja de cartón cuidadosamente, con una cuchilla que sólo usaba para eso. Practicaba una ventana en el cartón, o mejor dicho, lo que sería una ventana. En ese momento no era más que un hueco rectangular. Pronto la enyesaría y la convertiría en una casita. Una casita de Belén.

Teníamos el pueblo entero, y crecía más y más todos los años. Papá levantó Belén casa por casa, y así creció. También teníamos el paisaje entero. Lomas. Barrancos. Prados. Piedras. Algunos árboles, aunque eran pocos y bastante raquíticos. Hasta las palmas se veían consumidas. El rey Luis sabía que no había muchos árboles en aquella región de Belén en la época en que nació Jesucristo. No podía equivocarse o incurrir en una falsedad.

Él había estado ahí, y recordaba todos los detalles. Aquel hombre, mi padre, no olvidaba nada.

—¿Ves esta casa con la cúpula ahí? Ese fue el primer lugar

donde María y José fueron a buscar albergue. ¿Ves esa loma allá? Ahí es donde los pastores comían alrededor de la hoguera. Esta casa que estoy haciendo ahora era la mía. ¿Ves esta ventana acá, la que estoy haciendo ahora? Uno de los soldados de Herodes tiró los cadáveres de mis hijos gemelos por esta ventana tras haberles cortado la cabeza.

Jesucristo Fugadictadores. ¿Cómo se le ocurrían tantos detalles a ese hombre? ¿Y por qué tanta gente decapitada?

Parecía recordarlo todo. O se había convencido de que así era. Tenía una imaginación fecunda, casi inagotable, totalmente dedicada a la invención de vidas pasadas y mundos desaparecidos. Y no le bastaba inventárselos dentro de esa cabeza que en cierta ocasión ya le habían cortado. No. Tenía que materialmente resucitar algunos de esos mundos desaparecidos.

Cuando tenía siete años, el pueblito de Belén y el campo que lo rodeaba ya ocupaba la mayor parte de nuestro comedor. Cuando tenía nueve, ya era demasiado grande para caber dentro de la casa, y por eso el rey Luis convenció a los Hermanos de La Salle a que lo exhibieran en un salón grande del colegio. Lo montó todo sobre tablas de *plywood* —madera contrachapada—, encima de caballetes. Y arriba colocó el paisaje, hecho en parte de una tela muy dura, y en parte de tela metálica enyesada.

El pueblito consistía de muchas edificaciones de todos tipos, tamaños y colores. Muchas tenían cúpulas y azoteas. Había un foco dentro de cada una de ellas. Foquitos, como de los árboles de Navidad, o que se usan en las lamparillas de noche. Algunos eran rojos, otros eran anaranjados o amarillos. Papá quería recrear el resplandor de las chimeneas de aquellas casas, tabernas y tiendas. Quería recrearlo tal y como lo recordaba, pero valiéndose de la corriente eléctrica.

Por las noches, la luz salía a raudales por aquellas ventanas, bañando el paisaje con un resplandor vespertino que hacía resaltar las sombras.

No cabía duda que este Belén estaba bien poblado. En el campo había una muchedumbre de pastores cuidando sus rebaños. Se veían algunos burros y vacas. Y los camellos, que nunca podían faltar. Aguanta. Espera. Casi olvido los ángeles. Había ángeles también, colgados del techo de un sedal casi invisible. Figuras de cerámica pintadas a mano. Y un fondo azul oscuro tachonado de estrellas. ¿Y cómo se le iba a olvidar a Papá la Estrella de Belén, que había visto con sus propios ojos?

Era un nacimiento digno de una catedral. Una tradición navideña muy peninsular que había pasado a ultramar. Tal parecía que todas las iglesias exhibían uno de estos *tableaux* del Nacimiento, pero ninguno de los que vi le ganaba al nuestro. Muchas casas también los tenían, pero todos eran nada en comparación.

¡Qué bello aquel Belén en miniatura, con todas sus luces prendidas en la oscuridad! Casi se podía oír a la gente dentro de los edificios, royendo los huesos de cordero, o chupándose los dedos, como solían hacerlo en la antigüedad. (Cuando yo era muy niño, Papá me contó que se habían inventado los tenedores en el siglo trece o catorce, y lo difícil que fue aprender a usarlos. Hasta a la nobleza le costó acostumbrarse a usarlos. "Uno de mis hermanos me clavó el tenedor en el brazo la primera vez que los usamos en una cena en 1348, un poco antes de que nos matara la peste bubónica"). Toda esa gente y esos animales arremolinados. El pesebre donde nació Jesucristo, tan rústico, tan detallado, en un rincón del pueblo, entre los pastores y sus rebaños. ¿Acaso Papá había visto en realidad el musgo que colgaba de las vigas del pesebre?

Me confesó que sí lo había visto.

Los personajes que más me gustaban eran los Tres Reyes Magos. Los Astrólogos. Los Reyes. Los Reyes Magos. Llámelos como quiera. Los Tres Zoroástricos. Los Tres Sabelotodos. Melchor, Gaspar y Baltasar, con sus camellos cargados de regalos. Eran las únicas figuras que se movían a través del paisaje. El primer día que poníamos a Belén en el comedor, situábamos a los Reyes en un extremo al borde, y cada día que pasaba los movíamos más y más hacia el pesebre donde se encontraba el Niño Jesús, con Sus regordetes bracitos eternamente abiertos, como si prefigurara la cruz. Los Reyes progresaban milímetro por milímetro. Y el seis de enero, en la fiesta de la Epifanía, esos tres viajantes, muy bien descansados, llegaban al fin con sus camellos al pesebre. *Qué vagos,* pensaba yo. *¿Por qué se demoran tanto en llegar al pesebre de Belén?*

Aquél era el día en que los Tres Reyes Magos nos dejaban regalos.

Me gustaba mover a los Reyes, pero no me gustaban nada los regalos tan insignificantes que le traían al niño Jesús. Oro, incienso y mirra. ¿Qué niño, en su sano juicio, se arrebataría por tal porquería, sobre todo la mirra? Dos mil años atrás, lo mismo que hoy, cualquier niño se daría cuenta inmediatamente de lo que eran esos regalos: una basura inservible. ¿Qué puede hacer un bebé con especies, lingotes y monedas? Jesucristo Cambiapañales. ¿Qué clase de niño era éste?

Un niño muy desafortunado. Eso es lo que era.

Primero, le tocaba nacer en un establo apestoso, luego le traían unos regalos muy malos antes de mandarlo al exilio en Egipto y finalmente lo torturaban y lo clavaban a una cruz en plena juventud. ¿Qué clase de Padre sería Dios? Qué clase de Padre dejaría que maltraten tanto a Su Hijo?

Uno que no era digno de ser llamado padre.

Así pensaba yo entonces. Un padre que hiciera sufrir tanto a su hijo, y que al final lo hiciera gritar "¿Por qué me has abandonado?", no era digno de ser llamado padre. *Dichoso yo,* pensé. Mi padre, el inventor, el insólito, nunca me abandonaría. Jamás. Y quién sabe, quizá algún día me construiría mi propio pueblo, sólo para mí, y pondría en él una enorme tienda repleta de cohetes. Y quizá me ayudaría a usarlos, entre risas y radiante de orgullo, disfrutando al verme volar el pueblo entero con mis explosivos. Papá era capaz de cualquier cosa por mí, menos de vender el cuadro de la María Teresa.

Si se pasa por alto su enfermiza relación con el cuadro de la María Teresa y las otras antigüedades que acaparaba en la casa, habría que reconocer que Papá, Luis XVI, fue un gran padre. Tenía un gran parecido con ese otro tipo que traía regalos en la Navidad, Santicló. El alegre Santicló, lanzándose del perennemente congelado y prístino Polo Norte, con un trineo repleto de maravillosos regalos que acababan debajo del árbol de Navidad. A pesar de su arduo esfuerzo por mantener una tradición navideña peninsular, mi padre de veras se parecía más al Santa Claus americano imperialista que a cualquiera de los Reyes Magos.

Cada Navidad, una encendida y muda pelea tenía lugar en mi casa entre las costumbres españolas y las americanas. Una batalla entre Santicló y los Reyes, entre Belén y el árbol de Navidad. Y esos Tres Sabelotodos no tenían ninguna oportunidad de ganarle la batalla a Santicló. Qué va. Tal como había pasado en la guerra de 1898, España no tenía ninguna posibilidad de ganarle a los Estados Unidos. El pasado no podía ganarle la batalla al futuro.

Santicló nos traía los mejores regalos. ¿Y qué del árbol de Navidad? Incomparable, una maravilla pura. En aquella época no lo sabía aún, ya que el primer mandamiento me tenía muy confundido, pero yo era un idólatra. Sí, señor. Yo adoraba ese árbol, lo veneraba, lo alababa, lo quería con toda mi alma, inhalaba su dulce perfume hasta que me entraba en las células, donde se mezclaba con el sol.

Ni me podía imaginar de dónde provenían los árboles. Años más tarde, cuando me mudé para Illinois y vi todo tipo de pinos doquiera, algunos de ellos de treinta, cuarenta o cincuenta pies de altura, experimenté el más profundo arrobamiento. Puede que hasta me haya elevado un poco en el aire sin que nadie se diese cuenta.

Ahora, cada mes de diciembre llevo a mis hijos a un huerto de arbolitos de Navidad, y pasamos largo rato buscando el pino perfecto, con el serrucho en la mano. Aun cuando hace mucho frío o mal tiempo, o cuando mis hijos se pelean como salvajes, me encanta tanto hacerlo que me pasaría el día entero en el huerto. En cierta ocasión, bajo una lluvia helada, embarrado de fango y empapado de aguanieve, y con mis hijos enfermos, pasamos más de una hora buscando el pino que Dios había cultivado sólo para nosotros.

Cuando me muera, quiero que me entierren en un huerto de arbolitos de Navidad.

Las luces y casas de Belén que Papá construía con tanto

cariño no podían compararse a las luces del árbol de Navidad ni tampoco a los adornos. Éstos eran preciosos, la mayoría hechos a mano, de vidrio y con muchos detalles maravillosos. He hecho un catálogo y un registro mental de todos ellos. Pero prefiero no hablar más sobre ello, por temor a regresar a la idolatría.

Mi Papá se hacía responsable del árbol de Navidad, ya que era él quien lo compraba. Pero el árbol era el símbolo navideño de mi madre. Mamá, la hija de inmigrantes gallegos, concebida en un buque transatlántico que viajaba a Cuba, quería que sus hijos fueran modernos. Eso significaba que fueran lo más americanos posible. A Papá le gustaba más el pasado, y por lo tanto, odiaba el presente e ignoraba el futuro. Mamá siempre pensaba en el futuro.

Ahora me doy cuenta que la batalla entre el veinticinco de diciembre y el seis de enero no era sólo una escaramuza entre el imperialismo cultural norteamericano y la tradición hispana, sino que era una lucha entre María Antonieta y Luis XVI. Y por mucho que mi padre lo intentara, nunca podía ganar.

Hasta la naturaleza misma se burlaba de Papá en torno a la batalla navideña. Papá, quien fuera Luis XVI, se parecía a Santicló, y también se portaba como él. Era tan gordo como Santicló, y tan canoso como aquél. ¿Y qué importaba si no usaba barba ni vestía un traje rojo? ¿No era cierto que lucía tan viejo como Santicló? Si no se parecía a él, ¿por qué entonces todos mis compañeros del colegio pensaban que era mi abuelo? ¿Y qué importaba si sus lentes fueran diferentes a los de Santicló? Los usaba igual que Santicló, ¿no es verdad? Ambos necesitaban lentes muy gruesos. ¿Acaso Papá no fabricaba juguetes? ¿Acaso no le encantaban los niños? Le encantaban tanto que siempre traía niños desconocidos a la casa, como gatos callejeros. Era un hombre generoso. Nunca era tacaño en las tiendas de cohetes. Y nos llevaba a montar las olas en el carro, el perfecto suplente tropical de los trineos.

—Santicló no existe —me reveló mi hermano un día—. Papá es el que nos trae todos los regalos.

Tony me dijo esto mientras estábamos parados al borde del Belén de Papá, en el resplandor de la luz de aquellas ventanas que él había hecho con tanto esmero.

Ni me molesté en preguntarle a mi hermano acerca de los Reyes, ya que de verdad no me importaban. Siempre traían regalos de basura.

Como todos los niños, inmediatamente me negué a creerlo, pero el telón se alzó rápidamente, y todo empezó a cuajar. En menos de un minuto, me encontré cara a cara con la realidad: Santicló y Papá eran la misma persona.

Había pasado años mintiéndonos.

Se alzó el telón y pude ver con ojos abiertos aquel horrible tesoro descubierto por mis antepasados. El desengaño. El pilar abrasador e incandescente de la cultura hispana. Una cultura que está fundada sobre una advertencia: Cuidado, todo es una ilusión. No importa lo que adores, no importa lo que creas que te pertenece, todo te decepcionará. Todo te demostrará su falsedad. Aunque lo sepas o no, aunque te guste o no, no hay nada en este mundo que puedas abrazar que jamás llenará el vacío enorme que llevas en el alma. Nada. Ni nadie. Nunca jamás.

Jesucristo Clavadista Celestial, ¡*sálvame* de esto! ¡Ven con la llave de la bóveda de las ilusiones eternas! Llévame a un lugar donde nunca se rasga el telón, donde pueda ignorar el vacío, y todo parezca lleno hasta el borde. Ahí mismo, de pie junto al Belén de mi padre, le pedí a Dios que me rescatara, que me concediera Su redención. Y dicha redención me llegó de la fuente menos imaginada, con demasiado apuro.

Días después Fidel bajó de la Sierra como un ángel vengador, impulsado por una envidia ardiente que le achicharraba el alma, echando espuma hirviente por su boca barbuda. Era Belcebú, Herodes y la bestia de siete cabezas del Apocalipsis en una sola persona, con un tabaco grande y grueso ardiendo en sus humeantes labios que parecían a punto de reventar del odio, totalmente empeñado en imponer su voluntad sobre todo el mundo. Totalmente empeñado en aniquilar a cualquier rey que no fuera él, en borrar cualquier pensamiento que no fuera el suyo. Arrasó con Belén, mató a todos sus niños, o los exilió. De un solo zarpazo quemó todos los árboles de Navidad en un torbellino de fuego, un ciclón de llamas infernales que prendió con su tabaco. Prohibió las pascuas. Convirtió las celebraciones navideñas en un delito. Sembró sal por toda la Isla, suficiente sal como para envenenarla totalmente por más tiempo que los bíblicos cuarenta años.

Escribo estas palabras cuarenta y un años después, y seguimos contando. De verdad que Dios estaba enfurecido con nosotros. Raramente Él excede los cuarenta, lo hace sólo cuando quiere dar rienda suelta a su ira o enseñar una lección.

Yo fui uno de los dichosos. Fidel no pudo arrasar conmigo como hizo con otros niños, cortándoles las cabezas poco a poco, y reemplazándolas con otras nuevas, serviles y llenas de temor, como copias de la suya propia. Cabezas nuevas sujetas con tornillos, como la cabeza de Boris Karloff en *Frankenstein*. Un tornillo forjado con el terror y el otro con la ilusión. Hasta a los niños del muelle de Regla les cortó las cabezas, de eso no hay duda, y en cambio les dio un millón de promesas falsas y una libreta de abastecimiento y les prohibió tirarse en la bahía para buscar menudo. Y aquellos que todavía quedan allá, ya hombres hechos y derechos, con hijos y nietos, deambulan por la calle con pernos oxidados en el cuello.

Gracias a Luis XVI y a María Antonieta, yo me salvé del trasplante de cabeza. Ambos batallaron sobre cuál sería la mejor manera de salvarme, se declararon la guerra y recurrieron a armas que ninguno de los dos sabía que poseían. Como todas las verdaderas guerras —al contrario de las que salen en películas— la cosa no fue ni linda ni divertida. Por medio de las estrategias que había perfeccionado en sus batallas sobre las pascuas, Mamá finalmente prevaleció. A regañadientes, Luis XVI se dio por vencido. Se rindió y se desplomó, porque no pudo resistir la voz persuasiva de Mamá. A veces, cuando las cosas me van mal, veo con el ojo de mi alma una imagen de mi padre, como de un Santicló de goma, totalmente desinflado. Nada más que un charquito blando de goma, rojo y arrugado, amontonado en el piso. O lo veo como uno de esos ridículos muñecos de Santincló plásticos con que muchos adornan los jardines de sus casas, convertido en metralla por un petardo bien colocado. Papá-Santicló, desaparecido en un solo instante. Lo mismo que le había pasado a la lagartija del cohete.

Padre, Padre, ¿por qué me has abandonado?

Cuando las cosas me van bien, tiendo a perdonarlo. Supongo que quizá él se convenció que estaba reviviendo su existencia en Belén dos mil años atrás, y sabiendo lo que sabía, hizo lo mejor que pudo. Le hizo caso a Mamá y a su voz persuasiva, y eligió salvarnos de la decapitación. Luis XVI y María Antonieta me escondieron en las ruinas y me arrojaron por la ventana antes de que los milicianos de nuestro propio Herodes me dieran caza.

Me lanzaron lo más lejos que pudieron, y así fue como salí para el exilio, junto con mi hermano mayor. Tan lejos nos lanzaron que crucé el mar azul y llegué hasta nuestro Egipto, los Estados Unidos, la bóveda de las ilusiones eternas.

11

Eleven

Era una ola enorme. La más grande del día. No teníamos tablas de surfing, ni grandes ni chicas. Ni balsas inflables. Sólo nuestros cuerpos. Y sabíamos cómo usarlos.

Podíamos ver la ola que se nos acercaba, arremetiendo contra nosotros y la playa. Verde. De un verde claro, como el jade, y con la espuma mucho más alta que las otras. Luchábamos con todas nuestras fuerzas contra las olas pequeñas (que no eran tan pequeñas), afincábamos los pies en la fina arena blanca y dejábamos que nos golpearan.

—¡Ahí viene una grande!

Luchábamos durante cuatro o cinco embestidas, sabiendo que la madre de todas venía detrás. Mientras más se acercaban, más grandes se volvían. Crecía como una pequeña cordillera.

Estábamos a unos ciento cincuenta pies, quizá ciento ochenta, de la orilla, y con más de cuatro pies de profundidad bajo nosotros. Era difícil mantenerse de pie cuando las olas se estrellaban contra uno. Les dábamos las espaldas y dejábamos que nos cayeran encima. Gritábamos, sobreponiéndonos al rugido de las olas.

—¡Ahí viene una bien grande!

—Después de estas dos.

—¡Está creciendo!

—¡Oye! ¡Meten miedo!

—¡Es monstruosa! ¡Monstruosa!

—¡Es un maremoto!

—¡El monte Everest!

—¡Es el peo de una ballena!

—¡Te equivocas! ¡Es un peo de Ernesto!

—¡Vete pa'l carajo, Manuel! ¡Fuiste tú el que te lo tiraste!

—¡Una más! ¡Sólo una más hasta la grande!

—¡Prepárense, ya está aaaaaquí!

—¡E… e… e… e… e…!

—¡EeeeeeeeEeeeeeEeeeeee!

La ola arremetió contra nosotros como un tren de carga. Nos tragó por completo, nos arrastró como a pajitas dentro de un tornado. Rodamos sumergidos en aquella agua verde que nos empujaba hacia la orilla a lo que parecía la velocidad de la luz y, al mismo tiempo, a cero velocidad.

Recuerdo estar rodando dentro del agua y haber perdido todo sentido de la orientación. Abrí los ojos y sólo vi verde y muchas burbujas de todos tamaños. El rugido era ensordecedor. Di vueltas desenfrenadamente, y el agua salada me entró a torrentes por la nariz. *¿Dónde está el cielo?* me pregunté. *¿Dónde está la arena? ¿Me falta mucho para llegar?*

No tuve que esperar mucho para conocer la respuesta. La ola se estrelló y el agua me escupió de cabeza y boca abajo. Me pegué duro contra la arena, con la boca abierta.

Y entonces, en menos de un segundo o dos, unas nalgas enormes cayeron encima de mi cabeza y me la enterraron en la arena. El Fondillón se quedó sentado sobre mí por un largo rato, o por lo menos así me pareció. Se quedó sentado ahí, encima de mi cabeza, con todo su peso sujetándomela bajo la arena. Sospeché que era Ernesto. Ninguno de nosotros pesábamos tanto. Yo tenía arena en la nariz, en los oídos y en la garganta. Creo que grité, o por lo menos traté de gritar. Claro, ningún sonido salía de mi boca.

Pensé que me moría.

Entonces, gracias a Dios, el peso que tenía sobre mi cabeza desapareció lentamente. Traté de levantar la cabeza, pero no pude. Estaba trabado. Otra ola enorme se estrelló contra mi cuerpo y me enterró aún más en la arena. Casi a punto de desmayarme, alguien me agarró por los brazos y me jaló con fuerza, liberando mi cabeza.

Soplé la arena de mi nariz, tosí para sacar la arena que arañaba mi garganta y resollé, intentando respirar. No sé cómo resistí y cuánto tiempo pasó antes de que pudiera respirar normalmente. Lo único que sé es que hice todo lo posible para que me entrara oxígeno en los pulmones. También me di cuenta que tenía arena en los ojos. Y eso me dolió más que nada.

Jalándome por los brazos, Tony y mis amigos me sacaron del alcance de las furiosas olas. La arena en los oídos me impedía oír cómo se burlaban de mí, pero aun así, entendí lo que algunos decían.

—¡Esa fue la cosa más cómica que he visto en mi vida!

—¿Viste cómo Ernesto le cayó encima?

—Parecían un animal raro con dos cuerpos y una sola cabeza.

—FrankenErnestostein... Moby Ernesto... El Monstruo de la Laguna Gorda.

—Es verdad. ¿Y viste la cara que puso Carlos cuando sacó la cabeza?

—Nunca me imaginé que vería a un zombi.

—¿A qué sabe la arena? ¿Es sabrosa?

—Ven, déjame darte por la espalda.

Tosí, escupí, soplé, resoplé. Hice lo mismo varias veces. Las palabras no salían de mi boca. Eso es lo que te hace la arena. Y si te caen doscientas libras en la cabeza, no mejora la situación. No es que sólo estuviera asfixiándome, sino que también estaba aturdido. Y que mis cuatro amigos me pegaran en la espalda con los puños tampoco mejoró la situación, sobre todo porque se creían en la obligación de pegarme con la mayor fuerza posible.

Al fin, Luis XVI y María Antonieta aparecieron y me salvaron de todas las burlas y los ineptos primeros auxilios de mis amigos. Luis XVI me acompañó a las duchas al aire libre y me ayudó a sacar la arena que se me había acumulado en la cabeza. Me llené la boca de agua, hice gárgaras y escupí. Me lavé las orejas y los oídos, volteé la cabeza hacia un lado y me golpeé la sien. Golpes suaves, porque no quería matarme. La enfermera del club me ayudó también, sobre todo cuando me limpió la arena de los ojos.

Aquél fue un día maravilloso, a pesar de todo. La enorme tormenta. Las grandes olas. La impresionante playa. Mis estupendos padres que nos permitían jugar en aquel oleaje asesino. El muy buen club de playa que nos dejaba entrar gratis y que nos permitía traer cuantos invitados se nos antojara. Increíble la administración del club que no empleaba salvavidas y que nos permitía hacer surfing sobre aquellos tsunamis con nuestros cuerpos a guisa de tablas. También fue una gran casualidad que alguien acabara encima de mi cabeza. Tan pronto se me pasó el estado de shock, también yo me eché a reír y a burlarme. Sobre todo del gigantesco fondillo de Ernesto.

Eso no le cayó nada bien a Ernesto. Bueno, a él casi nunca le caía nada bien.

Todavía no estoy listo para hablar de él, pero sí puedo decir lo siguiente: no era nuestro amigo. Desde el comienzo mismo, desde el día que nos visitó por primera vez, no le cayó bien a nadie. Y nos dimos cuenta que nosotros tampoco le caímos muy bien a él. Era como uno de esos círculos viciosos en las relaciones humanas, que sólo empeoran. Si algún día algún genio llegara a deducir cómo extraer la energía que existe en ese tipo de círculo vicioso, la humanidad dispondría de una fuente de energía aún más cuantiosa y potente que la fusión fría o nuestro propio Sol.

Mamá me cuenta que Ernesto tampoco le caía bien a ninguno de los mayores. Mi abuela, la madre de Papá, aún vivía cuando él vino a hacernos su primera visita. A mi abuela le quedaban quince días de vida, pero no lo sabía. Y esto fue lo que le dijo a mi madre:

—Ni dejes que este niño use nuestro baño.

Eso fue una de las últimas cosas que dijo, esa mujer sabia que casi nunca hablaba, esa mujer delicada que me acariciaba el cabello.

Al único que parecía caerle bien era a Papá.

Muchos de mis recuerdos de Ernesto permanecen encerrados en mi bóveda del olvido. Pero los que no he podido enterrar me asustan. De ahí que hasta ahora su presencia en estas páginas haya sido enigmática y amenazante.

Sin embargo, debo reconocer que la manera en que cayó sobre mí y por poco me asfixia aquel día que jugábamos en las olas fue una metáfora tan perfecta sobre nuestra relación como para ser mi segunda prueba de la existencia de Dios.

Santo Tomás de Aquino formuló cinco pruebas de la existencia de Dios, todas ellas basadas en la causalidad. Mis pruebas se basan en la similitud y en la manera en que las cosas se relacionan entre sí, y también con nuestras mentes inmortales, aunque limitadas. Y ahora que hablo de ello, permíteme explicarte mi tercera prueba de la existencia de Dios. Que, lógicamente, involucra a una cabeza. La mía. Y claro, es el tipo de prueba que nadie que tome a Immanuel Kant en serio reconocería con gusto.

Siento un gran desprecio por Kant, y tú también deberías despreciarlo. Kant fue lo suficientemente imbécil como para confiar totalmente en un solo tipo de lógica, y tan prolijo en las palabras que pudo convencer a mucha gente inteligente de que tenía razón. Tan pésimo filósofo, el Kant, la maldición de la clase intelectual. Maldito seas, ídolo falso. Ojalá que estés en el infierno, Immanuel, pedante obsesivo-compulsivo, o en el cielo, junto a Mel Blanc y al tipo en el aeropuerto que se burló de mí cuando me revisó los calzoncillos. Y ojalá que estés eternamente liberado del doble juego de esas portaligas que llevabas puestas en tus puntualmente cronometrados paseos vespertinos por Königsberg, recorridos que servían mejor para saber la hora que ningún reloj de tu mustio pueblo hanseático. No tienes por qué temer que tus calcetines se te caigan hasta los tobillos en la vida de ultratumba, mi que-

rido Immanuel, mientras discutes el Imperativo Categórico
con Mel y el hombre aquel del aeropuerto de Rancho Boyeros. O mientras reflexionas sobre el *ding-an-sich* y analizas minuciosamente el *Vernunft* en un millón de maneras inútiles
con todos esos zopencos pálidos que son tus discípulos. Los
calcetines y la filosofía son aún más inútiles en el cielo que en
los trópicos.

Yo aprendí eso cuando era muy joven, junto con mi tercera
prueba de la existencia de Dios, en una iglesia. Permíteme llegar al punto con presteza y precisión prusiana que excede a la
de Kant.

Ocurrió años antes de la gran ola, años antes de Ernesto.
Aún no iba al colegio, ni al kindergarten. Habíamos ido a un
bautizo en La Habana Vieja, en una iglesia muy antigua. Mis
padres, mi hermano y yo nos sentamos en uno de los bancos
que quedaban más o menos en medio de la nave central. Era
una iglesia espeluznante, igual a las otras de aquella parte de la
capital. Enfermizamente barroca. Oscura y tenebrosa, con espantosas imágenes por doquier. Crucifijos sangrientos. El sofocante olor del incienso y las velas. La misa que precedía al
bautizo había apenas comenzado, y yo me estaba revolviendo
en aquel banco tan incómodo, tratando desesperadamente de
divertirme de algún modo mientras aquel tipo vestido con
aquella bata requeteantigua y ridícula mascullaba palabras en
un idioma que me parecía conocido, pero a la vez, muy raro.

—*Dóminus vobíscum.*

¿Dominós vo-qué? ¿Qué hace él hablando de los dominós,
ese juego que les encanta a mi abuelo y a sus canosos amigos?

—*Et cum spíritu tuo* —musitaron los feligreses.

¿Qué es eso? ¿Eco d'espíritu tuyo? ¿Estarían hablando de
las voces de los fantasmas?

Como era de costumbre, Luis XVI y María Antonieta
se habían sentado entre Tony y yo. No nos permitían diver-
tirnos en misa. Siempre se llevaban el índice a los labios y
decían "¡Pss! ¡Silencio!", o sencillamente dejaban escapar un
"shhhhhhhhhh". A veces Luis XVI nos daba una bofetada. Yo
nunca tenía nada que hacer en misa. No podía llevar juguetes.

No podía hablar. No podía hacer nada, salvo tratar de entender el latín y sentir la carga de mi propia existencia.

Ah, pero de pronto me di cuenta que aquella iglesia era diferente. Los espaldares de los bancos no eran macizos. No, estos bancos eran muy interesantes. Tallados con un diseño intrincado. Fila tras fila de tablillas en formas ondulantes. Muchas como aperturas redondas. ¡Unos huecos enormes e intrigantes!

Traté de contemplar el diseño, muy similar a esa ilusión óptica que figura en todos los manuales de psicología, un dibujo que parece la silueta de una copa o una urna si lo miras de una manera, pero que si lo miras diferente termina pareciendo la silueta de dos caras que se miran frente a frente, las narices tocándose. Mi primer enigma. Ya que estábamos en una iglesia, se me ocurrió que la copa en el diseño tenía que ser un cáliz. Pero es algo que no viene al tema.

Lo que sí tiene que ver es que yo quería unirme a esa ilusión óptica, quería vivir dentro del enigma y la paradoja.

Me bajé al reclinatorio y por un rato pasé los dedos por el diseño ondulante. Entonces me fijé en las aperturas redondas, y reflexioné sobre el parecido que tenían con la forma de mi cabeza. Cabeza redonda. Apertura redonda. ¡Perfecto!

Entonces decidí meter la cabeza en una de ellas. Primero hice la prueba con la coronilla. ¡Increíble! El hueco era lo suficientemente ancho como para que mi cabeza pasara, aunque rozando. Me costó un poco de trabajo meter la cabeza entera. Moví el cuello un poquito para allá, un poquito para acá, ¡y bingo! O como diría mi querido amigo, el místico alemán, Meister Eckhart, *¡Durchbruch!* Traspasé el plano ilusorio, rompí la barrera y crucé de una dimensión a otra.

Desde el otro lado del banco me maravillé contemplando el diseño, fila tras fila de copas y caras. ¡Era igual desde el otro lado! Y yo lo había traspasado, volviéndome parte del diseño, parte del enigma.

Era una iglesia grandiosa. *Deberíamos venir más a menudo,* me dije.

Oí *Orémus* desde mi punto panorámico transdimensional. Reflexioné sobre el tema en mi cabeza, la misma cabeza que sobresalía del espaldar como la de un malhechor en el cepo de un pueblo de la puritana Nueva Inglaterra, allá por el 1689. Quizá el mismo pueblo donde ahora vivo.

—*Orémus*.

Otra vez con lo mismo. ¿Por qué aquel tipo que vestía esa bata tan rara seguía hablando de los remos? Los remos me recordaban a la playa y los botes de colores chillones que teníamos en el Club Náutico. Contemplé las copas y caras, los bancos de la iglesia, los botes de remo, la playa. Contemplé el mar azul turquesa que me atraía tanto desde tan temprana edad.

Durante todo este primer éxtasis mío, el rey Luis y María Antonieta seguían concentrados en la misa. O quizá mi silencio y tranquilidad los hizo sentir un alivio tan grande que pudieron entrar en el frágil retiro de sus propias mentes. No importa cuál fuera la razón. Lo que sí importó es que no se dieron cuenta de lo que yo estaba haciendo, ni de mi maravilloso descubrimiento.

Hasta que llegó la comunión.

Por lo que algunas personas deberían levantarse, dejar sus bancos para ir al comulgatorio, donde les pondrían esa cosita blanca en la lengua. Entonces regresarían a los bancos con caras muy, pero muy, muy serias. En aquel entonces, la gente no comulgaba tanto, ya que un solo pecado venial bastaba como para que uno fuera indigno de recibir el Cuerpo de Cristo, pero siempre había unas cuantas personas en todos los bancos con el alma suficientemente pura que te hacían mover para abrirles paso al comulgatorio, y cuando regresaban tenías que moverte otra vez. Comulgaban más mujeres que hombres, con esos velos en la cabeza que lucían tan ridículos, con los abanicos cerrados en las manos, y esos zapatos de tacones que hacían tanto ruido: *tákata, tákata, tá*... ¿Por qué no comulgaban los hombres? ¿Por qué no se ponían velos? ¿Por qué las mujeres hacían tanto ruido cuando abrían los abanicos y se abanicaban con tanta furia? ¿Por qué hacían hasta más bulla cuando los cerraban? *Chácata, fu, fu, fu, ¡CHÁCATA!* ¿Por qué no se les permitía a los hombres usar abanicos?

¿Y qué era esa locura que las mujeres tenían con los tacones altos y esos zapatos puntiagudos? ¿A qué imbécil se le había ocurrido inventar tal cosa? Menos mal que los varones no teníamos que andar como ellas.

Más cosas que contemplar desde mi percha transdimensional. Más alucinantes preguntas que intensificaran mi éxtasis desde el centro del enigma.

Entonces llegó el rudo despertar. Una mujer santa que estaba sentada en nuestro banco iba a comulgar, lo cual significaba que tendría que moverme. Pero inmediatamente me di cuenta de un gran problema.

La cabeza se me había trabado en el banco.

Traté y traté, pero por más que giraba el cuello o retrocedía, no había forma de sacar la cabeza del hueco en el banco. Me había quedado atascado dentro del enigma. No sé cómo; o se me había hinchado la cabeza o la apertura del banco se había encogido. Mis orejas se habían vuelto un obstáculo insuperable. Así que hice lo que un niño hace en una situación como esa. Grité a más no poder.

—¡Mamá, Papá, se me trabó la cabeza!

Sobre la iglesia cayó un pesado manto de silencio. Era como si les hubiera ordenado a todos a ponerse en atención. Como si les hubiera obligado a contener el aliento. Como si todo el mundo se estuviera asfixiando.

Todo el mundo, salvo el hombre de la ridícula bata.

—*Corpus Dómini nostri Jesu Christi custódiat ánimam tuam in vitam æternam. Amen.*

Podía oír al cura susurrando en el comulgatorio mientras repartía el Cuerpo de Cristo, Nuestro Señor, a las mujeres arrodilladas, y a uno o dos hombres.

—¡Mamá, Papá, se me trabó la cabeza! —grité otra vez— ¡Se me traaabooó la caaabeeezaaa!

—*Corpus Dómini nostri Jesu Christi...*" (En susurros).

Papá se me acercó y comenzó a tirar de mis hombros. Pero

cada tirón causaba que mis orejas chocaran contra la barrera inmovible del borde del hueco. Cada tirón traía consigo un dolor más fuerte.

—¡Yaaaa! ¡Me duele! ¡Aaaaaaaaaay... mis orejas!

—*Corpus Dómini nostri Jesu Christi...*" (En susurros).

Los dominós de nuevo.

Una pequeña multitud ya nos rodeaba.

—A este niño se le ha trabado la cabeza, pero si la metió tiene que haber algún modo de sacársela —musitó Papá entre dientes.

Recuerdo claramente que eso fue lo primero que dijo. Papá me jaló y me jaló un poco más. Sentía como si me estuvieran arrancando las orejas.

Mi respuesta fue gritar más fuerte.

Más gente se unió a la muchedumbre que nos rodeaba. Empezaron a darle consejos a Papá en voz baja.

—Voltéele la cabeza para acá.

—No, no, no. No le vaya a voltear la cabeza.

—Vayan a buscar un poco de aceite para ponérselo en las orejas.

—Póngale la mano encima de la cabeza y empuje bien duro.

—*Corpus Dómini nostri Jesu Christi...*" (En susurros).

A mi hermano Tony se le ocurrió lo que para mí fue la mejor solución.

—Papá, ¿por qué no sacas uno de tus serruchos para cortar el banco?

No estoy seguro de si me acuerdo bien, pero creo que Papá le contestó algo entre dientes que me sonó como "Quizá lo que debo hacer es cortarle la cabeza".

Ya conoces el historial de mi Papá y las cabezas. Muy probablemente fue eso lo que dijo.

Entretanto, mientras la muchedumbre crecía y yo gritaba más frenéticamente, Mamá, de algún modo, pasó al otro lado del banco. Ya para entonces la misa parecía haberse detenido. Quizá así sucedió. Tenía la impresión de que todo el mundo tenía los ojos puestos en mí, incluyendo el tipo de la bata rara, que ya había dejado de susurrar *"Corpus Dómini nostri Jesu Christi..."*

—Mira Antonio, aguántale la cabeza así —dijo María Antonieta, poniendo sus manos encima de mis orejas—. Aguántale las orejas mientras lo jalas, y gírale la cabeza con cuidado. Hazlo tú. Yo no lo puedo hacer bien desde aquí.

Luis XVI hizo tal como le pidió su reina, y en un momento, mi cabeza se liberó del enigma, y sin mucho esfuerzo.

Me pasé las manos por las orejas y lloré por un rato, y nos fuimos todos a casa después del bautizo. Supongo que lucía igualito que cuando primero entré en la iglesia, pero las apariencias engañan. Me había transformado. Me había encontrado cara a cara con Dios.

Seguro que te preguntarás qué tipo de prueba es ésta de la existencia de Dios. Si yo fuera maestro del zen no te daría ninguna respuesta. Quizá simplemente te pegaría con un palo por la nuca para ver si el susto te ilumina súbitamente.

Pero, me falta mucho para ser maestro del zen. No existe cubano que pueda reclamar ni el más tímido paso en el camino del zen, incluso aquél que pase años o décadas estudiando el tema. Ni siquiera el vivir en un monasterio budista durante una vida entera le permitiría a un verdadero cubano oír a una sola mano aplaudir. Olvídalo. Jamás. En lo que se refiere a las paradojas y enigmas, nosotros los cubanos no somos minimalistas.

Por el contrario: nos gustan las paradojas bien enredadas. Mientras más complejas, mejor. No, no tiene nada que ver con el sonido de una sola mano aplaudiendo. No nos gusta meditar sobre esa imposibilidad tan simple. Eso es demasiado limitado, demasiado minimalista, se asemeja demasiado al vacío, a la nada. Es una expresión de la ausencia, de la pérdida infinita, de la soledad. Preferimos buscar la coincidencia de los opuestos, el desdoblamiento de la llama y la rosa, la unión de la cara y el cáliz, de la cabeza y el banco, del *Corpus Dómini* y el "¡AAAYYY!"

Y además, a los cubanos nos gusta hablar demasiado, explicarlo todo con lujo de detalles. No hay cubano que permita que alguien deduzca por sí solo una prueba de la existencia de

Dios. Sobre todo una prueba que tenga que ver con los bancos de la iglesia.

Del mismo modo que una berenjena y un seno son expresiones de coincidencias que resultan demasiado numerosas para ser meras coincidencias —tal como la perfecta metáfora de terminar casi asfixiado por un hermanastro dice mucho de la relación entre la mente y el mundo que la rodea—, una cabeza trabada en un banco expresa nuestra profunda necesidad de trascender la lógica lineal, una necesidad tan esencial para nuestro ser como es el oxígeno, el agua, la comida y el amor. La cabeza en el banco expresa una inteligencia no sólo mayor que la nuestra, pero tan completamente real como la nuestra, una inteligencia que todos buscamos.

Carajo, perdón. Me he convertido en un pedante insoportable. ¡Me reventé con mi propio petardo! Qué tontería sería usar la lógica lineal para tratar de volarla, igual que ese pedante requetecauteloso Immanuel Kant, y sus pálidos y mocosos discípulos. He tratado de razonar por medio de una trinidad de metáforas, resumiendo una infinidad de significados en sólo tres. Depender sólo de la razón pura es el camino más seguro a la herejía. E igualmente al infierno. Un camino más recto y directo que las malas palabras.

Mejor elegir la unión de Kioto y La Habana, que anhelar la singularidad de Königsberg. Después de todo, mejor es el no pensar en nada.

En nada, nada, nada.

Usa tu imaginación infinita, y permítele que se fugue y desaparezca sola. Como novato que eres, préstale atención a una sola sensación: la de oír. Te prometo que nadie te va a golpear la nuca con una tabla o un tronco.

> *Imagínate el sonido de*
>> *pensamientos de un niño dentro de una ola gigantesca…*
> *Imagínate el sonido de*
>> *los gritos de un niño cuya cabeza está enterrada en la arena…*
> *Imagínate el sonido de*
>> *un círculo vicioso…*

Imagínate el sonido de
  la sombra de un filósofo moviéndose sobre adoquines…
Imagínate el sonido de
  una cabeza trabada en un enigma…
Imagínate el sonido del desengaño y la redención
  a la misma vez…
Y sólo para el que es cubano:
Imagínate el sonido de los
  recuerdos que no tienen nada que ver ni con Batista ni con Fidel.

12

Twelve

Nos acercamos lentamente a la casa, como hacíamos siempre. La casa de tía Carmela era el tipo de casa que exigía que nos aproximáramos lentamente. Exigía respeto.

Era una residencia enorme y muy apartada de la muy soleada calle. Dos residencias más adelante, al final de la calle, no existía nada más que el resplandeciente azul turquesa y la respiración rítmica del oleaje. Aquella casa estaba encerrada en la melancolía, rodeada por un muro imponente y árboles gigantescos que parecían prehistóricos. Era un eclipse del sol encerrado en un terreno de Miramar.

Yo siempre me tiraba en el piso del asiento trasero y cerraba los ojos cuando el automóvil pasaba por el portón de la entrada.

—¿Por qué debemos regresar a este lugar otra vez? —pregunté entre quejidos.

—No te quejes. Sabes bien que debemos visitarla —fue la predecible respuesta de Luis XVI.

—Tía Carmela es muy buena. Y siempre te tiene una sorpresa —dijo María Antonieta.

Mamá siempre me calmaba y me convencía fácilmente de cualquier cosa.

—Vamos, no es tan malo. Tampoco debes tenerle miedo —reiteró el rey Luis.

—Acuérdate de que el año pasado Santicló nos dejó el juego de Monopolio en casa de Carmela —dijo mi hermano.

—No me importa. Esta casa me da miedo.

—Pero si es preciosa —dijo Mamá.

—Llévenme para casa. Llévenme para casa. Quiero volver a casa.

—Tranquilo. ¿Me oyes? Deja de portarte así, o si no... vas a tener que pasar la noche con tía Carmela —fue la amenaza del rey de Francia.

—Ay no. ¡Por faaaaaavooooor, no! ¡No quiero! ¿No me harías eso, verdad?

—Si no me obligas.

—Ya basta Antonio...

—Llegamos —interrumpió Tony—. Estoy loco por volver a ver al mayordomo. Y estoy loco por ver cuál será la sorpresa de hoy.

Como siempre, y porque era un niño obediente, salí del automóvil. Pero temblaba de miedo. Subimos las escaleras de mármol hasta llegar a las enormes puertas de la casa, y el rey Luis levantó la pesada aldaba. *¡PA, PA, PA!* Pudimos oír el eco adentro.

Una de las puertas se abrió lentamente. Un hombre delgado y larguirucho, vestido de colores oscuros, apareció súbitamente. Calvo, y con grandes ojeras, parecía estar escondiéndose de algo. Nos miró desde lo alto de su larga nariz, y como siempre, saludó.

—Buenos días, doctor Nieto. Buenos días, Señora.

Hubo buenos días para Mamá y Papá, pero no para nosotros. Y como siempre, el mayordomo clavó en Tony y en mí sus ojos oscuros, casi imposibles de ver tras el velo de sus párpados caídos. Él sabía que estábamos allí. Sabía también que yo trataba de esconderme detrás de Mamá mientras lo escudriñaba con una mirada de soslayo.

—Adelante. Le voy a avisar a doña Carmela que ya llegaron. Pasen, por favor. Síganme.

Aquel hombre no caminaba como las demás personas. Lo hacía derecho como una vela, y a la misma vez era tan inconsecuente y espeso como la cera derretida.

El interior de la casa era tan oscuro como la entrada y el patio. No había luz por ningún lado, y todas las persianas estaban cerradas. Cuartos tras cuartos atiborrados de muebles, todos tapados con sábanas blancas. Aquella casa estaba embrujada por los sofás, los sillones y las butacas de otra época. No había un mueble que no estuviera protegido con un velo blanco de los estragos del polvo y del insulto de lo nuevo, del intento de desplazar los recuerdos, de la afrenta de nueva gente que trataría de reemplazar a aquélla que en alguna ocasión se había sentado en ellos, escrito en ellos, y hasta probablemente besado en ellos. Fantasmas, realmente. Muebles que en una ocasión habían estado vivos. En otra época, ya perdida, aquellos muelles habían chirriado, sus patas raspado el piso, las mesas se habían manchado y habían sido arañadas, y sostuvieron copas sudadas que le goteaban encima. Pero ahora sólo servían para llenar los cuartos, como monumentos encubiertos de tiempos más felices, tiempos cuando se abrían las ventanas, se encendían las luces y el futuro todavía no se había vuelto el pasado.

Cuánto odiaba aquel trámite entre la puerta y la biblioteca de tía Carmela. Seguíamos al mayordomo por un pasillo ancho y largo, y sólo atinaba a pensar en qué se ocultaba bajo aquellas telas blancas, cuarto tras cuarto.

La biblioteca era diferente. Ahí las persianas estaban abiertas y el sol entraba a raudales. Tía Carmela tenía un escritorio enorme, preciosos pisapapeles de cristal y pinturas raras en las paredes. Nunca antes había visto pinturas semejantes. Años después, vi algunas, en museos, y estaban firmadas por Dalí, Gris, Miró, Picabia o Picasso.

—No entiendo lo que ella ve en este arte moderno —comentó Luis XVI.

Tía Carmela siempre entraba muy lentamente. Estaba casi

ciega, y demoraba lo que parecía una eternidad en aparecerse y en cojear —apoyándose en su bastón— hasta su escritorio. Aquel día, como siempre, se veía muy contenta. Tenía una de las sonrisas más lindas que he visto en una anciana, y ojos que lucían mucho más jóvenes que el resto de su cuerpo.

Ese día conversamos largo rato. Y cuando concluyó la conversación, llegó la sorpresa.

—Esto es para ustedes, niños. No se lo gasten todo de golpe —advirtió tía Carmela mientras nos entregaba un billete de cinco dólares a cada uno.

Cinco dólares era mucho dinero en 1957, y sobre todo para un niño. A pesar de su advertencia, lo gasté todo en una caja de postalitas de Davy Crockett que se habían vuelto la locura en mi colegio. Uno de los vendedores que se situaba al lado del patio del colegio las vendía por paquete. Un lunes me aparecí con cinco dólares en la mano, y compré una caja entera que contenía más o menos treinta paquetes.

Desengaño. Todos los paquetes tenían las mismas postalitas. De más o menos doscientas tarjetas, supongo que salí con un total de seis que yo no tenía. Me gasté cinco dólares americanos comprando tarjetas que ya tenía, y que todos los demás alumnos también tenían. Ni siquiera pude intercambiarlas, y por eso, con mucha rabia las tiré en una cloaca frente al colegio.

Debería haberle hecho caso a Carmela. Era una mujer muy sabia. Posiblemente la persona más sabia de la familia.

Creo que tía Carmela fue la única de la familia Nieto que vivió la vida a plenitud. En aquella época, a finales del siglo diecinueve, cuando aún no se había puesto de moda, Carmela siempre había insistido en hacer lo que se le antojaba. Era una rebelde y liberal de pura cepa.

No me sé el cuento entero, pero lo siguiente es lo que he podido dilucidar de lo que me han contado: Tía Carmela fue la primera hermana del abuelo Amado, y el papá de ella era hermano de mi bisabuelo. Había sido educada en las estrictas y sofocantes tradiciones de la familia Nieto. Eso significaba que tenía que seguir su vida como si no estuviera en Cuba. Y que en su caso, por ser mujer, debía dedicarle la vida entera a su esposo e hijos.

Pero Carmela no hizo eso. Militó en las filas de todas las causas que apoyaba, sobre todo a favor de la democracia, la gesta independentista, la igualdad de las mujeres y de los derechos de los esclavos negros recién liberados. No tenía pelos en la lengua, ni tampoco le importaba a quién ofendía. Le encantaba salir a pasear e ir de fiesta, y tenía la convicción de que uno debía divertirse mientras cuidaba de los más necesitados.

Y además de eso, se puso a escribir. Escribió cuentos de ficción y publicó columnas en los periódicos, dando consejos y abanderando sus causas liberales. Y como si eso no bastara, se casó con un americano, de Kansas por más señas. No sé cómo ese hombre había ido a parar a La Habana, pero sí sé que tuvieron tres niños: Daisy, Archibald y Addison.

Imagínate la acogida que tuvieron esos nombres de pila en la familia Nieto.

Y entonces Carmela hizo lo impensable. Se enamoró de otro hombre, un cubano, un "mambí", como se les decía a los héroes de las guerras de independencia. Un hombre casado. Carmela y el mambí dejaron que la naturaleza se apoderara de ellos, y pronto se vieron metidos en tremendo lío. Naturalmente, Carmela se dejó de llevar con su marido americano. De hecho, se estaban llevando tan mal que cuando salió embarazada, el señor de Kansas estaba seguro que la criatura que llevaba en el vientre no era de él.

El americano hizo las maletas, se despidió de sus hijos en inglés y regresó a su tierra natal sin mirar para atrás. Se divorció de Carmela y abandonó a Daisy, Archie y Addison. Nunca escribió una carta, ni jamás siquiera preguntó por ellos. Les dio la espalda por completo.

Años más tarde, cuando Addison ya tenía más de veinte años, se fue a buscar a su padre a los Estados Unidos, pero éste no quiso verlo. Ni siquiera le abrió la puerta. A través de la puerta cerrada, le dijo que se fuera.

—No eres hijo mío —le dijo—. Vete a buscar a tu padre cubano. Vete para tu apestosa Cuba. De donde eres.

Con el transcurrir del tiempo, Carmela y el mambí se casaron y tuvieron más hijos, pero dicha unión le costó muy cara. La familia Nieto nunca más quiso saber de Carmela, ni de su divorcio escandaloso, ni de su nuevo matrimonio. De la misma manera que el señor de Kansas no quiso reconocer la existencia de sus hijos, los Nieto se negaron a reconocer que Carmela existía.

Mi padre fue el único pariente que se mantuvo en comunicación con ella a través de todo el lío, aunque discretamente. No se atrevía a retar abiertamente a la familia. Cuando el mambí falleció, Papá fue el único de la familia que asistió al entierro.

Mientras que los demás Nieto seguían callados como las piedras, e invisibles, Carmela continuó escribiendo, militando a favor de sus ideales y disfrutando la vida. También se volvió muy rica. Cómo fue que terminó con tanto dinero, no lo sé. Pero lo que sí sé es que le sobraba. La casa bastaba como prueba del montón de dinero que tenía, como también lo era el leprosario de El Rincón de San Lázaro, fundado por ella en Santiago de las Vegas, cerca de La Habana.

Y nadie en la familia le habló hasta que me aparecí yo.

No recuerdo bien cómo fue que logré romper el hielo. Sólo sé lo que mi madre me cuenta, y yo siempre le creo todo. Según Mamá, oí a unos mayores hablando de tía Carmela y les pregunté por qué nunca la había conocido. Cuando me explicaron que ella era una paria, no pude entender cómo se le podía dar la espalda a una mujer por haberse divorciado de un hombre y casado con otro. Con persistencia poco usual en mí, insistí que me llevaran a conocerla. Tanto insistí que al final María Antonieta convenció al rey Luis de que rompiera el hielo. La llamó e hizo los arreglos para una reconciliación total. No debería haber más visitas y llamadas secretas. Luego de que se enteraran de que la habíamos ido a ver a su casa, la familia entera se dio por vencida y le pidió perdón, y así volvieron a querer a una mujer que, en realidad, ninguno de ellos jamás había querido rechazar.

Bienaventurados los que trabajan por la paz, dijo Jesucristo.

Mi bienaventuranza consistió en que llegué a conocer a aquella parienta tan cariñosa, y que debí ir a su infernal casa. El mayordomo y los muebles forrados no eran lo peor. Porque más allá de la biblioteca, al fondo del espacioso pasillo principal, había una gran escalera. En el primer descanso había una pecera enorme que me encantaba, pero que era custodiada por dos espeluznantes esculturas abstractas modernistas. Metían más miedo que la María Teresa. Eran del estilo de Modigliani o Henry Moore, negras y raras, y me recordaban las caretas y los disfraces de los brujos afrocubanos que una vez me habían llevado a ver en el Museo de Antropología de la Universidad de La Habana.

—¿Quieren ir a ver a los diablitos? —preguntó un día el rey Luis.

—¿A los diablitos? Sí, como no. ¡Maravilloso!

—Bien. Llamaré a alguien que conozco, y que nos dejará entrar a verlos. Están en un museo muy especial. No tienen un horario normal.

Entonces, como siempre hacía, Papá metió a un montón de niños en su automóvil y nos fuimos para la Universidad. Posiblemente desafiamos las olas del Malecón en el camino. ¿Quién sabe? Era un nublado y fresco día de invierno. Cuando el tiempo estaba así, el oleaje solía estar picado debido a los vientos que arremetían contra la Isla desde el lejano casquete polar. De todas formas, hacía un día perfecto para cabalgar las olas, lo hubiéramos hecho o no.

Qué sorpresa tan desagradable aquellos diablitos del Museo de Antropología. Cuando entramos, quedé inmóvil y por poco me muero de miedo. Lo que vi fueron maniquíes de tamaño natural con disfraces de hierba de muchos colores, la mayoría portando caretas puntiagudas. Aquellos disfraces africanos sobre figuras de tamaño natural, encerrados en sus vitrinas, me aterraron como nada lo había hecho nunca antes. La María Teresa, el Cristo de los Ojos y la Señora del Candelabro (de la cual aún no he dicho nada), parecían ángeles en comparación con esos diablitos.

—¡Sácame de aquí! —grité.

—¿Qué te pasa?

—¡Sácame de aquí ahora mismo, por favor!

Me sentí en la presencia de una potencia maléfica que me quería aniquilar.

Sentiría el mismo terror, multiplicado por diez mil, muchos años más tarde cuando me enfrenté cara a cara con el Maldito en un sueño. Y ni se te ocurra pensar ni por un momento que haya sido una ilusión, sólo porque ocurriera en un sueño. El poder maléfico que había dentro de aquellos diablitos se me manifestó de una manera muy concreta, aquí en Connecticut, y me mostró exactamente lo muy enfurecido que estaba. Tanto como sólo el Príncipe de las Tinieblas puede estarlo. En efecto, llegué a conocerlo frente a frente, al Rebelde número uno, al malgenioso Rey de los Cabrones. Y déjame decirte que es grandísimo, el Padre de las Mentiras. Enorme. Gigantesco. Y encima de eso es un pesadísimo hijo de puta, y más feo que el carajo.

Quizá algún día te eche el cuento, pero ahora aún no puedo.

Salí corriendo del museo lo más rápido que pude. Llegué al automóvil, y me quedé ahí por largo rato, en un pequeño aparcamiento que quedaba detrás de la universidad, esperando que los otros salieran.

—Cobarde —declaró Tony cuando al fin todos salieron.

—Esos diablitos son tremendos —añadió Rafael—. Deberías haberte quedado un rato más para verlos bien.

—Tú sabrás… —aseguró Luis XVI— que en el campo todavía hay negros que visten esos disfraces. Por las noches bailan frente al fuego, y les echan brujerías a sus enemigos. A veces les entran los espíritus y se ponen a volar.

Aquello era lo último que quería oír. ¡Muchas gracias, Papá! Por supuesto que no dije nada, salvo que me llevaran para la casa.

La imagen de esos diablitos bailando frente a hogueras en los cañaverales me persiguió por muchos años. De hecho, me acosaría hasta el día que salí de Cuba.

En una palabra, las esculturas en el descanso de la escalera de tía Carmela me provocaban esa misma sensación. Y lo mismo la enorme imagen de san Lázaro que tenía en un altar al fondo de su cocina. El leprosario que fundó fue bautizado en honor a san Lázaro, el patrón de los leprosos, y por eso tenía esa enorme imagen en la casa. Una estatua que compartía el mismo espíritu maligno que los diablitos del museo, aquella figura de san Lázaro en tamaño natural, con sus muletas, desfigurado por la lepra, los perros lamiéndole las llagas en sus piernas. Perros sarnosos y salvajes.

No sé cómo, pero otros devotos de san Lázaro se enteraron de la imagen de mi tía Carmela, y comenzaron a hacer peregrinaciones a Miramar para venerarla. En su mayoría era gente andrajosa y pobre. Varias veces, cuando estaba de visita, los vi tocando a la puerta trasera, pidiendo que los dejaran entrar.

A ese san Lázaro le sobraban las velas y ofrendas. Frutas. Monedas. Chucherías. Tabacos.

Entre los cubanos africanos, san Lázaro no sólo es san Lázaro. Para ellos es una deidad africana disfrazada de un santo católico. Babalú Ayé, un "orisha", o dios, muy poderoso. No tengo ni idea de cómo los cubanos blancos llegaron a venerarlo, pero así fue. Supongo que la necesidad y la desesperación desconocen las razas y clases sociales.

Años más tarde, en Chicago, conocí a una familia cubana que tenía una imagen de san Lázaro en la sala, y le ponía vasos con ron, y tabacos. En Cuba vivían cerca de la Plaza de Marianao. En Chicago, el apartamento que tenían quedaba pegado al "El", el tren elevado. Aún más cerca del tren que el de nosotros. A diferencia del san Lázaro de la casa de Carmela, que era grande y aterrador, este san Lázaro pequeñito y exiliado era una cosa triste. Casi cómico. Siempre había un tabaco colocado precariamente en la orilla de la repisa de madera donde san Lázaro tenía su altarcito. Y cada vez que el tren elevado pasaba rugiendo por ahí, el tabaco bailaba con cierta indecisión al borde del estante.

¿Me quedo a los pies de san Lázaro, o me dejo caer al piso?

La familia dio a creer que san Lázaro a veces rechazaba sus

ofrendas. Por lo tanto, cada vez que las vibraciones del tren tiraban el tabaco, salían a comprar uno más caro.

—Oye, Lazarito, me tienes que hacer el favor que te estoy
pidiendo. Mira, te compré un tabaco bueno, y bien caro
—dijo la señora de la casa cuando yo estaba una vez de visita.

Con el tiempo, a san Lázaro llegaron a ponerle tabacos
hondureños de veinte dólares, lo cual era mucho dinero hace
treinta años. De vez en cuando le ponían un tabaco cubano
importado clandestinamente a los Estados Unidos. Un Mon-
tecristo auténtico para la deidad africana disfrazada.

Aquel san Lázaro era muy egoísta. Leproso avaro, viviendo
como exiliado en un edificio de apartamentos de ladrillos
rojos en la avenida Winthrop, al que le daba el sol sólo una
hora al día en el invierno, junto a una vía férrea por la cual
nunca dejaban de transitar los trenes, al borde de un barrio
muy malo, a dos cuadras del lago Michigan, perennemente
azul y helado, y de los rascacielos de la gente rica, a sólo una
cuadra de nuestro apartamento, que en realidad era un simple
sótano, con las cañerías expuestas por todo el techo.

Pero quizá deba hablar mejor del pobre san Lázaro. Quizá
no era tan glotón y egoísta. Después de todo, estaba exiliado a
más de dos mil millas de su tierra. Quizá se sentía preso en
aquel apartamento. Quizá no le gustaba el trocito de cielo gris
oscuro que veía desde su lugar en la sala. Quizá estaba molesto
con aquel tren que lo ensordecía las veinticuatro horas del día,
trescientos sesenta y cinco días al año, sesenta y seis en los años
bisiestos. Quizá hubiera preferido estar en Miami. Quizá le
hacían falta los auténticos tabacos cubanos. "Les ruego que no
me pongan tabacos *El Producto*. Ni *Dutch Masters*. Ni *Tiparillos*.
Si se atreven a ponerme un Tiparillo, les echo una maldición".
Quizá en verdad quería ayudar a sus hermanos cubanos y le
dolía lo que les estaba pasando. Quizá para él era demasiado
tener que ver al hombre de la casa salir a trabajar a las doce
de la noche y regresar a las diez de la mañana, después de
que sus dos hijos adolescentes se habían ido para el colegio.
Tal vez era hasta aún peor soportar los llantos de los seis niños
que la señora de la casa cuidaba, mientras sus madres cubanas

iban a trabajar en la fábrica de las "Lava Lamps", en la avenida Lawrence.

Sí, efectivamente, tienes razón. Retiro mis palabras. Pobre san Lázaro de la avenida Winthrop —"La Guintro", como le decíamos. No debo ser tan duro con él. Ya que todas las imágenes están vinculadas a sus prototipos en el cielo —incluso las imágenes que disimulan los dioses africanos— aquel san Lázaro de Chicago seguro que siempre estaba en concordancia con los otros san Lázaros del mundo, y sobre todo con los san Lázaros en Cuba, incluyendo el que había en la bonita casa de Carmela y en su leprosario.

Imagínate cómo se habrá sentido aquel san Lázaro.

El san Lázaro de la residencia de Carmela seguramente continuaba en su lugar de siempre, en aquellos días cuando yo me fijaba en el tabaco que se ponía a bailar encima de aquella repisa en Chicago cada vez que pasaba un tren. No sé por cuánto tiempo siguió en casa de Carmela o si todavía sigue ahí.

Tía Carmela murió en los brazos de mi madre en 1964, en su cuarto, no muy lejos de su san Lázaro, en su residencia, rodeada de sus muebles cubiertos y cualesquiera que fueran los recuerdos que ocultaban esos velos. Papá también estaba presente. No sé si Ernesto estaba, y tampoco me importa. Ni tampoco sé lo que habrá sido del mayordomo. Mi hermano y yo estábamos a dos mil millas de distancia, probablemente jugando con la nieve. Nos encantaba la nieve. Para nosotros era una novedad. Archie y Addison también estaban allá en Cuba. Daisy estaba en Londres, donde vivía hacía muchos años. Los otros hijos de Carmela que había tenido con el marido cubano estaban en los Estados Unidos. Archie y Addison se quedaron con la residencia por unos cuantos años después que falleció su madre, pero llegó el día que la muerte los reclamó. Y no sé qué pasó con la casa después que fallecieron, o cuál sería el destino que le tocó al platanal y a las iguanas de Addison.

Volveré a este asunto más adelante.

Lo que sí sé es dónde terminó el san Lázaro del tabaco que bailaba en la avenida Winthrop. Ahora está disfrutando el sol en un barrio agradable de Miami, en la avenida ciento y pico del South West, o como le decimos, en "la Saoguecera". No sé exactamente dónde se encuentra, pero de lo que sí estoy seguro es que ningún tren pasa cerca de su casa.

En lo que se refiere a todas las cosas que me asustaban, ¿qué decir de las cosas que nos asustan en la niñez? ¿Cuándo nos dejan de asustar? ¿Nos dejarán de asustar algún día? No lo sé. No tuve oportunidad de crecer y avejentar con las cosas que me asustaban, y por lo tanto, todavía me asustan. Quedaron momificadas en mi mente como tantas otras memorias que tengo de mi niñez.

De vez en cuando, algunas de ellas se me aparecen en sueños, cosas a las que tengo todo el derecho de temer. Pero algunas veces se me aparecen cosas buenas. Cosas que sanan.

Ya que tuve el valor de contarte que el Maldito me emboscó en un sueño, asimismo debo informarte que mi padre, Luis XVI, también pasó un tiempo visitándome. Ya hace muchos años que dejó de visitarme, lo que posiblemente se deba a que su alma haya encontrado reposo. Fue muy cariñoso conmigo en la última visita que me hizo, tal como se podía esperar de él.

En mi sueño, estoy durmiendo. Un sueño dentro de un sueño. De repente, en aquel sueño, se aparece mi padre. Viene mientras yo duermo y me dice que al fin está tranquilo, que todo anda bien. Se acerca a mi cama y me abraza y me dice que me comprende perfectamente y que me perdona por todo lo malo que he pensado y pensaré de él. Me dice que no debo permitir que nada me asuste. La gracia abunda, la bondad predomina. Me dice que el dolor es una ilusión, y a fin de cuentas todo es como el humo. Me dice que esas lanzas que nos atraviesan y que a veces vemos saliéndonos del pecho, esos arpones de hierro negro que nos traspasan los corazones y que se quedan ahí hasta que morimos, que tardamos años y años en poder ignorar, en verdad son regalos del Espíritu Santo, lo mismo que las lenguas de fuego. Incluso aquellas púas lanzadas por un amor malogrado, por un amor frustrado, por un amor fracasado y por un amor repudiado.

En mi sueño me doy cuenta de que estoy durmiendo y que me estoy perdiendo la visita de mi padre. Aquí está. Al fin, aquí está, a mi lado. Pero no estoy despierto, coño, y no puedo despertarme. Hace mucho tiempo que no lo veo, desde aquel día en el aeropuerto de Rancho Boyeros. Lo he extrañado mucho, y lo he maldecido. Y aquí está, abrazándome, al fin predicando la redención y la salvación, no la reencarnación. Pero sigo durmiendo. ¡Qué carajo! ¿Por qué no me puedo despertar? No habría nada mejor para mí que disfrutar de esto despierto.

—No, no, no cuando estoy soñando. ¡No me hagas esto en un sueño! ¡No me hagas esto! Ven cuando esté despierto —le suplico a mi padre, tratando de despertarme.

—Estás despierto, hijo. Más despierto que nunca —contesta Papá, y desaparece.

Y, mal rayo me parta, cierto que sí lo estaba.

13

Thirteen

El trece es un número volátil. Esquizoide, muy cargado, inestable, impredecible.

Si el trece fuera una persona, y no un número, y fuera tu vecino, ¿qué harías? ¿Pudieras vivir con la ansiedad sobre cómo se podría comportar? ¿Sería este un vecino generosísimo, capaz de prestarte la podadora con el tanque lleno de gasolina, o sería un puro asesino, capaz de rajarte la cabeza con un atizador y de sacrificar tus hijos a Satanás, lentamente, en la mesa de tu cocina, con tu cuchillo más romo? Mejor no molestar al número trece, cuando sea posible, o por lo menos apartarse de su camino.

Pero si no puedo evitar a un número trece ¿qué hacer entonces? ¿Invocar a la Diosa de la Fortuna? ¿O hablar de la suerte? Mas no quiero hablar de mi suerte. No quiero. Eso sería como tocar la puerta de un vecino de carácter imprevisible con una taza vacía en la mano.

Llegados a este punto, me parece mejor volver al pasado. Cuando se habla de la suerte y de la lotería de la existencia, mejor hablar de las personas y los sucesos que influyeron en mí, pero por los cuales no cargo con responsabilidad alguna. Y entonces, luego de que en el cuento aparezco yo brevemente, largarme lo más pronto posible. Mejor hablar de fragmentarios esquemas de la suerte, de las probabilidades y de improbables coincidencias. Fragmentos de la historia familiar que reflejan demasiado. Fragmentos de espejos que nos permiten comprender que en el fondo de todo hay un guión bien tramado.

Yo creo que algunos de esos fragmentos llevan la cara de Fidel, reflejada infinitamente.

He seleccionado trece cuentos de una lista bien larga. Claro, tiene que ser trece, para así complacer a esa diosa fulminante. ¿Tendré otra alternativa, oh, divina Fortuna?

1. En España, uno de mis bisabuelos —el padre de la madre de mi padre— se ganó el premio gordo de la lotería tres veces. Un catalán muy afortunado, me parece. Según cuenta la familia, alguien trató de matarlo a machetazos para robarle el dinero.

2. Una de mis tatarabuelas fue expulsada de México en 1820 al final de la guerra de independencia. Ella y su familia llegaron a Cuba en una lancha, la cual, según dicen, anduvo a la deriva en el Caribe azul turquesa por largo tiempo, por lo que debieron beber sus propios orines. También perdieron todo lo que tenían, lo cual era mucho. Según Papá —cuyos datos no siempre eran confiables—, ella y su familia, los Butrón-Múgica, eran dueños de casi toda la ciudad de Guanajuato. A veces Papá decía que habían sido dueños de todo el estado de Guanajuato. Una mujer desafortunada, me parece. Se sacó el premio flaco.

Tuve que escuchar este cuento una infinidad de veces en mi niñez, junto con el cuento de Luis XVI y la guillotina. Te ahorraré los detalles, incluido qué fue lo que comieron en esa lancha perdida para acompañar sus cócteles de orina.

3. Tras llegar a Cuba, la tatarabuela Múgica, ahora sin su fortuna y mucho más delgada, se casó con un oficial del ejército español de apellido Nieto, quien a pesar de haber luchado

contra los mexicanos por diez largos años, perdió la guerra.
Como recompensa por todos sus vanos esfuerzos —y posiblemente debido a sus heridas—, al capitán Tomás Nieto le
dieron tierras en Cuba. Por lo tanto, se olvidó del destino que
le aguardaba en Galicia, se casó con aquella mujer delgada
que fuera dueña de Guanajuato, y juntos criaron un nuevo
cúmulo de militares cuyo propósito sería asegurar que España
no perdiera jamás a Cuba.

Aun así, España perdió a Cuba. Y Guanajuato siguió en
manos ajenas.

De igual manera en el concurso de "lo-perdimos-todo",
tuve otros antepasados que les ganaron a los Múgicas por trescientos años.

4. Es altamente probable que el originario Nieto, Álvaro,
el primero de nuestra familia cuyo nombre aparece asentado
en los archivos, fuera judío. O por lo menos hijo de un judío
que fue llevado a la fuerza a la pila bautismal. Álvaro Nieto
hizo las maletas, y de la caliente y árida región de Extrema-
dura se largó para la fresca y verde Galicia en búsqueda de
una nueva vida y una nueva identidad. Muchos conversos hicieron lo mismo allá por 1500 con el fin de evitar que los
persiguieran por practicar rituales judíos en sus casas. Muchos
huyeron hacia otros lugares y negaron ser judíos, o hijos de
éstos, tal como hizo el abuelo de Santa Teresa de Jesús. Muchos lo perdieron todo antes de huir, o fueron despojados de
todos sus bienes por el Santo Oficio.

¿Por qué será que sospecho que Álvaro Nieto era judío, o
hijo de judío? No solamente porque me lo confirmó un historiador Israelita experto en los judeoconversos, o porque
muchos judíos españoles llevaban el apellido Nieto, pero también por un detalle curioso: en casa nunca comíamos carne
de puerco. Tampoco comíamos almejas, ni ostiones, ni langostas, ni cangrejos. Y eso venía de muchas generaciones. A
los cubanos les encanta la carne de puerco y todos esos ma-
riscos que le daban asco a los Nietos. Para los cubanos no es
natural comer según los mandamientos judíos, sobre todo sin
saber por qué.

5. Del lado de mi madre, un abuelo de uno de mis tatara-tatarabuelos fue echado de Irlanda en 1649 por Oliver Crom-well y su ejército de puritanos ingleses. Mi tataratatarabuelo Francis Eire y su familia irlandesa huyeron a España, dejando atrás todo lo que tenían, porque no querían renunciar a la fe católica. Según los cuentos de la familia, los Eire tenían mu-chísimo dinero. Mala suerte. Pero el hijo sí se encontró la buena suerte. Se enamoró de una gallega de una familia po-tentada, y se casó con ella. ¿Sería gracias a "la suerte de los ir-landeses", o como le dicen en inglés, *the luck of the Irish*?

Gran cantidad de lo que ella tenía quedó en manos de mi familia, hasta que se apareció mi abuelo y se casó con una mujer que no estaba destinada para él. O bien no es que no estuviera destinada para él, sino que no era la esposa que sus padres querían para él.

6. El padre y la madre de mi madre se fueron de España en 1920 porque sus padres se oponían a su matrimonio. Se fu-garon. Abordaron un barco en La Coruña y cruzaron el océ-ano Atlántico hasta llegar a Cuba. Mi abuelo dejó atrás todo lo que tenía y todo lo que esperaba heredar —lo cual era bastante—, sólo para casarse con la jovencita de quien se había enamorado. Fue un hombre muy, pero que muy di-choso, por lo menos en lo tocante al amor. Fue tan dichoso que compartió su vida con esa joven, Josefa, por cincuenta y ocho años, y tuvieron tres hijos encantadores. Para mi abuelo fue indudablemente un gran sacrificio dejarlo todo atrás en Galicia. Lo sé porque he visitado aquel lugar y lo he visto con mis propios ojos. Me han mostrado todo lo que le hubiera correspondido.

—Sabéis, esto debería ser vuestro —me han dicho.

Huertos. Viñedos. Prados. Casas. Muchas cosas. Ahora todo eso pertenece a otros parientes. Uno de ellos me mostró un baúl lleno de vajilla fina y cubiertos de plata que tenían guar-dado en un cuarto oscuro.

—Estas cosas no deberías verlas. Eran parte de la herencia de vuestro abuelo.

Este mismo abuelo se abrió camino en Cuba, pero la casa

se le quemó y su hija mayor contrajo poliomielitis. No tenía seguro que cubriera los gastos de ninguna de estas dos tragedias. Tuvo que empezar de nuevo, pero cuando los bancos quebraron en 1929, volvió a perder todo el dinero. Entonces debió empezar otra vez, desde todavía más profundo, como camionero. Un día, poco antes que yo naciera, compró un billete de la lotería, y se sacó el premio gordo. Pero esa misma noche, cuando acababa de enterarse que era rico, se le volvió a quemar la casa. Y dentro de la casa estaba el boleto premiado, consumido por las llamas. Sin billete no había premio. Así eran las reglas de la lotería cubana. Perdió la casa, todo lo que tenía y el premio gordo, todo en una sola noche. Entonces empezó otra vez, manejando su camión día tras día, ahorrando la suficiente cantidad de dinero como para comprarse un apartamento en vísperas de su jubilación. Y entonces llegaron Fidel y el Che Guevara, y al Che se le ocurrió confiscar todas las cuentas bancarias. Mi abuelo perdió todos sus ahorros en un solo día. De nuevo. ¿Tendría suerte? No lo sé. Siempre lucía tan alegre. Y no tenía nada en contra de las lagartijas.

7. Se llamaba Amador.

8. Mi otro abuelo, el padre de mi padre, se llamaba Amado. ¿Cuáles son las posibilidades de tener un abuelo que se llame "Amador" y otro que se llame "Amado"? ¿Mil millones contra una? Posiblemente un poco más. Supongo que un poco menos que el infinito.

9. Amado, el padre de mi padre, conoció a su mujer, Lola, mientras a ella se le quemaba la casa. Entre la multitud que salió a la calle esa noche a ver el fuego que se prendió en la casa de los Cortadellas se encontraba Amado Nieto, un vecino previamente desconocido, y se puso a hablar con Lola. Ahí mismo se enamoraron, mientras a ella todo se le volvía cenizas. Al poco tiempo se casaron. Una pareja dichosa.

Por cierto, la casa que vieron quemarse era del padre de Lola, el hombre que en España se había sacado el premio gordo tres veces, el catalán a quien por poco matan por su dinero en Cuba.

Amado decidió no seguir el ejemplo de sus antepasados y se rehusó a seguir la carrera militar. Por un tiempo estudió medicina, pero la dejó porque no le gustaba tener que robarse cadáveres para poder diseccionarlos. En aquella época, los estudiantes de medicina tenían que buscar sus propios cadáveres, lo cual significaba que muchos se los robaban de los cementerios. Al final terminó en el negocio de fábrica y ventas de casas. Lola y él tuvieron cuatro hijos, y el más joven fue Papá.

La hermana de mi abuela, Uma, vivió con ellos durante todos los años que estuvieron casados. Uma practicaba música y era una concertista y maestra de piano muy respetada. Nunca se casó. Según se decía en la familia, se enamoró de Amado la noche del incendio, y siempre conservó su amor por él. Pero Amado se había enamorado de su hermana Lola, y se casó con ella. ¡Qué mala suerte la de Uma! ¿Para ella vivir bajo el mismo techo de su hermana y su marido sería como descender al séptimo círculo del infierno, o había en aquella situación algo que le gustaba, quizá hasta un anticipo del cielo? Para Uma, Amado era el hombre más gracioso del mundo. O por lo menos de La Habana. Eso es lo que le repetía a mi madre sin cesar. No había nadie que fuera más gracioso o amable que Amado.

10. Amado fue el único de mis abuelos que nunca conocí. Siempre lo he sentido mucho. Murió joven, a los cincuenta y seis años, porque lo mató un sobre. Malísima suerte. Pasándole la lengua a un sobre, se cortó con el afilado borde del papel. Fue tan sólo una cortadita, un arañazo insignificante, pero en 1927 no existían los antibióticos. La herida se le infectó y murió. Malísima suerte. De eso no hay la menor duda.

Yo nunca le paso la lengua a los sobres, y regaño a mis hijos cada vez que los veo haciéndolo, igual que me hacía mi padre a mí.

—¿No se acuerdan acaso de que mi abuelo murió por pasarle la lengua a un sobre?

Pero creen que bromeo.

Lola quedó viuda a los cincuenta y tantos años. Uma, ella,

la hija soltera, Lucía, y mi padre, Antonio, se mudaron para Miramar años después, a una casa situada a orillas de la civilización.

11. Entonces Papá conoció a Mamá. A través de una espiritista que él solía consultar, una mujer que se pasaba la vida hablándole a los muertos. Ni a Mamá ni a su familia le interesaban los videntes ni el mundo de los espíritus, pero tenían una vecina que conocía a alguien que conocía a la vidente. No sé cómo pasó, pero por raro que parezca, Mamá y Papá se conocieron a través de ella.

Luis XVI reconoció a María Antonieta en el mismo instante en que la vio, y empezó a enamorarla frenéticamente. En un principio, ella no estaba muy interesada en él que digamos, pero poco a poco la persuasiva fue persuadida. Luis XVI no le permitiría rechazarlo. Que es lo que sucede cuando un hombre cree haber reconocido a la mujer que ha sido su alma gemela en miles y miles de vidas anteriores.

Papá hizo cosas que nunca antes había hecho, tales como hacer guardia de pie frente a la casa de Mamá por horas y horas mientras sostenía ramos de flores. Bajo el sol ardiente. Bajo la lluvia torrencial. Recurrió a la ayuda de cuantos mediadores y partidarios conocía. Le mandaba cartas. Regalos. Y le montó guardia frente a su puerta, hasta que ella se dio por vencida. Empezaron a verse, con chaperonas, por supuesto, como era la costumbre cubana. Y en poco tiempo, Mamá se enamoró de Luis XVI, a pesar de que pensaba que todo ese asunto de la reencarnación era una tontería. Qué enredo tuvieron que superar. Mamá no se veía a sí misma como María Antonieta, pero para él sí lo era. Papá, por su parte, no era ningún Luis XVI para ella, pero sí se veía a sí mismo como tal. Papá, además, le llevaba doce años a Mamá, y no era el hombre mejor parecido de La Habana. Mientras que si en 1944 ponías a Mamá junto a Rita Hayworth, tendrías que reconocer que Rita no le podía ganar, a pesar de que Mamá tuviera una pierna lisiada. Aun así, a pesar de las grandes diferencias que existían entre ellos, a pesar de la pierna defectuosa de Mamá y a pesar de todas las predicciones contrarias, mis padres se casaron.

El rey Luis trajo a María Antonieta a vivir a aquella casa de Miramar, que compartiría también con su madre, su tía y su hermana. Los vecinos apostaron sobre cuánto duraría el matrimonio. Nadie apostó más de un año. Y nadie ganó.

12. En la década de los treinta, un refugiado judío que huía de Europa llegó a La Habana. Fue lo suficientemente astuto como para darse cuenta del terror que se avecinaba, y escapó con toda su familia y varias obras de arte de gran valor. Necesitado de dinero en aquella extraña isla tropical, vendió una por una sus obras de arte. Para su gran consternación, la mayoría se vendieron a precios muchos más bajos de lo que en realidad valían. Durante los años treinta, La Habana no era el mejor sitio para vender obras de arte. Mala suerte del pobre refugiado.

Un día, mientras rastreaba las tiendas de antigüedades de La Habana, buscando más objetos con que llenar la casa a la cual llevaría a mi madre, Luis XVI encontró un cuadro que reconoció enseguida. Un hallazgo único. Nada más ni nada menos que la emperatriz María Teresa de Austria. Aquella pintura le costó casi nada. Tremenda ganga. El dueño de la tienda se la había comprado a otro negociante, quien se la había comprado al judío por muy poco dinero, y la estaba vendiendo por no mucho más de lo que había pagado por ella. Unos cien pesos. Nadie quería aquel cuadro de una vieja con una expresión tan seria y desagradable. Quién sabe si por medio de la telepatía hasta le decía malas palabras a todos los que se interesaban en ella, para asustarlos.

Felizmente, Luis XVI compró el cuadro y lo colgó en un lugar de honor. El retrato de su suegra.

Como ya sabemos, la emperatriz María Teresa de Austria fue la madre de María Antonieta.

¡Qué buena suerte la de Papá! ¡Qué mala la mía!

Coño. Qué mierda.

¿Cuáles eran las probabilidades de que un cuadro de la

emperatriz María Teresa de Austria acabara en las manos de un hombre que decía haber sido su yerno en otra vida? ¿Cuáles eran las probabilidades de que aquel hombre raro y aquel cuadro perdido se toparan, y que aquello ocurriera en La Habana, de todos los lugares que hay sobre la faz de la Tierra?

Sólo Dios puede calcular esas probabilidades. Quién sabe. Tal vez ni siquiera Él pueda.

13. Para terminar, permíteme contarte un poco más acerca de mi abuela Lola y la suerte. Las casas quemadas, las fortunas perdidas, los tiranos y las revoluciones que los llevaban al exilio, todos forman parte de la suerte que tuvo mi familia. Asimismo lo es el gene de odio hacia las lagartijas. Fue mi gran suerte que yo terminara con ese gene. Fue Lola la que me dio este regalo tan especial.

¡Cómo me hubiera gustado que Lola te contara todo esto ella misma! Habré heredado ese odio de ella, pero nunca he podido entenderlo a profundidad. Pero estoy seguro que ella sí lo entendía bien.

Habla Abuela. Por favor. Llegó tu hora. Ándale. Tú, a quien le encantaba hablar con los muertos, habla ahora, desde la ultratumba. Tú, que fuiste tan supersticiosa, te ofrezco el decimotercer lugar de mi Capítulo 13.

(...)

Qué carajo, lo único que oigo es silencio. La historia de mi relación con el mundo de los espíritus.

Aun así, imagino algo de lo que diría mi abuela, ya que le tenía mucho miedo a los reptiles. Miedo y asco. Y yo soy el guardián de aquella antipatía.

Existen cosas en esta tierra que de veras meten miedo, repugnantes. El verdín. El cieno. El lodo. La baba. Dragones. Salamandras. Tritones. Caimanes. Iguanas. Lagartijas. Sapos. Ranas. Ranas de ojos grandes. Ranas que croan. Ranas que comen moscas. Ranas que orinan. Ranas que copulan.

Dios se enojó con los egipcios, y les envió ranas. Ranas asquerosas. Ranas incontables. Ranas viscosas y lujuriosas. Y miles de egipcios murieron. Murieron como ranas feas por culpa de las ranas.

¿Y cómo olvidarnos de las culebras, nosotros los guardianes de la enemistad? ¿Olvidarnos de las serpientes?

Si no envenenan a sus víctimas, las aplastan. Si no las matan a la luz del día, las matan en las tinieblas de la noche. Si no te matan entre la hierba alta, matan a tus bebés en sus cunas. Se cuelan en tu cama, bajo tu almohada, y te matan mientras sueñas, o mientras haces el amor.

Si no nos llevan a la tumba con su veneno, o con su fuerza bruta, nos matan con su sola presencia y por el hecho de compartir este mundo con nosotros. La muerte las lleva en su bolsillo y se place de mostrarlas a todos. Tan sólo sus repugnantes ojos y su piel camuflada matan tan rápidamente como cualquier guillotina, y a veces todavía más rápido.

Culebras. Víboras. Boas. Crótalos. Cascabeles. Mambas. Cobras. Pitones. Anacondas.

Serpientes que se retuercen unas sobre otras. Serpientes copulando, silbando con deleite. Retorciéndose por encima de toda la creación. Deslizándose. Desde el principio. Tripas vivas y retorcidas. Intestinos con cabezas. Intestinos con apetitos sexuales. Nada más que ingestión, digestión, expulsión, silbidos y apareamiento.

Las creó Él, macho y hembra. Primero fueron dos. Seguidas por miles. Millones. Miles de millones. Billones. Sed fecundas y multiplicaos, dijo Él. Silbad. Retorceos. Mezclad esa sangre tan fría que tenéis. Tan fría como la ausencia de la luz. Tan fría como el corazón de un ángel rebelde. Más fría que la lujuria de Adán y Eva antes de que se apareciera.

Había un reptil en el jardín. Una serpiente. Habló con la mujer en su lengua engañosa, o tal vez no. Quizá habló sin hablar. Quizá no tuvo que hacerlo. Sólo debió aparecerse y mostrar su escamoso pellejo irisado, con el que parecía querer decir: "Mírame, mujer, poseo todos los colores del arco iris, y tú no tienes ninguno. Yo sé cosas que ese compañero tuyo jamás sabrá. Hombre bruto. ¿Qué sabe él? Sabes más que él, pero ¿qué sabes tú, en realidad?"

A lo que siguió una terrible complicación, o así lo cuenta la Biblia.

Maldita serpiente.

Abuela Lola fue una de las pocas bienaventuradas. Aquel recuerdo corría por sus venas, y me lo traspasó a mí. Por eso no hacía sino pasarme la mano por el cabello en silencio. Mientras la sangre que le corría por las venas se mantuviera caliente, antes de que en su último día se le volviera tan fría como la de las serpientes. Sin palabras. No recuerdo una sola palabra. Ni una.

Salvo aquel mensaje sencillo y sin palabras: "Huye, mata o te matarán".

¿Y para qué hablar? Ambos entendíamos qué eran aquellos monstruos. Detestables arcos iris animados, todas ellas. El enemigo. Aplástenles las cabezas. Acaben con ellas. Bórrenlas de la faz de la Tierra; no son más que un espantoso error de Dios. Nunca conocerán la redención, solamente su extinción. Hasta Dios Padre las odia. Jesucristo las odia, y también el Espíritu Santo. Están malditas por toda la eternidad. De eso sí estamos seguros.

La razón por la cual abuela Lola me alzaba para que yo pudiera alcanzar la ventanilla en la puerta de entrada, para así ver a mi hermano regresar del colegio en lugar de esperarlo en el portal donde siempre se sentía el calor tropical, era porque ella nunca salía de la casa.

Nunca.

Y la razón por la cual nunca ponía un pie fuera de la casa era el miedo y el odio que sentía por los reptiles.

En aquella época, cuando abuela Lola, su hermana y sus dos hijos se mudaron para Miramar, tras la trágica muerte de su esposo, la casa estaba situada en lo que entonces eran los límites municipales de La Habana, repletos de lagartijas, iguanas y ranas. El hijo de Abuela, mi padre, quien fuera Luis XVI, debió matar muchas iguanas. Me dijo que les aplastaba la cabeza con la enorme tranca que le ponían a la puerta cada noche.

Cuando el barrio fue creciendo, las lagartijas se acostumbraron a vivir en peligro constante. Papá, junto con otros concienzudos niños vecinos, les aplastaban las cabezas sin piedad.

Las iguanas habían desaparecido ya cuando yo llegué a esa casa. Se exiliaron, supongo. Jamás vi una por el vecindario. Sólo existían en los cuentos de caballería de mi padre, el rey Luis, el Mata-Dragones, Aplastador de Cabezas de Lagartos.

Había tantas lagartijas que todas no podían ser dispersadas. Pero ya te hablé de eso. Las lagartijas siempre estuvieron ahí, y ahí seguirán hasta que la Tierra se derrita como cera.

En aquel entonces también había ranas en el barrio, muy al principio, antes de que la Ciudad del Hombre se abriera camino por entre el jardín. Me cuentan que había ranas de todos tipos y tamaños. Cuando yo llegué al mundo, ya se habían ido a acompañar las iguanas en su exilio. La única rana que jamás vi en mi barrio fue una pequeña que quedó aplastada como un papel en la calle. No cabe duda de que se murió de ganas de regresar al jardín.

Pero en el principio, mucho antes que yo hiciera aparición, las ranas todavía no sabían cómo evitarnos. Un día de mucho sol, Lola se sentó en el portal y una gigantesca y asquerosa rana le brincó encima. Quedó tan horrorizada, tan desconcertada por aquel encuentro sorpresivo con el enemigo, que se retiró al interior de la casa y juró que nunca más saldría de la casa. Cumplió su palabra hasta el día en que se la llevaron al Cementerio de Colón.

Desde el día que juró que nunca saldría, hasta el día que murió, la Tierra circunvaló el Sol unas veinte veces. Por dos décadas, Lola se mantuvo presa en su casa. Sin embargo, dudo que ella se considerara presa. La cárcel era aquel mundo afuera, lleno de reptiles horripilantes. Su casa, en cambio, era un asilo, una fortaleza. Era una reclusa, una beata, una monja. Una mujer santa que mantuvo vivo el impulso de aplastarles las cabezas a esos asquerosos reptiles, impulso que traspasó a algunos de su progenie.

La madre de mi padre, mi abuela, nunca se sintió cómoda en este mundo. Estaba convencida de que los reptiles eran malignos. Según ella, aquellos bichos no pertenecían en el libro bíblico del Génesis. En el alba de la Creación, ni Dios mismo podía aceptarlas como algo bueno.

No sé qué pensaba de los sobres de carta, pero supongo que también les tenía miedo. Todo el mundo en mi familia le tenía miedo a los sobres.

Lo que no temimos lo suficiente fue la pérdida. El exilio y la pérdida. Se perdió tanto, se recuperó tanto, y al final, todo volvió a perderse.

Siempre empezando todo de nuevo. Ignoramos al vecino que nos envidia. No recordamos ni reconocemos el sabor de nuestros propios orines. Compramos billetes de la lotería. Le pasamos distraídamente la lengua a los sobres. Nos casamos con mujeres que no nos convienen. Actuamos torpemente con las mujeres que sí nos convienen. Nos despojamos de nuestras herencias por el amor o la fe. Odiamos a las lagartijas y les aplastamos las cabezas. Las volamos con petardos y cohetes.

Reventados por nuestros propios petardos, una y otra y otra vez.

Unos suertudos del carajo, todos nosotros.

14

Fourteen

—**A**ve María Purísima…

Yo practicaba mi primera confesión ante mi familia, que me observaba sumida en un silencio atónito. No querían escucharla, pero eran el público más apropiado. Después de todo, ellos eran los testigos más frecuentes de mis meteduras de pata. Estábamos sentados a la mesa del comedor, yo de espaldas a la ventana del Cristo de los Sueños. La misma mesa debajo de la cual Tony se había fumado un cigarrillo unos años antes —un cigarrillo que se robó de nuestro abuelo Amador. Tony se puso tan mal que tuvieron que llamar al doctor Rafael de la Portilla a que viniera a verlo inmediatamente. —Apúrese, por favor —recuerdo a Mamá decir por el teléfono—. Creo que uno de mis hijos se está muriendo.

Todo pasó rápidamente. Tony y yo estábamos en la sala, bajo el cuadro de María Teresa, viendo a Popeye en la televisión, cuando mi hermano comenzó a gemir detrás de mí, en el sofá.

—Aaaaaaaaaaa. Ooooooaaaaaoooooaaaa. Aaaaaaaaaa.

Me volteé para ver qué le pasaba, y me asustó y fascinó lo

que vi. La cara se le había puesto verde. Tan verde como un camaleón muerto a medio descomponer. Lo juro. Y también se apretaba la barriga.

La María Teresa lo presenció todo. Si encuentras el cuadro, puedes preguntarle. Seguro que te haría un recuento magnífico de lo que pasó, con su lengua mal hablada.

Nuestro vecino, Oscar, el padre de Chachi, entendió qué le había pasado a Tony antes de que llegara el doctor Portilla con su maletín negro en mano. Sólo alguien en el negocio de los tabacos era capaz de diagnosticar a Tony tan rápidamente.

Como Papá no estaba y no había ningún hombre en la casa, Mamá llamó a Oscar para que nos acompañara en aquel momento difícil. En la Cuba de antaño, los vecinos se ayudaban. Oscar, "Quinientos Pesos", cumplió con su deber, y corrió a sujetarle la mano a Mamá. Bueno, lo cierto es que no se la sujetó. En Cuba no se estila eso. Si le pides a un cubano que le sujete la mano a otra persona —sobre todo a un hombre—, puede que recibas un trompón en la cara, o incluso algo peor.

Cómo odio —domingo tras domingo— cuando me hacen tomar las manos de desconocidos en misa, al recitar el Padre Nuestro. Aunque la intención de ese rito infernal no es una penitencia, según creo, agarrarse de las manos es uno de los peores castigos que me puede imponer la Iglesia. Una estúpida costumbre norteamericana que si la investigas más profundamente, seguro encuentras que la inventó un hereje. O hasta el mismo Satanás.

—Creo que tu hijo estaba fumando —declaró Quinientos Pesos—. Busca por la casa a ver si encuentras un cigarrillo o una colilla de tabaco. Estoy seguro que encontrarás alguno. Busca dónde se escondería para fumar. Ese color verde que tiene en la cara sólo viene del tabaco. Te apuesto quinientos pesos que tengo la razón.

Al padre de Chachi le decíamos "Quinientos Pesos" porque era como si todo lo que compraba valiera exactamente eso: quinientos pesos. El aire acondicionado le había costado quinientos pesos, el televisor, el sofá, el perro, etcétera, etcétera. Todo, incluido las cosas más caras, como el Cadillac que tenía, le habían costado exactamente quinientos pesos, lo cual en aquel entonces era más de lo que algunos cubanos ganaban en un año.

Quinientos Pesos sabía vivir bien, y le encantaba alardear de ello. Mandó construir una casa junto al mar, a varios kilómetros al oeste de La Habana, aún más lejos que la casa de Cañita. Su único problema fue que empezaron a construirla por la misma época en que Fidel entró en la capital sobre un tanque Sherman. Después que la terminaron —y qué linda era, qué moderna; parecía una nave espacial o algo sacado de una película de ciencia ficción—, Quinientos Pesos y su familia la disfrutaron sólo por un año, o un poco más. Debieron dejarla con todo lo que tenía adentro y huir a Tampa.

Dejar algo así debe ser bien duro. Sobre todo si uno tiene más de cuarenta años y ha pasado la vida entera disfrutando del éxito y alardeando de ello. Más difícil aún si todo lo que te espera en el futuro es un apartamento cutre y un trabajo penoso en un país donde casi todo el mundo cree que para lo único que sirves es para trapear pisos y limpiar urinarios. No es nada fácil esa transformación a *spic*. Nada parecido a un camaleón cuando cambia de colores.

Qué bien recuerdo aquel día, en la escuela primaria Everglades Elementary School de Miami, cuando un alumno pecoso que se llamaba Curtis me advirtió que no me atreviera a tocar su bandeja del almuerzo con mis *stinkin' mitts,* mis "manazas apestosas".

—¿Qué son *mitts*? —pregunté en mi inglés con acento cubano.

—Tú eres un *spic* bruto y estúpido. Ustedes todos son unos imbéciles. ¿Por qué no vuelven todos para su asqueroso país? —respondió en su inglés vulgar con acento sureño.

Fue más o menos lo que dijo. No debo repetir exactamente sus palabras. Uno de los superlativos que usó es una mala palabra inglesa que empieza con la letra efe y que se puede usar de muchas maneras. Nunca la había oído antes.

Inocencia, la criada, fue la que encontró la colilla del

cigarrillo debajo de la mesa del comedor. Aquella mesa tenía un larguísimo mantel de terciopelo rojo tinto que caía hasta el piso. Escondido bajo la mesa, Tony se había fumado la mitad de uno de los cigarrillos que le había robado a nuestro abuelo, y el humo había quedado atrapado allá dentro. No olvides que eran cigarrillos cubanos: Partagás, creo, o algo por el estilo. Sin filtro. Los *Camel* y *Lucky Strike* eran juguetes de niños en comparación.

A los ocho años Tony había comenzado a robarse los cigarrillos del abuelo Amador y a fumárselos a escondidas. Nunca lo imité, aunque de vez en cuando echaba bocanadas de humo de los cigarrillos que Tony robaba. Pero yo no rechazaba la oportunidad de fumar por ser santo. Al contrario, yo también era un gran pecador, y por lo tanto, tenía todo tipo de manchas acumuladas en mi alma. Y en el segundo grado llegó la hora de enfrentarme a todo lo que había hecho. Tenía que confesarle mis pecados a un cura y explicarle mi pasado sórdido desde el día en que nací.

—Ave María purísima…

Así empecé aquella confesión fingida.

Nadie se atrevió a hacer el papel del cura, pero todos me oyeron confesar mis pecados, uno por uno. Se quedaron asombrados, y tan mudos como piedras, sentados en la mesa de nuestro comedor, pegados a la ventana del Cristo de los Sueños, debajo de un enorme tapiz francés del siglo dieciocho, en el cual se veía una escena de caza. Papá decía con autoridad que era el *Bois de no-sé-qué*. Según decía, había cazado muchas veces en aquel bosque.

—¿Te fijas en los perros? Me encantaban mis perros. Eran muy cariñosos, muy inteligentes. Pero los revolucionarios los mataron todos y se los comieron. ¿Sabes qué más hicieron? Entraron a la fuerza en la capilla de Saint-Denis, cuna de la arquitectura gótica, aquella joya que el abad Suger construyó en el siglo doce, y profanaron las tumbas de los reyes franceses. Le arrancaron el corazón del pecho a mi abuelo, Luis XIV, y se lo comieron. Imagínate eso, le comieron el corazón. Un corazón muerto, requetemuerto.

¡Qué listica más patética de pecados la mía! Pero el orgullo no aparecía en ningún renglón de la lista, ni siquiera disfrazado de otro nombre. De hecho, fue todo lo opuesto. Yo estaba muy, pero que muy orgulloso de mi lista.

Una lista: se tachan las cosas, una por una después de leerlas. Víveres, quehaceres, deseos, manchas en el alma.

Salsa para los tacos, leche, esponjas, jugo de naranja, navajas de afeitar, comida para los gatos.

Arreglar la llave del agua, podar la hierba, recoger las hojas, ajustar los frenos de la bicicleta, palear la nieve, renovar el pasaporte, despedir a todas las secretarias.

Automóviles nuevos con garantías de diez años, una piscina, un apartamento en París enfrente a la Île de la Cité, los baños que nunca requieren limpieza, la forma de rehacer el pasado, acabar con la muerte.

Mentiras, malas palabras, pensamientos malos, desobediencia, robo.

Yo sabía que después de las malas palabras, el peor pecado en mi lista era el robo, y quizá eso sí me causó cargo de conciencia. Digo "quizá" porque no estoy seguro si sentí remordimiento de verdad. Me encantaba robar. Era un cleptómano inveterado. Lo que más me robaba eran juguetes. ¿Y por qué las tiendas exigían que se pagara por lo que tenían en los estantes? Si lo ponían a la vista de todos, donde cualquiera se lo podía llevar, ¿por qué debía darles esa cosa que llamaban dinero? Sobre todo cuando tenían tantas copias de lo mismo que te llevabas en el bolsillo. ¿Qué importaba un pequeño faltante en una cesta llena de soldaditos, vaqueros o carritos?

—¿Qué llevas ahí?

Era la pregunta con que siempre me sorprendían. ¿Cómo sabría Mamá que me había robado algo? Siempre me cogía, y su omnisciencia siempre me sorprendía.

—Eh… ¿qué?

—¿De dónde salió ese juguete?

—Eh… hace tiempo que lo tengo. Es que no te acuerdas.

—¿Estás seguro?

—Sí. Claro.

Después que concluía la primera sesión de preguntas y respuestas, María Antonieta acostumbraba callarse por un rato, pero siempre volvía a su inquisición con más vigor.

—No creo haberte visto antes con ese juguete. ¿Has vuelto a robar?

—No. Ya te dije que no. Hace tiempo que tengo este soldado.

Entonces me dirigía una mirada que me llegaba hasta el fondo del alma. La misma mirada que tienen algunos de los íconos bizantinos de Jesucristo. Esa mirada que quiere decir "Sé lo que hiciste, y eres muy mal mentiroso".

¿Y qué podía hacer yo cuando Mamá me atravesaba con esa mirada que dejaba entender que lo sabía todo? Confesarlo todo, por supuesto.

—Bueno… sí. Me lo llevé ayer de la cesta de los soldaditos del Ten-Cen.

—Eso es lo que me parecía. ¿Cómo pudiste hacerlo, si te estaba vigilando?

—Esperé hasta que te pusiste a hablar con la señora del pelo azul. ¿Por qué tantas viejitas tienen el pelo azul? ¿Por qué se les pone así?

—No cambies el tema. Eso es tinte. Sabes bien que robar es malo. Es un pecado mortal.

—Sí, lo sé. Perdóname.

Adoptaba una expresión de vergüenza, pero por dentro nunca me arrepentía. Sabía que lo haría otra vez tan pronto se me presentara la oportunidad.

—Prepárate para lo que te va a caer encima la próxima vez que lo hagas.

No era la primera vez que me lo advertía, pero la sorpresa nunca llegaba. Sabía que Mamá no hablaba en serio.

Pero al fin llegó el día de la esperada sorpresa. Estábamos en la Plaza de Marianao, aquel lugar asqueroso, infernal, apestoso, lleno de carnicerías donde mataban los animales enfrente de ti, donde hasta el aire parecía impregnado de sangre. Yo procuraba respirar por la boca para no oler la carne, las entrañas y los desperdicios, y también tenía que taparme los oídos para bloquear los chillidos de los animales que ahí mismo eran convertidos en comida.

La carne de la Plaza era muy diferente a la que se compra en los Estados Unidos. No se parecía en nada a los trozos mudos y carentes de olor que envuelven en plástico los supermercados como Stop & Shop, Pathmark, Jewel, Giant, Publix y Piggly Wiggly. No, los de la Plaza eran animales recién muertos, sacrificados en el lugar, picados en trozos o enteros, colgados de pinchos, con la sangre caliente chorreándole por doquier.

A Mamá le encantaba una de las carnicerías de la Plaza, y por eso íbamos mucho ahí.

En la Plaza había un puesto de juguetes, escondido en una esquina de la primera planta, donde llegaba el sol y el aire fresco, y el olor no era tan fuerte. Aquellos juguetes eran tan maluchos como la Plaza misma. Pero así y todo, no dejaban de ser juguetes que me llamaban a gritos.

—Llévanos contigo. Somos tuyos. Sabemos que tú no nos quieres, pero por favor, llévanos contigo. Nos sentiremos mucho mejor en esa casa tuya que huele tan bien. Auxilio. Socorro. Te suplicamos, haznos un gran favor, y sácanos de aquí. Sálvanos de esto. Es que no sólo no podemos resistir esta peste, sino que tampoco podemos aguantar los chillidos de los cerdos y los pollos cuando los matan. Nos estamos volviendo locos aquí en esta cesta cubierta de polvo. Y entre tanta suciedad. Nadie trae a sus hijos para que nos compren. Aquí estamos, sin que nadie nos dé cariño, sin que nadie nos quiera, rodeados por la muerte, ahogándonos en la peste de sangre y la carne cortada y molida. Por favor, llévanos contigo. Métenos en tu bolsillo.

¿Quién podía ignorar una súplica tan desgarradora?

Eché un ojo para ver si alguien me estaba vigilando. Vi que no había nadie, metí la mano en la cesta mientras miraba en otra dirección, y llené mi bolsillo con unos cuantos cosacos. Sí, efectivamente, eran cosacos. Aunque Papá ya me había explicado cómo se llamaban, y que tenían algo que ver con Rusia, de veras que no sabía lo que eran o lo que representaban.

En todo caso, salí con los cosacos en el bolsillo. ¿Cuántos habría liberado? Al dejar la Plaza, no aguantaba la tentación. Me moría de ganas por saber cuántos tenía. Entonces yo, el gran libertador de los cosacos, cometí el error de tratar de contarlos en el asiento trasero del automóvil. Saqué el botín hasta el borde del bolsillo y miré hacia abajo. Uno, dos, tres. ¡Fantástico! Ni siquiera me importó que fueran soldaditos mal hechos, con muchas imperfecciones. En todo caso, jugaría con ellos. Quizá les prendería candela o los reventaría con mis petardos.

—¿Qué estás haciendo? —me preguntaron desde el asiento delantero.

María Antonieta me miró.

—Eh… Nada… Estoy mirando mi bolsillo… Nada más.

Siempre he sido un mentiroso con muy poca imaginación.

—¿Y qué es esa cosa roja que tienes ahí?

Ahí estaba. El cosaco flaco y alto se me salía del bolsillo. Era difícil no darse cuenta de su chaqueta roja. Ni traté de mentir.

—Es un cosaco… Me lo llevé.

Yo casi nunca decía que me "robaba" las cosas. Yo me las "llevaba".

—Ya esto se acabó.

Mamá apuntó su dedo índice hacia mi cara sin levantar la voz. Ella nunca levantaba la voz.

—Antonio, vira aquí. Tenemos que regresar a la Plaza.

—¿Y para qué?

—Carlos volvió a robarse un juguete, y va a tener que devolverlo a la tienda de donde se lo robó.

—Buena idea. Está bien —asintió el juez, e inmediatamente viramos.

—Tremendo lío te has buscado —comentó mi hermano.

—No, no, por favor. No me hagan eso. Yo les juro que más nunca lo vuelvo a hacer. Se los juro. No, no… ¿Por qué tú o

Papá no los devuelven por mí? Juro que más nunca me voy a llevar ningún juguete.

—Esta vez vas a saber lo que es bueno —profirió Luis XVI.

Me mandaron a devolver mi botín tan pronto llegamos a la Plaza de Marianao. Me dieron instrucciones bien claras: debía confesarle a la mujer que cuidaba el puesto lo que había hecho y entregarle los cosacos en la mano, uno por uno. Me mandaron solo, confiando en que cumpliría con tarea tan dolorosa e imposible, así que ni Mamá ni Papá me acompañaron para asegurarse de que cumpliera con mi castigo. ¿Pero adivina qué hice? Tan pronto me vi en la juguetería, di marcha atrás, miré a ver si había testigos, y tras comprobar que no había nadie —y respirando por la boca—, saqué los cosacos del bolsillo y los tiré en aquella cesta polvorienta y sucia.

Qué peste había en aquel lugar. Dios mío, apestaba a muerte.

Me largué de allí a la velocidad de la luz. Jadeando, me metí en nuestro Chrysler carmelita.

—¿Devolviste los soldaditos?

—¿Hiciste lo que te mandamos a hacer?

—Sí —fue mi sencilla respuesta.

No había por qué elaborar sobre esa falsedad.

—Me alegro. Estamos muy orgullosos de ti —dijo Mamá.

—Me imagino que después de esto no volverás a robar —añadió Papá.

Aunque soy un mal mentiroso, en esa ocasión logré mentir bastante bien.

Unos meses más tarde —o quién sabe si fueron sólo unas cuantas semanas—, me encontré en una quincalla, y otra vez los soldaditos empezaron a llamarme desde otra cesta polvorienta. La quincalla se llamaba Saxony. Otra vez no pude resistir el clamor de los infelices soldados, abandonados a su suerte. Pero aquellos no eran cosacos. Eran soldados americanos verdecitos. Yo ya los tenía todos: el de la bazuca, el del radio-teléfono, el fusilero agachado, el fusilero parado, el fusilero de rodillas, el de la granada, el de la bayoneta, el de los binoculares, el de una pistola, el de dos pistolas, el del dragaminas, el del lanzallamas, el del mortero. Pero no importaba que ya los tuviera todos. Me seguían llamando.

—Llévanos para tu casa. Somos tuyos. Libéranos. Te defenderemos.

Con mi destreza experta, me metí unos cuantos soldaditos verdes en el bolsillo. Los liberé del presidio de una tienda bautizada con el nombre de la tierra de Martín Lutero. Sin saberlo, los había liberado del cautiverio en un reino hereje.

En esa ocasión tuve mayor cuidado. No me atreví a mirar lo que tenía en el bolsillo mientras regresábamos en el automóvil. Pero coño, me pillaron en la casa, haciendo juegos de guerra en el piso de mi cuarto.

—Oye, ¿de dónde sacaste esos soldados? —preguntó María Antonieta, como siempre.

—Eh… ¿qué? Hace tiempo que los tengo.

—Pero yo pensaba que tú sólo tenías dos soldados con granadas. Ahora veo cuatro.

—Eh… No. Siempre he tenido cuatro.

—No, me parece que no. Soy yo quien te los guarda, y estoy segura que tú sólo tienes dos. ¿De dónde salieron los otros?

—Eh… Ah, sí. Ahora me acuerdo. Me los prestó Jorge.

—¿Estás seguro? Hace un par de días que no veo a Jorge. ¿Cuándo te los prestó?

—El sábado pasado.

—Pero si el sábado pasado pasamos el día entero en casa de Abuela y Abuelo.

Entonces me miró con esa mirada omnisciente, que era como de rayos láser apuntados derecho a mi conciencia.

—Vamos, dime la verdad.

¿Qué otra cosa me quedaba sino confesar?

En esta ocasión me pusieron el mismo castigo que en la Plaza de Marianao, pero con un detalle sádico. Esta vez, cuando entré en la quincalla, Mamá y Papá entraron detrás de mí.

—Mi hijo tiene algo que le quiere decir —le informó el rey Luis al empleado que estaba en el mostrador de la quincalla Saxony.

Luis XVI me puso la mano en el hombro. Me acuerdo que no pesaba nada y que, sin embargo, me pesaba mucho. Era tan liviana como una pluma. Y tan pesada como mi conciencia, la cual al fin, en ese instante, pareció haberse despertado.

Todo lo que sucedió en aquella quincalla después de que Papá me puso la mano en el hombro quedó en mi bóveda del olvido. No guardo ningún detalle. Me sentí como si mi alma hubiera sufrido una caída dentro de su propia Trinchera Mariana. Sólo sé que hice lo que debía hacer, porque mis padres me felicitaron por ello y me amonestaron moviendo el dedo ante mi cara una vez más.

—A que el niño no lo hace más —le dijo María Antonieta al rey Luis mientras arrancaba el automóvil.

— ¿Cómo te fue? —preguntó mi hermano, quien sabiendo bien lo que iba a pasar, no quiso entrar en la quincalla.

Yo no hablaba. Pasó largo rato antes de que hablara. Creo que no hablé en todo el día.

Por primera vez en mi vida sentí remordimiento. O por lo menos me sentí apenado. Avergonzado. Humillado. Todo el mundo se había enterado de lo ladrón que era. ¿Será eso remordimiento? Aún no lo sé.

Pero sí sé que desde ese día en adelante, nunca robé más nada. Ni cuando por poco me muero de hambre en Miami, ya que en el hogar para delincuentes juveniles donde fuimos recibidos Tony y yo, nos daban una sola comida al día, a las cinco de la tarde.

Qué sabrosos se veían esos *Twinkies* y *Moon Pies* en los estantes de la tiendas. Cómo me clamaban esos pastelitos. "¡Llévanos contigo! ¡Ábrenos! ¡Tócanos! ¡Manoséanos! ¡Cómenos! Debemos estar dentro de tu estómago. ¿Acaso no oyes los ruidos que hace tu barriga? Óyelos bien. No son ruidos. Son rugidos. Oye bien. ¿Oyes ese sonido casi imperceptible? Son tus huesos. Están luchando por respirar, torciéndose, creciendo jorobados. Y por cierto, ¿cuándo fue la última vez que fuiste al médico? ¿La última vez que comiste postre?"

A pesar de que la cantinela de los *Twinkies* me tentó mucho, resistí sus cantos de sirena. Robar era algo malo, pero no sólo porque fuera pecado. El robo era una falta de respeto a mi madre y a mi padre, quienes me llevaron al Saxony en el automóvil y permanecieron a mi lado mientras yo confesaba mi pecado. Robar era traicionar mis más preciados recuerdos.

Robar me parecía algo tan malo que me negué a unirme a los bandoleros que vivían conmigo en Miami, y que querían que yo saliera con ellos a robar. No podía hacerlo, ni cuando amenazaban con lastimarme. A uno de ellos, Miguel, se le metió en la cabeza robarse el motor de un bote atracado en el río Miami, no lejos de la casa donde vivíamos. Íbamos mucho a ese lugar a ver a los pescadores pasar las horas en balde, o de vez en cuando, fajarse con las culebras de agua que salían a atacarlos. Lleno de todo tipo de serpientes, aquel lugar.

Miguel quería que Tony y yo lo ayudáramos a robarse el motor y que lo cargáramos las siete cuadras hasta la casa, y nos amenazó con que si no lo hacíamos, nos entraría a palos. Jamás sabré para qué quería un motor fuera de borda. Teníamos la misma probabilidad de que nos instalaran aire acondicionado en el cuarto o que nos ganáramos la lotería española de que consiguiéramos un bote para el motor. Tony y yo nos negamos a secundar a Miguel, pero se encontró a alguien que lo ayudó, y no sé cómo, terminaron escondiendo el motor en la azotea de la casa.

Las trabajadoras sociales en Miami llamaban a nuestra casa un *foster home,* un hogar de acogida, pero en sí era un orfelinato. Doce menores de edad viviendo en una casa de tres cuartos, destartalada e infestada de cucarachas, ratones y alacranes, bajo el cuidado de dos adultos que jamás se preocupaban por nosotros. Cuatro o cinco niños en cada cuarto. Dos en una terraza. Un varón vivía en la sala. No había aire acondicionado. No había ventiladores. Y date cuenta que estábamos en Miami, donde se siente más calor que en Cuba. Un solo bañito minúsculo para todos. Una comida al día, trabajo duro día tras día y abuso físico y mental a montones, tanto de parte de los adultos como de los otros muchachos.

En todo caso, Miguel se salió con la suya y se robó el motor. Un día por la tarde, mientras yo estaba botando la basura en el traspatio, Miguel se me acercó sigilosamente por detrás, y con una rama de palma —un palo duro y como del tamaño de un bate de béisbol— me dio con toda su fuerza por arriba de las rodillas. Supongo que me quiso partir las rodillas.

—¡Te partí las piernas! ¡Ajá... te partí las piernas!

Pensé que de veras me las había fracturado, por lo mucho que me dolía. Rió y rió, bailó y cantó, y se puso a hacer molinetes con el palo por encima de la cabeza.

Bueno, por suerte, no logró romperme las piernas. Diez minutos más tarde me pude parar. Pero me dejó con los moretones más grandes que jamás he tenido, y durante un tiempo me costó trabajo sentarme.

Miguel cayó en manos de la policía varios días después. Vinieron a la casa, encontraron el motor en la azotea, y se lo llevaron a la cárcel. Su amigo lo delató.

Extrañamente, mi conciencia venció y pudo prevalecer. Aun así, esa victoria por parte de mi conciencia me molesta en lo más profundo. De veras, me cae mal, me cae fatal. Y eso, amigo mío, es un gran problema, ya que cuando Dios le dio a Moisés los Diez Mandamientos, le dejó saber que a Él no le gusta ni el codiciar ni el robar. Si te lees su lista, enseguida te darás cuenta que muchos de los mandamientos aconsejan que uno mantenga sus "apestosas manazas" lejos de lo ajeno. Véase Éxodo 20:15-17: "No robarás".

"No codiciarás la casa de tu prójimo; no codiciarás la mujer de tu prójimo, ni su siervo, ni su sierva, ni su buey, ni su asno, ni cosa alguna que sea de tu prójimo".

¡Santísimo Dios del cielo! ¡Ni siquiera te permiten codiciar! No pretenderás que no es duro. Sobre todo eso de no codiciar los asnos. No puedes ni codiciar cosa alguna de tu prójimo, nunca. Si codicias, se te mancha el alma, y si se te mancha, estás perdido. Te hallarás en aprietos. Así es como nos lo explicaron los Hermanos de La Salle. Para llegar al cielo, el alma necesita estar pura. *Piensen en la blancura más blanca de todas,* nos decían. Dios quiere que tu alma sea de un blanco deslumbrante, enceguecedor. Una sola manchita basta para que te condene al infierno. Basta con un solo juguete robado, o con una ávida mirada lanzada a un bonito par de zapatos nuevos o a la persona que los calce, o a las cosas ajenas. Tan sólo eso basta para que te lancen de cabeza a un ardiente abismo sulfuroso, donde te espera una eternidad de horrendas torturas a manos de espantosos demonios.

Pero también nos explicaron que siempre había remedio. El alma puede ser restregada hasta que quede blanca, nítida como la Hostia consagrada, por medio del sacramento de la penitencia, de la confesión y de revelarle los pecados a un cura.

Naturalmente, me confesé después de haberlo ensayado frente a mi familia. Como varón tendría que enfrentarme cara a cara al cura en el confesionario. Sólo las niñas y las mujeres podían ocultarse tras la rejilla. En aquel entonces yo no sabía que la rejilla estaba ahí para proteger al cura de la tentación. Yo pensaba que a las mujeres se les daba la injusta ventaja de ocultarse.

Le leí mi lista de pecados al cura de la parroquia de San Antonio de Miramar, aquella iglesia construida al estilo Art Déco y rodeada de casas hermosas, bañada por un sol que quemaba en lo más alto del cielo.

El robo ocupaba un lugar muy importante en mi lista. Y lógicamente, las malas palabras no aparecieron por ningún lado. Las malas palabras me daban tanto miedo que por aquel entonces no me tentaban. ¿Malos pensamientos? Claro que sí. Bien visto, casi todo pensamiento era malo. Pero sobre todo albergaba mucha maldad hacia el prójimo. Le deseaba el mal a las lagartijas y les hacía daño. Nada de mujeres desnudas, nada de revistas sucias. Nada que ver con el problemático *ecce unde* allá abajo. Todavía no. Pero de todas formas confesé ese pecado, por si acaso no había entendido bien lo que nos había explicado el hermano Alejandro; por si pequé con mi *ecce unde.* Siempre me lo tenía que tocar para orinar, ¿no? ¿Y la desobediencia? Claro que sí. Siempre. ¿Mentiras? Todos los días, sin falta. Mi vida entera era una mentira enorme y estúpida. Y sobre todo, a los ojos de mi madre, una mentira transparente.

—Pésame Dios mío y me arrepiento de todo corazón por haberte ofendido…

—Una confesión muy buena, hijo mío. Vete en la paz del Señor. Tus pecados han sido perdonados.

Aunque no lo esperaba, me sentí aliviado al salir del confesionario. Me sentí como si me hubieran liberado de una carga que llevaba en los hombros. Quizá del peso de la mano de mi padre.

También me sentí orgulloso de mí mismo. Me sentí muy orgulloso de haber hecho una confesión tan buena y de haber quedado tan limpio por dentro. Si hubieran dado calificaciones por aquel ejercicio, yo estaba seguro que los Hermanos de La Salle me hubieran dado la mejor, "Sobresaliente".

No dije mentiras ese día ni el próximo, ni tampoco maté ninguna lagartija. Pude resistir la tentación muchas veces, y llegar a mi Primera Comunión dos días después con el alma bastante limpia, y con un traje blanco, hecho a la medida, con guantes y zapatos que le hacían juego. El traje se veía un poco fuera de lugar en la playa del *Havana Yacht Club* donde nos hicieron la fiesta más tarde, pero lucía tan blanco como mi alma.

O por lo menos eso es lo que yo pensaba, ahí en el muelle del Yacht Club, sudando copiosamente bajo el sol ardiente, sintiendo el filo del cuello almidonado que me arañaba como un gato encabronado, con mi mirada puesta en mis zapatos en lugar del mar, comiendo un bocadito de ensalada de jamón, cortado en triángulos perfectos de pan de molde, blanco por fuera y rosado por dentro. Y al que, esmeradamente, le habían quitado la corteza hasta dejar sólo lo blanco.

Se me había olvidado otra mancha que tenía en el alma, pero que lógicamente quedó perdonada bajo el amparo de la rúbrica del Acto de Contrición: la mancha del orgullo.

Recuerdo lo agradable que era ir al *Havana Yacht Club,* lo

mucho que me gustaba a mí, a mis compañeros del colegio y a nuestras familias. Ya a esa edad yo sabía lo dichoso que era, y suponía que Dios me había premiado con tal suerte simple y llanamente porque me la merecía. Más que los demás.

A Fidel debería darle las gracias por haberme señalado dicho orgullo, y también al Curtis de las "manazas apestosas", quien fue la primera persona que me hizo comprender que yo era cubano al llamarme *spic*.

Muchas gracias, compañeros. Me dieron lo que de verdad me merecía.

También le estoy agradecido al hereje a quien se le ocurrió la idea de que todo el mundo uniera sus manos al recitar el Padre Nuestro en la misa. No tienes ni idea de cómo eso me ha herido el orgullo y cómo me ha hecho recordar que soy cubano. No pasa un domingo sin que me recuerde ese gesto la raíz más profunda de todos mis problemas.

En la actualidad entiendo esa monstruosa raíz de una manera que no pude a los siete años. La primera vez que me confesé fue para mí como saltar de un precipicio con los ojos vendados. Lo ensayé con mi familia de la misma manera que Evel Knievel ensayaba antes de hacer todos aquellos saltos peligrosísimos que hacía con las motocicletas, a sabiendas de que se podía estrellar, pero sin preocupación ninguna, ni por el abismo que iba a tratar de salvar ni por la fuerza de la gravedad.

—Muy buena confesión —comentó María Antonieta cuando terminé de ensayar en la mesa del comedor.

Nadie más dijo nada.

—¿Se me olvidó algo?

—No, nada. Si te confiesas así esta semana, todo saldrá bien. Y no tienes que decir que eres ladrón. Ya dejaste de serlo.

—¿Estás segura?

Miré a María Antonieta y después a los otros. Salvo Mamá, todos miraron en dirección contraria o hicieron como si no estuvieran sentados en la mesa. Tony escondió la cara en el sobaco.

—Sí, estoy segura —me dijo mi madre, clavándome los ojos.

Silencio total. Todo el mundo se puso de pie y salió del comedor. Tony se levantó de su silla a gran velocidad. Yo me quedé pegado a mi asiento por un rato.

Avancemos rápidamente cuarenta y tres años. Me estoy confesando cara a cara con un cura, catalogando las manchas oscuras de mi alma en un cuarto iluminado directamente por el sol. Le presto más atención a las peores manchas, que en esta ocasión son del tipo más oscuro. ¡Cristo Crucificado! La tristeza y el dolor que siento por dentro son formidables. Reconozco estas imperfecciones por lo que en realidad son, maneras de pensar y hechos por los cuales siento cierto cariño, o que hasta me encantan, pero que le provocan sufrimiento a los demás y que me disminuyen a mí. Me encuentro frente a frente con mi tenaz deseo por lo que no es bueno, y el de evitar lo que sí lo es. ¿Podré arrepentirme de lo que de verdad no me siento totalmente arrepentido?

Le digo al cura que lamento no arrepentirme de corazón.

Me mira en los ojos igual que lo hizo mi madre cuarenta y tres años atrás.

—Ve en la paz del Señor. Tus pecados están perdonados —me dice.

Y todo lo que le puedo decir —todo lo que se supone que le diga— es lo que siempre le digo:

—Gracias Padre.

Lo que debería añadir, pero nunca digo, es: "Hasta la próxima, Padre".

15

Fifteen

—En cualquier familia normal, cuando cumples los dieciséis años te dan las llaves del carro y te dicen: "diviértete, disfrútalo y ten cuidado". Pero en nuestra familia lo único que hacen es darte la llave de un panteón en el cementerio, y una lista de instrucciones sobre cómo cuidar a los muertos.

Eso fue lo que le dijo mi primo Fernando un día a mi hermano Tony, cuando yo tenía siete u ocho años.

—Prepárate para el discurso que acompaña las llaves —añadió.

Pero ni Tony ni yo teníamos que prepararnos. Ya habíamos oído el discurso de las llaves muchas veces, aunque faltara mucho tiempo para que cumpliéramos los dieciséis.

—Aquí las tienes, hijo. Cuando estemos muertos y enterrados, no te olvides de traernos flores en todos los santos y días de fiesta que nos corresponden. Aquí está el santoral. Guárdalo y tenlo siempre junto a las llaves del panteón. Y no te olvides de mantenerlo limpio. No te olvides de cumplir con todas las indicaciones tal cómo están estipuladas en el testamento. Aquí está el testamento. Guárdalo también con las llaves. Y no olvides, cuando hayan pasado algunos años, que trasladen nuestros huesos al osario para hacer espacio para los que vengan detrás... como tú. Y cuando estemos muertos, no te atrevas a hacer ningunas de esas cosas que te hemos prohibido, tales como bailar, vestir ropa de mal gusto, andar con gente chusma o con muchachas de mala fama, y —sobre todo— nadar acabado de comer. Acuérdate, siempre tienes que esperar tres horas después de comer. Si no lo haces, te dará una embolia y terminarás en el panteón antes de tiempo. Aquí está la lista de lo que no debes hacer. Guárdala siempre en tu bolsillo.

En todo caso, Fernando sabía más que nosotros, y nos daba información que nunca darían en el colegio. Fernando tenía información concreta y práctica sobre la familia.

Como esta lección, que años después fue reconstruida por mi hermano Tony:

—Apréndelo bien, cuanto antes mejor, para que no te sorprenda luego: A nuestra familia sólo le interesan tres cosas: los antepasados, la muerte y ser finos. Pero también existe una paradoja en esta familia. Aunque estemos obsesionados con la muerte, evitamos muchas cosas que nos la puedan causar, como llevar puesta una camisa sin camiseta, o darnos una ducha con las ventanas abiertas.

Fernando era piloto de la Fuerza Aérea Cubana, y manejaba un Plymouth color morado del año 47 ó 48, al cual le había quitado el silenciador. En menos de un año de habernos revelado el secreto de las llaves del panteón, Fernando estaría transportando armas clandestinamente en la Habana, formando parte de la contrarrevolución.

Me parecía que él era el único pariente inteligente de la familia.

¡Cómo me encantaban sus visitas! Sin embargo, no lo veía mucho, ya que siempre estaba ocupado aprendiendo a volar los *jets,* combatiendo dictaduras o más tarde, cumpliendo una condena de treinta años.

Fernando era uno de mis primos hermanos, el hijo más joven de Filo, y me llevaba unos dieciocho años. Según mi parecer, Fernando no era como los demás mayores que conocía. Por ejemplo, yo no conocía a nadie más que le quitara el silenciador al automóvil. Nadie más me cargaba y me tiraba por el aire, a veces tan alto que casi tocaba el techo. Y siempre me agarraba. Nunca tuve miedo que me dejara caer.

Lo más divertido de estar con Fernando era que siempre parecía estar pasándola bien. Nadie en la familia se divertía tanto. Ni su hermano Rafael ni su hermana María Luisa eran como él, aunque también eran muy divertidos. Aquellos tres sí que tenían un buen sentido del humor, pero Fernando se ganaba el premio. De eso no había duda.

Vruuuuuuuum, vruuuuuuuum, vruuuuuum. Siempre anunciaba su aparición. El automóvil de Fernando hacía más ruido que el jeep de fumigación. Y cuando se iba, mi hermano y yo lo acompañábamos hasta la calle para despedirlo, y acercarnos lo más posible a esa maravillosa bulla. Aparte, me gustaba aspirar el escape que salía de aquel motor sin filtro alguno.

Cuántas veces he pensado en quitarle el mofle a mi automóvil para que suene y huela mejor. Pero ahora vivo en los Estados Unidos, donde las leyes prohíben tener un automóvil sin silenciador.

¡Qué lástima!

Sin embargo, no debería alabar demasiado el carro de Fernando, porque le arruinó la vida y casi lo lleva a la muerte. Y no me estoy refiriendo a un choque o cualquier accidente. Pero mejor te hablo de esto más adelante.

Regresemos a la muerte y a los muertos, uno de los temas preferidos de mi familia.

Los muertos vivían con nosotros. Nos vigilaban constantemente, siempre criticándonos o imponiendo sus reglas. Por lo menos eso es lo que me parecía a mí. Mamá no era la responsable. Lo de los muertos era asunto de Papá y toda su familia. Los Nieto pasaban el tiempo hablando de la historia de la familia, tratando de comunicarse con los muertos y hablando en nombre de ellos.

Según me cuentan, antes de que yo naciera, se llevaban a cabo en la casa sesiones de espiritismo. Abuela Lola, tía Uma,

Papá, su hermana y otros se sentaban alrededor de la mesa del comedor y trataban de comunicarse con los muertos. Así mezclaban el más allá y el más acá en la misma mesa donde comíamos, la que también era la mesa de mis sueños, desde donde yo veía a Jesucristo en la ventana. Mi primo Rafael me lo contó cuando yo ya tenía cuarenta y un años.

¡Qué magnífico hubiera sido presenciar aquellas sesiones de espiritismo! Imagínate oír las voces de los muertos saliendo de la boca de una abuela o de otro pariente vivo. Según me cuentan mis primos Rafael y Fernando, se divertían mucho. Verás, durante un tiempo vivieron en la casa, antes de que yo naciera. El padre de ellos era diplomático, y mientras trabajaba en lugares tan remotos como Sevilla, Washington y Ciudad México, a Rafael y Fernando los dejaban con abuela Lola, tía Uma y Papá. Luis XVI fue como un padre para ellos durante gran parte de su niñez. Y ellos lo querían mucho.

Cuando hacían sus sesiones de espiritismo, los mayores siempre sacaban a los niños de la casa, pero no se daban cuenta de que a veces lo escuchaban todo desde afuera, pegándose a la ventana del comedor. Lo oían todo a través de las persianas cerradas.

Una vez invitaron a un amigo para que lo oyera con ellos. Pero todo terminó muy mal. Aquella sesión de espiritismo empezó como siempre, invocando los espíritus de los muertos.

—Ay, espíritus, háblennos desde la ultratumba…

—Ay, espíritus de nuestros seres fallecidos, por favor, regresen…

—Oye, se me ocurrió una magnífica idea —susurró el amigo de mis primos.

—¿Qué fue? —preguntaron Rafael y Fernando.

—Esperen. Ya van a ver —contestó, en voz baja por supuesto.

—Ay, queridos espíritus, por favor, hablen…

—Queridas almas, nos acercamos a ustedes. Les rogamos que nos hablen…

Silencio. Silencio total.

El amigo de mis primos se puso de pie, se subió por la reja

de la ventana y se situó dentro del marco. Como las persianas estaban cerradas, nadie se dio cuenta de que estaba ahí. Entonces, en el momento en que un silencio total se había apoderado de todos, aquel muchacho soltó un enorme eructo. Según Rafael, fue un eructo largo y monstruoso.

—¡BRRROOOOOUUUUUAAAAAOOOOOOO-UUUUURRRRPPP!

Y adentro, en el comedor, pánico puro. Las sillas saltaron rápidamente. Gritos ahogados. Alguien soltó un alarido. Seguro que fue la hermana de mi padre, la mujer sin deseos.

Los muertos habían hablado en un idioma desconocido.

—¡Ay Dios mío, ¿qué fue eso?!

—¡Qué susto!

Mis primos y el amigo se echaron a correr, alejándose de la ventana lo más rápido posible. Según Rafael, nadie en el comedor jamás se enteró de quién eructó. Rafael sigue convencido de que algunos de ellos creyeron que aquél desahogo vino del más allá.

Pero mi familia no sólo acostumbraba hablar con los muertos. Papá también los veía. Los veía y los oía. O por lo menos eso nos contaba.

Una oscura noche sin luna, regresando a pie del cine Roxy después de una malísima película mexicana de vaqueros que Papá, mi hermano, unos amigos y yo fuimos a ver, pasamos una casa con un patio grande donde ladraba un perro.

—¿Escuchan? Los perros sienten la presencia de los fantasmas. También los pueden ver. Y hasta entienden lo que dicen. Los perros ven y oyen cosas que la mayoría de la gente no puede —explicó Luis XVI.

—¿Usted puede ver los fantasmas? —le preguntó Manuel a Papá.

—Siempre los veo —contestó Luis XVI—. Ahora mismo hay algunos en ese patio que nos están tratando de contar las trágicas muertes que sufrieron.

Todos nos callamos por un rato, hasta que el rey Luis XVI comenzó a hacernos un cuento sobre un tesoro de piratas que un chino había encontrado enterrado en la calle, donde estaba abriendo zanjas, no muy lejos del Roxy y muchísimos años atrás. Esa revelación reanimó la conversación al instante. Los cuentos de fantasmas formaron parte de mi niñez, de la misma forma que los juguetes, las travesuras, los petardos, los cohetes y las pedradas. Historias contadas por una persona que creía en la existencia de los fantasmas y que solía narrarlas en primera persona. Supongo que aquellos cuentos me asustaron mucho, ya que la mayoría permanecen encerrados en mi bóveda del olvido. Todo lo que persiste es el tenue recuerdo de una casa que Papá decía haber visto con sus propios ojos, en donde la sangre corría por las paredes.

No en balde estaba yo tan mal preparado y confundido cuando años más tarde me tocó enfrentarme al peligroso mundo del romance. Los padres no deben estar hablándoles solamente de los espíritus a sus hijos. Tampoco les deben llevar a visitar los cementerios con frecuencia.

Y sin embargo, siempre estábamos yendo al cementerio. El célebre y bello Cementerio de Colón, un nombre tan sólo honorífico, porque Cristóbal Colón yace en Sevilla. ¡Pero qué imponente lugar aquél! Una verdadera ciudad dentro de la ciudad, una auténtica necrópolis en la metrópolis, con calles anchas y panteones de mármol que parecían casas. Todo lucía como si hubiera estado siempre ahí, y por siempre lo estaría. Cuando franqueábamos el portón de entrada, siempre tenía la sensación de que entrábamos en la eternidad.

Me cuentan que es la única parte de La Habana que no está completamente destruida, y que conserva su lustre anterior. Quizá sí tiene algo de la eternidad.

En aquel entonces, cuando lo que quedaba afuera de la alta reja no lucía peor de lo que había adentro, el cementerio casi siempre estaba vacío, muy tranquilo y silencioso. En la eternidad no se hace ruido. Salvo en algunos días feriados, como el día de las madres y en el de los padres, cuando se abarrotaba de gente. Entonces sí sobraba el ruido. Los cubanos hablan muy alto, incluso en los cementerios. Con tantas familias hablando alto en las calles del cementerio, lo que se oía era un desatinado estruendo. Siempre debíamos hacer cola en el automóvil para entrar, y después debíamos soportar el embotellamiento dentro. Familia tras familia que dejaban sus flores, limpiaban las tumbas de mármol, saludaban a sus muertos y emperifollaban sus futuros sepulcros.

Muchas familias que conocíamos tenían sus propios panteones, algunos bajo techo, algunos no, en los cuales yacían las generaciones anteriores y enterrarían las futuras. Pasados unos cuantos años después del entierro, se abrían las tumbas y se sacaban los restos. ¡Afuera con lo viejo! El clima tropical ayuda mucho a la putrefacción. En sólo unos cuantos años, lo único que quedaba eran huesos limpios. La mayoría de los panteones tenían nichos pequeños, u osarios, donde se colocaban los huesos sacados de las tumbas para que estuvieran listas para recibir el próximo pariente que muriera.

De vez en cuando a algunas familias les tocaba la sorpresa de encontrar un pariente que no se había descompuesto. Lógicamente, Luis XVI se sabía todos esos casos extraordinarios, y nos los contaba con lujo de detalle.

Este reciclaje significaba que cada vez que se iba a visitar a los difuntos, uno estaba visitando la tumba que le tocaría en el futuro. Como era de esperar, a Papá le encantaba recordárnoslo a Tony y a mí.

—Ya saben que aquí es donde me van a enterrar. Y a ustedes también los enterrarán aquí. Y aquí les tocará a sus hijos y nietos. Eso si ustedes no mandan a hacer un panteón nuevo y nos llevan a todos para allá. Saben que me encantaría que tuviéramos un panteón mejor. Quizá algún día ustedes, muchachos, nos mandan a hacer un panteón nuevo. Como el panteón de tía Carmela.

Tía Carmela tenía un panteón que se parecía al Panteón de Roma. Una vez entramos a verlo, y por dentro era cavernoso. Las paredes de mármol tenían un tono amarillento y tan pulido que brillaba. Me fijé en la pared frente a mí por lo que me pareció una eternidad, ya que me asusté cuando vi el nombre de Carmela grabado en el mármol encima de un enorme sarcófago.

—¿Por qué tiene el nombre de Carmela escrito ahí, si todavía no ha muerto? —le pregunté a Luis XVI.

—Porque es bueno estar preparado.

—Pero la muerte siempre está en la lejanía —comenté, como imbécil.

Luis XVI se rió.

—¿Y quién te dijo eso?

—Mamá.

—No le hagas caso. La muerte siempre está al doblar de la esquina, siempre lista para sorprenderte.

¡Sagrada Hostia! ¡Qué relampagazo fue aquél! Hasta el día de hoy, cada vez que veo el mármol, me acuerdo de la muerte. Quizá por eso me turban tanto los restaurantes italianos recargados de tantas mesas de mármol.

Y cuando pienso en la playa también pienso en la muerte. La muerte repentina. Las embolias y los calambres. No sé cómo, pero asocié lo que Papá nos advirtió en el cementerio con lo que siempre nos advertía en la playa, y el resultado fue para mí una relación tan perdurable y extraña como la que sostengo con los choferes y las revistas sucias.

—Todavía no puedes entrar en el agua. Espera una hora más.

Así me decía mi madre, lo cual me molestaba mucho. Yo hice el papel de filósofo, ahí mismo, en esa arena blanca fina, con el mar azul turquesa como telón de fondo. Y aquellas nubes, aquellos poemas infinitos que siempre están cambiando; y el sol ardiente, ese beso eterno que transfigura; y aquellas olas, esas caricias infinitas. Todos fueron testigos del diálogo entre un hijo y su madre. Si los ves, pregúntaselo. Ni Fidel pudo acabar con aquella playa. Y como la playa sigue ahí, también sobreviven las palabras, pues estoy convencido de que todas las palabras y todo lo que se dice en cualquier parte del mundo, de alguna forma, queda preservado en su lugar.

—¿Por qué debo esperar tanto tiempo? ¿Por qué? Mejor no me hubieras dado el almuerzo.

—Sabes bien que si entras al agua antes de que hagas la digestión, te da una embolia y te ahogas.

—¿Qué es una embolia?

—Es algo malísimo. Te puede matar.

—¿Pero qué es? ¿Qué hace?

—Es algo que le pasa al cerebro. Te paraliza, y si estás en el agua, enseguida caes al fondo y te ahogas.

—¿Y cómo pasa eso? ¿Qué tiene que ver eso con la comida?

—El cuerpo no soporta hacer la digestión y el nadar a la misma vez. Se sobrecarga. Es demasiada actividad para el cuerpo.

—¿Entonces por qué hay tanta gente en el agua? Hace poco vi a algunos de ellos comiendo. Fíjate, nada les pasa.

—Están en mucho peligro, y se están arriesgando. Si no les da una embolia, puede que les dé un calambre.

—¿Y qué es un calambre?

—Eso es cuando se contraen los músculos y no los puedes mover. Duele mucho. Si te da un calambre en el agua, te ahogas.

—¿Hasta en poca agua?

—Sí. Puedes hundirte tan rápido que nadie se da cuenta y no puedes sacar la cabeza del agua. Sobre todo si te da una embolia además de un calambre.

Todo aquello no me dio miedo, pero sí me irritó mucho.

—Yo he conocido mucha gente que se metieron en el agua después de comer y se ahogaron, o casi se ahogan. A la mayoría le dio una embolia —añadió María Antonieta.

—¿Quién? ¿Los conozco yo?

—Mi tío Emilio, que acababa de llegar de España. No sabía nada de las tres horas porque en Galicia nunca iba a la playa. Lo encontraron todo retorcido en el agua, el pobre, aunque tuvo suerte y no se ahogó. Pero una de mis amigas de la niñez se ahogó por una embolia. Y también mucha gente que no conoces.

—¿Pero por qué nunca vemos a nadie ahogarse en esta playa?

Silencio. Seguí con mi lógica.

—Yo veo a la gente comiendo y nadando, pero no veo a nadie "emboliado".

Mamá me corrigió.

—Uno no se pone "emboliado", a uno le *da* una embolia. Y *no,* no puedes meterte en el agua ahora. Tienes que esperar una hora más. Tienes todavía la comida en el estómago. Si te metes ahora, te arriesgas a la muerte.

—¿Entonces, por qué me diste el almuerzo? Cada vez que como en la playa, siempre tengo que esperar tres horas antes de meterme en el agua. No vale la pena venir, entonces. Si tengo que esperar una hora más, cuando al fin pueda entrar en el agua, ya va a ser hora de regresar a casa. ¿Por qué me diste el almuerzo?

—Porque si no comes, no vas a tener fuerza para nadar. Y te puedes ahogar.

Me di por vencido y regresé a la trinchera que estaba haciendo en la arena.

Si la abro bien profundo, pensé, *puede ser que llegue a la China.* Se me ocurrió que quizá en la China la gente se metía en el agua acabada de comer, o hasta quizá comían dentro del agua. *Si son tan inteligentes como para inventar los petardos y cohetes,* me dije, *tienen que ser lo suficientemente inteligentes como para no creer en tales tonterías.*

Seguí haciendo la trinchera. Seguí y seguí hasta que llegué al agua.

—Carlos, ten cuidado. Si llegas al agua en ese hueco que estás haciendo, no vayas a meter los pies. Así también te puede dar una embolia.

No había cómo ganar. No había forma.

Las embolias y los calambres no eran más que la punta del iceberg. Para mi familia, el mundo estaba lleno de un sinfín de peligros, al que constantemente debíamos enfrentarnos. Siempre había la posibilidad de una pulmonía, en cualquier lugar. Y todas fatales.

He aquí una lista de algunas de las formas en que podía darte una pulmonía letal: si te parabas frente a una ventana abierta con el pelo mojado o sudado; si salías a la calle con

sólo una camiseta, a menos que fuera en la playa; si salías sin
una camiseta por debajo de la camisa, a menos que fuera en la
playa; si te ponías pantalones cortos entre los meses de noviembre y febrero, aunque hubiera calor; si calzabas zapatos
sin calcetines; si te dabas una ducha con agua que no estuviera
lo suficientemente caliente en cualquier época del año, incluso en las temporadas cuando hacía más calor.

Un catarro siempre era como recibir la pena de muerte. Te
podía dar un catarro en un millón de formas diferentes: si salías bajo la lluvia, aun si te protegías con un paraguas; si te pasabas demasiado rápido del aire acondicionado al calor
tropical, y viceversa; si tomabas helado entre los meses de noviembre y febrero; si te pasabas demasiado tiempo al frente de
un refrigerador abierto; si raspabas la escarcha del congelador
y te la comías, si salías demasiado tarde por la noche o temprano por la mañana, y te sorprendía el sereno. Era algo mis-
teriosísimo el sereno, y dificilísimo de explicar. Siempre estaba
ahí, afuera, durante ciertas horas, como un vapor venenoso. Lo
mejor era encerrarse en la casa en cuanto el sol tocara al horizonte, y quedarse adentro hasta que saliera de nuevo.

Y Dios te libre de bañarte o ducharte con fiebre. La muerte
repentina te llegaría tan pronto te tocara la primera gota de
agua.

Y ten en cuenta que éstas no eran supersticiones, sino teo-
rías cuasicientíficas, basadas en siglos de experiencias acumuladas, y miles de informes de una pulmonía que mató a tal y
más cual, que siempre era algún desconocido.

También había que tener muchísimo cuidado con las calles
y los autos. Los cuentos de gente atropellada por automóviles
figuraban siempre en nuestras conversaciones, sobre todo en
las de mi padre.

—Arrollado. Sí, el pobre tipo. Arrollado. No vio el carro
que venía. Y ¡*fua!* Se lo llevó.

—Pobre mujer. No miró bien antes de cruzar Obispo, y
la guagua la atropelló. La tiró al piso, las ruedas le pasaron
por encima, y se la llevó arrastrada por una cuadra. Y estaba
embarazada.

"¡Ay, Dios mío!" Eso siempre era lo que decían las mujeres cuando oían esos cuentos. Sólo las mujeres podían decir "¡Ay, Dios mío!" No me preguntes por qué.

Papá tenía que enfrentarse a muchos accidentes en el juzgado, sobre todo cuando le tocaba el turno de guardia por la noche. Por eso no debería criticarlo tanto. En su mundo, por lo menos la mitad de la gente terminaba arrollada. La otra mitad eran los choferes que arrollaban. Y estoy seguro que además él debía estudiar bien todos los cruentos detalles. Era su responsabilidad.

Pero para nosotros, los arrollados sólo existían en los cuentos. Con la excepción de un día por la tarde en que paseaba con Papá, y vi con mis propios ojos a un automóvil atropellar a un peatón.

Bueno, no lo vi. Oí un estruendo por mi izquierda cuando cruzábamos la Avenida de los Presidentes, una muy ancha arteria del Vedado. Debo reconocer que fue un golpe sordo horripilante. Sonó como si veinte sandías se reventaran contra el piso a la misma vez. Y al golpe le siguió el chirrido de los frenos.

Recuerdo que oí a una mujer gritar "¡Ay Dios mío!" Y después vi a la gente correr, y escuché más gritos. Y recuerdo a Papá diciéndome "¡Mira eso!", volteándome la cabeza con sus manos para que viera lo sucedido.

Un hombre gordísimo estaba tirado en la calle como a unos cien pies de donde estábamos nosotros. Vestía una camisa blanca y pantalones verdes. No se movía, tirado de espaldas en la calle, a como treinta pies detrás de un automóvil que tenía el capó abollado y el parabrisas roto. Los brazos y las piernas se le veían rarísimos, doblados como si fuera un muñeco de trapo. Y le faltaban los zapatos. Alguna gente se arrodilló alrededor de la víctima. Pronto un círculo de personas lo rodearon, bloqueando la vista.

—Mira eso. Seguro que salió volando por encima del techo del carro —dijo el juez.

—¿Qué quieres decir con eso, Papá?

—Que cuando le dio, el impacto lo mandó volando por

encima del carro, y por eso está tirado allá tan lejos. Seguro que está muerto. Nadie sale vivo de un impacto como ese. Mira eso, el carro hasta le arrancó los zapatos. Cuando eso pasa, olvida, te mueres.

—¿Y por qué no veo sangre?

—Las heridas deben ser internas, en sus entrañas, o en el cerebro, o las dos cosas. Eso es una mala señal.

—¿Podemos ir a verlo de cerca?

—No, no. Mejor no… y… ya llegó la policía. Mejor. Ellos saben qué hacer. Vámonos, vámonos. Me alegro que no haya ocurrido en mi jurisdicción, y que no tendré que ver el caso. Me basta con los que ya tengo.

Fue así como por primera vez vi un arrollado. Y sí, era verdad: los autos efectivamente arrollaban a la gente. No era como las embolias, ni como los calambres, ni la pulmonía.

Pero todavía estaba molesto con las restricciones que me habían impuesto en lo que se refería a montar bicicleta. Con límites muy marcados: no cruces la Séptima Avenida; no cruces esta calle; no cruces aquella otra; nunca cruces solo. Nunca. Te puede arrollar una máquina, o una guagua, o un camión.

Yo estaba seguro que nunca me pasaría nada. Pero aun así, obedecí.

Mi hermano Tony, sin embargo, nunca le hacía caso a las advertencias. Supongo que andaba en bicicleta por toda La Habana, aunque mis padres nunca se enteraron. Se iba por ahí con Miguel y Eugenio. Pero yo no. Ni tampoco lo hacían Rafael, ni Jorge, ni Julio. Nosotros éramos más jóvenes e inocentes.

Hoy, muchos años después, le pido a Dios todas las noches que mis hijos sean aún más inocentes de lo que fui yo.

Y también estaba toda la mala gente que quería secuestrarte y hacerte cosas terribles. No sólo El Colorado y sus secuaces, sino legiones de mala gente cuya única razón de ser era causarle dolor a los demás. Entre ellos, los especializados en menores. No se cansaban de advertirnos sobre aquellos pervertidos y degenerados. Supongo que Papá también sabía mucho de ese problema, y le molestaba ver esos casos.

Como todos los niños, nunca hice mucho caso a aquellas advertencias. Pero sí aprendí a no aceptar caramelos que me ofrecían los desconocidos, y a no montarme en ningún automóvil con gente desconocida. Sin embargo, no aprendí a ser zorro, un requisito indispensable cuando se trata de enfrentar pervertidos. Los degenerados suelen ser muy listos, sobre todo cuando están totalmente resueltos a estropearles la vida a los demás.

Debí haberle puesto más atención a aquel asunto, primordial en la lista de los peligros. Un día frente a mi propia casa, cuando el mundo ya había cambiado y poco antes de que dejara Cuba, una de esa gente mala trató de hacerme daño. Si no hubiera sido por el borracho del barrio, El Loco, que me rescató, Dios sólo sabe lo que me hubiera pasado. Pero ese cuento tendrá que esperar. Todavía no estoy listo para hacerlo. Sólo te diré que aquel hombre lucía perfectamente normal, y que en la historia figura un cuchillo.

Por lo pronto, lo único que puedo hacer es enfocarme en una ironía muy dulce. Mi familia tenía muchas normas por las cuales podíamos evitar el peligro, aunque según ellos, la muerte estaba al acecho por doquier. Sin embargo, jugábamos con los petardos y cohetes, y cabalgábamos las olas asesinas en el carro. O nadábamos en aguas infestadas de tiburones. Fernando, quien estaba al tanto de todas esas reglas, no obstante terminó como piloto de aviones *jets,* y más tarde se atrevió a hacer una contrarrevolución, y hasta llegó a traficar armas. Algo que no logro explicarme.

La lógica de mi familia, igual que la lógica kantiana, sólo tiene un alcance limitado. Si siempre piensas en la muerte y buscas comunicarte con los muertos, al fin encuentras muchas formas inauditas de desafiar el peligro, o incluso, la misma muerte.

Por eso, a pesar de que debíamos quedarnos fuera del mar por tres horas después de cada almuerzo, esperando a que nuestros frágiles cuerpos digirieran bien la comida, podíamos, sin embargo, tirarnos piedras. Miles de piedras. Y Papá nos observaba hacerlo, y a veces nos ayudaba a buscar buenas piedras.

Nos encantaba declararnos la guerra con las piedras. No puedo contar las veces que nos tiramos piedras, ya que lo hacíamos constantemente. Casi siempre en terrenos baldíos, o en la calle, o en La Puntilla, allá en la costa, donde también jugábamos con los papalotes. Las mejores piedras estaban ahí. Piedras puntiagudas y bien afiladas. Piedras feroces.

En cierta ocasión, durante toda una temporada de cuatro meses maravillosos, la compañía de gas abrió una zanja en el barrio para instalar un nuevo gasoducto, y no sólo tuvimos a nuestro alcance una mina sin fondo de bellos trozos de cuarzo para lanzarnos los unos a los otros, sino que también teníamos trincheras. Almacenamos trozos de cuarzo para futuras peleas. Como sabrás, las piedras son reciclables. Incluso si están manchadas de sangre.

Acostumbrábamos a dividirnos en dos equipos y apedrearnos sin misericordia. ¿Qué propósito tendría eso? ¿Habría reglas? ¿Cómo terminaba el juego? La respuesta a todas estas preguntas es que son preguntas sin sentido. Lo nuestro era pura e inútil anarquía.

Hacíamos alardes de nuestras cicatrices. Sobre todo las que necesitaban puntos. La cabeza rubia de Eugenio estaba llena de cicatrices. Manuel tenía una magnífica cicatriz en la cabeza que siempre brillaba a través de su cabellera negra. Tony tenía una también, pero más chica. En aquel entonces, yo tenía una de las mejores encima de la ceja izquierda. Cuando mis cejas, antes finas y rubias, se volvieron tan oscuras y gruesas como la Selva Negra, la cicatriz se perdió, desapareció como una ruina maya en Yucatán. Quién sabe si todavía seguirá ahí. Yo estaba muy orgulloso de aquella herida, sobre todo porque era una cicatriz causada por una almendra en lugar de una piedra.

Sí, efectivamente, causada por una almendra. Las almendras pueden hacer bastante daño. No estoy hablado de esas almendras que compras en las tiendas de comestibles, ya limpias de

sus cáscaras duras y puntiagudas. Te hablo de las almendras recién caídas de los árboles. Las almendras frescas que teníamos
en el patio del colegio La Salle de Miramar. Las almendras
con que nos encantaba pelearnos.

Y por supuesto, todo bajo la mirada y la aprobación de los
Hermanos de La Salle.

Un día tuvimos una monstruosa pelea de almendras, lo
cual era algo muy común. Nos separamos en dos bandos a
más o menos sesenta pies de distancia, y comenzamos a lanzarnos las almendras con toda nuestra fuerza. Yo me estaba divirtiendo de lo lindo tirándoles almendras a los otros niños.
Entonces, ¡*zaz!* No la vi, pero sí la sentí arriba del ojo. Un
destello seguido por una oscuridad total. Me hundí en un
hueco negro sin fondo.

Al despertar lo único que recuerdo es que estaba en los
brazos de uno de los Hermanos de La Salle. Supongo que
sería el hermano Pedro, ya que entonces yo cursaba el primer
grado. Me estaba limpiando la frente con un pañuelo manchado de rojo. La frente me dolía. Me dolía la cabeza entera,
y me sentía muy mareado.

Concluyó la pelea de las almendras, y un círculo de niños
me rodeó.

—Oye, ¡tremendo hueco!

—Oye, sí. Perfecto.

—¿Tengo un hueco? ¿Tengo un hueco en la cabeza?

—Sí —contestó el hermano con su voz cariñosa—, pero
no te preocupes, no es tan grande.

Traté de tocármelo con los dedos hasta que lo localicé. Me
pareció muy grande. Y profundo.

—Nieto, creo que mejor te vas temprano para tu casa. Deja
que tu mamá te cuide. O quizá que te lleve al médico. Puede
que necesites unos puntos.

Resultó que no me hicieron falta ningunos puntos. Pero sí
me fui enseguida para la casa y pasé el día en cama con un
fuerte dolor de cabeza.

Madres del mundo, imagínense lo que hubiera pasado si la
almendra me hubiera dado en el ojo, menos de unos pocos

centímetros más abajo de donde me dio. Esa punta estaba
muy afilada. Pero que muy afilada. "¡Ay Dios mío!"

Sí, efectivamente, tuve mucha suerte. Cuando lo pienso
bien, me doy cuenta de que todos tuvimos mucha suerte.
Todos recibíamos impactos en la cabeza y en la cara, pero
nadie perdió siquiera un ojo ni un diente. Una vez a mí me
dieron en el ojo con una piedra. Jorge me la tiró. Supongo
que lo único que me salvó fue que él tenía sólo unos siete
años y poca fuerza. Anduve con el ojo bien moreteado por un
rato, pero no me lo lastimó.

También me dieron en las orejas dos veces, y en la boca,
tres. Perdí la cuenta de cuántas piedras rebotaron en la parte
posterior y superior de mi cabeza. ¿Y en la frente? Ahí me
dieron pocas veces, pero ninguno de esos impactos fue tan
grande como el de la almendra.

Pero Ernesto no tuvo tanta suerte. Nunca la tuvo.

Ernesto no sabía qué hacer en una pelea de piedras. Le faltaba experiencia. Pero de vez en cuando, aparecía y trataba de
inmiscuirse en la bronca. Como el día en La Puntilla, cuando
Papá lo trajo con nosotros. En aquel día fatídico tuvimos una
gran pelea con piedras. Quién sabe si la presencia de Ernesto
aumentó la hostilidad con la que las lanzábamos.

Como siempre, recogimos las piedras tan rápidamente que
casi no tuvimos tiempo para examinarlas bien. Algunas eran
enormes. Nos escurrimos por encima de aquellas piedras
afiladas —"dientes de perros", les llaman— como si fuéramos
cangrejos en busca del almuerzo en los charcos que dejaba
atrás la marea. Recogíamos las que encontrábamos y nos las
tirábamos. Entonces empezamos a tirar con más furia de lo
acostumbrado. Nos dimos unos cuantos golpes. Se oyeron los
"¡Ay!" obligatorios, y de vez en cuando los "¡Coño!" prohibidos. Las risas. ¡Si lo hubieras visto! Nos reíamos cada vez que
hacíamos blanco. Nos reíamos cuando fallábamos. Reíamos y
reíamos. Si Adán y Eva no hubieran metido la pata de la
forma que la metieron, y sus hijos se hubieran podido diver-
tir en el Jardín del Edén, se hubieran reído como nosotros
aquel día, tirándonos piedras a la orilla del mar azul turquesa.

Pero no estábamos en el Jardín del Edén. Seguíamos recogiendo piedras que primero eran del tamaño de un puño. Pero después se volvieron más y más grandes. No podíamos tirarlas tan lejos o con tanta fuerza como las más pequeñas, pero era divertido verlas volar y oír el ruido sordo que hacían cuando caían sobre los dientes de perros. Era fácil esquivar el golpe de las piedras grandes, o por lo menos cuando las tirábamos de una en una.

Pero pronto aquellas piedras comenzaron a llover sobre nosotros. Se nos hacía cada vez más difícil tirarlas y esquivarlas a la vez. La práctica era la clave del éxito.

Papá miraba todo con una expresión distraída. El rey de Francia no dijo ni una sola palabra. Quizá ya había visto a los campesinos divertirse de la misma manera los domingos y los días festivos, allá en Francia, antes de que le cortaran la cabeza. No parecía preocuparlo en lo absoluto.

Eugenio, El Alocado. Eugenio, no sé en qué estarías pensando. Qué locura. Agarró una piedra dentada demasiado grande, como media pelota de fútbol americano, y la lanzó con ambas manos. La vimos volar por los aires, tratando de desafiar la gravedad. Todos la vimos, menos Ernesto, que se había agachado para recoger otra piedra. La piedra enorme emprendió su descenso en el momento en que Ernesto levantaba la cabeza. Al instante comprendimos que la cara de Ernesto estaba en su trayecto, y que la piedra volaba demasiado rápido como para que no le diera.

Aunque sé que todo pasó muy rápido, ese encuentro entre la cara de Ernesto y la piedra de Eugenio pareció haber durado una eternidad.

Existen pocos ruidos en este mundo que se asemejen al sonido de una piedra grande rompiendo una nariz. Ni intentaré explicártelo. Mejor dejar las cosas bien malas a la imaginación. Imagínate cómo suena una nariz cuando de repente la aplasta un pedrejón. Imagínate también el sonido de las conciencias de siete niños que no saben si sentirse mal o no después de que le han destrozado la nariz a otro.

Ernesto perdió el conocimiento. Quedó totalmente in-

consciente, igual que me había pasado a mí con la almendra.
Pero esta piedra no era ninguna almendra. Más bien parecía
una bala de cañón. Y le quitó el sentido a Ernesto con mu-
chísima más fuerza que mi insignificante almendra. El rey Luis
enseguida acudió corriendo, con mayor prisa que nunca, y
levantó y sostuvo la cabeza de Ernesto en sus brazos.

Ernesto sangraba más de lo que ninguno de nosotros habíamos sangrado antes, más de lo que habíamos visto en las películas. De lo que había sido su nariz, la sangre le salía como dos
riachuelos. No era para nada como el champán que había salido a chorros de la nariz de Jorge en la boda en la que él y yo
nos habíamos emborrachado. Ni en nada recordaban los mi-
núsculos riachuelos que le chorrean por la cara a Kirk Douglas en *Los vikingos* cuando las garras del halcón le despedazan
el ojo. A Ernesto le salían dos ríos de la nariz, dos chorros
rojos y fuertes que no tenían ninguna intención de evaporarse
o desaparecer pronto. Pero Papá los pudo domar. Logró detener la sangre un poco con su pañuelo.

Me he preguntado a veces si la nariz de mi primo Fernando
le sangró así cuando los secuaces de Fidel lo torturaron. Mientras lo torturaban, ¿le sangraba la nariz más o menos que a Ernesto? ¿Se burlaban de él cuando le salía la sangre? También
me he preguntado si a Fernando le sangraron las encías cuando
se sacó los dientes con los dedos, uno por uno, en su celda oscura, durante los veintitantos años que pasó en la cárcel.

Ernesto permaneció inconsciente largo rato. El rey Luis
trató de reanimarlo con mucho cuidado, pero no se movía.
Había quedado tan inmóvil como el hombre arrollado que yo
vi en el Vedado. Nosotros nos habíamos quedado paralizados.
Lo único que atinábamos hacer era mirarles la cara a Ernesto
y a Papá. Y Antonio Nieto Cortadellas, mi padre, se veía muy
dolido, preocupadísimo y muy enojado. En aquella época yo
era demasiado joven y porfiado para darme cuenta que el
amor y la preocupación son las dos caras de una misma moneda, y que si lanzas dicha moneda al aire lo suficientemente
rápido, podrás ver que las dos caras se convierten en rabia. Yo
sólo pensé que Papá estaba furioso con nosotros.

Cuando al fin Ernesto recobró el conocimiento, Luis XVI lo ayudó a montarse en el automóvil y se lo llevó corriendo para la casa para que se cambiara la ropa antes de llevarlo para la sala de emergencia. Eso sólo lo haría un Nieto. Que Dios te libre aparecerte en la sala de emergencia con una nariz rota, y quizá con una conmoción cerebral, sangrando copiosamente, vestido con una camisa manchada de sangre. Las camisas limpias son obligatorias. Y también siempre tienes que llevar puesta una camiseta bajo la camisa. Una camiseta limpia.

Sí no, te dará una embolia o una pulmonía.

La nariz de Ernesto tardó mucho en sanar. Aun así, nunca le quedó bien, ni después de que lo operaron. Los médicos pudieron devolverle la nariz, pero le quedó toda torcida, y con un silbido rarísimo cuando respiraba. Siempre sabíamos cuando andaba cerca por aquel silbido que hacía. Un silbido de enemistad, de odio, de rencor. Lo juro. De ese día en adelante, cada vez que Ernesto respiraba, lo hacía con mucho resentimiento. Cada uno de esos silbidos, cada respiro, eran como palabras. Una palabra rabiosa, cada respiro, que formaba oraciones, y párrafos, y páginas, y libros. Volumen tras volumen de Dios sabe qué rencor amargo en contra de nosotros, los hijos del doctor Nieto y en contra de todos nuestros amigos.

Nosotros, los que no éramos Ernesto, seguimos viviendo la vida como siempre, de día bajo el sol ardiente, de noche bajo los mosquiteros blancos. Nos despertábamos con un sol que entraba a raudales, dejando ver cómo el polvo se arremolinaba silenciosamente. Si le hubiéramos prestado mejor atención, estoy seguro que hubiéramos podido escuchar el sonido que hacía cada rayo de luz al chocar contra cada mota de polvo. Estoy convencido de que lo hubiéramos logrado si hubiéramos prestado atención. Estoy tan convencido de esto como lo estoy de otras cosas que son difíciles de comprobar.

Algunas mañanas despertábamos con un mosquito solitario atrapado dentro del mosquitero. El zumbido de los mosquitos era lo suficientemente alto como para confundirlo con un reloj despertador, o con un automóvil que le faltaba el silenciador, y sobre todo cuando te entraban en la oreja, algo frecuente. Aquellos mosquitos no sabían cuándo parar. Atrapados dentro de un mosquitero por toda una noche, con un cuerpo entero a su disposición, se hartaban de sangre hasta el punto de no poder alzar vuelo.

El placer les sentaba mal a esos insectos. También hacían demasiado ruido. Aquellos zumbidos tan alegres. Tan delirantes. Tan altos. *Zuuuuuuuuuuuuuuuum.*

Quizá tan altos como los del polvo y el sol. Quizá casi tan altos como veinte melones reventándose a la vez.

Repito, los que no éramos Ernesto seguimos viviendo la vida como siempre, respirando por las dos ventanas de la nariz, sin hacer ningún zumbido, y a veces nos despertábamos y nos encontrábamos con un mosquito gordo y solitario dentro del mosquitero. No sé lo que los otros hacían en sus camas, pero yo siempre me encargaba de que aquellos mosquitos gordos que se pasaban la noche entera chupando mi sangre roja y caliente pagaran por su última cena. Los reventaba a todos. Los dejaba tan aplastados como la nariz de Ernesto. Hacían *"¡pop!"* entre mis dedos. Me encantaba aquel sonido.

Mi sangre saltaba de sus cuerpos en gotitas que manchaban mis dedos y el mosquitero. Dejaba un dibujo parecido al de las rosas de china que también podía oír.

Sí, el dibujo se oía.

Yo no tenía ningún temor. No en aquel entonces. Todavía no. Panteones, embolias, arrollados, pervertidos, piedras en los ojos. La muerte. Había oído hablar de todo aquello, pero no había oído nada. Todo aquello tenía que ver con la otra gente y no conmigo. En verdad, ¿qué sabía yo? ¿Qué sabíamos ninguno de nosotros? No podíamos oír las motas de polvo. No podíamos oír el sonido de nuestro fin que ya se acercaba.

¡Zuuuuuuuuuuuuuuuum!

—¡Vamos Carlitos, entra! ¡Vamos a tumbar a Fidel! ¡Entra, rápido!

¡Zuuuuuuuuuuuuuuuum!

Cómo me hubiera gustado aceptar tu invitación, Fernando. De veras que me hubiera encantado.

16

Sixteen

Se materializan de repente, como si surgieran de la nada e inesperadamente. Flotan y se suspenden en el azul del cielo más lentamente que todas las demás, sin cambiar de forma, o cambiando tan lentamente que parece que ni han cambiado.

Ocupan mucho cielo, pero siempre dejando suficiente azul entre ellas y las otras. En todas las direcciones. Y nunca se ponen bocabajo. A veces de lado. Pero bocabajo, nunca.

Son de todos los tamaños. La perspectiva es el idioma que más les gusta usar cuando bromean. Algunas son cortitas. Algunas largas. Algunas gorditas. Algunas casi abstractas. Algunas cubistas. Las cubistas son las que más me gustan, porque saben que son juegos de palabras.

¿Qué serán esas nubes que veo con tanta frecuencia? ¿Esas nubes con la silueta de Cuba?

En los últimos cuarenta y tantos años he visto ocho mil novecientas diecisiete nubes con la silueta de Cuba. Lo sé porque las he contado, y el número exacto lo tengo grabado en la mente y en el corazón. Cuando muera, ábreme el cráneo por favor, y regístrame el cerebro. Te aseguro que encontrarás

una mancha en mis sesos idéntica a la silueta de Cuba, y a esas nubes que me persiguen. Y por favor, también ábreme el pecho. Te prometo que encontrarás en mi corazón una cicatriz semejante a una nube con la silueta de Cuba.

Pensarás que invento todo esto, o peor, que estoy loco.

Bueno, sí, reconozco que me inventé el número exacto. No las he contado. ¿Quién puede contarlas? Pero sí es verdad que las veo constantemente. Esto sí es cierto. Y en lo que se refiere a mi locura: sí, puede ser que esté loco, pero no como lo imaginas.

Esta tarde, de camino a casa después del trabajo, vi una de esas nubes con la forma de Cuba flotando lentamente en la distancia, sobre la carretera. Parecía detenida. Si hubieras estado en el automóvil conmigo, te la hubiera mostrado, y entonces hubieras tenido que decirme "¡Dios mío, sí, tienes razón!"

La primera vez que vi una de esas nubes fue en el campamento para niños refugiados de la Operación Pedro Pan —los niños y niñas que llegaron a los Estados Unidos sin acompañantes— en Homestead, Florida. Estábamos sentados en la acera, fuera del comedor, yo y otro niño que recién también había quedado huérfano. Estábamos recostados sobre una cerca de valla metálica mirando las musarañas, cuando me preguntó de repente:

—¿Verdad que las nubes en Cuba eran mucho más bonitas?

—Eso no es verdad. Es que extrañas tu casa —respondí.

—No, de veras. Fíjate bien. Estas nubes no se comparan a las que teníamos allá.

Alcé la vista, y examiné aquel cielo floridano lleno de nubes blancas gordas, altas e hinchadas. Traté de ver la diferencia entre el cielo que estaba mirando y el cielo que había visto toda mi vida hasta diez días antes, pero no encontré ninguna diferencia.

—Lo siento, pero de veras no veo lo que dices —le dije a mi socio huérfano.

—Estás ciego. Es eso. Este cielo es muy diferente. No se compara al cielo de Cuba.

En ese momento me pareció que aquel muchacho ya es-

taba en camino a ser uno de esos poetas funestos, y entonces
la vi, con el rabillo del ojo. Ahí estaba, la condenada. Una nube
larga con la forma de Cuba, que para colmo de los colmos incluía una nubecita debajo igualita a la Isla de Pinos, la isla
menor del archipiélago cubano donde mi primo Fernando
estaba encarcelado.

Nunca antes había visto una nube como aquella. Y quiero
que sepas que me había pasado la gran parte de mi infancia
examinando el cielo, esperando a Jesucristo o a un platillo vo-
lador. En ese momento me asombró, y todavía me asombran
cada vez que las veo, esas nubes con la forma de Cuba. Son
una gran broma de parte de Dios, o de la naturaleza, si así te
parece.

Estas nubes me persiguen. Las he visto por doquier. En
Bluffton, Ohio, sobre un pueblo donde no hay ni una cerca.
En Reykiavík, Islandia, muy cerca del círculo polar ártico. En
México, al llegar a lo alto de la pirámide del Sol. En Miniápolis, al anochecer, en el aire más frío que te puedes imaginar. En
Wolfenbüttel, Alemania, por encima de una tienda de mascotas que se llamaba *Vogel Paradies,* o "Paraíso de los Pájaros". En
Tarzana, California, por encima de una carretera tan ancha
como el río Mississippi. En Watseka, Illinois, suspendidas por
encima de uno de los parques más feos que existen sobre la faz
de la Tierra. En Roma, mientras paseaba por el Foro, en el
momento en que una serpiente salía de las ruinas. Hasta vi
una en Kalamazoo, Michigan, gravitando por encima de una
conferencia de académicos, sin que mil y un medievalistas se
dieran cuenta.

¿Me verán a mí?

Bajo esas nubes vivo la vida que me ha tocado en suerte.
Bajo ellas jamás pienso en lo que he perdido, sino en lo que
no he tenido y seguramente nunca tendré. Lo que siempre estará fuera de mi alcance. Para mí estas nubes en la forma de
Cuba no son tanto recuerdos del pasado como presagios del futuro. ¿Pero de qué futuro? ¿Qué pronosticarán con su silencio?

Parecen surgir de ensueños, a pesar de sí mismas, a pesar de
su presencia y figura. Sin embargo, no me sorprendería si

algún día saliera un rayo de una de ellas que me partiera en dos, y me redujera a vapor y cenizas. No debería extrañarme. Quizá hasta bajo techo, en el lugar menos esperado, me partirá un rayo cuando esté de espalda con la guardia baja. Quizá estando en un despacho elegantísimo con paredes de madera tallada. Quizá ante mis superiores una de esas nubes me aniquilará. Así, sin más. Estoy seguro que esas nubes son capaces de la peor traición.

Quizá sean nubes de pesticidas. Un veneno exquisito e irresistible.

Esta tarde el tiempo se me ha ido volando. Más rápido no pudo haber ido. Dejé el trabajo sin muchas ganas. Cuando llegué a casa, la nube con la forma de Cuba quedó afuera, y dejé que desapareciera a su antojo. No sé de dónde provienen, y creo que no debo seguirlas ni tratar de ver hacia dónde van. Aparte, no sé cuál es la que me matará algún día.

Como siempre, mi hijo menor se asoma por detrás de una pared y corre hacia mí a toda velocidad, hasta que se estrella contra mí. Su pequeño cráneo se estrella contra mi barriga como una bala de cañón. Como siempre, hago una mueca de dolor, suelto un *uuuuuj* sincero, y le doy las gracias por embestirme como si fuera un toro valiente, mientras él me abraza con sus bracitos tan puros.

—Qué abrazo taurino más bueno, Bruno. Fantástico. Uno de los mejores que me has dado.

Mi hija Grace me hace una muequita y pone los ojos en blanco. Le hago un guiño. Mi hijo mayor, John-Carlos, sonríe. Le pido a Dios que ese momento nunca termine, como ha sucedido con los otros, como terminará esta tarde. Le pido a Dios que ni el abrazo taurino, ni las muequitas, ni las sonrisas jamás se esfumen, ni se vuelvan nubes.

Pero sé que es algo imposible.

La próxima vez que salga de este bosque mío y esta casa mía, en rumbo al punto A, o al punto B, o al C, el N, Q o Z, o cualquier otro punto, alguna otra nube pudiera estar ahí, encima de mí, o quizá no. Nunca sé por cierto cuándo, ni dónde, pero sé que sin lugar a dudas saldrá una, cuando menos la espere, cuando tenga la guardia baja.

"Ahí está", diré, cuando aparezca de la nada la Isla en forma de caimán, mi lagartija del pasado y del futuro. Tan sublime, tan etérea, tan inalcanzable, tan lista e insondable, tan sobrecargada de un poder que me puede encantar y aniquilar a la misma vez.

Qué fenómeno más raro, más mudo. Una evidencia tan extraña, tan absurda, ésta, mi cuarta prueba de la existencia de Dios.

11

Seventeen

—Toma, come más. Para que crezcas y te pongas como yo.

Nilda, mi niñera, que Dios la bendiga, estaba haciendo todo lo posible para que yo comiera más arroz y más frijoles negros. Sin duda, lo que quería decirme era que comiera para que me volviera tan grande y fuerte como ella, con una espalda tan recta como la palma real, y con un corazón que pudiera desafiar mil veces la muerte.

Pero eso no fue lo que oí yo. De ninguna manera.

Lo que oí a Nilda decir, en mi sillita de comer, era que si comía más arroz y frijoles, la piel se me volvería negra, igual a la de ella. El color de los frijoles negros.

Negro.

Me volvería africano.

Ya en aquel entonces yo sabía que ser negro en Cuba no era nada bueno. Según lo que veía, los cubanos de ascendencia africana no eran muy dichosos. Me parecía que eran los que hacían todo el trabajo duro, y tenían cuartos de baño inferiores, como el que había en el fondo de la casa, donde vi los senos de Inocencia.

En lo que se refiere a la posibilidad de volverme de otro color, eso me parecía muy posible. ¿Acaso las lagartijas no estaban siempre cambiando de color? Los camaleones más verdes se volvían carmelitas en un instante, mientras los mirabas y ellos te miraban a ti. Ya desde muy jovencito lo vi pasar en muchas ocasiones. Las lagartijas estaban por doquier, siempre hacían ostentación de su proeza metafórica. ¿Si las lagartijas podían cambiar de color tan fácilmente, por qué los seres humanos no lo podían hacer también?

Por largo tiempo, después de esa experiencia con Nilda, no quise ingerir nada que fuera negro o carmelita. Nada oscuro. Ni siquiera chocolate.

Me acuerdo sobre todo de Mamá tratando de convencerme.

—Por favor, Carlitos, ¿por qué no pruebas este chocolate Nestlé?

— No te preocupes. No te vas a volver negro.

—Créeme. ¿Por qué no me quieres creer? Vamos, prueba estas pasas.

Me daba más miedo pensar que me volvería negro, un niño africano, que el miedo que me producía la Mujer del Candelabro.

En una de sus muchas vitrinas, Luis XVI guardaba un candelabro de porcelana del siglo dieciocho, con la figura de una mujer. Vestía algo verde, y estaba agachada. El hueco para la vela estaba en su espalda. Supongo que sería algún tipo de hada. La Señora del Candelabro fue la primera mujer con quien soñé, y la primera abusadora con quien me enfrenté en sueños. Hizo acto de presencia mucho antes que la María Teresa, incluso antes que el Cristo de Mis Sueños. Yo soñaba que la Mujer del Candelabro salía de la vitrina y me perseguía por toda la casa. Estaba seguro que me quería lastimar. ¿Cómo lo sabía? No lo sé. Pero sí sabía que me quería hacer algún mal.

Gracias a Dios que nunca llegó a alcanzarme. Siempre me despertaba en el momento en que me iba a agarrar.

A veces cuando soñaba con la Mujer del Candelabro, un personaje que metía más miedo todavía, la Muñequita del Torso, se le unía. ¡Qué pareja aquella! Soñaba que la Mujer del

Candelabro y la Muñequita del Torso me perseguían por toda aquella casa tan espeluznante, mi propia casa.

No había nadie como la Muñequita del Torso. Esa señora no era más nada que un torso, con muñoncitos en lugar de brazos, piernas y cabeza. Era de la misma estatura que la Mujer del Candelabro. Entre cinco y seis pulgadas. Ni más ni menos. Aunque fuera una enana descabezada, y sin piernas, corría bien rápido. De hecho, creo que corría más rápido que la Mujer del Candelabro, ya que siempre iba al frente, y siempre estaba a punto de alcanzarme.

De dónde salió, no lo sé. Quizá vi demasiados animales mutilados en la carnicería. Quizá eran las fotos de estatuas griegas y romanas sin cabezas, sin brazos y sin piernas.

Pero estoy seguro de que no era la Venus de Milo. Lo sé porque la primera vez que me topé cara a cara con la Venus en el Museo del Louvre, a mis veintinueve años, me puse a llorar a moco tendido. Era tan bella que no podía resistirlo. Incluso sin brazos. Los muñones la hacían lucir aún más bella porque la volvían tan vulnerable, menos como una estatua, y más como una mujer de carne y hueso. Supongo que esto fue lo que la llevó directamente a mi alma y la hizo arder.

Qué ridículo soy. Siempre he sido un reverendo idiota. Quizá por eso le tengo tanto odio a Immanuel Kant. El odio y la envidia siempre van de la mano. Quizá le tengo envidia a un tipo a quien le importaban tanto sus ligas como su limitada filosofía. Un tipo así nunca se puede enamorar de una mujer linda, ni de una fea. Y lógicamente hay que concluir que jamás se enamoraría de una escultura sin brazos.

Bueno, regresemos a la Muñequita del Torso. No se parecía en nada a la Venus de Milo, y por ello estoy seguro de que aquella muñeca infernal que me seguía obsesivamente en mis sueños no se inspiró en la escultura del Louvre. La Muñequita del Torso era gorda y de escasa talla. Era requetemala, y fea, y lo más lejos del cielo posible, aunque corría muy bien y muy rápido. La Venus de Milo jamás hubiera corrido así, y de haberlo hecho no luciría apurada. Así es como lo hacen las mujeres más bellas. Nunca parecen esforzarse, incluso cuando te pasan en una carrera, o cuando te inmovilizan en la lucha libre, o te muestran que son más listas que tú, o te mandan al diablo.

Un día reuní el valor necesario para elevar una petición a Luis XVI.

—Papá, por favor, ¿podrías deshacerte de la Mujer del Candelabro? ¿No la puedes vender? Me da mucho miedo. Todas las noches, cuando estoy soñando, me persigue. Es muy mala.

—No seas tonto, si no es nada más que un candelabro.

—Por favor.

La respuesta siempre fue un "no".

A muy temprana edad aprendí que lo que más le importaba al rey Luis eran sus objetos de arte. Esos trastos lo consumían. Llegaría el día en que escogería quedarse con ellos en lugar de reunirse con nosotros en los Estados Unidos. Sé que fue algo muchísimo más complicado, pero cualquiera que lo vea desde afuera, o cualquier niño que lo vea desde adentro, habría llegado a la misma conclusión: él prefirió su colección de arte sobre sus propios hijos. Al fin la Mujer del Candelabro y sus cohortes triunfaron, y me echaron de mi propia casa.

Perdóname Papá, pero así es como lo he visto desde hace muchos años. Pero ya me perdonaste por eso en cierto sueño, así que no puedes pensar mal de mí. Me perdonaste en la misma dimensión donde tus cosas me maldecían y me perseguían, deseándome el mal dentro de las pesadillas.

Por favor, aguántame, antes de que esto se convierta en mi quinta prueba de la existencia de Dios.

No había nadie que estuviera mejor preparado para refrenarme en estas cosas que el Chino de los Perros. Su oficio no tenía nada que ver con la metafísica. Los perros calientes y papas fritas que hacía aquel chino transcendían —sin filosofar— a toda la comida que existiera en la faz de esta Tierra. Sí, te lo juro, esos perros calientes y papitas fritas tenían un sabor glorioso. Supongo que el chino tenía un montón de secretos detrás de su cocina, pero de eso nunca hablaba. De hecho, casi ni podía hablar el castellano. Sólo sabía lo suficiente como para entender los pedidos de los clientes y repetirlos con un acento fuerte. Traté muchas veces de conversar con ese sabio, pero él tenía un vocabulario muy restringido.

—¡Pelo' caliente'! ¡Papita' flita'! ¡Bien sabloso!

He ahí la totalidad de la filosofía del chino. Por lo menos, en castellano.

Esos perros calientes con papitas eran algo fuera de órbita. He pasado una vida entera tratando de encontrar algo que se les asemeje. Eran papas finitas. Papitas a la juliana. Las freía frente al cliente en una sartén llena de aceite. Ya las tenía picadas. Agarraba uno o dos puñados, y las tiraba en el aceite caliente. Silbaban y chisporroteaban, y formaban pequeñas burbujas lindísimas mientras se freían. Y el olor. Esa fragancia. Ni siquiera cincuenta mil dólares de cocaína te pudieran endrogar tanto como lo hacía el olor que emanaba de aquella sartén, allá en la esquina de Ayestarán y Bruzón, al doblar la esquina de la casa de mis abuelos.

A mi abuela le molestaba que a mi hermano y a mí nos gustaran más los perros calientes del chino que su cocina española, pero de mala gana lo tuvo que aceptar. No se podía negar que sería difícil ganarle a aquel chino que indudablemente era tan sabio y experto como los sacerdotes que inventaron los petardos y cohetes allá en la China.

Nosotros íbamos a casa de mis abuelos todos los domingos, sin falta. Nos gustaba mucho pasar el domingo en otra casa tan lejos de la nuestra que quedaba en un barrio muy diferente al nuestro, donde todas las casas estaban pegadas unas a las otras y no había jardines separándolas. La mayoría estaban ocupadas por dos familias, una en la planta baja y la otra arriba. Los apartamentos de la planta baja tenían portales, y los del segundo piso terrazas.

A mi hermano y a mí nos encantaba la terraza. Era el lugar perfecto para tirar aviones de papel, o para escupir.

Nos encantaba escupir. Sólo acumular la suficiente cantidad de saliva en la boca para lanzarla como una enorme bomba líquida era un gran desafío. Aun así, eso nunca nos detenía.

—¡Ese fue uno gigante!

—¡Más grande que el tuyo! ¡Mira ese escupitajo en la acera!

A veces tratábamos de escupir cerca de la gente que pasaba por debajo, pero sin que le cayera encima. Pero a veces fallábamos y un escupitajo enorme le caía encima a alguien. Y entonces nos tocaba escondernos en el cuarto de mi abuelo o en la escalera, y hacer como si nada hubiera pasado.

Una vez a mi hermano le dio por tirar fósforos prendidos de la terraza, y uno le cayó encima a un hombre y le quemó la camisa. El hombre, enfurecido, subió y armó un escándalo. Mi hermano, el maestro de las mentiras, dijo que no había hecho nada. El hombre apuntaba hacia el hueco quemado de su camisa exigiendo que le compraran otra. Mientras más gritaba aquel señor, con más calma mentía Tony y más fingía sentirse ofendido. Al fin mi abuelo le dio cinco pesos al tipo, y se fue diciendo malas palabras. En camino a casa, Tony sacó los fósforos y me los mostró.

También tenía un rabo de lagartija en el bolsillo. Le encantaba arrancárselos. A veces las cazaba sólo para arrancárselos y verlos menearse solitos, separados de sus lagartijas. Aquellos rabos eran como entes autónomos, y nos fascinaba verlos menearse. Supongo que a la mayoría de las lagartijas les salían rabos nuevos. Pero no a todas. En el traspatio había una que reconocíamos por el muñón que tenía en el lugar del rabo. Parecía casi humana con aquel diminuto muñón que se le asomaba por la parte trasera.

A mí me encantaba ir a casa de Abuela y Abuelo. El sol le daba directamente al portal de la casa, y recibían el periódico del domingo. Nosotros nunca recibíamos ningún periódico de domingo en casa, y por lo tanto, la casa de mis abuelos era el único lugar donde yo podía pasear por los mundos de "Maldades de dos pilluelos", "Trucutú", "El Príncipe Valiente", "Terry y los Piratas", "Benitín y Eneas", y otras tiras cómicas americanas, todas traducidas al español, con títulos que no siempre se parecían a los originales. Por ejemplo, "Trucutú" en inglés era "Alley Oop", de lo cual me alegro, porque seguro que los cubanos le hubieran puesto "Ayeyú", convirtiendo así aquel troglodita de la edad de piedra en un dios africano en disfraz, tal como san Lázaro o santa Bárbara, o la Virgen de Regla.

Antes de que cambiara el mundo, yo no pasaba mucho tiempo conversando con mis abuelos, ni con la hermana y el hermano de mi madre. Eso vendría más tarde. Cuando Fidel llegó al poder yo todavía era demasiado pequeño para que me importara conversar con los mayores. Y cuando al fin llegó la hora de conversar con ellos, me tocó el destierro.

Pero siempre me sentía muy tranquilo cuando estaba con ellos. Su mera presencia me calmaba. Abuelo era como una montaña, sólido y fuerte, con el pelo blanco en canas, tan blanco como la nieve, silencioso, inmutable, seguro de sí mismo. Abuela era muy cariñosa y fuertísima. Años después, cuando fui de visita a la tierra que los vio nacer, pude ver con mis propios ojos lo mucho que ella se parecía a las casas de piedras de Galicia, con sus paredes antiguas de dos pies de grosor.

Y me encantaba cómo mis abuelos hablaban el castellano. Ambos tenían un acento muy fuerte y siempre ceceaban. A veces se burlaban de cómo nosotros triturábamos el idioma de su tierra natal.

—Oye cómo hablan esos cubanitos. Hablan tan mal el castellano. Qué graciosos.

Al idioma que nosotros los cubanos llamábamos "español", mis abuelos siempre le decían "castellano", pues la lengua natal de ellos era el gallego. Para muchos gallegos su lengua es parte de su alma. Cuando al fin conocí al único hermano de mi abuelo que le quedaba en Galicia —quien por cierto se parecía mucho al actor Alec Guiness—, no me quiso hablar en castellano, aunque sabía hablarlo perfectamente.

La hermana de mi madre, Lily, era tan cariñosa y dulce que la única manera que mi hermano y yo podíamos tratarla era con nuestras majaderías. Cómo nos gustaba registrarle el joyero, el cual para nosotros parecía el tesoro de un pirata. Tony y yo agrrábamos sus prendas y las escondíamos por toda la casa. Tía Lily se pasaba la semana entera buscándolas mientras se vestía todos los días por la mañana antes de salir para el trabajo. Algunas veces nos llamaba por teléfono a la casa y nos pedía que por favor le dijéramos dónde le habíamos escondido el collar, o el broche o los aretes.

Pero nunca se enojaba con nosotros. O, como decían mis abuelos, nunca se enfadaba. Ni tampoco nos gritaba. Al contrario, todos los domingos nos recibía con grandes abrazos, diciéndonos lo mucho que nos quería. Éramos sus dos pilluelos. Y también todos los domingos, Tony y yo buscábamos nuevos y mejores lugares donde esconder sus prendas.

Yo creo que el cariño que sentía mi tía Lily por nosotros era lo más parecido al amor incondicional que jamás haya existido.

El hermano de mi madre, Mario, era hasta más como una montaña que mi propio abuelo. Medía unos seis pies tres pulgadas, tenía gran energía, era muy seguro de sí mismo y tenía muy buen carácter. Siempre me llamaba "Cabo", y le encantaba pegarnos a Tony y a mí en la cabeza con los nudillos mientras decía chistes. Más de cuarenta años después, tío Mario sigue siendo una de las personas más cómicas y optimistas que conozco.

Se me olvidó cuándo y cómo fue que tío Mario me empezó a decir Cabo, pero eso sí, nunca me olvido del chino sin nombre, el Chino de los Perros. Ya te lo conté, aquellas papitas eran una maravilla. Y las cebollas también. No sé cómo las picaba tan chiquitas. Más chiquitas y hubieran sido microscópicas. Valía la pena perderse el escape de las guaguas que pasaban cerca para oler lo que estaba friendo en el aceite.

Muchas veces he pensado en cómo sería que aquel chino fue a parar a La Habana, y qué pensaba mientras les preparaba comida a los cubanos en silencio. Me pregunto cómo sería para él ser el único chino en la esquina de Ayestarán y Bruzón. Después de todo, los seres humanos nos podemos adaptar rápidamente hasta a las más raras de las circunstancias —algunas veces incluso mejor que los animales—, pero no podemos cambiar el color de nuestra piel, ni la manera en que la lengua maneja sonidos extraños.

Además de quedarnos esclavizados a ciertas pronunciaciones, a nosotros nunca nos vuelve a crecer más nada. Una vez que perdemos un brazo o una pierna, lo único que nos queda es el muñón. Como el muñón del pescuezo de Luis XVI que le quedó luego de enfrentarse a la guillotina en 1793. O como los muñones de la eternamente bella Venus de Milo.

Muchas veces me pregunto dónde estará aquel chino ahora. Sólo me llevaba unos quince años, lo cual significa que seguramente todavía esté vivo en algún lugar. Quisiera saber en qué terminó su vida, y también quisiera saber si pudo escaparse de Cuba y si en algún lugar sigue haciendo esos increíbles perros calientes y papitas fritas.

Ya que estoy en el tema de la comida, volvamos a Nilda y el asunto del arroz y frijoles. Nilda siempre era muy cariñosa y atenta conmigo. Pero casi nunca conversaba. Me llevaba a pasear por el parque en lo que me parecían paseos infinitos, pero no conversaba conmigo. Salvo, por supuesto, cuando me invitaba a que me volviera africano.

Supongo que durante el día Nilda pasaba más tiempo conmigo que mi propia madre o abuela. Yo tenía a Nilda y mi hermano tenía a Hilda. Cada uno tenía su propia niñera, y las tuvimos por largo tiempo.

El proceso de criar a mis tres hijos me ha hecho reflexionar sobre mis padres y la vida que llevaban. Sobre todo porque mi esposa Jane y yo hemos criado a nuestros hijos sin parientes, niñeras ni nadie más. Mis padres tenían una niñera para cada hijo, una criada que se encargaba de todos los quehaceres de la casa, una abuela, una tía abuela y una tía viviendo bajo el mismo techo.

Con razón a mi padre le alcanzaba el tiempo para preparar etiquetas para sus objetos de arte, armar papalotes, hacer el papel de árbitro en las peleas de piedras y llevarnos a cabalgar las olas en el carro. Con razón mi madre nos podía hacer disfraces y pasar tanto tiempo diseñando y cosiendo ropa. Tampoco teníamos que podar la hierba. Sí, tendríamos muchas

lozas y canteros llenos de follaje y flores, pero no teníamos
hierba en el patio o traspatio. A veces he sentido mucha envidia de mis padres, sobre todo después de pasarme tres horas
podando el césped que rodea mi casa. A ellos les sobraba el
tiempo.

Todo el trabajo de la casa estaba a cargo de mujeres africanas. Y las labores difíciles que se tienen que hacer en este
mundo, o sea, mi mundo, también caían en los hombros de
los africanos, ya fueran hombres o mujeres. Todos los niños
reglanos que se tiraban en la bahía para buscar menudo eran
carmelitas o negros. E incluso la misma Regla estaba llena
de gente carmelita. Bien claro estaba que los vecindarios
de los habaneros de tez morena solían ser siempre los más
desagradables.

Pude notar la ausencia de cubanos de tez oscura al igual
que su presencia. No había ningún niño de color —como les
decíamos— en los colegios donde estudié. Ni siquiera mula-
tos claros. No había ningún alumno que tuviera facciones
africanas, salvo quizá con la excepción de los hijos del presidente Batista, ya que se sabía bien que su padre tenía antepasados de color. No se permitían negros en los clubes de la
playa. Los negros nunca iban a los cines donde íbamos nosotros. Los negros no iban a misa en las mismas iglesias donde
nosotros concurríamos. Pero eso sí, se quedaban afuera pidiendo limosnas.

Y como era de esperar, los chinos tampoco frecuentaban
los mismos lugares que nosotros.

Por eso fue que cuando Nilda me invitó a que yo me le
uniera para ser también discriminado como ella, mi primera
reacción fue el pánico. No que fuera una huelga de hambre
de mi parte. Fue más bien un boicot, inspirado por el temor y
no por los principios. Lo peor de todo fue no poder comer
chocolate. Los chocolates Nestlé y el helado de repente se
volvieron veneno. No podía comerlos más. No sé cuántas
veces mi madre y otros trataron de explicarme que la comida
oscura nunca me convertiría en africano. Mi familia entera
trató un sinnúmero de veces de mostrarme que nada me iba a

pasar si comía chocolate o frijoles negros. Tomaban café frente a mí y me decían "¿Ves? No nos pasó nada. No te vas a volver negro".

Pero yo sencilla y llanamente no les creía. Yo creía que era un hechizo que me habían hecho a mí, y sólo a mí. Yo era el único blanco que se volvería negro si comía cosas oscuras.

Seguí absteniéndome de las comidas oscuras por muchos, muchos meses. Quién sabe si hasta por más de un año.

Entonces un día se me ocurrió hacerles frente. Cuando el coche de los helados se apareció, decidí pedir un helado cubierto con chocolate. Era una carreta preciosa tirada por caballos, la misma que pasaba por mi casa todos los días. Naturalmente, el vendedor de helados era negro. Mamá estaba ahí, como siempre, con el dinero en la mano, lista para pagarle.

—¿Estás seguro que quieres chocolate?

—Sí.

Silencio.

Le quité el papel al helado y me detuve por unos segundos. Era carmelita ese helado. Tan carmelita como el vendedor. Tan carmelita como Nilda. Tan carmelita como la limosnera que le faltaban las piernas que se colocaba frente a varias parroquias de Miramar. Siempre estaba ahí, en los escalones. Incluso cuando íbamos a misa a otra parroquia, siempre hacía acto de presencia dondequiera que estuviéramos. Era casi como si nos siguiera, domingo tras domingo. Aquella mujer no tenía piernas, sólo tenía muñones. Y se levantaba la saya para que se los viéramos, rechonchos y mutilados, con las cicatrices horribles de las amputaciones por encima de donde deberían estar las rodillas.

Cerré los ojos y le di una mordida a mi paleta de helado cubierto de chocolate pensando que ese sería el último momento que pasaría en la Tierra como niño blanco. Lo saboreé, y dejé que la corteza de chocolate resbalara sobre el helado de vainilla y se me derritiera en la lengua. Fue un sabor maravilloso y conocido, tan rico como lo recordaba. Me costó trabajo abrir los ojos después de la primera mordida. Pero cuando al fin los abrí, inmediatamente me miré la mano.

Blanca. Tan blanca como siempre. ¡Qué alivio!

El vendedor me sorprendió mirándome la mano y sonriendo, y me dio una de las miradas más raras que jamás le hayan dado a un niño. Y entonces, dándole un tirón a las riendas, y con un chasquido de la lengua, aquel negro y su caballo se fueron a venderles más helados a otros niños blancos.

Parece que todos los que me habían dicho que la comida oscura no me convertiría en africano tenían razón. Pero lo que ellos no sabían era que un vuelo corto en un avión bastaría para transformarme de un niño blanco a un *spic*. Y que siempre me lo recordarán en este país cada vez que tengo que llenar una planilla que califica al "hispano" como una raza distinta; una raza aparte de "blanco" o "caucasoide".

No fue algo que comí que me despojó de mi blancura. No, no fue así. Fue un vuelo de cuarenta y cinco minutos de duración por encima de un mar azul turquesa. Bueno, no fue así tampoco. Salí de Cuba en avión unos minutos después que anocheciera, y por lo tanto, el mar ya no se veía azul claro. Se estaba volviendo azul oscuro, y mientras más al norte volábamos, más oscuro se ponía.

El mar ya estaba negro cuando vi las luces de Cayo Hueso. Negro oscuro, tan negro como el carbón.

Y atrás, en las tinieblas impenetrables, mi rabo se meneaba frenéticamente dentro del bolsillo de Fidel.

18

Eighteen

Nos traía libros de historietas todos los miércoles, la mujer sin deseos, la hermana de mi padre. Tony y yo esperábamos ansiosamente a que bajara de la guagua y caminara a casa desde la esquina.

—¿Me trajiste mi Batman?

—¿Y me trajiste a mí el Pato Dónald con el Scrooge?

Yo era fanático de Batman. A Tony le gustaba Scrooge McDuck porque tenía una bóveda llena de dinero y un trampolín de donde se tiraba y caía en el dinero. El objetivo de mi querido hermano siempre fue ser tan rico como Scrooge McDuck y poder tirarse en una bóveda llena de dinero.

Nunca lo logró. Hoy volvió a decirme, en una de nuestras conversaciones telefónicas diarias, que me quería mucho y que no tenía un centavo. También siempre repite que se está muriendo, y le creo. No puede caminar tres metros sin que le falte el aliento. Se ha quedado sin dientes, sin trabajo y sin esperanzas. Quizá por eso no para de comer helados con chocolate derretido, incluso cuando está peligrosamente a punto de caer en un coma diabético.

Hoy día Tony no es nada más que una sombra de lo que fue, un fantasma atrapado dentro de un cuerpo que se ha ido acabando. Pero antes, allá en La Habana, Tony era un niño fuerte, con ganchos en los dientes y con sueños de llegar a ser multimillonario.

Mi ambición era combatir las fuerzas del mal, vestido con un disfraz fantástico como el de Batman. Sin duda que me hubiera encantado poseer los increíbles poderes sobrenaturales de un superhéroe como Superman, pero me parecía más heroico combatir a los malvados a un nivel puramente humano, tal como lo hacía Batman. Yo sabía que nunca tendría una vista sobrenatural, ni que jamás podría volar, pero tenía esperanzas de que algún día sí podría brincar de techo en techo.

Todavía no he logrado discernir qué pensaba la hermana de mi padre, Lucía, ni si había algo que la inspirara. Era como la sombra de una mujer. Muy amable y cariñosa, a su manera más bien fría, pero siempre alejada de todos. El cuarto de Lucía quedaba al fondo de la casa, junto al comedor. Casi siempre tenía la puerta cerrada, y pocas veces salía de él.

Leía mucho. A veces se sentaba a ver la televisión con nosotros. Pero aparte de eso, no creo que hiciera mucho más. Nunca estudió en la universidad. Tampoco trabajó, hasta el día que falleciera su mamá y cumpliera los cincuenta y nueve años. Al liberarse de los ojos de su madre, se buscó un trabajo en una de las joyerías más finas de La Habana, donde les vendía prendas caras a las señoras ricas.

Me gustaba mucho ir a aquella joyería, con sus mostradores alumbrados desde adentro. Los más pequeños estaban llenos de todo tipo de prendas. Los más grandes eran vitrinas largas que llegaban hasta el fondo de la joyería, llenas de pesados objetos de plata: teteras, jarras, bandejas, candelabros, marcos. Supongo que las madres y abuelas de *la crème de la crème* preferida del hermano Néstor María eran clientas de aquella joyería. Sé que la primera dama, Martha Fernández de Batista, compraba ahí. Era una de las mejores clientas.

Aquella joyería de Gustavo Petriccione quedaba a dos

puertas de un restaurante que se llamaba El Carmelo, y dentro de El Carmelo, por el portal que daba a la calle D, había un puesto que vendía periódicos, revistas y libros de historietas. Todos los miércoles, cuando llegaban, tía Lucía nos compraba uno nuevo.

Algunas veces, en las raras ocasiones en que el rey Luis y María Antonieta salían, nos dejaban con tía Lucía. Tony y yo detestábamos las noches que teníamos que pasar con ella porque nos acostaba a las siete. Y ella siempre se acostaba sobre las ocho.

Tony y yo nos resistíamos a aquel horario, pero siempre nos dábamos por vencidos después de hacer unas cuantas travesuras, tales como brincar de una cama a la otra. En una ocasión, durante una de esas noches que nos dejaron a cargo de tía Lucía, saltamos tanto sobre las camas, que Tony rompió una. Por supuesto, rompió *mi* cama.

Al cabo de un par de años comprendimos que si nos quedábamos callados, tía Lucía pensaría que nos habíamos dormido y, por lo tanto, se acostaría. Así podíamos quedarnos despiertos hasta que regresaran Mamá y Papá, oyendo el radio en el cuarto, jugando y rompiendo nuestros muebles. Una vez que tía Lucía entraba en su cuarto y cerraba la puerta, no salía más, aunque el mundo se viniera abajo.

Años más tarde, cuando Ernesto se integró a la casa, esto resultaría ser algo muy malo.

Pero mientras éramos pequeños, y Ernesto no estaba, no pasaba nada malo. Detestábamos la manera de tía Lucía de decir "piyama" en lugar de "payama", pero tan pronto aprendimos cómo sacarle provecho a la situación, no nos molestó quedarnos las noches que nuestros padres salían a divertirse o a cumplir obligaciones.

Años más tarde, cuando yo estaba estudiando en la universidad, tía Lucía saldría de Cuba y vendría a vivir con nosotros en Chicago, en el apartamento que teníamos en un sótano. Ahí me enteré que tocaba muy bien el piano y que hablaba inglés con soltura. Sabía mucho de historia, de arte y de música, pero raramente compartía sus conocimientos con nosotros, ni trató de hacer algo con ellos. Tía Lucía era una mujer muy orgullosa, que sabía mucho sobre quién era "la gente decente", y cuáles eran "las familias buenas". Pero de lo que más se enorgullecía era de su aislamiento, y de su dominio de sí misma, una conducta que ella esperaba que todos compartiéramos.

En Chicago me regañaba por oír música indebida, por bailar, por tomar cerveza, por no cortarme el pelo y por dejarme crecer la barba. A todo esto siempre reaccionaba con un "Ay Dios mío, qué es eso", pero como siempre, yo no le hacía caso.

Yo no la entendía. Ni en aquella época, cuando llegué a conocerla mejor, supe si alguna vez tuvo algún deseo que le ardiera por dentro. Leía mucho y se pasaba el día y la noche mirando la televisión. Tía Lucía era más bien una sombra que una mujer, y parecía haber sido así siempre.

Mamá me cuenta que Lucía nunca tuvo amistades, y que cuando era joven, tampoco tuvo enamorados. Su vida entera antes de la revolución la pasó en casa con su familia. Para ella no hubo fiestas, ni paseos con chaperonas. No tuvo novios. No bailaba. Nada. No salía de juerga. Nunca pasaba un día en la playa. ¡Y pensar que vivía en La Habana!

Eso muestra que casi no hay nada que sea imposible.

¿Pero de verdad será posible vivir sin deseos? Aún me niego a reconocer que eso pueda ser. Ni Meister Eckhart, envuelto etéreamente en la fría neblina de Colonia del siglo catorce, logró vivir sin deseos. Y olvídate de la falta de egoísmo. Olvídate del *gelassenheit,* de la falta de cariño. Olvídate de poder olvidar el mundo y lo que le falta al "yo". Anhelamos tantas cosas que llegamos a creer que aun los muertos nos necesitan. Por lo tanto, visitamos los cementerios y dejamos flores en las tumbas.

San Juan de la Cruz, quien fervientemente deseaba no desear nada, salvo Dios, también fracasó en su intento. Pero el pobre san Juan, mi socio *spic,* por lo menos era honrado. Reconoció el fracaso. Sabía que la distancia más corta entre dos seres es un laberinto cuyo diseño es el deseo. También sabía que su pasión por Dios no era diferente a ningún otro tipo de amor, y que el deseo en sí era la mejor prueba de la existencia de Dios. ¿Quién habrá en la faz de esta Tierra que no pueda entender su súplica, salvo aquellos con los corazones de piedra?

> *Descubre tu presencia,*
> *y máteme tu vista y hermosura;*
> *mira que la dolencia*
> *de amor, que no se cura*
> *sino con la presencia y la figura.*

Olvídate de las cinco pruebas que planteó santo Tomás de Aquino, olvídate de la prueba ontológica de san Anselmo de Canterbury, olvídate de los cálculos de probabilidad de Blaise Pascal, olvídate de las cuatro despreciables pruebas que he ofrecido en estas páginas. San Juan comprobó que todas son superfluas. El deseo se manifiesta de una forma muy elocuente y dolorosa. El deseo es Dios, y Dios es el deseo.

En la oscuridad de la noche, con las ranas rasgando las tinieblas en su coro incesante, con mis seres queridos dormidos a mi alrededor —tanto los que están cerca como los que están lejos—, con mis heridas profundizándose, me niego a reconocer que Lucía no tenía deseos.

Me niego rotundamente a reconocerlo.

Y también San Juan en el cielo se niega a reconocerlo. No necesitas ser místico o poeta para entenderlo. Cualquier idiota que oye la radio lo sabe, como por instinto. El deseo rezuma de toda canción, toda composición. Hace más de veinte años, el gran escritor cubano Guillermo Cabrera Infante estaba sentado junto a mí, en mi Volkswagen Karmann Ghia, cuando me dijo:

—Las canciones populares han reemplazado a la poesía en este siglo.

Cuánta razón tenía.

Estoy de acuerdo con él. Por eso pongo la música en mi estéreo lo más alto posible.

Mi tía tuvo que haber sentido algunos deseos ocultos, por

lo menos uno o dos laberintos en que se perdió, por lo menos por un rato. En aquel mundo, antes de la revolución, en el mundo de Lucía Nieto Cortadellas y de muchas otras almas cubanas —tanto masculinas como femeninas—, en el mundo de aquellos que se podían dar el lujo de ser fríamente correctos y reprimir sus emociones, se podían ocultar muchas cosas.

Pude vislumbrar los deseos de Lucía cuando el mundo cambió. De hecho, los vislumbré dos veces. La primera vez fue cuando la vi desarrollar una amistad con su primo Addison después de que éste regresara de los Estados Unidos para quedarse en Cuba para siempre. Se hicieron muy buenos amigos y acostumbraban a salir mucho. Una vez le pregunté a Mamá si Lucía se casaría con él algún día.

—No seas bobo —contestó, riéndose.

A mí no me pareció una pregunta tonta, pero bueno, en aquella época yo no le veía nada raro a que Addison viviera con un muchacho de dieciséis años que trabajaba de acróbata en un circo.

Me pregunto si mi tía sospechaba que Addison era gay. Pero no creo que le importara. Lucía disfrutaba de su compañía, o por lo menos deseaba su presencia, tal como lo explicó san Juan.

Addison fue el único amigo que tuvo tía Lucía.

Muchos, muchos años más tarde, cuando ella estaba al borde de la muerte, viviendo en un asilo de ancianos en Uptown —uno de los peores barrios de Chicago—, otra vez pude entender sus deseos. Tía Lucía tendría unos noventa años, y estaba tan delicada que no podía ver televisión ni tomar alimentos sólidos. Por eso le empecé a llevar batidos de McDonald's. Batidos de vainilla, en vasos de cartón, con una pajita plástica.

Tía Lucía vivía para esos batidos. Me lo confesó. Pero no tenía que decírmelo. Ya había bajado la guardia, destruida por los años y el exilio y el asilo de ancianos. Ahí estaba Lucía, viviendo en un lugar que detestaba, rodeada de desconocidos, y todo tipo de "gente ordinaria", traicionada por su cuerpo envejecido, muy lejos de su casa, muy lejos del sol.

Cuando yo llegaba con el batido en la mano, los ojos se le iluminaban como faros en el estreno de una película de Hollywood.

Tía Lucía perdió muchísimas cosas. Perdió una vida entera. También perdió muchas propiedades. Yo no lo sabía de niño, pero la dueña de nuestra casa en La Habana había sido Lucía. No era del rey Luis, como pensábamos, ni de nadie más. Todos nosotros vivíamos en la casa de *ella*. Y ella vivía, casi invisible, en el fondo de *su* casa. La casa había sido de su mamá, y fue Lucía quien la heredó.

Lucía fácilmente pudo haberle dicho a mi padre "Búscate una casa para ti, y ya basta de convertir la mía en un museo". Sin embargo, nunca lo hizo.

Se suponía que Lucía muriera en Miramar, en aquella casa, *su* casa, en *su* dormitorio, tal como habían hecho su madre y su tía, cuidada y trasladada a la vida eterna por su familia y no por los celadores de un asilo ruidoso y apestoso en Chicago.

En cambio, a los setenta y seis años, Lucía tuvo que dejar su casa y a su único amigo, su primo Addison, porque no resistía lo que la gloriosa Revolución le había hecho a Cuba, su patria. Dejó a su hermano, el rey Luis, y a Ernesto encargados de una casa que ahora le pertenecía a todo el pueblo de Cuba. Lucía sabía que la vida en los Estados Unidos sería difícil, pero nunca se imaginó cuán difícil.

—Ay, Carlitos, gracias por el batido.

—De nada, Tía.

Me agarra la mano y me la aprieta muy débilmente.

Demos marcha atrás…

Corro por la acera bajo la sombra del árbol de la fruta del pan, yendo a recibir a mi tía que se acaba de bajar de la guagua. Es miércoles, y como siempre, hace un día precioso. El borde de la sombra que cae sobre el cemento es tan fino y afilado como una navaja. Las flores de mar pacífico rojo oscuro, y en forma de puros, se abren paulatinamente en pocos segundos. Suspiran de alivio cuando las paso corriendo. Estoy demasiado apurado en ese momento como para fijarme en ellas o arrancarlas de la rama, o para amarrarlas con un hilo para ver si la fuerza que las abre es lo suficientemente potente como para romperlo, y así poder calcular cuán profundo de veras es el deseo que tienen de abrirse. Tony corre detrás de mí. Una lagartija que le falta el rabo está cerca, tan bien escondida que no la vemos, la misma lagartija que Lucía va a mencionar tan pronto se baje de un avión en Chicago años más tarde, en un día oscuro con un frío espantoso, esa lagartija sin rabo que según ella le pidió que nos dijera a Tony y a mí que por favor no nos apuráramos en regresar a La Habana. Tía Lucía lleva puesto uno de sus vestidos de vieja, oscuro con lunares. Las canas le brillan en el sol como las bandejas de plata que venden en la joyería donde trabaja. Como siempre, camina lentamente. Tony y yo la alcanzamos tan pronto pisa la acera de la esquina. Ella ha caminado unos veinte pies desde el lugar donde se bajó de la guagua. Mi hermano y yo hemos corrido media cuadra en la misma cantidad de tiempo. Le pedimos las historietas, y las saca de su cartera grande. Lentamente nos entrega el regalo del miércoles. Nuestras manos no se tocan para nada. Lucía tiene una leve sonrisa en la cara, pero estoy demasiado ocupado para darme cuenta. Tomo lo que me corresponde, lo cual deseo y me merezco sin falta todos los miércoles, y aunque para mí no fuera de costumbre, pronuncio las palabras correctas que ella espera de mí.

—Ay, Tía, gracias por el Batman.

—De nada, Carlitos.

19

Nineteen

El zapato se resbaló como un disco de hockey sobre el hielo por aquel piso de mármol, me dio en el pulgar, rompió el vidrio de la vitrina y cayó, con el tacón por delante, dentro de una taza del siglo dieciocho. La taza y el plato se tambalearon un poco, como quejándose, pero al final debieron aceptar la presencia del zapato.

¡Gol!

No había sido nuestra intención. Tony y yo nos habíamos quitado los zapatos dentro de la casa, lo cual estaba terminantemente prohibido, salvo a la hora de acostarnos. Tony estaba tratando de hacer resbalar su zapato por el largo pasillo que iba desde la sala hasta el comedor, pero mi pulgar estaba en el medio del camino. Fue una de esas jugadas insólitas que solamente pasan una vez cada diez millones de años, de pura casualidad.

Supimos que estábamos en un gran aprieto en el momento exacto en que el zapato rebotó de mi pulgar y salió volando en dirección de la vitrina.

El zapato lucía incómodo dentro de la taza, y la taza se veía asqueada. Los trozos de vidrio en el piso y dentro de la vitrina lucían desolados. El pulgar de mi pie derecho se puso rojo y pulsaba como tambores yorubas en los bembés. En ese momento, cuando estaba a punto de llorar, Luis XVI salió de su biblioteca.

—¿Qué fue eso? ¿Qué cristal se rompió?

Silencio absoluto por sólo un momento.

—¡Ay Dios mío, la taza de Luis XVI! ¡Ay, la vitrina!... ¡Aaaaaajjjjjj!

Aquel espantoso sonido gutural me erizó. Pero el sonido que hizo el cinturón cuando se lo deslizó de sus pantalones era aún peor. Era un sonido muy conocido. Demasiado conocido.

¡Siiiiiiiiuuuuuuuu!

Sin preguntar quién sería el responsable por haber llenado la taza con el zapato, Luis XVI blandió su cinturón de cuero por encima de la cabeza y me pegó en el hombro.

¡Siiiiuuuu, chácata!

Otra vez lo alzó, *siiiuuuuu,* y otra vez me dio, *¡Siiiuuuuu, chácata!*

Me dio por la espalda en el momento que me levantaba.

Volvió a alzar el cinturón, *siiiuuuu,* y otra vez me dio, *¡chácata!*

Esta vez me dio en la nuca.

Yo gritaba y lloraba a la misma vez.

—Pero… si no fue mi culpa… ¡Ay!... No fui yo… ¡Ay! ¡Ay!... No fui yo… de veras… no fui yo.

¡Siiiiuuuu, chácata!

Esta vez me dio en las nalgas. Ya me había levantado del piso para salir corriendo del pasillo, pero me dolían tanto los golpes que ni podía pararme derecho. Y Tony se desapareció. Se escapó de ahí a toda velocidad, y me dejó solo con el Gran Coleccionista y su ira.

Traté de huirle a Papá mientras trataba de explicarle lo que había pasado, pero no había remedio. El juez consideró las evidencias con su velocidad habitual, y me pronunció culpable en el acto. Y al instante se volvió verdugo. ¡Veinte azotes con un cinto ancho de cuero! ¡Azótalo sin piedad! Créeme, no hay nada como la justicia veloz aplicada por un juez legítimo. Me quedé con las llagas por un rato, pero ese rato no se pareció en nada al recuerdo del dolor que me causó la traición de mi hermano y la ira de mi padre.

Era mejor alejarse de su colección. Sin duda alguna.

La casa no era un lugar para juegos. A diestra y siniestra siempre había algo frágil e inapreciable. Al menos tuvimos suerte de vivir en un país tropical donde siempre podíamos jugar afuera. Cuando llovía, podíamos jugar en el portal, o en el cuarto que compartíamos, donde no había nada que romper, salvo las camas.

También a mí me golpeó por la cama que Tony rompió. Mi hermano era experto en cómo evadir la responsabilidad, el perfecto escapista, el rey de echarle la culpa a los demás.

Sin embargo, no creo que Tony podía engañar a los Hermanos de La Salle de la misma manera, ya que recuerdo que debió quedarse de castigo muchas tardes después de las clases y también hasta tenía que ir los sábados. Aun así, Tony no era uno de los peores. Nunca tuvo que arrodillarse en la grava bajo el quemante sol.

Ernesto sí era uno de los peores malhechores, pero a él nunca lo castigaban por lo que hacía en la casa. Al contrario, fue él quien se quedó con todos los bienes. Quién sabe si eso se debe a que la justicia sea demasiado ciega en los hogares de los jueces.

Así y todo, no se puede negar que aquella era una magnífica colección. Para mi padre era como algo sagrado, lo que más le importaba, lo que le llegaba al fondo más profundo del alma. Si yo hubiera sido un ministro calvinista en lugar de católico e hijo de mi padre, lo hubiera acusado de idolatría, reventándole el oído con reproches: "¡Te arde el corazón por tu amor a los ídolos y todo tipo de trastos! ¡Eres como un mendigo que besa sus pies vacíos y falsos! ¡Idólatra! ¡Sumo Sacerdote de los dioses falsos! ¡Hartándote con ídolos de las tiendas de antigüedades!"

Y si hubiera sido santero, diría algo por estilo de "¡Reparte los santos, compay! ¡Pon altares por todos lados!"

El Cristo de los Ojos se merecía su propia parroquia en La Habana. Sólo Dios sabe lo que los brujos y santeros se hubieran inventado con Él. Tal vez lo hubieran convertido en el Cristo de los Ojitos Poderosos, el que más protege del mal de ojo. O tal vez el Cristo de los Rayos Equis, el defensor supremo de quienes buscan atravesar la ropa de la mujeres con la vista. O el Cristo de la Súper-Vista, el patrón supremo de todos los beisbolistas que buscan golpear rápido la bola. O el Cristo de la Lotería, el gran previdente y profeta de los números premiados.

Aún oigo las oraciones, desde aquí, en este Connecticut tan lejano: "Oye, Jesusito lindo, mírame con esos ojitos azules tan lindos, sígueme con Tu vista y dime qué número va a salir mañana".

Todos los objetos que había en la casa fácilmente se merecían su propia iglesia o santuario, y altares llenos de ofrendas. Al Cristo de los Ojos le dejarían miles de espejuelos, billetes de la lotería y pelotas. Quién sabe si hasta le dejarían los vestidos y la lencería de mujeres escogidas y conquistadas por hombres con aquella vista supernatural.

Del mismo modo, imagina cómo sería el Santuario de la María Teresa, patrona de los malhablados, donde todas las oraciones terminarían con un "¡Coño!" en lugar de un "Amén", y donde todas las ofrendas tendrían algo que ver con revistas sucias, y con choferes también, por supuesto.

O la Basílica de Nuestra Señora del Candelabro, patrona de las piernas ágiles y bien formadas, sanadora de las venas varicosas, avatar de los encuentros sexuales, defensora de los perseguidores de los fugitivos y protectora y guardiana en contra de los apagones.

O el Sagrado Templo de la Taza del Zapato, el cual sería lo suficientemente insólito como para atraer infinidad de devotos, los cuales en su mayoría pedirían algo relacionado a los juegos de azar, a los filtros de amor o a los fetiches relacionados con los pies. No cabe duda que las dimensiones más populares de la devoción a aquella taza y a todo objeto sagrado en Cuba estarían vinculadas con el sexo y el dinero.

Y naturalmente, como todos estos objetos le pertenecían a mi padre, nos meteríamos en el bolsillo una buena cantidad de las donaciones que los devotos dejarían en los santuarios. Dicho ingreso le permitiría a Luis XVI viajar y comprar todavía más cosas. ¡Cómo hubiera disfrutado Papá de comprar y construir santuarios! ¡Nos hubiéramos vuelto riquísimos!

Pero no fue posible. Papá monopolizaba todos sus bienes, y los cuidaba como Cerbero, el monstruoso perro con tres cabezas que protegía la entrada al mundo subterráneo en la mitología griega.

¡Y Dios nos libre si uno de nuestros amigos rompiera uno de sus tarecos! En más de una ocasión, rompieron algo o por poco lo rompen. Y en más de una ocasión el Gran Coleccionista expulsó a un amigo de la casa y le prohibió que regresara por largo tiempo. En una ocasión, a uno de nuestros amigos por poco lo expulsan eternamente.

Y por supuesto, aquel fue Eugenio, El Alocado. Un día, cuando entró corriendo en la sala, tumbó un marco esmaltado. Cayó en el piso y el esmalte de una de las esquinas se desintegró con el impacto, emitiendo un sonido parecido al que hace un cohete pequeño.

—¿Qué fue eso?

Papá salió corriendo de su biblioteca y entró en la sala.

—¡Dios mío, no, no! ¡El marco no! ¡Nooooooooo!

Ni una palabra de nosotros. Eugenio intentó escaparse sigilosamente.

—¿Quién hizo esto? ¿Quién fue? —demandó Papá.

—Fue Eugenio —dijo Tony sin pensarlo dos veces.

—¡Fuera! Fuera de esta casa ahora mismo, y nunca te atrevas a volver. ¿Me oyes? Nunca. Sal de aquí. ¡Fuera! ¡Fuera! ¡Fuera!

Nunca había visto al rey Luis gritarle tan alto o con tanta rabia a uno de nuestros amigos. Eugenio bajó la cabeza, y se marchó por la puerta sin decir palabra. Entonces Papá llamó a sus padres y les dijo que nunca dejaría a su hijo entrar en nuestra casa.

Coño, qué mierda.

De alguna forma Eugenio logró que poco a poco le revocaran el castigo. Pero luego de aquel incidente, cada vez que jugaba con nosotros, El Alocado lo pensaba dos veces antes de entrar a la casa.

En nuestra casa, cualquier día podía convertirse en el día del juicio final. Uno vivía rodeado de miles de trampas explosivas, todas listas para incitar la peor reacción que se podía esperar de nuestro padre, juez y verdugo.

Eso se asemejaba mucho a la vida, o así era como me la explicaban los maestros de La Salle. La vida era un laberinto plagado de todo tipo de trampas explosivas. La tentación de pecar. La tentación de elegir el mal en lugar del bien. Miles y miles de millones de tentaciones, tentaciones sin fin. Tentaciones que pueden acabar con la vida del aquí y ahora. Tentaciones que pueden terminar en desgracia en el día del juicio final, y mucho después, por toda la eternidad.

Nos explicaban que al final de nuestras vidas nos esperaba un Juez. Dios Padre, Dios el Juez. ¿O sería Cristo quien nos esperaba? No sé lo que pensarían los otros niños, pero yo estaba un poco confundido. ¿Quién sería el juez, y cuántas veces nos juzgaría? Ya yo sabía que había un juicio cuando uno se moría y otro cuando se acabara el mundo, el juicio final. ¿Serían la misma cosa? Y si no lo eran, ¿sería el Padre el que juzgaría primero cuando te morías, y el Hijo quien juzgaría después, en el fin del mundo? No lo entendía muy bien. De lo único que sí estaba seguro era que los jueces que eran padres a veces eran capaces de mandarte a la antecámara del infierno.

El infierno, ¡Ah, sí, el infierno! Fuego, fuego infinito. Con tormentos peores que cualquiera que podía inventar la policía batistiana. Demonios. Demonios malos y cabrones. Peores que los diablitos del Museo de Antropología de la Universidad de La Habana. Un sufrimiento insólito. Un sinnúmero de cohetes explotándote por todo el cuerpo, por los siglos de los siglos. Un sinnúmero de demonios con caras de monos mordiéndote el trasero y todo el cuerpo, por los siglos de los siglos. Un sinnúmero de demonios gordos sentándose en tu cabeza y sujetándotela debajo de una arena ardiente, por los siglos de los siglos. Un sinnúmero de almendras puntiagudas golpeándote todo el cuerpo, por los siglos de los siglos. Un sinnúmero de amigos incumplidores, mentirosos y traicioneros, por los siglos de los siglos.

La repetición era la clave en la representación del infierno que nuestros maestros nos pintaban. Sin la repetición, la dimensión infinita nos hubiera parecido menos asombrosa y espantosa. Los maestros siempre resaltaban que el infierno es eterno.

—¿Y qué significa "por los siglos de los siglos"?

—Ah, Carlos, buena pregunta. El infinito es algo que no podemos comprender. Lo mejor que podemos hacer es emplear imágenes que transmiten un sentido de lo infinito. ¿Quieres saber lo que significa "para siempre" en lo que se refiere al infierno y el sufrimiento que ahí nos espera? Bueno, contesta esta pregunta primero: si todos los mares de la Tierra se llenaran de arena, y un pájaro se llevara tan sólo un granito cada millón de años, ¿cuánto tiempo llevaría sacar toda la arena del mar?

Aventuramos todo tipo de respuestas, todas equivocadas.

—Está bien. ¿Quieren saber la respuesta? Es la siguiente: Sacar toda esa arena, granito por granito, una vez cada millón de años, sería sólo una fracción pequeñísima del tiempo que se pasaría en el infierno. El proceso entero sería sólo una infinitésima e insignificante fracción de la eternidad que es el infierno. Una fracción tan mínima que ni cuenta. Casi equivale al cero. La eternidad no tiene final.

Per omnia seculae seculorum. Por los siglos de los siglos. Amén.

Y un solo pecado bastaba para llevarte para allá. Uno solo.

Mi maestro del tercer grado era el experto del infierno y la condena. Se rumoreaba que intentó ser Hermano de La Salle, pero que lo dejó. Seguro que era un rumor cierto, porque sí que sabía muchísimo de escatología.

Era de baja estatura. Tendría unos cinco pies y tres o cuatro pulgadas. Se parecía un poco a Cantinflas, pero sin el bigote ridículo. Sus manos estaban en proporción con su constitución delgada, pero tenía unos dedos larguísimos y muy finos. Me recordaban a las púas de las horquillas que los demonios supuestamente portan en el infierno, las horquillas con que les encanta pinchar y asar a la gente, por los siglos de los siglos.

Imagínate la sorpresa que tuve años más tarde, cuando me encontré con las obras de Cesáreo de Heisterbach, un ejemplar monje cisterciense del siglo trece que coleccionaba cuentos parecidos a los que nos contaba el maestro del tercer grado. Qué revelación fue esa para mí cuando descubrí que me habían criado en el medioevo. Qué emoción fue descubrir que quien nos hablaba a nosotros, alumnos del tercer grado, había sido Cesáreo, allá, en Miramar, al borde del mar azul turquesa, mientras los turistas acudían en masa a nuestra Isla buscando toda clase de placer, la mayoría del cual no existía o era prohibido en sus países. El hermano Cesáreo nos había hablado del más allá en el mismo momento que Fidel Castro libraba una ofensiva guerrilla en contra de la fuerzas de Fulgencio Batista en la Sierra Maestra de Cuba.

Recuerdo casi todos los cuentos que el maestro nos hizo en el tercer grado y también las gotas de sudor que le rodaban por la cara mientras nos los contaba. Permíteme compartir dos de estos cuentos contigo. Creo que te gustarán.

He aquí el primero. Habla de un niño que se reunió con un grupo de malos amigos. El niño había sido muy bueno hasta ese momento de su corta vida, pero los niños malos empezaron a virarle el alma hacia el diablo. Un día, le metieron en la cabeza que tomara el nombre de Dios en vano, y lo hizo. Esa noche, se acostó como siempre, pero en la madrugada entró en su cuarto un enorme perro feroz, negro y apestoso, y se lo llevó. El próximo día, sus padres se encontraron con su cama tan achicharrada que no la podían reconocer, y no había ningún rastro de su hijo. Era el mismo diablo quien vino a llevárselo al infierno.

Por supuesto, las blasfemias específicas que pronunció aquel niño jamás nos fueron reveladas, lo cual ampliaba el suspenso tanto que casi nos forzaba a inventar nuestra propia manera de tomar execrablemente el nombre de Dios en vano.

He aquí el segundo. Habla de otro niño que se reunió con un grupo de amigos malos. El niño había sido muy bueno hasta ese momento de su corta vida, pero los niños malos empezaron a virarle el alma hacia el diablo. Un día, aquellos amigos malos le metieron en la cabeza que blasfemara y maldijera el nombre de la Virgen, y así lo hizo. Esa noche, se acostó como siempre, pero en la madrugada empezó una fuerte tormenta con muchos relámpagos, y un rayo entró por la ventana y le cayó encima mientras dormía. El próximo día, sus padres se encontraron con su cama tan achicharrada que no podían reconocerla y no había ningún rastro de su hijo. Era el mismo diablo quien se había convertido en un rayo para llevárselo al infierno.

Ya mencioné lo de la repetición.

¿Quieres oír otro más? He aquí uno que se trata de las gotas de sudor.

Habla de un monje que estaba rezando en su celda. El monje no estaba cumpliendo bien con sus votos. (Una vez más: nada se nos dijo sobre lo que hizo o dejó de hacer aquel monje). Bueno, ahí estaba, rezando distraídamente, sin sentirse muy arrepentido de sus pecados, y ¡zaz!, uno de sus hermanos monjes, que ya había fallecido, se le aparece envuelto en llamas. El calor y la peste eran insoportables. El monje vivo le pregunta al muerto, "¿Qué haces aquí?" El monje muerto le explica que lo habían mandado del purgatorio para advertirle a su hermano caído que dejara de pecar, que se arrepintiera y que se confesara, porque de lo contrario también terminaría envuelto en llamas. El monje vivo le pregunta, "¿Entonces hermano, tú estás en el infierno?", y el monje muerto le contesta "No hermano, estoy en el purgatorio". El monje vivo comete el error de decirle "Bueno, entonces no te puede estar yendo tan mal, hermano. Lo único que te tocó fue el purgatorio, no el infierno". No debería haber dicho eso. "Dame la mano, hermano" dijo el monje muerto. A pesar de que estaba espantado, el monje rebelde obedece y le extiende la mano. El muerto se quita una gota solitaria de sudor de la frente, y la deja caer encima de la mano abierta del monje vivo. ¡Aaaay! ¡Aaaay! ¡Aaaay! Aquella gota de sudor le abrasa un hueco del tamaño de una hostia en la mano, y a continuación cae al piso silbando y burbujeando. Entonces, como siempre, vino la moraleja del monje muerto, que sólo tenía un permiso de cinco minutos para ausentarse del purgatorio: "Si eso es lo que hace una sola gota de sudor del purgatorio, imagínate lo que sería tener que soportar esas llamas por miles y miles y miles de años. Imagínate lo peor que sería llegar al infierno, que es donde perteneces ahora mismo. ¡Cambia tu vida, hermano, y reza por mí, para que me liberen de este tormento".

¿Qué te parece como colé el infierno? Igualito a como lo hacía mi maestro del tercer grado.

El segundo grado fue otro tipo de infierno. Ya te lo conté. Fue cuando aprendimos a distinguir entre los pecados veniales y mortales. Lo que no te conté es que fue en ese segundo grado donde también aprendimos lo que era el infierno terrenal.

Y el infierno terrenal era nuestra aula.

Casi todas las paredes del aula estaban ocupadas por animales disecados que habían pasado por las manos de algún taxidermista. Y el taxidermista era nada menos que mi maestro. La mayoría de aquellos animales eran oriundos de la Isla, pero también había unos cuantos perros y gatos comunes y corrientes. Me acuerdo que habían murciélagos, iguanas, varios tipos de roedores, pájaros, jicoteas —o tortugas de agua dulce— y peces, y hacia la izquierda, en la esquina, había un majá, o boa cubana. Era grandísimo y estaba enredado en la rama de un árbol de tamaño apropiado para él. Imagínate cómo a mí me encantaba aquel majá.

Nunca nos dijeron ni una sola palabra acerca de esos animales. Ni siquiera una sola lección acerca de la fauna cubana. O no lo recuerdo. Supongo que el maestro buscaba intimidarnos. Si lo molestábamos demasiado, lo próximo que se exhibiría en la pared sería el cadáver de uno de sus alumnos.

Y no era difícil que aquel hombre, de espeso bigote negro y lentes gruesos, perdiera los estribos. Cada vez que pasaba algo que no le gustaba, castigaba al aula entera. Por ejemplo, si un ruido lo molestaba y no sabía quién lo había hecho, nos pedía que delatáramos al culpable.

—¿Quién hizo eso? ¿Quién chifló? Me lo dicen ahora o nadie sale hoy al recreo.

En la mayoría de los casos nos acusábamos con gusto. Entonces se le ocurría un castigo al maestro taxidermista para el niño culpable y así los demás quedábamos libres de culpa. Uno de sus castigos favoritos era mandarlo a pararse en la esquina del aula, al lado del majá, por el resto del día. Si la ofensa se cometía antes del almuerzo o temprano en la tarde, el castigo no era tan malo. Pero si te castigaba cuando todavía quedaba la mañana o la tarde entera por delante, las consecuencias podían ser horribles. O sea, mientras el réprobo estaba parado en la esquina, no se le permitía ir al baño bajo ninguna circunstancia. Ni durante el recreo.

No sé cuántas veces vi a mis compañeros de aula agarrándose la entrepierna, brincando del dolor, parados al lado del majá, suplicándole al maestro que los dejara ir a orinar. Pero entre más se retorcían o suplicaban, más se molestaba el maestro, y más amenazaba con torturarlos al día siguiente y el que seguía, y hasta por una semana entera. Evidentemente, ningún niño de siete u ocho años podía resistir frente a semejantes amenazas.

No sé a cuántos de mis compañeros de aula vi orinarse en los pantalones ahí al lado del majá. Perdí la cuenta. Cuando ocurría eso, el maestro taxidermista mandaba a uno de nosotros a buscar a uno de los conserjes que limpiaban, que pronto se aparecía con una bolsa llena de aserrín, un escobillón y un recogedor grande. Después que echaba un poco de aserrín fragante en el charco amarillo, el hombre lo dejaba ahí un rato, lo barría todo y se lo llevaba. Entonces regresaba con un trapeador y limpiaba el piso alrededor del majá. Mientras tanto, al alumno con los pantalones orinados no se le permitía moverse de ahí por el resto de la mañana o la tarde.

Ahí se quedaban de pie, todos aquellos niños con los pantalones mojados, pasando vergüenza frente a todos. Éramos demasiado pequeños e indomables como para tenerles pena, o por lo menos para expresarlo públicamente. A veces nos reíamos de ellos, y seguíamos burlándonos después de que se les terminaba el castigo.

Coño, qué mierda.

Pero no era así siempre.

A veces no sabíamos quién había sido el culpable. Era entonces que nos tocaba pagar, y caro. No nos dejaban salir al recreo, o peor. Como ocurrió la vez que alguien dejó un dibujo ofensivo en el escritorio del maestro durante el almuerzo, estando el maestro fuera del aula.

—¿Quién me dejó esto en el escritorio? ¿Quién lo hizo? Me lo dicen ahora, porque si no, no hay recreo por tres días. Y nadie irá al baño.

Silencio. Nadie sabía quién había hecho el dibujo que tanto había ofendido al maestro. Y como no nos lo mostró, tampoco sabíamos lo que era.

—Miren, muchachos. Les voy a dar otra oportunidad. Me lo dicen ahora, o se pasan tres días castigados sin moverse de sus pupitres, con la excepción del almuerzo.

Nos miramos con la esperanza de que el culpable se diera a conocer. El cargo de conciencia de ver a todos los compañeros de aula castigados tan horriblemente por lo que solamente uno hizo solía bastar para que el culpable se diera por vencido. Era un viejo truco de los nazis que aprendimos de las películas de guerra americanas. A veces en aquellas películas, los nazis arrasaban con un pueblo entero como castigo por los actos de una sola persona. ¿Sería que el maestro había visto las mismas películas que nosotros?

Pero el artista rebelde no tuvo conciencia. O quizá tuvo demasiado miedo. Cualquiera que fueran sus razones, aquel hijo de puta no abrió la boca y dejó que a todos nos condenaran al infierno. Por tres días completos.

Yo fui uno de los primeros en pagar el precio. Lo pagué el primer día por la tarde. Había tomado mucha limonada en el almuerzo. Una limonada muy sabrosa, hecha de limones frescos recién exprimidos y un montón de azúcar que se veía en el fondo del jarro, un sedimento espeso y nubloso que no se aclaraba ni aun removiéndolo. Alguien nos había traído una cesta llena de limones ese mismo día por la mañana.

El recreo de la tarde pasó, y nosotros seguíamos ahí, castigados en nuestros pupitres. La vejiga me estaba mandando señales desde antes del recreo. Poco después del recreo que nos quitaron, las señales se intensificaron. Entonces se convirtieron en dolor puro. Suficiente dolor como para hacerme levantar la mano y suplicar que me dejaran ir al baño.

—No. Nadie va a ningún lado. No hay excepciones. ¿O quizá *tú* me podrías decir quién fue el que hizo este dibujo?

Nos mostró el papel, pero al revés, para que no pudiéramos ver el dibujo.

—Pero… pero… yo no sé quién lo hizo. ¿Me permite salir, por favor? De veras, necesito salir. Me duele mucho.

—No, y si me sigues preguntando, el aula entera va a tener que cumplir dos días más de castigo.

Todo el mundo me miró con rabia.

Pero el dolor se me volvió tan insoportable que perdí el control por completo. Y qué sabroso fue sentirme liberado. Supongo que fue mi primer verdadero éxtasis cuando me vacié la vejiga ahí en mi pupitre y me sentí el orine tibio corriéndome por la pierna. *Gelassenheit*. Desprendimiento. Dejarse ir. Abandonamiento. Arrobamiento. Enajenamiento. Eso es lo que fue. Me dejé ir plena y totalmente, me desprendí.

Pero el éxtasis se desvaneció bien rápido. Miré hacia abajo y descubrí que un charco se me había formado en los pies. Aquel charco amarillo seguía creciendo y expandiéndose hacia la izquierda y la derecha, cruzando los pasillos estrechos que separaban mi pupitre de los aledaños.

Me comporté como si nada hubiera pasado.

Pero el niño sentado a mi izquierda se dio cuenta enseguida.

—¡Uuuuiiii! ¡Qué asco! ¡Carlos se meó! ¡Miren el charco!

Todo el mundo estiró el cuello para mirarme los pies. Yo sentí pánico.

—No fui yo —dije—. Fue Pepe quien se orinó. Aquí, frente a mí. El charco es de él. Acuérdense, a él siempre le cuesta trabajo aguantar las ganas de orinar. Él se orinó en la esquina hace un par de semanas.

Como era de esperar, Pepe se puso de pie y le mostró a todo el mundo que sus pantalones no podían estar más secos. Entonces, y con rabia en la cara, me pidió que yo hiciera lo mismo. Me di por vencido. Todos los que estaban sentados alrededor mío me vieron los pantalones mojados.

Mientras tanto, el maestro taxidermista se puso cómodo en su silla y observó de lejos mi humillación. Cuando todo el mundo terminó de burlarse de mí, le dijo a Pepe que fuera a buscar al conserje. Después de que echaron el aserrín en el piso, lo barrieron, y lo trapearon, me quedé sentado toda la tarde, tranquilito, con los pantalones meados y la cara colorada de la vergüenza, mirando por la ventana y tratando de hacerme invisible.

El aula tenía una vista preciosa del mar, y del cielo moteado de nubes. El aula del tercer grado también tenía la misma vista. Era bella. Se palpaba la serenidad del cielo y el mar.

Pero no siempre fue así. Cuando estábamos en el tercer grado, hubo uno de esos días raros de mucha lluvia, y uno de los alumnos dijo haber visto un rabo de nubes sobre el mar. Todos salimos corriendo hacia las ventanas para verlo. Nos sentimos muy defraudados cuando no vimos nada que se pareciera a un tornado o remolino. El niño juraba y perjuraba que lo vio, pero ni yo ni los otros alumnos le creímos nada.

Profeta falso.

Pero quizá vio otra cosa. Quizá, pensé, vio a Jesucristo regresar a la Tierra, para juzgar a todos y destruir el mundo.

El fin del mundo. Palabras que me erizaban en aquel entonces, y que todavía me erizan. Había visto retratos del fin del mundo en mi libro de catecismo, aunque habíamos pasado por alto aquella lección. También los vi en una revista *Bohemia* en casa de mi abuela. Un Jesucristo con una melena y la barba larga sentado en un trono, encima de una nube, rodeado por un ejército de ángeles. Caos y destrucción total por toda la

Tierra. La gente aterrada. La Tierra abriéndose, las montañas derrumbándose, los mares atiborrados de maremotos. Los muertos resucitados, todos desnudos, con el trasero al aire. Cosas espeluznantes. Sobre todo la parte de estar desnudo frente a Dios y todo el mundo.

El artículo que vi en ese ejemplar de *Bohemia* se titulaba "¿Será el fin del mundo en el año 2000?" Tenía todo tipo de información que el maestro infierno había ignorado. En el artículo aparecían muchísimas citas tomadas directamente de la Biblia que sin duda comprobaban que el fin del mundo estaba muy cerca. Le resté 1958 a 2000, y terminé con 42. ¡Cuarenta y dos años!

Si fuera niña exclamaría "¡Ay Dios mío!"

Pero en vez me hundí en un pánico silencioso. Pasé meses y meses, todo el tercer grado, pensando en aquel artículo. Mantuve todo el miedo y la preocupación bien guardados. Por lo que podía ver, el mundo estaba previsto a acabarse durante mi vida. Sí, sería un viejo de cincuenta años, canoso y arrugado, jorobado y babeante, quién sabe si en silla de ruedas, pero llegaría a verlo en mi propia vida.

Comencé a pensar si tal vez las profecías se equivocaban por unos cuantos años. ¿Qué pasaría si los expertos habían errado el cálculo por una o dos décadas? ¿O por tres? ¿O cuatro? ¿Sería posible que el fin del mundo estuviera a punto de ocurrir en cualquier momento?

Entonces, en una misa dominical, el cura leyó la parte del Evangelio donde Cristo dice que el fin del mundo llegaría cuando menos nos lo esperábamos. ¡Ay, ay, ay! ¡No habían dicho nada de eso en el artículo de *Bohemia*! ¡Quizá el mundo vería su fin en sólo unos cuantos días!

Me puse a observar el cielo en búsqueda de señales del fin del mundo. Buscaba entre las nubes con esperanzas de ver, antes que nadie más, a Cristo montado en una nube. Quería tener suficiente tiempo para conseguirme a un cura y confesar todos mis pecados antes de que la cola en los confesionarios se volviera demasiado larga. Muchas veces durante ese año me acosté sintiendo pánico, temiendo que el fin estaba cerca. Me preocupaba mucho saber que si pasaba de noche, me iba a ser muy difícil llegar al confesionario antes que los demás.

Pero me concentraba más que nada en el cielo diurno, el cielo que veía del aula. Vi las nubes más bellas que existen, de todos tipos y tamaños, y en todos los tonos de blanco y gris. (No, en aquel entonces yo todavía no veía nubes con la forma de Cuba). Había centenares de nubes. Miles, o quién sabe cuántas miles de miles. No las conté. Lo único que hacía era buscar dónde estaría Jesucristo. Poco después empecé a sacar muy malas notas y los ojos me empezaron a fallar. No podía ver la pizarra ni los subtítulos de las películas en los cines. Veía borroso, como si todo se estuviera convirtiendo en nubes.

Fue en el cine Miramar, viendo a Cantinflas y David Niven en *La vuelta al mundo en ochenta días,* cuando mi madre se dio cuenta que me costaba trabajo leer los subtítulos.

—Toma Carlitos, ponte mis espejuelos. Dime si ves mejor ahora.

¡Fue como un milagro! ¡De nuevo veía de lo más bien! ¡La borrosidad había desaparecido!

Mamá fue tan amable como para sugerir que me dejara puestos sus espejuelos hasta que terminara la película. Y también fue tan amable como para explicarme que nadie me iba a ver con espejuelos de mujer en un cine oscuro. Aquellos espejuelos tenían un marco verde al estilo arlequín, con aletas curvilíneas a ambos lados.

Unos días después fui al oculista y me volví un cuatro-ojos. Escogí un marco grande y cuadrado, hecho de carey. Apuesto a que fue hecho de una tortuga carey de Cuba, seguro que una de la misma especie de las que se exhibían en las paredes de mi aula. Los mismos espejuelos que Fidel usaba en aquella época. Ya yo lo había visto con sus espejuelos en una foto publicada en la revista *Bohemia.* Y cuando lo pienso bien, me parece haber visto un retrato de él, rifle en mano, en el mismo número de *Bohemia* con el artículo sobre el fin del mundo. Me gustó mucho su barba. Y también me gustaron sus espejuelos.

Yo sabía que Fidel estaba alzado allá por la Sierra Maestra

en contra de Batista. No me importaba quién fuera; cualquiera que estuviera en contra de Batista tenía que ser bueno. Batista torturaba a la gente y tenía un gobierno corrupto. Lo de la corrupción lo supe por Papá, quien no era fanático de ningún político. Lógicamente prefería las monarquías, ya que según él ningún político servía para nada, simplemente por no tener sangre azul. Aunque no nos dio detalles de la corrupción, le creí. Lo de la tortura lo sabía desde el primer grado cuando oí hablar del tema en muchos lugares, pero más recientemente, le había oído hablar de ello a mi tío Mario, porque la policía batistiana había apresado y torturado a su cuñado. No me dio muchos detalles, pero sí me contó que fueron muy crueles con este pariente nuestro.

Con eso me bastó. Alguien que trataba a un ser humano como una lagartija no podía ser un buen presidente. De ninguna manera. Batista debía irse, desaparecer. Y cuanto antes, mejor, para que los cubanos pudiéramos gozar de un gobierno decente por lo menos por un rato, antes del fin del mundo.

Equipado con mis espejuelos fidelistas, comencé a estudiar las nubes más febrilmente en búsqueda de señales del final. ¡Se me habían perdido tantos detalles fantásticos! Ahora podía ver cada una de las hojas en cada uno de los árboles, y cada onda en cada nube. Ahora seguro que podría ver a Jesucristo montado en esas nubes, descendiendo sobre La Habana por encima del mar azul turquesa, listo para dictar sentencia a todos. Sabía que Dios Padre jugaría algún papel en todo eso, pero no estaba seguro de cómo lo haría. Era Jesucristo el que me preocupaba, ya que era Él quien salía en todas las imágenes del juicio final. Me espantaba porque todos los jueces me espantaban, lo mismo que todos los padres. Sabía cómo eran por experiencia propia. Lo sabía demasiado bien.

¡Siiiiiiiiuuuuuuuu! ¡Chácata!¡Siiiuuuuu! ¡Chácata!

Por supuesto, en lugar de estar inspeccionando las nubes, debería haber estado escudriñando la Sierra Maestra. En efecto, el día del juicio final llegó ese mismo año, mientras yo cursaba el tercer grado. Y, en efecto, el juez portaba una barba, como mismo lo presentaba la iconografía católica. Pero todo lo demás no fue como se esperaba. El juez que salió de las nubes de la Sierra Maestra vestía de verde olivo, tenía espejuelos de carey muy a la moda, fumaba tabacos y viajaba en un tanque Sherman.

¡Tremenda sorpresa!

Según la Biblia, en el día del juicio final, el mundo entero será juzgado en un solo sitio. Pero no será en Jerusalén. Ni tampoco en las llanuras del Meguido, luego de que haya concluido la Batalla del Armagedón y que el mundo esté bañado en sangre. No allí, de ninguna manera. Si lees bien la Biblia, con la inspiración adecuada, y abres el tercer ojo —el ojo del alma—, lo verás tú también. Al mundo le espera una gran sorpresa.

¡Prepárate!

¡Siiiiiiiiuuuuuuuuu!

Cualquier día se puede convertir en el día del juicio final, en cualquier lugar, cuando menos lo esperes. No lo busques en las nubes. Busca en lo profundo de tu ser y por tu alrededor, y fíjate en todos los infiernos que has ayudado a crear adentro y afuera.

Espera que haya más de un solo día de juicio final, y más de un solo juez, y más de un solo fin del mundo. Espera lo inesperado. Espera veredictos injustos y castigos fulminantes, algunos justos, y otros demasiado clementes. Espera que te apliquen castigos que son justos e injustos por igual. Espera hermosísimos perdones que sean implacables, y otros que de tan implacables resulten ser hermosos. Y al final, en el final de todos los finales, según se rumorea, todo saldrá bien.

¿Y quién sabe? Quizá lo que equivocadamente interpretamos como el castigo más injusto resulte ser el más misericordioso.

20

Twenty

Estábamos abriendo los regalos y la luz tenía un color casi azul tenue. Habíamos pasado el año entero esperando ese día. La mañana del 25 de diciembre de 1958.

Los veinticinco de diciembre siempre nos despertábamos antes de que cantara el gallo. Mi hermano no podía esperar y por eso siempre me despertaba demasiado temprano. Supongo que en varias ocasiones casi ni durmió. Corríamos al árbol de Navidad y nos lanzábamos de cabeza bajo él, abriendo los regalos con prisa y agarrándolos como si fuéramos niños hambrientos buscando qué comer en un basurero. Algunos de los regalos eran tan grandes que no estaban envueltos. En una ocasión anterior, nos encontramos con un tren Lionel debajo del árbol. Y hubo otra cuando nos dejaron un castillo de Ivanhoe repleto de caballeros azules. Un año memorable fue en el que nos dejaron un Fuerte Apache, con su caballería americana y una tribu de indios, y todos los personajes de *Rin Tin Tin,* nuestro programa de televisión preferido.

Pero aquella mañana encontramos bicicletas. Una nuevecita para mi hermano, y otra que me parecía muy conocida.

—Muchachos, ¿les gustan las bicicletas?

Mamá y Papá salieron de su dormitorio. Los habíamos despertado con el ruido que hacíamos.

—¡Me encanta!

Mi hermano estaba contentísimo.

—¿No es esta la bicicleta vieja de Tony? —pregunté desconcertado.

Aunque fuera verde, con rayas amarillas pintadas a mano, un asiento nuevo, estupendas gomas con bandas blancas y tiras plásticas multicolores que salían de los mangos amarillos del manubrio, hubiera jurado que era la misma bicicleta roja que tenía Tony desde hace años.

—¿Por qué me preguntas eso?

A Luis XVI pareció sorprenderle mi pregunta.

—Mira bien, es verde, no roja. No se parece en nada a la de él.

Mi padre, igual que su padre y su abuelo, había sido educado por los jesuitas. Papá era un experto casuista. Podía decir un montón de mentiras sin caer en pecado mortal.

—Sí, veo el color, y las tiras, y el asiento, y los focos en las manillas. Pero se parece mucho a la bicicleta de Tony.

—Fíjate, si allá está la bicicleta de él —dijo María Antonieta, apuntando a una bicicleta azul nuevecita de veintiséis pulgadas, con un foco aerodinámico en el guardafango. Mi madre no sería producto de los jesuitas, pero como por instinto pensaba igual que ellos.

—Sí, pero esa es la bicicleta *nueva* de Tony. ¿Dónde está la que tenía antes? Ésta se parece mucho a esa.

Bajé corriendo por el pasillo hasta la puerta del costado donde guardábamos las bicicletas. Nadie intentó detenerme. Me bastó un solo vistazo. La bicicleta mía estaba en su lugar, tan destartalada como siempre, pero la de Tony había desaparecido.

Desde aquella puerta del costado de la casa, al otro extremo de aquel pasillo largo, donde el zapato me había pegado en el dedo del pie, les grité a mis padres:

—¡La bicicleta de Tony no está aquí! ¡¿Dónde está?!

Silencio.

Sentí esa agria mezcla de iluminación intelectual, rabia y desilusión que mis antepasados habían llamado "desengaño".

—Oigan, ¡me han regalado una bicicleta vieja! La bicicleta de Tony, sólo la han pintado y le han puesto nuevos adornos.

—Pero se ve como nueva —contestó María Antonieta.

—Pero no es nueva. No lo es. Es la bicicleta de Tony, y no está bien, no es justo.

—Ven para que veas tus otros regalos. Aquí tienes muchos —replicó María Antonieta con el arma más potente que tenía en su arsenal: la distracción.

—Ay, mira esta caja enorme —dijo—. ¿Qué habrá aquí adentro?

Ganó. No me quejé más de la bicicleta después que me distrajo con dos o tres sugerencias que aunque transparentes en su intención, lograron distraerme.

Dentro de esa caja enorme había un juego Erector. Esos hierritos eran una maravilla. Se armaban con sus propias herramientas. Destornilladores. Llaves. Alicates. La idea básica del Erector se le ocurrió a un genio en New Haven, Connecticut, que no dejaba de fabricar y llevar al mercado un sinnúmero de variaciones nuevas de su invención. Varitas de hierro con huecos diminutos. Tuercas y pernos. Los mejores Erector —como el que nos regalaron aquel veinticinco de diciembre— tenían motores que funcionaban con corriente, engranajes y tornos. Venía con gruesos folletos de instrucciones —los cuales eran dibujados por ingenieros— que te guiaban por el proceso del montaje, y sugerían todo tipo de aparatos y edificaciones que podías hacer. El Erector de Eugenio tenía hasta un motor de vapor.

Los Erector te hacían sentir como un hombre hecho y derecho.

Estábamos sacando las primeras piezas de la caja cuando de repente oí a alguien que determinadamente tocaba la puerta con mucha fuerza. Mirando por la misma ventana de la puerta por donde mi abuela Lola y yo mirábamos a la calle, estaba un hombre que se veía nervioso.

María Antonieta alzó la vista, asustada.

—¡Ay Dios mío! ¡¿Qué hará ese hombre aquí a esta hora?!
Luis XVI lo miró a través de la ventana y le habló sin abrir
la puerta.

—¿Qué quiere?

—¿Me permitiría usar el teléfono? —pidió el desconocido
con voz apagada.

—¿Y por qué necesita usted usar el teléfono tan temprano?
—preguntó María Antonieta desde el sofá.

—Mi auto se me rompió a una cuadra de aquí, y necesito
llamar a mi casa.

El rey Luis y María Antonieta se miraron incrédulamente.
Afuera, el desconocido miraba hacia atrás por encima de su
hombro, y parecía ponerse más nervioso con cada segundo
que pasaba.

—Lo siento —dijo el rey Luis—, pero aproximadamente a
una cuadra de aquí hay una piquera que siempre tiene un
chofer de guardia. ¿Por qué no va allá? Ahí puede usar el teléfono o pedir un taxi que lo lleve a su casa.

El desconocido miró hacia atrás, y volvió a mirar a Papá.

—No puedo. Por favor, déjeme usar su teléfono. Es un caso
de vida o muerte.

—Lo siento, pero a usted no lo conocemos, y no debe
andar tocando puertas de casas ajenas a esta hora.

—Pero… pero… su casa es la única en la cuadra que tiene
las luces encendidas.

—Sí, pero es muy raro que usted esté tocando a esta hora.
¿Usted no sabe que hoy es el veinticinco de diciembre?
Como usted verá… —dijo Luis XVI, apuntando hacia nosotros, sentados con las piernas cruzadas debajo del árbol de Navidad, con las piezas del Erector en las manos, y con la mirada
fija en la puerta.

—Por favor, por favor, señor, se lo ruego, permítame pasar.
De veras que necesito usar el teléfono.

El desconocido comenzó a parecerse mucho al hombre
aquel que se nos había acercado durante el tiroteo, allá cerca
de la Quinta de los Molinos.

—Lo siento. Vaya a la piquera. Queda al fondo de la calle,

hacia la izquierda. Doble ahí, y continúe otra cuadra más, por la izquierda...

—Pero señor, me tiene que dejar pasar. Le diré la verdad: tengo que llamar a la policía. Vi a unos hombres abriendo un hueco en la calle, a una cuadra de aquí, y se veían muy sospechosos. Por favor, déjeme pasar, antes que sea demasiado tarde y el barrio reviente como un polvorín.

María Antonieta se puso de pie y se colocó al lado del rey Luis en la puerta.

—¿Usted dice que están cavando en la calle, un día de Navidad, tan temprano? No le creo...

—Sí señora, eso mismo, en este mismo momento, y sospecho que están poniendo una bomba.

El desconocido volvió a mirar para atrás unas tres veces mientras hablaba.

—Eso no puede ser —dijo el rey Luis—. El único que se ve sospechoso aquí es usted. Lo siento, no le podemos permitir que pase. Vaya a la piquera.

El desconocido miró a la calle una vez más, y de un brinco, saltó por encima de la reja que separaba nuestra casa del jardín del vecino con el árbol de la fruta del pan.

Yo nunca había visto a nadie brincar tan rápido ni tan alto. Quedé asombrado. Ese tipo era igualito a Batman.

Luis XVI dictó sentencia rápidamente, como siempre solía hacer.

—Te lo digo, ese tipo anda en algo malo. Te apuesto que le está huyendo a la policía. Me alegro que no lo dejáramos pasar. ¿Acaso se cree que somos imbéciles?

Supongo que cree que son tan imbéciles como ustedes creen que lo soy yo, pensando que no me daría cuenta de que pintaron la bicicleta de Tony. Eso fue lo que se me ocurrió en ese momento, pero no me atreví a decirlo en voz alta.

María Antonieta quedó contenta con la rápida reacción del juez.

—Hiciste bien. Ese hombre parecía loco. Sabrá Dios en qué lío estará metido. Seguro que es uno de esos revolucionarios. ¡Ay Dios mío! ¡Qué espanto! ¡Dios sabe qué nos hubiera hecho si lo hubiéramos dejado pasar!

—¿Pero y si de verdad están poniendo una bomba en la calle?

Yo quería que fuera verdad. ¡Una bomba en nuestra calle! ¡Al fin!

—No puede ser —pronunció el rey Luis—. Primero, no hay por qué levantar la calle para poner bombas. Además, no hay nadie que sea tan loco como para abrir un surco por la mañana de un veinticinco de diciembre, en un barrio como éste donde hay tantos niños. ¡Si ya la mitad del barrio está despierto, como nosotros! Alguien podría verlo y llamar a la policía. Y además, ¿quién querría poner una bomba en este barrio? Los rebeldes ponen bombas en los cuarteles de la policía, por el tendido eléctrico y en los edificios del gobierno, pero no en los barrios como éste.

El juez era una persona con mucha lógica. Y un aguafiestas. ¡Yo estaba loco por que pusieran una bomba en la calle donde vivíamos! ¡Tremenda Navidad esta! Primero me había enterado, gracias a Tony, de que Santicló no existía, después me habían regalado una bicicleta usada y para terminar, no iban a poner una bomba en nuestra calle. Fue una Navidad de desengaño total.

Lo habíamos pasado mucho mejor la noche anterior.

Aquella Nochebuena, como todas las anteriores, habíamos ido a cenar a casa de mis abuelos. Y como siempre, había sido una noche *muy* buena.

Nos reunimos temprano, como a eso de las dos de la tarde. Mis abuelos, mi tío Mario, su mujer, mi tía Lily y nosotros cinco, incluyendo tía Lucía. Desde que Ernesto se había mudado a nuestra casa éramos seis, pero había ido a celebrar la Nochebuena con su humilde familia. Creo que Papá le dio dinero para que sus padres compraran comida para celebrar, y para que les compraran regalos a sus seis hijos.

En la Cuba de 1958, el gobierno no tenía un sistema de asistencia social muy desarrollado. De no haber sido por alguien como Papá que le tendía la mano a la familia de Ernesto, seguro que hubieran pasado una Navidad pésima. La primera dama, Marta Fernández de Batista, administraba un programa que coleccionaba juguetes para los niños pobres, cuyas madres aguardaban en una cola interminable frente al Palacio Presidencial a la espera de sus regalos. Un día vi la cola con mis propios ojos. Era enorme. Casi todos en aquella cola eran de tez morena.

La mujer de mi tío, Hilda, no se veía muy contenta esa Nochebuena. Acababan de liberar a su hermano de la cárcel, quien quedó muy mal de salud. La policía batistiana lo torturó brutalmente. Pero como siempre, mi tío Mario pasó la Nochebuena haciendo chistes.

En Cuba casi todo el mundo comía lechón asado en Nochebuena. El lechón se hacía entero, y de ser posible, con algo metido en la boca. Una vez oí matar un puerco en mi calle. Un vecino tuvo la iniciativa de matarlo en su traspatio, para disgusto de todo el vecindario. Todavía oigo el eco de los chillidos de aquel puerco acompañado de las quejas de los vecinos.

A veces pienso si aquel puerco estaba tan nervioso como el hombre que nos tocó la puerta esa mañana. ¿Qué hubiera pasado si el puerco hubiera podido brincar la cerca del traspatio?

Bueno, mi abuela no era muy partidaria del lechón asado. En su lugar, preparaba una sencilla carne asada, o ropa vieja, o picadillo, o arroz con pollo, acompañado de todo tipo de platos criollos, como yuca, malanga, ensalada de aguacate y plátanos fritos. Si bien no asaba un lechón entero, tampoco cocinaba como la gallega que era, de lo cual le estoy muy agradecido a Dios. Hacía caldo gallego y tortillas españolas, pero ahí terminaba su menú peninsular.

Gracias a Dios. Me alegro que nunca cocinara cabezas de terneros o conejos enteros, ni pescado con ojos moribundos que se te quedan mirando, ni hacía paellas repletas de crustáceos y moluscos, y viscosos invertebrados, ni tampoco servía pulpo entero con sus ventosas, acompañado de un "¡Buen provecho!"

La cocina española es para quienes no conocen el asco.

Aún me sorprende que los españoles no hayan adoptado las lagartijas como su plato predilecto luego de haberse topado con ellas en el Nuevo Mundo. Lagartijas e iguanas servidas enteras. Supongo que cocinadas al vapor, con la menor cantidad de sazón posible, quizá con un poco de perejil de adorno, con una almendra o aceituna en la boca, servidas encima de un plato de anguilas o babosas, o mejor todavía, de culebras. O quizá un plato que fuera una combinación de las tres cosas. La paella infernal. Tantos ojitos brillantes en los cuales fijar la vista, tantas cabecitas para arrancar con los dientes, tantos huesitos para sacarte de la boca mientras masticas.

O caldo de iguana, con el rabo y las patas.

Lo pasamos de maravilla esa Nochebuena. Comimos muchos sabrosos platos criollos. La cocina de los esclavos, en gran parte producto de la labor de los africanos llevados a Cuba contra su voluntad, y que terminaron cocinándoles a sus dueños españoles que los vendían como ganado.

Conversamos mucho. Recordamos cuentos de antaño. Anécdotas recientes. Me encantaba oír a mis abuelos hablar de su niñez en Galicia. Pero lo que más me gustaba era oírlos hablar de las Nochebuenas con nieve y hielo. Yo les hacía un millón de preguntas: ¿Cómo es la nieve? ¿Cómo es cuando se toca? ¿La nieve huele igual a la escarcha del congelador? ¿Cómo es tener que andar siempre con abrigos y sombreros puestos? ¿Hacían ustedes muñecos de nieve? ¿Se lanzaban ustedes bolas de nieve?

Creía que nuestra Navidad en Cuba era inferior porque no nevaba. La Navidad y la nieve deberían ser la misma cosa, pero en su lugar, ahí estábamos nosotros atrapados en el Caribe, cenando en mangas cortas en Nochebuena, el viento meciendo las palmas afuera. Imposibilitados de disfrutar de una verdadera Navidad, como la que salía representada en todas las postales que nos regalábamos los unos a los otros.

Coño, qué mierda.

Lo que no sabía entonces era que, años más tarde, por poco me moriría del frío en Galicia, en una de esas casas de piedras

en que se criaron mis abuelos. O que casi me moriría calci-
nado en esa misma casa, por culpa de una frazada eléctrica que
se prendería y le pegaría fuego a la cama.

Lo que no sabía entonces era que viviría por dos años en
Minnesota, donde el invierno dura ocho meses, y los lagos
se congelan de tal manera que puedes construir casas encima
de ellos o atravesarlos en camiones pesados, y donde las cuentas de la calefacción son a veces mayores que el sueldo que
cobras.

El cuento de mi abuelo que más me gustó aquella Nochebuena fue el del lobo congelado.

—Me encontré esa bestia muerta. Estaba tan rígido como
una piedra. Traté de enderezarle las patas, pero las tenía tiesas
como un palo. Entonces lo cargué y lo tiré lejos. Sonó como
una piedra cuando cayó contra el piso. Y se le desprendió una
oreja. Se le rajó, así como se rompe un espejo. Así fue.

Aunque traté de imaginarme cómo sería un frío tan fuerte
que dejara un lobo como un bloque de hielo, no lo logré.

A la cena le siguieron unos postres ricos, nueces y turrón.
Había muchos tipos de turrón, desde los más suaves hasta los
que eran tan duros que rompían los dientes. A mí me encantaban todos. Lo que más me gustaba era la cubierta fina con
que recubrían los turrones más duros, porque estaba hecha de
lo mismo que hacían las hostias que el cura nos daba en la
misa. Imagínate eso, ¡cubrir un caramelo con una enorme
hostia! Una hostia que no requería que uno estuviera puro y
santo para tomarla.

A Tony y a mí nos encantaba arrancarles esas hostias a los
turrones y comérnoslas desenfrenadamente, lo cual solíamos
hacer después de que le habíamos escondido las joyas a tía
Lily, o escupido a los peatones desde el balcón.

También me encantaba abrir las nueces y avellanas, alimentos puros y buenos de la tierra de la nieve y Santicló, de donde
también provenían los mejores programas de televisión y las
mejores películas. De igual forma me encantaba jugar con los
cascanueces —los sencillos hechos de metal, no los de madera
al estilo ruso, que tienen forma de soldados y otras figuras.

Pedía que me dejaran abrir las nueces de todos en casa. Me asombraba ver cómo dos pedazos de metal me permitían hacer algo que no podían hacer mis manos.

Fue durante esa Nochebuena que mi abuelo me enseñó cómo abrir dos nueces en la palma de la mano con sólo apretar una contra la otra. ¿Cuántas otras cosas me hubiera podido haber enseñado? Abuelo tenía muchos conocimientos, tales como tirar un lobo congelado bien lejos, o construir una casa de la nada. Era un hombre extraordinario y muy reservado. ¡Cómo envidiaba su serenidad! Mi madre me cuenta que a veces le daba morriña al gallego y se echaba a llorar, pero eso nunca lo vi. El único Amador que yo conocí fue el que era estoico y tan duro como las piedras de su tierra natal.

Después de la cena, se sentaba en un sillón del portal, con su boina puesta y una botella de vino a su lado. Bebía y se mecía sin decir nada, mirando las estrellas, quién sabe si pensando en los lobos congelados, o en todo lo que había perdido, o en todos los parientes que nunca más vio. Supongo que los extrañaba mucho.

Aun así Amador era valiente, y no le tenía ningún miedo a las lagartijas. En cierta ocasión, sentados juntos en un banco del parque que quedaba cerca de su casa —el Parque de la Pera—, salió un camaleón volando de un árbol y le cayó encima del hombro con un sonido sordo, pero fuerte. Aquel lagarto era enorme, uno de los más grandes que había visto. Y me miraba fijamente, examinándome con sus ojos de dinosaurio, amenazándome. Mi abuelo calmadamente viró la cara y vio lo que tenía encima del hombro. Se movía en cámara lenta, como a veces hacen las lagartijas. No se mostró sorprendido, ni preocupado, ni nada. Igual que una lagartija.

Clavó su mirada en los ojos del camaleón. Fue entonces que el camaleón me quitó los ojos de encima y se fijó en los ojos pardos de mi abuelo. Sin mostrar emoción alguna, Amador le dio un manotazo. Aquel bicho salió volando y cayó en el piso con el mismo ruido que hizo cuando le había caído en su hombro. Y entonces se fue corriendo, meneando su larga cola verde como si nada.

Amador no dijo ni una palabra. Se quedó tranquilo ahí en el banco, al lado mío, tan callado como siempre. Yo me quedé mudo y boquiabierto. Olvídate de Batman, de Superman, de Aquaman y de todos los otros superhéroes. Había sido testigo de un acto heroico de la mayor magnitud.

Mi abuela era tan reservada como su esposo, y probablemente tan valiente como él. El problema es que nunca llegué a verla en acción. Aquella Nochebuena se la pasó en la cocina, o conversando con sus dos hijas. Y como siempre, no me interesaba lo que decían.

Yo estaba muy ocupado rompiendo nueces.

El aire estaba tranquilísimo aquella Nochebuena. No soplaba viento. Lo único que se oía era el murmullo suave de las otras familias en sus portales y terrazas a lo largo de toda la calle Bruzón.

Tío Mario y su mujer se despidieron temprano. Tenían que ir a pasar un rato con la familia de ella, que vivía a dos cuadras. Hilda, la esposa de Mario, lucía un poco triste, lo cual quizá se debía a lo que le había pasado a su hermano.

Papá y su hermana Lucía se pasaron el resto de la noche contando los minutos hasta que llegara la hora de irnos. Lucían incomodísimos.

Aunque en aquel entonces no lo sabíamos, esa sería la última Nochebuena que la familia compartiría toda junta en casa de mis abuelos. Tal como lo diría mi abuela, eso fue lo que Dios quiso. En el mundo de mi abuela Josefa, todo era la voluntad de Dios, incluso el detalle más diminuto. Cuando hablaba de cualquier cosa que se llevaría a cabo en el futuro, aunque fuera en sólo cuestión de minutos, siempre empezaba o terminaba con un "Si Dios quiere".

Nos sentamos en la terraza después de cenar, sin poder entender la voluntad de Dios, mientras Fidel se acercaba a su victoria sobre el ejército del dictador Batista. Ocho días después todo acabaría, tanto la guerra de guerrillas como el bienestar de nuestra familia.

Poco después que llegara al poder, mi abuela Josefa diría que Fidel era mala gente. De eso no tenía duda.

—Ese Fidel se pasa horas hablando, y promete de todo, pero nunca dice "Si Dios quiere". Ni siquiera lo ha dicho una sola vez. No sabe de lo que está hablando. Es un imbécil. Tal vez también sea ateo, y eso sí que nunca es bueno.

Fue durante esa Nochebuena bella y tranquila que Dios quiso que regresáramos a casa por el camino largo, por el Malecón, por donde siempre cabalgábamos las olas en el carro. Mi hermano y yo estábamos alterados, impacientes. Pero no nos hacía falta hablar. Las cosas buenas no requieren palabras. Para nada. Lo mejor que tienen las cosas muy buenas es que no tienes que hablar de ellas con nadie. Nada hay que decir, porque ambos comprenden.

Ese silencio es la cosa más dulce que hay en el universo.

Dios quiso que algunas familias decoraran sus casas con guirnaldas navideñas, una casa tras otra, y Dios quiso que esas luces me fascinaran. Asimismo Dios quiso que algunas familias pusieran los árboles de Navidad en las ventanas, para que los viéramos mientras pasábamos en el carro.

Dios quiso que mi padre se desviara del camino normal para que viéramos las luces y los adornos de La Rampa, una avenida amplia y muy transitada que decoraban con mucho esmero. Dios quiso que los adornos fueran bellísimos ese año. Más hermosos que nunca.

Dios quiso que esa noche el cielo estuviera claro y que las estrellas brillaran sobre La Habana. Y Dios quiso que todas las estrellas, sin excepción, se reflejaran en mis espejuelos fidelistas cuando saqué la cabeza por la ventana del carro y la volteé hacia arriba. Dios quiso que el olor a agua salada me abrazara, que el murmullo suave del oleaje me acariciara cariñosamente y que el aire cálido tropical me besara el pelo y me lo hiciera volar en el aire en un éxtasis absoluto.

Dios quiso que mi madre y padre no dijeran nada. También quiso Dios que mi tía Lucía se perdiera el paseo durmiendo.

Dios quiso que llegáramos a una casa oscura, y que yo fuera corriendo para el arbolito para encenderlo. Dios quiso que no me fijara en el nacimiento que tanto le había costado a Papá construir.

Dios quiso que Ernesto se quedara en su casa con su familia esa noche, y también quiso que esa fuera la última noche que fuera así. Dios quiso que mi padre adoptara a Ernesto, aunque todos nos opusiéramos. Dios quiso que Ernesto se quedara con el Cristo de los Ojos, con el cuadro de la María Teresa, con la casa y con todo lo que había dentro de ella.

Dios quiso que me dieran la bicicleta usada de mi hermano como mi regalo de Navidad, y que un hombre nervioso nos tocara la puerta para recordarnos que había graves problemas por las calles habaneras.

Dios quiso que Fidel y su ejército de guerrilleros estuvieran al borde de la victoria aquella noche, y que sus rebeldes se apoderaran de Cuba unos días más tarde, echando así nuestro mundo abajo.

Dios no nos pidió permiso para hacer ninguna de estas cosas. ¿Debería habérnoslo pedido?

Dios quiso que yo no tuviera ni idea de cómo Él administra el universo, ni que yo tuviera voz ni voto en cómo Él decide redimirnos o no.

Incluso, Dios quiso que aún le esté haciendo preguntas impertinentes, que aún dude de cuán acertados sean Sus planes y que le siga dando vueltas en mi cabeza a la lógica del vientre de la Virgen y del Verbo Hecho Carne.

Todo es la voluntad de Dios. Es nuestra responsabilidad, la esencia fundamental de nuestra existencia, someternos mansamente, como lo hacen los lagartos que caen de los árboles sobre los hombros de los abuelos canosos, y que son espantados con un manotazo.

Igualitos a las lagartijas, lamentablemente.

21

Twenty-one

El aire era como un cuchillo enorme y envolvente. Aún a través de las más espesas capas de lana, el viento que soplaba del lago Michigan —a dos cuadras de distancia— te traspasaba con su filo. La temperatura rondaba los diez grados bajo cero Fahrenheit. Había tanto frío como para que la saliva se congelara en más o menos un par de minutos. Podía afirmarlo porque lo había comprobado empíricamente. Lo había calculado, de pie en el andén del tren elevado, después que tosí y escupí una enorme flema verde.

Me hallaba bien lejos de La Habana. Increíblemente lejos.

Estaba parado en la estación Bryn Mawr del tren elevado de Chicago, el "El", esperando un tren de la línea A o B que me llevara más allá del Loop —el centro de la ciudad— hasta la estación Harrison del metro, donde me bajaría y caminaría cuatro cuadras a mi trabajo nocturno en el hotel Conrad Hilton.

Dos suéteres, guantes, orejeras, calzoncillos y calcetines de lana, zapatos forrados de lana y un abrigo largo de lana con capucha no bastaban para protegerme del afilado cuchillo del viento. Mi cara tenía que aguantar lo más recio del asalto. Ya no tenía nariz. No la sentía aunque en la boca sí tenía el sabor de los mocos que me corrían hasta los labios.

El andén del tren dominaba la avenida Bryn Mawr con sus comercios de poca monta, en el segundo nivel de los edificios. La parte más grande del andén hacía puente sobre la calle, pero la otra daba hacia las sucias fachadas traseras de aquellos edificios, todos uno al lado del otro. Yo estaba parado frente a los ladrillos carmelitas del Bryn Mawr Theater, que exhibía películas viejas a precios módicos que los refugiados podíamos pagar.

ALL SEATS 50 CENTS. "Todos los asientos a cincuenta centavos" rezaba el letrero en la marquesina, y abajo, en letras de neón, GOLDFINGER. SEAN CONNERY AS JAMES BOND 007. El Bryn Mawr Theater no le llegaba a la suela de los zapatos del cine Miramar, pero bastaba. Especialmente en mis pocos días libres.

James Bond contra Goldfinger era una de mis películas favoritas, junto con *Los vikingos*. Aquel enorme sombrero del chino Oddjob se veía tan a la onda como las hachas volantes de Kirk Douglas. Y Sean Connery era aún más chévere e inteligente que Kirk Douglas. Sean Connery no se volvía loco por cualquier mujer. No. Se volvía loco por las chicas buenas, y sabía cómo hacerlas arder por él, al menos por unas pocas horas. Y de todas formas, unas pocas horas era lo único que necesitaba de ellas. Desprendimiento, amor sencillo. Juntos, pero no revueltos. Tal como el martini preferido de 007: *shaken, not stirred*.

El tren elevado se volvía subterráneo un poco más allá de la estación de Armitage. Las vías descendían vertiginosamente y a gran profundidad por un túnel oscuro. El olor a humedad y el chirrido de las ruedas de hierro en aquella oscuridad total te hacían sentir como si estuvieras rumbo al infierno.

Así es como me sentía yo cuando empecé a trabajar de lavaplatos en el Conrad Hilton, en enero de 1966. Contaba los bombillos por el camino, y le pedía a Dios que me protegiera de los atracadores y pervertidos, sobre todo a las dos de la madrugada.

Dos mil cuatrocientos trece bombillos.

Lejísimo de La Habana. De mi Miramar soleado, donde no había ni un solo ladrillo carmelita, ni ningún viento que te raspara la cara como papel de lija. Aquel Miramar se me había vuelto un sueño, como todas las otras fantasías que mi cerebro se inventaba mientras dormía en el sofá-cama de nuestro apartamento, en un sótano de la zona norte de Chicago.

Por tres años y medio mi hermano y yo habíamos vivido en los Estados Unidos como huérfanos en campamentos de refugiados y con familias postizas, y más recientemente con nuestro tío Amado, en un pueblito de la región central de Illinois. Yo estaba muy contento en su casa. Creo que nunca antes estuve tan contento. Pero al fin Mamá pudo salir de Cuba, después de tres años de hacer todo lo posible para que le dieran la salida, y el señor Sandoval, del Refugio Cubano, la mandó a vivir en Chicago.

—Bueno, vamos a ver. Usted no habla ni una sola palabra de inglés, está incapacitada y nunca ha trabajado fuera de su casa. Su esposo está en Cuba, y tiene dos hijos adolescentes a quienes no ha visto en más de tres años. Creo que Chicago sería el mejor lugar para usted. Sí, Chicago. Tiene muchas fábricas. Casi todo el mundo que hemos mandado para allá ya consiguió trabajo en una fábrica. ¿Usted conoce a alguien allá?

—No, la verdad que no… con la excepción de la prima de una amiga. Pero no la conozco muy bien. Es casi como si no la conociera. Y sólo hace más o menos un mes que está allá.

—¡Qué bueno! ¡Me alegro! ¡Por lo menos usted tiene alguien allá! La mayoría de la gente que pasa por aquí ni siquiera tiene eso. Pues, entonces, ¡se va para Chicago!

Así fue como terminamos en Chicago, gracias a la gran idea del señor Sandoval. Perdón, creo que aquel caballero ya se había convertido en *Míster* Sandoval, como todos los otros refugiados cubanos.

Mi madre todavía cree que *Míster* Sandoval fue muy buena gente.

A principios del mes de noviembre de 1965, María Antonieta nos fue a recoger a la estación ferroviaria de Union Station. Tony y yo abordamos el tren en Bloomington, Illinois, con todo lo que teníamos guardado en dos maletas destartaladas compradas a última hora en la tienda de artículos de segunda mano del Ejército de Salvación. Mi equipaje lucía calcomanías de Saint Moritz, Monte Carlo y Rock City, Tennessee. Con menos de una semana de aviso, nos separaron a la fuerza de la casa de mi tío Amado y de todos nuestros buenos amigos. Casi no tuve tiempo de despedirme de nadie.

En la oscuridad del mes de noviembre, atravesamos ciento veinte millas de maizales y cultivos de soja llanos, pelados y vacíos. Cuando el tren pasó las fundiciones y refinerías en el sur de Chicago, nos pareció que estábamos traspasando las puertas del infierno. Vimos kilómetro tras kilómetro de chimeneas que erutaban fuego, enormes laberintos torcidos de tuberías y escaleras retorcidas, esferas y tanques enormes. Pero fueron las llamas las que más me impresionaron. Llamas enormes y atronadoras. Bolas de llamas. Llamaradas. Columnas de humo. Remolinos ardientes. Llamas suaves que bailaban al compás del viento y hacían que las chimeneas se parecieran a las velas gigantescas de la mesa del diablo. Fuentes de fuego. El Versalles de Satanás. Las podíamos oír aunque las ventanas de nuestro vagón estaban cerradas.

¡*Guuuuuuuush!* ¡*Frrrrrrrrrjjjjjjjsh!* ¡*Sssssrrrrrruuuuush!*

María Antonieta se quedó atolondrada al vernos. Habíamos crecido mucho. No podía creer que yo estaba más alto que mi hermano mayor. Más tarde me diría que por poco se desmaya al verme.

Ella lucía más o menos igual, con la excepción del pelo, el cual en vez de ser castaño ya lo tenía blanco en canas.

Vivimos por dos meses con la prima de la amiga de Mamá, la que ella no conocía muy bien. Por dos meses dormimos los tres en un sofá-cama en una sala ajena con la familia Serrano. Cuatro adultos y dos adolescentes en un apartamento de dos cuartos. Dos familias que no se conocían muy bien. Una de ellas sin ninguna entrada de dinero.

Así es como se ayudaban los refugiados cubanos.

María Antonieta no sabía cómo buscar trabajo. Nunca había trabajado. Hizo lo mejor que pudo, dadas las circunstancias, y fue a buscar trabajo sólo en los lugares donde los cubanos conseguían trabajo.

Nadie quería emplearla.

Por eso fuimos a la oficina de asistencia social para que nos dieran ayuda. Pero el señor Fajardo, o perdón, *Míster* Fajardo, el trabajador social puertorriqueño que nos entrevistó en la oficina de bienestar público, no nos quiso ayudar.

María Antonieta no sabía que uno no debe vestirse bien cuando se va a pedir limosnas de la asistencia pública —el *welfare*. Llevaba puesto un fino abrigo de gamuza, regalo de una amiga rica en México, donde pasó los primeros seis meses fuera de Cuba, esperando la visa americana. Un abrigo precioso de gamuza color verde claro.

—Usted tiene dos hijos hechos y derechos, señora. Estos dos hombrecitos pueden conseguir trabajo enseguida. No, señora, no le podemos dar nada. En este país se trabaja. Trabajo. Trabajo. Trabajo. Es lo único que hay en este país. Míreme a mí, yo llegué aquí sólo con la camisa que traía puesta. Yo no tenía nada cuando llegué aquí, nada, y trabajé muy duro para conseguir este puesto. Yo no tenía un abrigo bueno de cuero como el suyo.

—Lo admiro mucho —dijo María Antonieta en un tono suave—. Pero usted tiene que entender que esa camisa que usted llevaba puesta seguro que era la única que tenía en Puerto Rico. Nosotros teníamos mucho en Cuba, y lo perdimos todo. Perdimos todo lo que teníamos. Y este abrigo es de gamuza, no de cuero, y me lo regaló una amiga.

A partir de ese momento ya estábamos condenados. Jodidos de cabo a rabo. El señor Fajardo se endureció y comenzó a hablar rápidamente.

—¿Qué edad tienes? —le preguntó a mi hermano.

—Cumplo dieciocho en dos semanas.

—Perfecto. Magnífico. Puedes trabajar de día y estudiar de noche. El colegio Lakeview High tiene un programa nocturno de estudios por allá en el North Side.

—¿Y qué edad tienes tú? —me preguntó a mí.

—Cumplo quince en dos semanas.

—Ustedes no parecen mellizos. ¿Nacieron el mismo día?

—Hay dos días de diferencia entre los cumpleaños de los dos —contestó María Antonieta.

—Bueno, tu caso es un poco más complicado —me dijo el señor Fajardo—. Qué pena. Nada más que tienes quince, ¿eh? Eso significa que no puedes estudiar de noche. Tienes que tener dieciséis para estudiar de noche. Tendrás que estudiar de día. Y en este estado hay que tener dieciséis para trabajar. Eso sí que es malo. Así que esto es lo que puedes hacer: estudia de día y trabaja de noche. No menciones tu edad. Miente. Dile a todo el mundo que tienes diecisiete. Eres alto. Nadie se va a dar cuenta. No digas la edad que tienes, y trabaja de noche. Y cuando cumplas los diecisiete, deja los estudios y ponte a trabajar de día.

Los tres nos quedamos atónitos.

—Ustedes pueden cuidar a su mamá que está incapacitada. Trabajen, trabajen y trabajen. Eso es lo que se hace en este país. Supongo que les puedo conseguir un cheque de *welfare* por un mes mientras buscan trabajo. Pero de ahí en adelante les toca a ustedes buscar con qué vivir. No creo que su mamá pueda conseguir un trabajo con esa pierna. Nunca.

Tuvimos suerte que un mes más tarde Tony consiguió un puesto en una imprenta en la calle Lake. Era un trabajo bueno, con sindicato, que pagaba un poco más que el salario mínimo, y también le daban muchas horas extras. Y además, aprendería un oficio.

Tony estudió alrededor de un año en Lakeview High de noche, y después lo dejó. Nunca terminó la secundaria.

Pero Tony siempre ha sido tan buen mentiroso que se las pudo inventar para que tres años después lo aceptaran en el curso nocturno de la Facultad de Finanzas de la Universidad Northwestern. También lo dejó, pero por lo menos pudo matricularse sin un diploma de bachiller.

A mí me costó más trabajo conseguir empleo. No es fácil cuando estás en el colegio el día entero, en una ciudad desco-

nocida, y no tienes ni idea de cómo buscar trabajo. Y es aún
más difícil cuando no sabes cómo mentir. Nadie se tragaba la
mentira de que yo tenía diecisiete años.

Tony no me podía ayudar. Siempre estaba demasiado ocupado trabajando horas extras en la imprenta o descansando.
Mi madre trataba de ganarse unos centavos con la costura,
pero los dos clientes que se buscó entre la colonia cubana le
pagaban con varas de tela en lugar de dinero en efectivo.

Tuvimos suerte cuando nos encontramos con otro cubano,
el señor Mancilla, en el Ten-Cen de la avenida Bryn Mawr.
Era como una semana antes de Navidad cuando fuimos a
comprar un nacimiento. No nos podía faltar, aunque fuera del
Ten-Cen, como le decíamos a la tienda de Woolworth. Al oír
nuestro acento cubano, el señor Mancilla se nos acercó y se
presentó, y en menos de dos minutos me solucionó el problema del trabajo.

—Mañana mismo te consigo un trabajo. Un trabajo bueno.
Lavando platos.

El señor Mancilla había sido como Cañita, pero en una escala menor, en la provincia de Oriente, donde su padre era
dueño de un ingenio azucarero. Ahora trabajaba de noche
como ascensorista de carga del hotel Hilton, y conocía a
todos los boricuas que lavaban platos.

Así fue como yo llegué a ser lavaplatos en el hotel Conrad
Hilton. Les dije que tenía dieciocho años. No se tragaron la
mentira, pero no les importó un bledo.

Pero Cristo Súper-milagroso, ¿qué sería esa tos que no se
me quitaba?

No paraba de toser. Ni Tony tampoco. Tose, tose y tose.
Después de las pascuas, nos pasábamos el día y la noche tosiendo. Era una tos tan fuerte, y tan profunda, que yo casi me
reviento por dentro. La congestión que nos tupía la garganta
y los pulmones era más espesa que el caucho. No era una
flema verde común y corriente como las que veíamos en las
aceras y calles de La Habana, sino que era una cosa espantosa
que me tupía los pulmones de tal manera que me sellaba la
tráquea y me dejaba sin aire.

Tony y yo casi nos morimos un par de veces, o por lo menos así nos pareció. Una vez Tony se puso morado debajo de las tuberías que atravesaban el techo interior del apartamento. Le di por la espalda con toda la fuerza que tenía. Nunca le había pegado, ni le quise pegar tan duro. Mamá gritaba desesperadamente.

—¡Carlos, haz algo, por favor! ¡Se me está ahogando! ¡Ay, Dios mío!

Le di golpes sin piedad y con piedad, simultáneamente y en pánico. Sabía bien lo que era cuando te faltaba el aire. Ya había pasado por lo mismo un par de veces. Una vez me sucedió en camino a la estación del tren elevado, caminando solo por una calle lateral donde no había nadie, y otra vez en el Hilton, en el baño de los empleados del piso catorce. En ambas ocasiones por poco me desmayo por la falta de oxígeno. Aunque no sé cómo lo hice, me di golpes fuertes en el pecho hasta que expulsé lo que me estaba tupiendo la tráquea.

Le martillé la espalda a Tony con mis puños como si fuera un campeón de boxeo.

Al fin Tony tosió. Se le salió aquella flema espesa y gigantesca, de consistencia gomosa, y le entró el oxígeno vivificante. Poco a poco, la cara se le fue cambiando de morado a un color más normal. Entonces, desesperada, María Antonieta llamó por teléfono a un hombre que vivía en la misma calle, el único cubano que conocíamos que tenía un automóvil. Le pidió por favor que nos llevara al hospital Edgewater, que quedaba a más o menos siete cuadras.

El señor Pujol le dijo que no nos podía ayudar.

—No puedo asumir ese riesgo —dijo—. Si su hijo se muere en el carro en camino al hospital, usted me puede poner un pleito. Eso es lo que la gente hace en este país. Lo siento, pero no me puedo dar el lujo de arriesgarme a que su hijo se muera en el carro y que usted después me lleve ante un juez con un pleito. Lo siento. Llame a otra persona.

A nadie se le ocurrió llamar una ambulancia o un taxi. Eso era demasiado caro. Y por eso no fuimos al hospital. Según

María Antonieta, hacía demasiado frío para estar esperando una guagua en la calle.

Pero a ella no se le ocurrió que Tony esperaba el metro y dos guaguas todos los días en el frío, y que lo estaría haciendo otra vez al día siguiente, cuando iba a hacer hasta más frío todavía. Tony nunca faltaba al trabajo. No podía. Sin lo que él ganaba, nos hundíamos todos. Yo ganaba $1.25 la hora, y lo que cobraba por una semana laboral de cuarenta horas, después que me quitaban los impuestos, eran un total de $35. Mi hermano ganaba el doble, y con las horas extras, un poco más. Por eso no nos podíamos dar el lujo de no ir a trabajar, aunque siempre estuviéramos tosiendo.

Siempre.

Sin saberlo, los dos teníamos tos ferina.

Cuando teníamos un momento libre, íbamos a ver a un cubano conocido como el doctor Piedra, que siempre estaba jugando póquer con sus amigos en un cuarto que tenía al fondo de la consulta. Lo único que hacía era inyectarnos y decirnos "Ya se van a sentir mejor. Ustedes lo que tienen es un catarro fuerte".

Todavía no sé de qué eran esas inyecciones que nos ponía el doctor Piedra. Cuando se lo preguntábamos, nos decía que era "medicina". Si hubiéramos estado en Cuba, Mamá se hubiera dado cuenta enseguida de que nos estaba tomando el pelo. Pero supongo que estaba tan desorientada que nunca se le ocurrió que un médico cubano podía ser tan charlatán y tramposo. O peor, que un médico cubano no fuera médico. En un frío bajo cero, tosíamos camino a la consulta del doctor Piedra, e igual al regresar. Tosíamos toda la noche y todo el día, y los compañeros de trabajo nos decían: "Oye muchacho, debes ir al médico". Ambos respondíamos lo mismo: "Acabo de verlo, y me puso una inyección y me dijo que me iba a mejorar". Algunos de los más listos decían: "Mejor búscate otro médico que sepa lo que está haciendo". Pero el doctor Piedra, el jugador de póquer, era el único médico que conocíamos en nuestra colonia de refugiados cubanos. Que Dios nos libre que se nos ocurriera ver a un médico que hablara inglés. María Antonieta todavía guardaba ilusiones de que nos podía ayudar, y por eso insistía que consultáramos con un médico con quien ella se pudiera comunicar. Tony y yo le seguíamos la corriente.

Una señora en el Hilton me dio el nombre de su médico, pero la consulta quedaba muy lejos. Estaba por la zona noroeste de Chicago, donde vivían los polacos. No me daba tiempo para ir hasta allá en guagua después del colegio y llegar al trabajo a tiempo después. Y me hubiera tomado un día completo ir hasta allá y regresar, uno de los pocos y preciados días libres que tenía cada semana.

Al fin me dieron el diagnóstico correcto, pero demasiado tarde, cuando ya casi había dejado de toser. Fue un muchacho que se sentaba detrás de mí en el aula principal en mi primer año de secundaria. Me dio el diagnóstico el día que regresó al colegio, después de faltar un mes entero. Me diagnosticó en el acto.

—Oye cabrón, ¿sabes lo que me pegaste? La tos ferina. Creí que me iba a morir. Me lo pegaste con esa tos que tienes. Tú me lo pegaste. Y tuve que faltar al colegio un mes entero. *Spic* de mierda.

Yo no falté ni un día al colegio. Ni tampoco al trabajo.

Mi horario era muy sencillo y nunca cambiaba. Todos los días, de miércoles a domingo, trabajaba en el Hilton desde las cuatro de la tarde hasta las dos de la madrugada. Los lunes y los martes eran mis días libres. Todos los días, de lunes a viernes, iba al colegio desde las ocho de la mañana hasta las tres y cuarto de la tarde. Si salía corriendo para la estación del tren elevado, a seis cuadras del colegio, me daba tiempo de alcanzar el tren que me permitía llegar a tiempo al trabajo. Siempre. Los trenes elevados de Chicago no se detenían por nada ni por nadie. Ni cuando caía una nevada de cuatro pies, ni cuando arrollaban a alguien.

Yo no tenía tiempo para hacer la tarea escolar, con la excepción de los lunes, los martes y un período libre que nos tocaba todos los días en el colegio. Si me tocaba un examen o tarea después del martes, eso era un gran desafío, pero me las arreglaba.

Tuve la suerte de que un consejero del colegio Nicholas Senn High School me situó en las clases más fáciles, aunque lo hizo sin saber lo que hacía.

—Ah, veo que saliste bien en las pruebas básicas. ¡Qué sorpresa! ¡No puedo creer que seas latino!

—¿Cómo salí?

—Eh… eh… sacaste la nota más alta en todos los exámenes. ¡No lo puedo creer! Eso no sucede con todo el mundo. Y las notas que sacaste en el colegio donde estudiaste al sur de aquí, *downstate,* en Bloomington, también son bastante buenas.

—Sí, cómo no. Sobresaliente en todo —me jacté.

—Bueno… a mí me parece que te debo poner en las clases de nivel básico. Como el inglés no es tu lengua materna, las clases más avanzadas serían demasiado difíciles para ti.

—Ya sé inglés mejor que el español. He olvidado mucho el español.

—Bien. Pero me parece que lo mejor para ti sería si tomaras las clases básicas, igual que los otros latinos.

Fin del cuento. No iba a discutir con un viejo, aunque me pareciera un tipo bien torpe.

Las clases que tomé ese primer año estaban llenas de alumnos problemáticos e impartidas por maestros que deberían haber escogido otra carrera, pues pasé más tiempo tratando de sobrevivir que aprendiendo.

Había un tipo japonés en la clase de arte que en el transcurso de una sola semana se volvió mi peor enemigo. Llevaba puesta una chaqueta de cuero, calzaba botas con puntas de hierro y apestaba a cigarrillos. En la clase me daba golpes, me rompía la tarea, trataba de sacarme dinero y me buscaba para que peleara con él todos los días. Supongo que yo era el tipo más raro que él jamás había conocido.

—Lo siento —le decía—, pero no me puedo pelear contigo. Soy cristiano, y estoy supuesto a ofrecer la otra mejilla.

Me puedes insultar todo lo que quieras, y rasgarme los papeles de la tarea todos los días, como me hiciste hoy, pero es mi obligación perdonarte, quererte y rezar por ti.

Era algo tan raro que terminó por funcionar. Tendrías que haberle visto la expresión en sus ojos cada vez que le hablaba así. Después de dos meses dejó de mortificarme.

Desde un principio aprendí a no poner jamás un pie en los servicios del Senn High School. Ahí era donde se congregaban todos los muchachos que llamábamos *greasers,* que andaban con brillantina en el pelo, los pandilleros y buscapleitos, y de vez en cuando se entraban a puñaladas. Yo esperaba hasta la hora de la clase de educación física y usaba los urinarios del vestidor, el cual era relativamente seguro ya que casi todo el mundo seguía la misma táctica; buscaban protección al no estar solos.

Pero no siempre era así. Un día, uno de los muchachos más violentos del colegio se estrelló contra mí cuando pasaba por una esquina del vestidor. Me dio unos cuantos puñetazos duros en la mandíbula y vociferó un "¡Fuera del paso!", seguido de una serie de malas palabras. Todos los días de todos los años que aquel muchacho estuvo en el colegio, siempre se aparecía con una docena de chupones en el cuello en diferentes etapas de desarrollo. Algunos eran morado claro. Otros eran amarillos, con un toque de verde. El cuello de aquel muchacho era un museo gigantesco dedicado a los chupones. Estoy seguro que se merecía que lo pusieran en el *Libro Guinness de los récords mundiales.*

Un año o dos más tarde murió en Vietnam, a manos del enemigo.

No sé quiénes eran peores, mis maestros o mis compañeros. La maestra de inglés, recién graduada de la universidad, se pasaba la mayoría del tiempo alterada y gritando. Cuando no divagaba, nos mandaba a esquematizar oraciones, o pegaba unos gritos espeluznantes para que nos calláramos. Al tipo que se sentaba detrás de mí en la clase de inglés le encantaba darme puñetazos por la espalda, y me insultaba, pero la maestra nunca lo regañaba. Traté de usar el mismo truco que usé con el tipo de la clase de arte, pero no me funcionó. Me siguió dando puñetazos por la espalda hasta que se acabaron las clases ese año, en el mes de junio.

El maestro de historia también divagaba y gritaba mucho. Le encantaba llamarnos *Míster* o *Miss,* hasta cuando nos insultaba.

—*Miss* Theodorópoulos, no sea tan idiota, la línea Maginot no era imaginaria.

—*Míster* Hashimoto, miserable desdichado, no sea tan idiota, a la gente no le salían tetas en el cuello cuando se enfermaban con la peste bubónica.

Tanto el maestro de ciencia como el de matemáticas compartían un mismo talento: complicaban hasta las cosas más sencillas. Yo entraba en el aula pensando que sabía algo y salía confundido. Entonces me tocaba descifrar lo que nos habían enseñado durante el período libre. El maestro de arte se pasaba el tiempo leyendo en su escritorio. Se rumoreaba que dentro de aquellos libros grandes llevaba escondida una revista *Playboy.*

Chicago. Lo detestaba. Hasta el nombre me parecía una broma. "Si cago". Allá en Cuba me había burlado de ese nombre. "Me cago en Chicago". Y ahora vivía ahí.

Debería haberme dado cuenta de que todas esas chimeneas de las que brotaban llamas que vi desde el tren al llegar a Chicago eran malos augurios.

Comparado a tener que trabajar en el Conrad Hilton, el hotel más grande del mundo, estudiar en Senn High School era una delicia. Yo detestaba los miles y miles de platos, vasos, tenedores, cucharas, cuchillos, tazas, jarras y jarros que tenía que lavar, secar, separar y colocar en sus lugares correspondientes. Tenía que hacer lo mismo y lo mismo, y nunca terminaba. Era igual que la repetición de mi maestro del tercer grado, el Maestro Infierno, el que por medio del temor trataba de conducirnos a la santidad.

Si alguna vez has participado en un congreso o un banquete a gran escala, imagínate adónde van a parar los platos sucios después de que se los llevan de la mesa. Imagínate miles y miles de cosas sucias y apestosas que requieren atención inmediata. Los ayudantes del camarero no paraban de entrar por las puertas giratorias trayéndome más y más cosas. Bandeja tras bandeja de cosas que nos tocaría separar, restregar, cargar hasta las enormes lavadoras de platos, quitar de la cinta transportadora, separar, amontonar y poner en sus lugares. Todas las noches la misma cosa. Y nunca terminaba.

Lo peor de todo era la peste. No que la comida se pudriera de pronto, sino que la combinación de tantos olores daba asco. Una peste infernal, peor que en las carnicerías.

El único trabajo "bueno" era quitar los platos limpios de la correa. Pero ese puesto siempre estaba reservado para los favoritos del capataz. Una vez me lo dejó hacer, pero rompí tantos platos que nunca más se atrevió a darme esa responsabilidad.

Mis compañeros de trabajo, todos boricuas, dieron en llamarme "Cubita". Todos ellos, incluso el capataz, sabían que yo había mentido acerca de mi edad. Me mortificaban cariñosamente, y me soportaron un montón de cosas porque sabían cuánta falta me hacía el trabajo.

Fui el peor lavaplatos que habrán empleado en la larga historia de aquel gran hotel. Te apuesto que le costé al señor Conrad Hilton más en vajillas rotas que lo que me pagaba. Llegó a tal punto que cuando algo se rompía, mis colegas gritaban "¡Tiene que ser Cubita!" O cuando oían el estruendo de un cristal al romperse, gritaban al unísono "¡Cu-bi-ta! ¡Cu-bi-ta! ¡Cu-bi-ta!"

En las madrugadas de los días laborales, regresaba a casa en el metro con mi padrino del Hilton, el señor Mancilla, el ascensorista, lo cual no era tan malo, pero viajaba sin él los fines de semana. Lo peor de todo era la caminata de cuatro cuadras a la estación del metro de la calle Harrison a las dos o tres de la madrugada, pasando los bares de bailarinas semidesnudas, pensiones de mala muerte y misiones traposas, y la espera en aquel andén, normalmente con gente rara, pero a veces solo, para regresar a casa.

En dos o tres meses empecé a conocer a algunos de los borrachos pordioseros en el camino al metro, y ellos también empezaron a reconocerme. Esos tipos no le hacían daño a nadie, salvo a ellos mismos, pero en aquel entonces yo no lo sabía. Aprendimos a mantenernos alejados, pero de vez en cuando nos dábamos grandes sustos.

Echarles un ojo a las mujeres semidesnudas que bailaban frente a las ventanas grandes de los bares *topless* era un pecado, y por lo tanto, trataba de no hacerlo. Pero el señor Mancilla me malacostumbró, y algunas costumbres son difíciles de abandonar. Sobre todo las costumbres que te prohíben cuando tienes quince años.

No entendía cómo era que las borlas no se le caían de las tetas. Nunca había visto un pegamento que fuera tan fuerte. Aquellas mujeres le daban vueltas a las borlas como si fueran hélices, pero nunca se les caían. Increíble, pero cierto.

Debajo de la calle, en el metro, esa mala costumbre mía le importaba poco a Dios, que siempre tuvo la bondad de protegerme. Supongo que yo tendría un escuadrón de ángeles guardianes que me cuidaban mientras viajaba, noche tras noche, en ese tren rumbo a casa que atravesaba algunos de los peores barrios de Chicago.

Nunca me asaltó nadie. Nunca me robaron nada. Y tan sólo en una ocasión me tropecé con un pervertido. Yo sabía que me esperaba un gran lío cuando se montó en la estación Monroe Street y fue directo a sentarse al lado de mi asiento, aunque el vagón entero estaba vacío. Me puse a rezar. *Por favor, Dios mío, haz algo para que se vaya.*

Hombrecito funesto. Degenerado. Sinvergüenza. Alma perdida y esclavizada por los demonios. Se sentó al lado mío y se puso a manosear mi rodilla.

Me quedé tieso. No supe qué hacer. Quieto, sin decir nada, rezando como loco en silencio, tratando de no hacerle caso ni a él ni a la mano que me puso en la rodilla. Lo único que hice fue quedarme tieso como una momia, mirando por la ventana, mientras el hombre me agarraba la rodilla.

¿Y qué si hubiera tenido un cuchillo, como el pervertido que me había acosado en La Habana cuatro o cinco años antes? ¿Un cuchillo resplandeciente y bien afilado, pero en esta ocasión sin el reflejo de una lagartija en él?

Me tuvo la mano en la rodilla por lo que me pareció una eternidad, pero en realidad fueron solamente cinco estaciones. Eso fue todo lo que hizo ese miserable. Le acarició la rodilla a un niño de quince años en el metro, por más o menos diez minutos, a las dos de la madrugada, bien por debajo de la tierra, y entonces se levantó cuando llegamos a la estación de Fullerton, la primera sobre tierra. Cuando las puertas abrieron con un *racatá,* y antes de que se bajara, miró para atrás y me dio las buenas noches.

Lo miré en los ojos. Le lancé misiles de gran precisión a su alma depravada. No sé si dieron en el blanco, pero lo intenté. Sentí rabia y vergüenza a la misma vez. James Bond no se hubiera quedado quieto aguantando esa mierda. Para nada. Ni tampoco lo hubiera hecho Batman.

Pero yo no tenía licencia para matar a nadie, ni tampoco armas diseñadas por el ingeniero Q del servicio secreto británico, ni un disfraz o una capa. Por eso el terror se apoderó de mí. Lo único que llevaba puesto era un calzoncillo largo y un par de pantalones de pana. Mis oraciones me alejaron de él y de ese vagón, tan lejos que ya ni podía oír los chirridos y retumbos del metro circulando por debajo de las calles de Chicago. Me transporté a otro lugar, a otro cuerpo.

Regresé a Miramar. A la playa del club Náutico. Vi nubes, nubes blancas preciosísimas, inmóviles en el aire encima del mar intensamente azul. Oí las olas, y en la distancia, desde el quiosco de música del Náutico, una orquesta tocaba un chachachá suave y dulce, como los que detestaba el rey Luis. Olí el agua salada, incluso la probé, y sentí mis ojos ardiendo. Sentí el sol en la piel y la brisa caliente. Sentí el viento en el pelo, igual como cuando regresamos a casa por el Malecón aquella Nochebuena.

Cuando llegué al edificio donde vivíamos en la esquina de la Winthrop y Hollywood —*la Guintro y la Joliwú*— María Antonieta estaba vigilando la calle por la ventana del sótano, con su cabeza al nivel de la acera, esperándome como siempre. Pasó tres años haciendo todo lo posible para reunirse con nosotros, y lo dejó todo atrás, incluyendo a su marido, su madre, su padre, su hermana y su patria, para pasar los días y las noches sola en un apartamento. Cocinaba, limpiaba la casa y nos lavaba y planchaba la ropa, lo cual era un cambio muy bienvenido a como nos habíamos acostumbrado a vivir. Pero aparte de darnos todo el cariño que tenía, eso era lo único que podía hacer por nosotros.

Mi hermano y yo nos ocupamos de cuidarla. La manteníamos. Buscamos el apartamento. Compramos los muebles. Buscamos un televisor usado, un radio, la vajilla. Conversábamos con ella. Viajábamos con ella en guagua y en los tranvías. No nos podía dar consejos que tuvieran importancia, o por lo menos así pensábamos nosotros en aquel entonces. Y casi nunca podíamos pasar tiempo con ella en nuestro sótano.

El amor que ella sentía por nosotros era infinito, aunque ni Tony ni yo respondíamos a él.

Como siempre, esa noche entré por la puerta, me di una ducha, me restregué la rodilla con una toallita hasta que me dolió la piel, y me acosté en mi sofá-cama de la sala, debajo de las tuberías, debajo del nivel de la calle, a sólo doce pies del tráfico que pasaba a toda velocidad por una de las calles más transitadas de Chicago, a un tiro de piedra del retumbante tren elevado.

Como siempre, tres horas más tarde, María Antonieta estaría despierta haciéndole el desayuno a Tony. Y como siempre, dos horas después, yo estaría de nuevo en el colegio.

Nunca le conté a mi madre lo del pervertido. Le hubiera partido el corazón. Todavía no sabe nada. Y si este libro no es traducido pronto al español, tampoco lo sabrá en esta vida.

Gracias Fidel. Muchísimas gracias, compañero.

¡Guuuuuuuush! ¡Frrrrrrrrrjjjjjjsh! ¡Sssssrrrrrruuuuush!

—Próxima estación, Fullerton.

Rácatata…

—Buenas noches.

22

Twenty-two

Las balas eran bellas. Maravillosas. De todos los tamaños, desde las pequeñitas de calibre veintidós que parecían incapaces de causar daño, hasta las más grandes, hechas para atravesar blindajes. Las que más nos gustaban eran las puntiagudas. Lucían más peligrosas que las otras.

"¿Tienen balas?" le preguntábamos a los barbudos vestidos de verde olivo.

Sobraban esos tipos barbudos que deambulaban por las calles durante las primeras semanas tras la huida de Batista y el ascenso de Fidel al poder, todos en sus uniformes verde olivo y la mayoría muy jóvenes. En nuestro barrio solían ser los hijos de padres de buena familia o sus amigos. Créelo o no, hubieron muchos idealistas de esa categoría en los primeros días de la Revolución que creían de todo corazón que Cuba podía ser un lugar mucho mejor. Estos idealistas se tendieron una trampa a sí mismos y a todos los demás en lo que terminaría siendo el desengaño máximo. Luego de su victoria en la cordillera de la provincia oriental y después de que ocuparan toda la Isla en cuestión de días, a principios del mes de enero de 1959, muchos de ellos, vestidos de verde olivo, regresaron al barrio.

Las barbas no duraron mucho después del '59 y la mayoría desaparecieron de inmediato. Los uniformados de verde olivo se las afeitaron y empezaron a usar ropa normal y volvieron a integrarse a la clandestinidad, para luchar contra la nueva dictadura que ahora tenía el nombre de "Revolución" y que rápidamente comenzó a comerse sus propios hijos o a atormentarlos. Muchos de los ex barbudos huyeron a otros lugares, en su mayoría a la Florida. Algunos regresarían en la invasión de la Bahía de Cochinos o volverían al monte, para batallar como guerrilleros contra el nuevo dictador. Pero otros se volvieron parte de la nueva elite gobernante, dueños de casas que eran más grandes y mejores que las de sus padres.

Los que simple y llanamente se afeitaron y cenaban con Mamá y Papá todos los días, se pasaban la noche bailando en los clubes nocturnos oliendo a *Old Spice* y brillantina. Esos héroes no se adaptaron ni vendieron sus almas al materialismo, como dirían los hippies americanos allá por 1968. No fue lo que hicieron: dieron todo lo que tenían por su causa y después trataron de rehacer sus vidas en un país más o menos normal.

¿No es por eso que la mayoría de los jóvenes se vuelven revolucionarios, para poder pasarse la noche bailando, enamorándose de la mujer ideal y sintiéndose satisfechos por haber triunfado en ambas cosas?

Aquel año yo me enamoré de tres rubias: de Marilyn Monroe, de Kim Novak y de Eva-Marie Saint. Eva-Marie quedaba en un tercer lugar bien abajo, Kim quedaba en un muy buen segundo lugar y Marilyn estaba tan cerca de Dios que era difícil no confundirlos.

Olvídate de esa pesada coqueta Campanilla y de Doris Day, que también me había llegado a lo más profundo del alma. Olvídate también de esa provocativa francesa Brigitte Bardot. No me atraían. No como las otras.

Estaba enamorado de aquellas tres rubias. Sí, me daba cuenta de que eran demasiado viejas para mí. Sin embargo, el erotismo o el sexo de veras tenían muy poco que ver con todo aquello. No sabía nada del sexo, salvo que existían aquellas revistas sucias, preferidas por los choferes. Estas mujeres simplemente me tiraban del alma como si me agarraran de la solapa y pegaran mi cara a las suyas gloriosas, al punto de poder olerlas.

Sabía lo que el pobre Jimmy Stewart en *Vértigo* sentía por Kim Novak. Para mí era fácil imitar el rostro patético y atolondrado de Jimmy en aquella película. Igual me ponía yo cada vez que pensaba en Kim.

¿Pero qué sería esa llama que me ardía por dentro? ¿Por qué soñaba con ellas? Para mí fue un gran alivio soñar con mujeres que no fueran la María Teresa, ni la Muñequita del Torso, ni la Mujer del Candelabro. Fue un gran don poder experimentar aquel incendio del alma, poder disfrutar del don de la presencia de mis rubias, poder sentirme completamente redimido. Le pido perdón a Dios Padre, a Jesucristo y al Espíritu Santo; le ruego también al hermano Pedro que me perdone y a todos los otros hermanos y al Maestro Infierno y a todos los otros maestros de La Salle y a todos los curas a quienes les he confesado mis pecados. Denme su bendición, padres, denme su bendición, hermanos, porque he pecado. Esa era la única redención que yo realmente entendía. Aquella atracción, aquel incendio, la invasión total de la persona ante la presencia de una mujer hermosa.

Las rubias y las balas en La Habana. Aquel era mi mundo en 1959.

Pero aquellas balas… Una vez Eugenio le pidió a un barbudo que nos diera la canana que llevaba sobre el pecho.

—Está bien, es de ustedes. Ya yo no la necesito más.

Se la desabrochó y nos la tiró.

Cuidábamos las balas como si fueran joyas. A cada uno le correspondió parte del botín, aunque muy a menudo nos lo intercambiábamos o, en raras ocasiones, lo compartíamos. Hacíamos cosas estupidísimas con esas balas. Nos encantaba sacarlas de sus casquillos con alicates, regar la pólvora por el piso y tirarle un fósforo encendido lo más cerca posible a nuestras caras. ¡*Guuuuush!* También las tirábamos contra el piso con toda la fuerza posible para ver si explotaban. O las golpeábamos con piedras y martillos.

También nos las tirábamos. Queríamos ver si tirándolas bien fuerte podían penetrarnos la piel como hacen aquellas disparadas por pistolas. Imaginaba que las balas se hincarían en la gente como si fueran dardos.

Fuimos dichosos de que ninguna explotara, ni que nos hirieran, ni que le sacaran un ojo a nadie. Para gran decepción nuestra, no hubo siquiera una explosión. Ni heridas. Ni siquiera cuando Eugenio agarró una bala y le dio duro por debajo con un martillo y un tornillo. Según él, esa era la manera más precisa de imitar la acción de un revólver.

Fue una teoría buena, pero no sirvió de nada. Lo que nosotros queríamos era oír estallidos y ver sangre. No mucha sangre, tan sólo un poquito. Bueno, lo que en realidad queríamos eran pistolas, escopetas y ametralladoras. Pero ni el rebelde más loco le daría una de esas armas a un niño de nueve o diez años. De eso estábamos seguros. Se las pedimos muchas veces, pero nunca nos las dieron.

¡Qué buen comienzo para la Revolución! Aquellos tipos con barbas y el pelo largo y todos esos niños jugando con balas. Niños que habían visto demasiadas películas de guerra, demasiados tiroteos en la televisión y demasiadas rubias en las pantallas.

Ese año tuve la suerte de ver tres películas con Marilyn Monroe. Primero vi *Con faldas y a lo loco,* luego *La tentación vive arriba* y finalmente *Los caballeros las prefieren rubias.* Esa mujer tenía algo que trascendía lo terrestre. Desde 1959 he tratado de entender qué era, pero todavía no lo sé.

Gracias a Dios mi magnífica esposa nunca me ha mortificado por lo de Marilyn. Una vez, cuando vivíamos en Madrid, le pidió a un tipo en un estanquillo de periódicos si le podía dar un cartel que había allí y que anunciaba los cigarrillos Winston con la imagen de Marilyn. El tipo le lanzó una mirada rara, como suelen hacer los que venden periódicos a los extranjeros.

—Mi marido está enamorado de ella —explicó mi esposa en su fuerte acento americano.

El tipo le lanzó otra mirada rara, aún más penetrante que la primera.

—No se preocupe —dijo mi mujer—. Marilyn Monroe ya está muerta.

El tipo del estanquillo sonrió de oreja a oreja, levantó los hombros, asintió con la cabeza, quitó el cartel de la pared y se lo dio.

—Muy bien, entonces —dijo con su fuerte ceceo madrileño.

O por lo menos eso es lo que me cuenta mi mujer.

Kim Novak me impresionó más o menos igual, pero hubo algo muy lúgubre y amenazador en el papel que hizo en *Vértigo*. Así y todo, sentí su atracción. Pero entre Kim y Marilyn no había comparación. Qué va.

Años más tarde me hice amigo de un compañero de colegio en la secundaria cuyo padre había salido con Kim Novak cuando ella todavía vivía en Chicago.

—¿Sabes que Kim Novak pudo haber sido mi madre? —me preguntó una vez.

—Bueno, si Kim Novak hubiera sido tu madre, tú no serías tú, ¿no es cierto? Y habría otra persona sentada en tu lugar, si es que, a fin de cuentas, habría alguien sentado ahí. ¿No es cierto? —contesté, añadiendo la mayor cantidad de lógica posible a mi cruda emoción.

Yo protejo mis recuerdos ferozmente, sobre todo los que se refieren a aquellas rubias. A veces creo que estos recuerdos míos son tan místicos como eran los rebeldes de Fidel en 1959.

Cuando salieron de la Sierra Maestra, muchos de los barbudos llevaban rosarios colgados del cuello. Algunos llevaban más de uno y también medallitas, que mostraban muy orgullosamente por fuera de sus camisas. Por algunos días pareció como si los jóvenes que bajaban de la Sierra Maestra eran unos santos. Hombres venerables y desinteresados, que rezaban tanto como peleaban, equivalentes modernos de los Caballeros Templarios o de los Caballeros de la Orden de

Santiago. Todos buenos católicos, devotos de la Virgen Madre y del Sermón de la Montaña.

Y cuando lo pienso bien, recuerdo que muchos de los rebeldes se parecían a Jesucristo, con sus cabelleras y barbas largas. Camilo Cienfuegos, uno de los caballeros de Fidel, se parecía tanto a Jesucristo que salvo por su sempiterno sombrero alón, los dos me parecían idénticos. Camilo era igualito al Cristo de los Ojos. Quién sabe si por eso Fidel lo desapareció al principio de la Revolución.

Fidel también se parecía un poco a Jesucristo. En esas primeras semanas de 1959 por doquier se veían carteles con la cara de Fidel en una pose piadosa, mirando a la distancia o al cielo, o a ambas cosas, con lo que parecía un nimbo o un halo que le rodeaba la cabeza. Hasta había abanicos de cartón con la misma imagen. Los abanicos eran una necesidad para muchos cubanos. Sin aire acondicionado, ni ventiladores eléctricos en un clima tropical, prepárate a echarte mucho fresco con un abanico. Eran abanicos baratos, con mangos finitos de madera: lo suficiente para contrarrestar el calor y a veces hasta mejores que los abanicos de seda fina y nácar. Toda la gente pobre en Cuba tenía esos abanicos de cartón. Existían tantos que resultaban incontables. *Fans* para los fans de Fidel.

A la misma vez a algún genio se le ocurrió la idea de unir la imagen de Fidel, el santo, con una frase propagandista. El cartel que resultó de esta idea tuvo un éxito fulminante. Mostraba a san Fidel gravitando encima de las palabras "Fidel, ésta es tu casa". Centenares de miles de cubanos lo pegaron en las paredes de sus hogares.

Supongo que Fidel tomó esa invitación demasiado en serio. En menos de dos años se adueñaría, bajo amparo de su ley, de todas las casas en la Isla; acabó con la propiedad privada.

Sí, ya lo sé —conozco demasiado bien la retórica hueca de la Revolución: todo se volvió propiedad de todos los cubanos para ser compartido en partes iguales a cada cual según su necesidad. Si, así mismo. Seguro. Ya lo sé, Fidel no se apoderó de nada directamente, ni se hizo rico, ni se quedó con siquiera un sacapuntas, ni con las virutas de los lápices. Seguro. Cómo no.

También sé que no le interesaba tanto adueñarse de las casas como de las almas. Quería gobernar todos los hogares para siempre. Quería ser dueño de todos los cubanos, no sólo de sus casas.

Y lo logró.

Pero en Hollywood la cosa era muy diferente ese año. Jimmy Stewart en *Vértigo* y en *Anatomía de un asesinato* por ejemplo, o Cary Grant en *Con la muerte en los talones.* Esos tipos no aguantarían tal mierda. No tenían por qué estar adulando a un revolucionario, ni estar adorándolo, ni rindiéndose ante sus amenazas.

Yo quería ser Jimmy Stewart, no sólo para estar cerca de Kim Novak y Grace Kelly, sino porque él nunca cambiaba, jamás, sin importar el papel que estuviera haciendo. Me recordaba mucho a mi abuelo. Estoy seguro de que Jimmy se quitaría una lagartija del hombro con el mismo aplomo que mi abuelo Amador. Yo también quería ser Cary Grant en *Con la muerte en los talones;* nunca perdía los estribos, ni le importaba cuán absurdo se volvía el mundo a su alrededor. Puedes estar seguro de que ni Cary ni Jimmy —simple y llanamente porque eran americanos— jamás hubieran dicho "Esta es tu casa Fidel", ni tampoco se la hubieran entregado a ningún rebelde. Ya en 1959 yo sabía que los americanos no se dejaban impresionar por líderes carismáticos.

Para mí todo era perfecto en los Estados Unidos. A pesar de la ropa ridícula que vestían cuando viajaban a Cuba como turistas, los americanos eran perfectos. ¿Acaso no hacían las mejores películas? ¿Y los mejores automóviles, la Coca-Cola y Pepsi-Cola y todas las "historietas" buenas como Batman y Superman? ¿No era cierto que tenían nieve en la Navidad? ¿Y que le habían ganado a los alemanes, a los japoneses, a los indios y a cualquiera que fuera "enemigo" en películas muy buenas? ¿Y que tenían mujeres como Marilyn Monroe, Kim Novak y Eva-Marie Saint?

Para el año 1959, a la tierna edad de ocho años, ya yo había decidido que me iba a casar con una americana, preferiblemente una con la pinta de Marilyn Monroe o Kim Novak.

Entretanto, casi todo el mundo en mi derredor había comenzado a adorar a un hombre con barba negra cuyo nombre no era Jesucristo.

Fuimos a ver a Fidel hacer su entrada triunfal en La Habana el día de la fiesta de la Epifanía —el día de los Reyes Magos—, la fecha que conmemora el momento en que el Mesías se dio a conocer al mundo más allá de Belén. Como era de esperar, Luis XVI no quiso ir, pero todos los demás sí fuimos. Nos acompañó Inocencia, nuestra criada. Nos colocamos frente a la bodega donde hacíamos todas las compras, la bodega de Fernando Chan. Fernando era un chino muy amable que siempre nos regalaba aceitunas y pasas cuando pasábamos frente a su almacén. Nos encantaba el día de los mandados porque Fernando nos enviaba a la casa cajas enteras llenas de muchas cosas y nosotros hacíamos castillos con las cajas y la mercancía. Hacíamos torres con las latas de leche condensada y torrecillas con las cajas de los cereales.

Mientras esperaba que Fidel pasara frente a nosotros, yo meditaba sobre las torres de leche condensada. Fernando Chan también estaba allí con sus hijos, más o menos de nuestra edad. Él y sus hijos estaban tan emocionados como todo el mundo en aquella muchedumbre. Todo el mundo sonreía, hacía chistes y hasta brincaba. La alegría se podía ver y oír, probar y oler, y hasta tocar.

Fernando Chan y su familia también acabarían en los Estados Unidos, como tantos otros que aquel día estuvieron en el gentío. En menos de dos años el Estado le intervendría la bodega, más o menos al mismo tiempo que el Estado declararía que los ahorros de todos los cubanos, incluso los de Fernando, habían dejado de existir. Borrar todas las cuentas bancarias e imponer igualdad de condiciones fue una idea brillante que se le ocurrió al Che Guevara. Lo fundamental de su proyecto era acabar con todo el dinero, lo cual resultó imposible.

Al Che le fue mal cuando Fidel le abrió el camino a una muerte trágica en Bolivia. En La Habana él tenía un Mercedes-Benz precioso y una residencia muy acogedora, que quedaba a sólo tres cuadras de mi casa. Era una mansión enorme que ocupaba una manzana entera. Pobre Che. En lugar de irse de guerrillero a las selvas de Suramérica, debió haberse quedado en Cuba bailando toda la noche oliendo a *Old Spice* y brillantina.

Me cansé de esperar a Fidel ese día. Tuvimos que esperar demasiado y no había mucho con qué entretenerse, salvo el montón de gente que se agrupó por todo lo largo del camino del desfile. La calle entera estaba llena de cubanos, en filas de a dos o tres líneas, hasta el infinito. Nos hallábamos en una calle ancha, la avenida Columbia, que llegaba hasta el cuartel principal de la capital ubicado al oeste de Miramar.

Al fin, los jeeps, los camiones y los tanques —todos de fabricación americana— aparecieron. Nunca antes había visto un tanque tan de cerca. Eran sublimes. Mejor que en las películas. Los cañones metían miedo. Y el ruido que hacían era más que maravilloso. Era un estruendo fuerte que estremecía la tierra bajo tus pies. Con sólo verlos bastaba para darse cuenta que eran algo serio. Pero lo mejor eran las huellas profundas que dejaban en el asfalto. Se veía clarito por dónde exactamente habían pasado y uno sabía de sobra que esas huellas estarían ahí por largo tiempo. Quizá para siempre. *Per omnia seculae seculorum.*

¡Cuánto habría querido yo que los automóviles dejaran huellas iguales a las de los tanques! ¿Y por qué no las podían dejar? Automóviles que dejaran huellas y sin silenciadores. Perfecto. No sé cómo no se les ocurrió a los americanos.

Todos los vehículos iban cargados de hombres barbudos y peludos. También viajaban algunas mujeres en los camiones. La mayoría de los rebeldes portaban armas y de vez en cuando disparaban al aire. Los saludábamos y nos saludaban a nosotros. Había banderas cubanas ondeando por doquier, de los vehículos, de las manos de los rebeldes, de las manos de la gente en el gentío. La bandera de Fidel —la bandera roja y negra del Movimiento "26 de Julio"— ondeaba sobre unos cuantos tanques y camiones, pero eran pocas en comparación a las de la Estrella Solitaria, las de la República.

¡Que viva Cuba libre! ¡Que viva Fidel!

Eso fue una maravilla. Le pedí a Dios que una de las balas disparadas al cielo cayera en mi mano que sostuve abierta, con la palma hacia el cielo, como un pordiosero o un campesino a la vista de una nube en tiempo de sequía.

Olvídate del Desfile del Día de Acción de Gracias de la tienda Macy's en Nueva York, o del Desfile de las Rosas de Pasadena, California o del Desfile del Día de la Toma de la Bastilla en París. No hay comparación. Todos esos desfiles son una basura, muestras triviales de comercialismo vulgar y patriotismo fatuo y ridículo. El desfile triunfal de Fidel fue el mejor que hubo en toda la historia de la raza humana.

¿Pero dónde estaba Fidel? ¿Cuándo iba a llegar el tanque de él?

¡*Zum*!... ¡*Fua*!... ¡Ay! Coño, qué mierda.

Pasó tan rápido que me lo perdí. Pasó en su tanque Sherman, a unos quince pies de donde yo estaba, pero no lo vi. Vi el tanque que lo transportaba desaparecer en la distancia, por encima de las cabezas del gentío, pero en el momento que pasó no lo vi. Sin embargo, llegaría a verlo más tarde.

Lo vi en persona, de lejos, como dos años después en la Plaza de la Revolución, pero ya para entonces lo odiaba con toda mi alma.

Pero durante esa Epifanía sí lo llegué a ver por la televisión. Fue el primer discurso importante que pronunció ante toda la nación. Ahí estaba Fidel, de pie, donde después se ha parado centenares o quizá miles de veces, en la base del monumental obelisco erguido en honor al poeta y héroe nacional, José Martí, en el centro de la Plaza de la República, un enorme espacio abierto donde cabían decenas de miles de personas y que fuera rebautizada "Plaza de la Revolución" por Fidel. Batista la había inaugurado no mucho antes pero Fidel la convirtió en el centro de su universo, el lugar desde donde llenaría a Cuba de palabras vacías, más numerosas que todos los agujeros negros que existen en el universo.

Decenas de miles de cubanos rodearon aquel monumento para oír a Fidel. Los vítores y gritos fueron descomunales, aunque lo estábamos viendo todo en un pequeño televisor en blanco y negro. Era euforia total, abrumadora. Se sintió por toda la Isla como si fueran relámpagos. Hasta un niño de ocho años sabía que algo enorme estaba pasando. No recuerdo nada del discurso. Lo que sí recuerdo es el momento exacto en que cientos de palomas fueron soltadas al aire.

Salieron volando por doquier como si fueran centenas de Espíritus Santos que descendían sobre los nuevos apóstoles. Una de las palomas, una bien blanca, se posó en el hombro de Fidel. Con el micrófono en una mano y gesticulando con la otra, el gran revolucionario no paró de hablar, llenando la Plaza con sus palabras mientras una paloma blanca se posaba en su hombro izquierdo.

—Mira la paloma —dijo María Antonieta—. Eso es una señal del cielo.

Luis XVI, presenciándolo todo con una expresión distanciada y con mucha sospecha, quizá hasta con *déjà vu,* le dijo a su esposa:

—Fíjate bien en la paloma.

—¿Qué fue?

—Fíjate en el hombro. Mira el regalito que le hizo la paloma.

—¡Ay Dios mío!

—¿Qué pasó? ¿Qué pasó? ¿Qué le hizo la paloma? —pregunté.

—Se le cagó encima —dijo Tony.

—¡Eso sí que es una señal del cielo! —profirió Luis XVI.

Puede que eso sí haya sido una señal del cielo que pasó inadvertida para muchos cubanos. Pero en el mes de enero de 1959, Fidel parecía buena gente. No pensé mucho en los que se llevaban presos y fusilaban frente a las cámaras de televisión. Pensé que seguro eso era lo que pasaba cuando caían los dictadores. ¿Y qué importaba? Por lo menos me quedaría con unas cuantas balas de recuerdo.

—¡Preparen! ¡Apunten! ¡Fuego!

Éstas tres palabras enseguida quedaron grabadas en la memoria de todos los cubanos, junto con el cántico "¡Paredón! ¡Paredón! ¡Paredón!"

Supongo que en Cuba sobraban los paredones donde llevar a la gente a fusilar. A principios del año 1959 se veían muchos paredones acribillados de balas y bañados en sangre. No fue difícil limpiar la sangre, aunque sí fue más difícil tapar los huecos. También fue fácil enterrar los fusilados o deshacerse de ellos, pero de ambos lados fue más difícil enterrar los recuerdos de los crímenes cometidos por Batista y sus secuaces, como lo fueron todos los asesinatos cometidos bajo Fidel en nombre de la justicia.

En aquel entonces, en esos primeros días, nada de mucha importancia cambió para mí ni para ninguno de quienes me rodeaban. Los hijos de Batista no regresaron a La Salle después de las pascuas, ni tampoco regresaron los hijos de los hombres que gozaban de estrechos lazos con el que fuera presidente, Batista el Perdedor. El abusador que menos me gustaba, a quien le había pegado en la sien, también se fue. Asimismo desaparecieron los parquímetros, ya que no quedó uno que no fuera destruido por la gente. Pero aparte de eso, nada más cambió.

Por lo tanto, regresé a mi vida de niño cubano de ocho años. Traspasé viejas fronteras en mi bicicleta "nueva" y la escaché lo más que pude para vengarme de mis padres por haber tratado de engañarme pintándola antes de la Navidad. Jugaba con mis amigos, hacía estallar cohetes y petardos, mortificaba a Blackie el mono y me subía a los árboles. Iba mucho a la playa y a misa todos los domingos. Veía películas nuevas casi todas las semanas. Permitía que Hollywood se apoderara de otro trozo de mi alma cada vez que iba al cine. Después que fui a ver la película *Los vikingos* empecé a soñar con los fiordos, con las hachas voladoras y con todo lo que fuera nórdico. Hasta a Rafael y a mí nos dieron dos modelos de un barco vikingo y nos pasamos horas mirándolos después de que los armamos. Además, seguía vigilando las nubes a ver si llegaba Jesucristo. De vez en cuando soñaba con el Cristo de la Ventana, pero también empecé a soñar con las rubias bellas.

Yo no tenía ni idea de lo que estaba pasando, pero claro está, casi nadie en aquella isla tenía idea de lo que estaba sucediendo.

Salvo Luis XVI, quien no hizo nada, absolutamente nada, con su conocimiento asombroso de lo que sobrevendría.

—Ese tipo va a ser malo. Malísimo. Arruinará el país —profetizó Luis XVI cuando Fidel bajó de la Sierra Maestra.

Luis XVI vaticinó el destino fatal que nos tocaría, pero no hizo nada para rescatarnos cuando todavía había tiempo para hacerlo.

Nos burlábamos del rey Luis y sus profecías. Aunque el presente estaba bañado en sangre, el futuro nos parecía una maravilla. Yo puse de mi parte para apoyar la Revolución. Perseguí a todas las lagartijas para eliminarlas de Cuba y quizá hasta de la faz de la Tierra. Las lagartijas eran horrorosas, asquerosas, totalmente opuestas a lo que eran Marilyn y Kim. Y había tantas, reptiles repugnantes que eran.

Si se me hubiera presentado la oportunidad, las hubiera recogido a todas, las hubiera puesto contra un paredón y las hubiera fusilado, una por una. Hubiera necesitado muchas más balas de las que tenía y una escopeta o pistola, pero no cabe duda que lo hubiera hecho si se me hubiera presentado la oportunidad. Preferiblemente con Marilyn a mi derecha y Kim a mi izquierda para que me ayudaran a terminar más rápido.

—¿Qué les parecen estas lagartijas, muchachas? ¿Qué me dicen, mis bellezas?

—¡Paredón! ¡Paredón! ¡Paredón!

—Muy bien, mis rubiecitas. A ver, todos a la vez!

¡Preparen! ¡Apunten! ¡FUEGO!

23

Twenty-three

Espada en mano, Kirk Douglas se alzaba sobre Tony Curtis. Le había roto la espada a Tony, dejándolo tirado en el piso, la espalda contra la pared y con un pedazo de su espada como única defensa. Ahí estaban dos judíos americanos haciendo el papel de vikingos en una película de Hollywood, situados en el punto más alto de alguna torre medieval en Inglaterra, junto al azul oscuro del Mar del Norte, con sus cabellos volando al viento como el trigo en las estepas rusas.

Vikingos. Vikingos judíos. Hijos de judíos rusos emigrantes haciendo el papel de vikingos.

Y ahí estaba yo, un niño cubano en el cine Miramar, nieto de inmigrantes españoles, quién sabe si descendientes de judíos, viendo el drama desarrollarse en la comodidad del aire acondicionado, mientras afuera el sol tropical rajaba las piedras. Sentado entre mi hermano Tony y mi amigo Rafael. Manuel también estaba presente y también estaba mi padre. Quisiera pensar que Ernesto no estaba, pero lo más probable es que sí. Un cine muy agradable en un bello barrio de La Habana, lleno de cubanos que veían aquella película de la tanda matutina del sábado sobre vikingos del siglo diez y filmada en Noruega e Inglaterra. Todos los demás habían debido pagar para entrar. Nosotros entramos gratis.

Kirk Douglas se veía sorprendido. Muy sorprendido. No había esperado que la espada de Tony se fuera a partir. Era tanto el suspenso que casi no lo podíamos aguantar. ¿Cuánto más tendríamos que esperar para que Kirk metiera su espada perfecta, larga e intacta en el pecho de Tony? Vamos Kirk, ¿qué esperas? A Tony Curtis ya le faltaba una mano. ¿Cómo va a poder ganarte? Tenía un pedazo de espada en una mano y un muñón cubierto con cuero en lugar de su otra mano.

Allí estaba Kirk de pie, titubeante. Su ojo malo, destrozado por las garras de un halcón al principio de la película, era como diabólico. El halcón que lo dejó tuerto era de Tony. Y Tony le había robado Janet Leigh a Kirk. Janet, maravillosa mujer, tan linda, tan deseable, fue conquistada por Tony. Janet estaba enamorada de Tony. Se habían besado en una pradera llena de flores y bajo un sol claro en Inglaterra, a la orilla de aquel mar septentrional azul oscuro. Y Kirk la deseaba de todo corazón. Como diría Mick Jagger, Kirk era un *bleedin' volcano,* un volcán sangrante, un volcán en plena erupción. Por dentro ardía como el núcleo del sol. Se le podía ver en el ojo bueno, e incluso en el tuerto, blanco y borroso, que también irradiaba el deseo en su propia forma rara. Pero le había llegado el momento de vengarse. La única oportunidad que tendría de apoderarse de la gloriosa Janet. *Piensa en sus ojos, Kirk. En esos ojos azules, tan azules como el mar del Norte, maldición. Son tuyos. Ahí los tienes. Vamos, Kirk, traspásalo con tu espada. Métesela hasta el puño. ¿Qué esperas?*

¡Qué par! ¡Qué pelea! Un judío vikingo tuerto, versus otro judío manco mitad vikingo. ¿Cuánto más duraría el suspenso?

¡Qué imbécil, Kirk! Esperó demasiado. Vaciló y Tony le asestó una puñalada en la barriga con el trozo de su espada. *¡Fua!* ¡Qué sorpresa! El tipo terminó apuñalado con lo poco que quedaba de una espada rota. ¡Qué genial! Por primera vez vislumbré el poder de la imaginación.

Kirk permaneció inmóvil largo rato, con una expresión de

sorpresa total. Su ojo bueno lo dijo todo: "¿Qué diablos pasó aquí? Este cretino manco me acaba de matar con su pedazo de espada".

Entonces Kirk se desplomó y murió.

Lo más triste de todo era que Kirk y Tony desconocían que eran medio hermanos. Nosotros sabíamos que lo que estábamos presenciando era un fratricidio y que él y Tony eran hijos de Rágnar. Hijos de Ernest Borgnine. Sí, efectivamente, Ernest Borgnine también como vikingo. La película había abierto con Ernest violando a una señora inglesa que había quedado embarazada y había dado a luz a Tony Curtis, a quien luego mandaron a un monasterio en algún rincón de las islas Británicas. Entonces los vikingos llevaban a cabo una incursión en dicho monasterio y a Tony le caía en suerte terminar en Noruega como esclavo de su padre Ernest y su medio hermano Kirk. Era entonces que el halcón de Tony dejaba a Kirk tuerto y comenzaban los problemas.

¡Qué escena más chévere esa cuando el halcón lo embistió! Kirk peleándose con el halcón, las garras vaciándole la cuenca del ojo y la sangre chorreándole por la cara. Pero Kirk no lloró. De ninguna manera. Ese día aprendí que los vikingos no lloran ni se quejan del dolor. Supongo que serían capaces de sacarse los ojos sin gemir y sin hacer las más mínimas muecas.

Dios Todopoderoso, qué ganas tenía yo de ser vikingo, qué ganas de salir en un velero vikingo, defenderme con un escudo vikingo, blandir una espada vikinga y gritar "¡Odín!" mientras moría como un héroe. Quizá algún día me tocaría tirarme de cabeza dentro de una guarida de lobos, como había hecho Ernest Borgnine, espada en mano, invocando el nombre del rey de los dioses de Valhala. Entonces me darían un entierro vikingo, como le dieron a Kirk Douglas. Mi cadáver zarparía en un barco vacío al que dispararían flechas encendidas y mi cadáver y el barco juntos arderían al atardecer sobre el azul oscuro del Mar del Norte. Ten en mente que sería un atardecer pálido nórdico, no como los fulminantes atardeceres color naranja de Cuba.

Fantasías nórdicas en La Habana en 1959, mientras la

Revolución disfrutaba de sus primeros meses triunfantes. Las cosas no habían cambiado tanto, con la excepción de la gran cantidad de hombres que eran ejecutados frente a los pelotones de fusilamiento. Tantos, pero tantos. Parecía como si fueran miles. Y la sangre corría a raudales.

"¡Paredón! ¡Paredón!" gritaban las turbas. Búscate cualquier pared grande y fuerte. Cualquier pared alta y gruesa frente a la cual situar a tus enemigos para matarlos a tiros sin que se puedan defender. Paredón, paredón. Cualquier pared que sirva para acabar con ellos. Rápido y con eficiencia industrial.

Tantos cubanos murieron de esta forma, fusilados, sin ser sometidos a juicios reales. Lo vi todo en el televisor blanco y negro que teníamos, bajo la atenta mirada de la María Teresa y del Niño Jesús el Buen Pastor. A aquellos espectáculos los llamaban "juicios". El canto rítmico de las turbas nunca parecía cesar. "¡Paredón! ¡Paredón! ¡Paredón!" Los fusilamientos. Es increíble ver lo rápido que un cuerpo se desploma cuando le entran balas. Cuánto tiempo puede pasar un hombre retorciéndose en el piso antes de que le administren el llamado tiro de gracia —el *coup de grace*— una reliquia de la época de los vikingos, cuando usaban porras y mazas en lugar de armas de fuego. Muchas gracias, caballero, por haberme liberado de mis sufrimientos. Gracias por haberme llenado el cuerpo de plomo, por no haberme perforado el corazón y por haberme volado los sesos después. Supongo que me lo merecía. Muchísimas gracias.

Esto no era una película de guerra. Era la vida real.

Todo transmitido por la televisión. Eso era lo que le daba un aire de fantasía a la distancia. Los hombres con los rifles en mano me parecían tan amenazantes como los guardias aletargados de Ming el Despiadado de las películas de Flash Gordon. Ese año mi atención realmente estaba puesta en la película *Los vikingos,* que ya había visto como unas diez veces. Aquella epopeya era mucho mejor que todos los tiroteos que se veían por televisión. Era en colores y mostraban a hombres peleando a brazo partido y muriendo en primer plano. Hubo una escena en donde un hombre murió aplastado por un ariete y otra en que una flecha le atravesó la cabeza a otro. *Los vikingos* llenaban la pantalla con hachas. Hachas por todos lados. Hachas que volaban. Hachas volantes. Hachas que nunca se desviaban. Hachas letales. Kirk Douglas tenía mucha destreza con aquellas hachas. Hasta podía cortarle las trenzas a una rubiecita al otro extremo de una sala sin lastimarle la cabeza, ni el cuello, ni su cuerpo, aunque se emborrachara con aguamiel o lo que fuera que tomaban los vikingos.

Años más tarde, en Chicago, conocería a dos muchachas, más o menos de mi edad, que estuvieron presentes cuando se llevaron a su padre que lloraba y suplicaba: "¡Por favor, no me maten! ¡Se los ruego, no me maten!" Camino al paredón se ensució en los pantalones y suplicó que le perdonaran la vida hasta el mismo momento en que las balas le entraron al cuerpo. Las hijas lo presenciaron todo. Tuvieron que vivirlo. El delito de su padre había sido conseguirse un puesto político bajo el régimen batistiano. Según sus hijas, el hombre no mató ni torturó a nadie. Ni sé de qué lo acusaron. Cuando me hicieron el cuento en Chicago, todo lo que había visto años antes en la televisión, bajo la mirada tersa de la María Teresa, me lució muy diferente.

Yo también tuve un pariente que terminó en el paredón, aunque en aquel entonces no lo supe porque mis padres me lo ocultaron. Ese pariente mío fue tan valiente como Ernest Borgnine en la guarida de lobos o quién sabe si hasta más. En lugar de invocar a Odín, el rey de los dioses, se agarró el entrepierna con la mano derecha aunque tenía los brazos amarrados y cruzados sobre el pecho y gritó "¡Apunten aquí primero, maricones! ¡Apunten aquí!"

Así lo hacen los cubanos. Muy diferente a como lo hacen los vikingos.

Cojones. No Odín, el rey de los dioses, el rey de Valhala. Cojones. Los cojones míos, maricón. Váyanse al carajo, maricones. Voy a morir como un hombre.

Qué pena que no supe de esto hasta que cumplí los cuarenta y un años. Si me hubiera enterado de esto siendo más joven, quién sabe cuánto habría cambiado mi vida.

Mi padre, quien fuera Luis XVI, observaba todo lo que pasaba con una sensación de *déjà vú,* quizá hasta de *ennui* o aburrimiento. Qué lata. Otra vez lo mismo. Turbas, cánticos, juicios, sentencias capitales basadas sólo en meras sospechas. Ejecuciones públicas. Qué curioso que ahora usen armas de fuego y cómo la televisión permite que haya muchos más testigos de las matanzas. La plaza parisina que ahora se conoce como la Plaza de la Concordia nunca bastaba para recibir a tanta gente. Muy pocos, relativamente muy pocos, pudieron presenciar cuando yo perdí la cabeza. *C'est dommage.* Qué lástima que casi nadie me vio morir. Creo que voy a salir a buscar más trastos para mi colección de antigüedades.

El juez, mi padre, vio lo que pasaba por el televisor de la casa, pero no hizo nada. No quiero decir que debería haber hecho algo para detener las matanzas como juez que era. Para interceder entre los pelotones de fusilamiento y las víctimas había que ser un loco o un suicida. Aquella ola de ejecuciones fue un tsunami gigantesco generado en el océano del odio y del dolor. No había forma de detenerlo. Todos lo sabían. Lo que quiero decir es que Papá debió haber pensado en huir en el momento en que la primera bala penetró el cuerpo de un "esbirro", como le decían a los batistianos. Todavía me erizo cuando pienso en eso. Pero mi padre sólo se dedicó a comprar más antigüedades.

¿Cómo es que no entendió el peligro que nos rodeaba?

¿Qué tendría metido en la cabeza? ¿La misma cabeza que supuestamente una vez había perdido en la guillotina? ¿Por qué no empaquetó toda su maldita colección de arte, buscó el primer barco que zarpaba de Cuba y nos llevó para los Estados Unidos? ¿O para España, donde teníamos parientes? O mejor todavía, ¿por qué no nos llevó a Noruega, donde vivían los vikingos y donde no había ni una sola lagartija? Lo único que recuerdo que dijo el día que Fidel Castro entró en La Habana en un tanque Sherman fue "Esto anda mal. Van a haber muchos problemas. Este tipo es malo".

Unos meses después, ahí estábamos, cómodamente sentados en el cine Miramar, viendo *Los vikingos* gratis, mientras nuestro mundo se derrumbaba. ¿No había aprendido Papá lo suficiente de su triste experiencia en el año 1789?

Seguimos yendo al cine hasta el día que salimos de Cuba. Y Papá siguió comprando trastos aun después de que salimos. Siguió añadiéndole más antigüedades a su colección hasta que no cupo nada más en su maldita casa.

Pero al menos aquellos trastos le hacían compañía. Ernesto también lo acompañó. Estaba con él cuando murió. Y se quedó en la casa como su ocupante y celador de la colección. Nunca como dueño, claro, pues en Cuba nadie realmente es "dueño" de nada. El Estado es el dueño de todo. Perdón, me equivoco —el *pueblo* es el dueño de todo. La gente ocupa casas ajenas y se encarga de todo lo que hay dentro, aunque nunca le haya pertenecido antes. ¿Quién decide quién se queda con cuál cosa y qué se hace con todo? No me lo preguntes. No lo sé. En el paraíso marxista-leninista no existen las palabras "mío" o "tuyo". Todo es "nuestro". Sí. Seguro.

Me dicen que Ernesto vendió la colección entera, pieza por pieza, aunque nada fuera de él.

Qué raro que yo también, como Tony Curtis en *Los vikingos*, terminara con más o menos un medio hermano. La diferencia en mi caso es que nunca pude matarlo con un trozo de espada. De lo cual, supongo, me alegro. El fratricidio tiene un gran agarre gravitacional. Por eso a veces un trocito de espada basta.

A mi padre no le tocó un entierro vikingo después de que su corazón estalló. Lo enterraron rápidamente en el panteón de la familia y cuando me enteré que había muerto, ya estaba su cadáver a diez pies bajo tierra, en nuestra bóveda de mármol, a dos mil millas de donde me hallaba y su alma inmortal estaba en camino a un nuevo cuerpo o quién sabe si ya en el vientre de alguna mujer. Quizá en Noruega, cerca de un fiordo.

Cómo quisiera yo despojarme de las imágenes de una muerte que no presencié y de un entierro del cual no participé, despojarme de lo que no debe estar en lo más profundo de mi alma y despojarme de todas las pasiones que me gobiernan. Despojarse de todo es una meta digna, quizá la más digna de todas.

Johannes Eckhart, Maestro Eckhart, piadoso, santo, a quien casi juzgan como hereje en el siglo catorce, lo sabía todo. Demasiado bien. Según él, la única razón por la cual sufrimos es porque nos encariñamos con los bienes materiales y con la gente. Lo que debemos hacer es dejar de desear, de amar. Sencilla y llanamente, los lazos traen dolor. El despojarse de todo deseo y todo cariño es la libertad, la redención. Una manera muy alemana de ver las cosas. *Gelassenheit*. ¡Qué gran concepto! El Maestro lo inventó. Nos enseñó que esa debe ser nuestra única meta. El estado de despojamiento, de abandonamiento, de echar todo a un lado. El echar-a-un-ladonismo. Incluso nos advirtió que debemos echar a Dios a un lado. "Le ruego a Dios que me ayude a despojarme de Dios", solía decir el Maestro.

Quién sabe si la densa niebla otoñal de Colonia le permita a un alemán echarlo todo a un lado o si son las noches más oscuras del invierno boreal, cuando el sol sólo sale seis horas al día, si sale. ¿Pero podrá un cubano echar las cosas a un lado? Lo siento, Maestro Eckhart, supongo que el sol nos lo impide. Te quiero mucho, mi querido Maestro, pero aquel desgraciado sol permanece con uno para siempre. Se queda grabado en las células. Dios es luz, ¿no es cierto, *lieber Meister*? ¿Entonces qué podemos hacer si nuestras entrañas ya están impregnadas con la esencia de Dios? ¿Si hasta los mismos recuerdos son rayos de luz caídos del cielo? ¿Cómo, entonces, podemos echarlo todo a un lado?

Y el pobre carmelita español San Juan de la Cruz, nacido Juan de Yepes, de ascendencia judía y que se volvió Juan de la Cruz cuando tomó los hábitos. El pobre San Juan disfrutó menos del sol que los cubanos, pero más que los alemanes. Trató de ser alemán, como tú, mi querido Maestro. Quiso imitarte tanto que allá en el siglo dieciséis sus hermanos españoles lo tuvieron que encerrar y torturar diariamente, para que se le pasara esa locura. San Juan estudió lo que tus discípulos holandeses y alemanes escribieron. Y mira lo que le pasó. Terminó escribiendo los mejores poemas de amor que se han escrito en este mundo. ¿Pero qué fue lo que dijo en sus poesías?

Que el amor duele. Nunca deja de doler. Dios es amor, Dios es dolor. El dolor y la alegría son la misma cosa. Vivir es anhelar. Es tan sólo amar sin respuesta.

Échale la culpa al sol, ya que eso tiene tanto sentido como cualquier otra cosa. Con tanto sol les es difícil a los cubanos despojarse de todo, de echar las cosas a un lado. Aunque sólo se viva un día en Cuba antes de que te saquen de ahí, el sol se te queda en la sangre para siempre. Amamos demasiado. Yo veo ese rasgo —a veces a un extremo total— en mis hijos que sólo son mitad cubanos y ni siquiera han puesto un pie en Miami todavía.

¡Basta ya! De nuevo llegó la hora de pensar como nórdico, algo que trataba yo de hacer a menudo en mi niñez, consciente del efecto que me hacía el sol cubano.

Estudiaba los mapamundis anhelando las latitudes septentrionales. Llegué hasta el punto de creer que mientras más al norte en el globo terráqueo uno iba, más puras se volvían las cosas. Me acuerdo de que me acostaba en el frío piso de mármol de mi casa, lo que más cerca me hacía estar del hielo, y pasaba horas estudiando los mapas, pensando en cómo sería vivir en cualquier lugar que quedara al norte de Cuba, sobre todo más allá de la latitud cuarenta y cinco grados norte. O mejor, cincuenta grados norte; no, mejor ochenta grados norte. ¡Cómo quería haber vivido en Noruega, Suecia, Finlandia, Islandia, Groenlandia, Alaska, Siberia, el Yukón o en la Tierra de Baffin! O en el Polo Norte. Con todo ese hielo blanco, toda esa nieve y el aire frío. Todo tan puro, tan bueno. La nieve era la gracia divina. No sólo ocultaba el mal, sino que lo vencía. Y allá en La Habana yo la esperaba y esperaba.

Asimismo, aquellas noches que duraban veintitrés horas me parecían algo muy atractivo. ¿Acaso el cine Miramar no era oscuro y frío? ¡Qué agradable era ese cine, tan diferente al sol rajapiedras que hacía afuera y el intenso calor que lo acompañaba!

Además, ¿acaso Santicló no vivía en el Polo Norte? Él tenía que saber lo que era verdaderamente bueno, ya que era la mejor persona del mundo. ¿Acaso la mejor persona no elegiría vivir en el mejor lugar?

Por fin lo pude entender todo. En la oscuridad y en el aire acondicionado, *Los vikingos* me abrieron los ojos. El norte era mejor. Seguro. De eso no cabía duda alguna. Ahí se toleraba mejor el dolor, había más valentía y encima de eso, no había lagartijas. También sobraban las hachas volantes. Y flechas. Y arietes. Y espadas. Incluso, trocitos de espadas. Pero no había pelotones de fusilamiento, ni cobardes fusilando a hombres atados que no pueden defenderse y que se cagan en los pantalones. Si en el norte había alguna cuenta que saldar, se peleaba mano a mano y se le daba una oportunidad al adversario. Allá simplemente no se apresaba a la gente que no simpatizaba con uno, ni tampoco los fusilaban a montones.

Y además, el amor también se permitía en el norte. Se podía arder como un *bleedin' volcano,* como lo había hecho Kirk el tuerto. Y también se podía lograr el *gelassenheit,* si uno así lo deseaba.

Y sabes, eso fue exactamente lo que le pasó a Kirk el tuerto al final de la película. En el momento que ganó la pelea con su medio hermano, en el mismo momento que iba a conquistar a la mujer que más quería, decidió echarlo todo a un lado. Se quedó ahí tieso, mudo de asombro, espantado de poder ser el vencedor, atemorizado de encariñarse. Pensó en los ojos azules de Janet Leigh, pensó en el azul oscuro del Mar del Norte y lo echó todo a un lado. Te apuesto a que le suplicó lo siguiente a Odín: "Ayúdame a echarlo todo a un lado, Odín, déjame despojarme, dame *gelassenheit.* Rescátame de mis deseos, rescátame de la pasión".

Qué envidia te tengo, Kirk. Odín, allá en Valhala, oyó tus súplicas y tú, Kirk, pudiste salvarte de ti mismo. Te salvaste de la pasión ardiente. Pero yo no he tenido la misma suerte.

Soy lo que soy. *Cubanus sum.* Cubano soy.

Y todavía aquí en Nueva Inglaterra espero la nieve. La espero y la espero y la sigo esperando.

24

Twenty-four

Esa noche salieron las luciérnagas. Cocuyos, como se llaman en Cuba. Salían de los arbustos, de los árboles y de los jardines. Lanzaban desenfrenados destellos verdes cuando uno menos lo esperaba. Zigzagueaban, revoloteaban, subían y bajaban y te sorprendían de repente. Por toda la Isla los niños los perseguían y los metían en botellas con tapas de metal repletas de huequitos que le hacían con un clavo y un martillo.

No importaba que el mundo estuviera cambiando. En las calientes noches tropicales como esas, seguía habiendo fiestas en número incontable. Ron, limones, cerveza, música afrocubana capaz de revelar misterios ocultos y demasiados cigarrillos. Voces altas, sudor, baile, susurros y demasiadas manos, caderas y labios rozando lugares prohibidos.

También había oraciones. Siempre. Algunas blasfemas, otras piadosas.

Desfilamos por la Quinta Avenida con grandes velas en las manos que nos alumbraban el camino como enormes cocuyos en la noche. Centenares de cocuyos humanos. Luciérnagas. Insectos desafiando las tinieblas en la fiesta de santa Ana, que casualmente había caído en el consagrado aniversario de la Revolución, el 26 de julio. Insectos bien acomodados, desfilando trascendentemente en una noche caliente de pleno verano, una fracción de grados al sur de la invisible línea del trópico de Cáncer.

Desfilamos por una de las avenidas más importantes de La Habana. Salimos de la parroquia de Jesús de Miramar, el templo a la riqueza y el privilegio, y formamos un círculo de unas cuantas cuadras de largo que desfilaba por un costado de aquella elegantísima avenida y seguía por el otro costado hasta llegar a la iglesia. La Quinta Avenida tenía un hermoso parque en el centro que iba por toda la medianía y que se extendía por muchos kilómetros.

Aquella iglesia era una maravilla, repleta de murales de la pasión de Jesús de Nazaret. Eran enormes, muy coloridos y con muchos personajes. Lo interesante era que muchos de esos personajes eran en realidad pinturas de los patrones que habían pagado por los murales. A Luis XVI le encantaba mostrarme las personas que él conocía y más aún, señalaba a las personas que aparecían en los murales y que estaban sentadas en los bancos alrededor de nosotros.

—Fíjate, ahí está san Pedro y ahí está san Juan. Mira, ahí está María Magdalena. Y ahí está José de Arimatea y Verónica. Mira, ahí está Longino, el centurión.

Y en efecto. Todos lucían un poco más viejos y estropeados en vivo, pero el pintor era tan experto que los había representado fielmente, casi como en una fotografía.

Qué maravilla. Imagina eso. Que conserven tu imagen haciendo el papel de un personaje bíblico, a la vista de todos, en la pared de una iglesia, por siglos y siglos, quizá hasta el fin del mundo. ¡Impresionante!

—¿Y por qué no estamos nosotros ahí?

—Porque cuesta muy caro —fue la respuesta sencilla y franca de quien fuera el rey de Francia.

Papá prefería gastarse el dinero en su colección de antigüedades. Según él era mejor ser dueño de una pintura a que te pintaran.

—¿Judas está aquí hoy?

—No, no está y nunca estará. Piénsalo bien. ¿Quién se gastaría su dinero para que lo pinten de Judas?

—¿Y quién es ese tipo con el gorro puntiagudo?

—¿De quién hablas tú? ¿Del sumo sacerdote Caifás? Él es tan malo como Judas.

—¿Y Poncio Pilatos?

—Él sí está. Mira allá, está sentado en el tercer banco.

¡Le zumba al mango! ¡Ahí estaba Poncio Pilatos!

Todavía veo la cara de ese hombre cada vez que oigo nombrar a Poncio Pilatos en el Credo o cuando leen La Pasión en Semana Santa. Es la única imagen de Poncio Pilatos que tengo y que siempre conservaré.

—¿Sabes que nuestro Poncio Pilatos también es juez? Él y yo estudiamos Derecho juntos. Tenemos la misma profesión, lo único que él es magistrado y gana mucho más que yo.

—Pero ¿no era Pilatos un hombre malo, como Judas? ¿No fue él quien condenó a Jesucristo a morir?

—No, lo cierto es que no era tan malo. Lo obligaron a hacer lo que hizo… y por eso se lavó las manos… y luego se arrepintió y antes de morir lo bautizaron. Creo que hasta lo hicieron santo. Ya sabes bien que ser juez no es nada fácil. Es un gran honor que te pinten como Pilatos. Cómo me hubiera gustado haber tenido el dinero para que me pintaran así.

Pilatos, como todos los otros varones presentes en aquella iglesia, tenía que soportar el calor como todo un macho. De vez en cuando los hombres sacaban un pañuelo blanco para secarse la frente y tocarse ligeramente el labio superior, la barbilla y el cuello. Pero nunca se echaban fresco con abanicos. Los machos sabían cómo soportar el calor sin quitarse las chaquetas.

Las mujeres sí podían abanicarse y, a veces, sus hijos también. María Magdalena era una experta con el abanico. Sabía usarlo mejor que las otras. Marcaba el compás según el cual las demás mujeres se echaban fresco, como una compositora que determinaba el abrir y cerrar de aquellos instrumentos de la feminidad.

Los velos de encajes con que las mujeres cubrían sus rostros se movían, ondulándose un poco con la brisita artificial.

Orémus.

—Oye Mamá, ¿me echas un poco de fresco? Aquí hace mucho calor.

Chácata, fu, fu, fu, fu, fu, fu, ¡CHÁCATA!

—¿Eso es todo? Por favor, dame más… Me muero del calor.

—¡Shhhh! ¡Silencio! Préstale atención a la misa. Ofrece el calor como tu sacrificio. Es buena penitencia.

Agnus Dei, qui tollis peccata mundi, miserere nobis.

Qué mal me caía la palabra "sacrificio". Qué mal me sigue cayendo.

La palabra "paciencia" me caía igual de mal. Qué palabra más odiosa, peor que cualquier mala palabra. Puede ser que el sacrificio y la paciencia lo encaminen a uno a la redención, pero no se puede negar que es muy desagradable tener que soportar incomodidades en este mundo. Como el calor que hacía en aquella iglesia. O como tener que esperar a la madre de uno mientras ella compraba una tela fina en una de las aburridísimas tiendas de la calle Muralla, pertenecientes todas a inmigrantes judíos de Europa que preferían llamarse polacos en lugar de judíos.

Se rumoreaba que el artista que pintó los murales de la Pasión había usado a un polaco de Muralla como modelo de Jesucristo. Pero eso sólo era un rumor basado en el hecho de que nadie que iba a misa en esa parroquia se parecía al Jesucristo de los murales. Papá no estaba seguro si era verdad o no lo del polaco, pero sí estaba convencido de haber visto a unos cuantos judíos que eran igualitos a Jesús de Nazaret.

Por supuesto, se acordaba de cómo era Jesucristo, ya que lo había conocido en una de sus vidas previas.

En todo caso yo no sabía qué me caía peor, si la iglesia con mucho calor o las tiendas de telas. Tanto una como la otra requerían paciencia y sacrificio. ¿Habría algo más aburrido que una misa o una tienda repleta de telas?

—¿Ya terminaron? ¿Cuándo va a terminar la misa? ¿Cuánto tiempo más tenemos que estar aquí?

—Paciencia…

—¿Y por qué no me echas más fresco?

—Ofrece el sacrificio del calor.

La señora negra sin piernas que siempre esperaba afuera, en la escalera que daba al estacionamiento, sí que tenía mucha paciencia. No hacía nada más que sentarse a la salida, quieta, domingo tras domingo, con sus muñones a la vista pública, con su hijito babeante acostado sobre sus muslos y con la mano abierta para pedir limosnas. Por cierto, creo que se me olvidó contarte de este niño bobera cuando mencioné a esta pordiosera en otro capítulo previo.

Efectivamente, la señora esa tenía un niñito como de mi edad que no hacía nada más que babear y contemplar las nubes con mirada vacía. Era tan delgadito que más parecía un esqueleto que un niño de carne y hueso.

No sé cómo se las arreglaba esa señora para llegar a la iglesia todos los domingos con su hijito, sin piernas y sin automóvil que la transportara. Pero siempre hacía acto de presencia, domingo tras domingo, en la escalinata de la iglesia. Tal parecía que nos seguía. Si no estaba en la parroquia de Jesús de Miramar, estaba en Santa Rita, cerca del parque donde se me reventó el cohete en la mano, o en San Antonio, donde hice la primera comunión.

Y qué mal olía aquella señora, la mendiga que se sentaba bajo el ardiente sol todos los domingos. Era una peste como ninguna otra. Muy diferente a la peste de las carnicerías, aunque algo por el estilo. De eso no cabe duda. Todos los domingos, cada vez que salía de la iglesia, me veía forzado a cerrar los ojos y aguantar la respiración. Pero a veces no resistía la tentación de mirarla. Y eso sí que era desagradable, cuando la señora fijaba sus ojos en mí y me ponía su mano abierta en la cara. Yo no toleraba ni su dolor, ni su necesidad, ni su hijito babeante.

—¿Qué hace esta mujer siempre aquí? ¿Por qué siempre está pidiendo que le demos dinero?

—Porque no tiene —contestó María Antonieta.

—¿Y por qué no tiene?

—Porque es pobre y lisiada.

—¿Y por qué está así el niño? ¿Qué le pasa?

—Hay personas que nacen así.

—¿Y por qué?

Mis padres me contestaron al unísono:

—Porque en otras vidas fueron muy malas —pronunció el rey Luis.

—Porque Dios las puso así en esta tierra para cumplir un destino especial. Es lo que Dios quiso para ellos —explicó María Antonieta.

Ninguna de las dos respuestas me agradó. Ni tampoco me gustaba tener que encontrarme a la negra y su niño después que concluyera un rito tan largo y aburrido.

Tuvimos la suerte de que la negra sin piernas no se apareció la noche de la procesión de santa Ana. Y ahora que lo pienso, me doy cuenta de que por esa época desapareció por completo. Llegamos un domingo y ya no estaba. Desapareció. Por supuesto que le di gracias a Dios por eso y me olvidé de ella. Mejor para mí. Ahora podría ocuparme de algo mejor.

Mientras desfilábamos, no iba pensando ni en la limosnera apestosa, ni en su hijo bobera, ni en santa Ana, la madre de la Virgen y abuela de Jesucristo, ni tampoco en Jesucristo ni en la vela que portaba en la mano. Yo iba pensando en el programa de televisión que acababa de salir, *Bat Masterson,* y en la manera en que Gene Barry empuñaba su bastón de mango dorado.

¡*Fuácata!* Y salió volando la pistola de la mano del villano. Se hizo justicia, los débiles y los indefensos una vez más estarían protegidos de los abusadores en el Oeste americano. Yo me hice creer que la vela mía era el bastón de Bat Masterson. No se parecía en nada el bastón de mi madre al suyo. El de ella no era nada más que un bastón sencillo que sólo servía para ayudarla a caminar bien. A Bat Masterson no le hacía falta un bastón para caminar. Lo usaba como un arma y en sus manos, era más poderoso que cualquier pistola. Bat era un héroe demasiado ágil y chévere. Por eso no necesitaba una capa. Con el bastón le bastaba.

A la misma vez, en otras partes de La Habana se celebraban otros acontecimientos. Unos le rendían homenaje al séptimo aniversario del primer alzamiento de Fidel contra Batista y otros festejaban el paso del tiempo a su manera. La peluca nueva. El recién nacido. La boda. El entierro. Un nuevo trabajo. Las gomas nuevas del Ford. El gran favor concedido por santa Bárbara. El primer beso. La visita de Abuela. El regreso de Abuela a su casa en Santiago de Cuba después de una visita de dos meses. La visita número ciento cincuenta a un burdel. El número que salió en la bolita, la lotería clandestina en que cada número tenía un nombre: la mariposa, la jicotea, la mala mujer, la novia china. La lagartija. El número, tu número, tu suerte, tu fiesta. Todo era posible. Estoy seguro que había por lo menos cien mil maneras de pasar esa noche muy entretenido en lo que fuera una capital de casi un millón de habitantes.

Como buenos católicos que éramos, desfilamos con velas en honor a la abuela de Jesús de Nazaret. Festejamos el acontecimiento, marcamos nuestro territorio y lo consagramos al volvernos cocuyos.

Supongo que para las hormigas y las abejas los cocuyos son demasiado frívolos. ¿Qué buscan con sus destellos en la oscuridad del verano? ¿Es que tan sólo les interesa divertirse y copular? ¿Dónde está su devoción a lo colectivo, su compañerismo, su dedicación desinteresada por el bien común?

Sin embargo, ahí andábamos nosotros, emitiendo destellos, los mayores copulando, reproduciendo, igual a como hacen los cocuyos. Y también rezábamos, algo que no hacen los insectos. Una forma de comportarnos inútil y delictiva. Rezábamos para que todo siguiera como siempre, implorando, dándole gracias a Dios por los privilegios que disfrutábamos y pidiendo que se nos concedieran más. Le dábamos gracias a Dios, pidiéndole que por medio de Su abuela de carne y hueso nos escuchara, que nos salvara de las lagartijas, de las emperatrices mal habladas, de los niños que se babeaban y de los abusadores. Le pedíamos a Dios que nos permitiera amar y que nos diera salud y que nos suspendiera las penas de muerte. Distraídamente rezábamos con fervor, pensando en Bat Masterson.

Fidel, el grande hombre, tenía grandes planes para convertirnos a todos en hormigas y abejas. Esa noche sería la última vez que nos permitirían ser cocuyos por la Quinta Avenida de Miramar o en cualquier lugar en Cuba. No habría más procesiones religiosas públicas. El opio no le hacía falta a la Revolución eterna. ¿Quién necesita la religión si tenemos la Reforma Agraria?

Yo de verdad que no entendía bien qué era la Reforma Agraria. Lo único que sabía era que a unos terratenientes les habían obligado a sacrificar parte de sus tierras y a mí me pusieron a hacer carteles que celebraban cuán maravilloso era aquello. Sí, efectivamente, hasta los queridos Hermanos Cristianos se unieron a la rumba por un rato, hasta que Fidel les dio una patada por el culo y los botó del país. Todos los alumnos teníamos que pintar carteles en apoyo a la Reforma Agraria en el cuarto grado de un colegio católico de los Hermanos Cristianos, La Salle del Vedado.

No, no me equivoco. La Salle del Vedado. En el mes de septiembre de 1959, Mamá y Papá nos trasladaron a otro colegio que no estaba tan cargado con el aroma batistiano. El nuevo colegio también se llamaba La Salle y también era de los mismos curas, pero quedaba en un reparto más viejo y la mayoría de los alumnos no estaban tan contaminados de la *orgullitis* aguda que plagaba a Miramar. Los alumnos que fuimos trasladados del colegio Miramar fingimos no tener ningún vínculo con el pestífero régimen anterior.

Tienes que entender que ya para finales de 1959 ser parte de la elite te podía meter en muchos problemas.

El caso de Luis XVI, por ejemplo. El rey Luis tenía un Buick negro. Era un automóvil grande del año 56, con tres huecos aerodinámicos superimpactantes cromados a lo largo del capó y con estupendas parrillas también de cromo, tanto delante como detrás. Era una belleza aquel automóvil, con "colas de pato" y "parabrisas panorámicos", como el rey Luis solía llamarlos. Un parabrisas de un solo vidrio, en lugar del parabrisas dividido en dos vidrios de los automóviles de antes. Aquel automóvil de Papá era fantástico, aunque sin ser un carro de lujo, como, digamos, un Cadillac. De hecho ya tenía tres años y a una rueda le faltaba la tapa. Pero aquel automóvil, que no llamaría la atención de ningún dentista o contador norteamericano, metió a Papá en tremendo lío.

Cuando salía en el automóvil a cualquier vecindario fuera de los repartos de Miramar o El Vedado o el centro de La Habana, corría el riesgo de que lo apedrearan. En una ocasión, cuando paró en una luz roja en un barrio pobre, una turba enfurecida de hombres y mujeres se puso a mecer el automóvil e insultarlo. Eso lo puso tan nervioso que cambió el Buick por un Plymouth blanco y azul del '51 sin parabrisas panorámicos. El Plymouth tenía un adorno muy bonito en el capó, que supongo era un modelo aerodinámico del buque *Mayflower,* pero le faltaban los tres adornos en forma de huecos. Y además, era mucho más chico por dentro, sobre todo el piso del asiento de atrás, donde me gustaba esconderme cuando pasábamos por la entrada de la casa de tía Carmela.

La situación lo puso a Papá tan nervioso que no quiso que siguiéramos estudiando en La Salle de Miramar y por eso nos trasladó para La Salle del Vedado.

El cambio fue espantoso. Empecé a extrañar al Maestro Taxidermista y al Maestro Infierno cuando me enfrenté al maestro del cuarto grado. Era flaco y alto, tenía una nariz que parecía el pico de un águila y nos hizo saber bien claro que le caíamos mal. Para todo tenía una regla y nos daba notas muy malas e injustas. Estaba encaprichado con los pormenores. Si nos olvidábamos de algún detallecito, las notas bajaban vertiginosamente. Si no usábamos la tinta que a él le gustaba, no nos aceptaba la tarea. Si nos sorprendía mirando por la ventana, aunque fuera por un segundo, nos ponía más tarea por la cual después nos daba notas malísimas.

Pero el maestro no era lo que más me molestaba. Lo que más me molestaba eran mis compañeros de aula. Ahí no tenía

ningún amigo. Lo único que sí tenía era enemigos, los únicos
enemigos puros que jamás he tenido. Me mortificaban todos
los días sin misericordia ninguna y hacían todo lo posible para
amargarme la existencia.

Quizá estos problemas se debieron al Cadillac con chofer.
Es decir, a Gerardito Aulet también lo trasladaron al Vedado,
pero su papá no llegó al extremo de cambiar su estilo auto-
movilístico, como lo hizo el mío. Íbamos al colegio en el Cadillac de Gerardito por la mañana y el mismo Cadillac nos
recogía por la tarde. Los Cadillac no tenían muchos problemas
si se quedaban en Miramar o en El Vedado. A la hora del almuerzo íbamos para la casa y regresábamos en guagua.

Los otros alumnos siempre nos echaban miradas rarísimas
cuando llegábamos en el Cadillac.

En cualquier caso, aquellos niños me atormentaban en el
aula y en el patio y no me dejaban jugar con ellos. El que se
sentaba detrás de mí durante los primeros cuatro meses era el
peor de todos. Ése sí que no paraba de mortificarme, como un
perro rabioso. Era cien veces peor que ningún otro abusador
que jamás haya conocido.

Quizá el peor error que cometí aquel año fue pedirle al rey
Luis que hablara con el maestro. Un día me acompañó al aula
y conversó con el maestro, en frente de toda la clase, por más
o menos diez minutos. Tan pronto terminaron y se despidieron, el maestro le pidió al tipo sentado detrás de mí que cambiara de pupitre con otro niño que estaba sentado a dos filas.

Pero la cosa empeoró. Lo único que logré fue confirmar
que yo era un mariquita. Y a partir de ese momento, no sólo
me insultaban a mí, sino que también se pusieron a insultar a
mi padre, gordo, calvo y un pendejo.

No en vano sólo recuerdo bien cuatro días del cuarto
grado.

El día número uno fue mi primer día en aquella aula extraña, en aquel edificio viejo, rodeado de niños que nunca
había visto y oyendo al maestro explicarnos qué tipo de libreta teníamos que comprar, qué color y marca de tinta (sólo
nos permitía tinta Pelikan) y qué tipo de pluma (sólo nos per-

mitía plumas Esterbrook) usar, cómo debíamos escribir las letras mayúsculas, etcétera. Miles de reglas impuestas a la fuerza. Y yo extrañaba muchísimo la vista del mar y las nubes.

El día número dos fue el día fatídico cuando mi padre se apareció y fracasó en su intento de mejorarme la situación.

El día número tres fue cuando nos forzaron a hacer carteles para la Reforma Agraria. Yo quería pintar uno con un disco rayado trabado en el estribillo "Reforma Agraria, Agraria, Agraria, Agraria, Agraria…" Estaba cansadísimo de oír hablar tanto de la Reforma Agraria. Nadie podía ver la televisión o escuchar la radio sin oír hablar de la Reforma Agraria. A veces oíamos hablar de ella directamente del mismo Fidel, porque siempre que daba uno de sus discursos de seis horas era lo único que trasmitían por todos los medios de comunicación. Cuando él hablaba, todo el mundo debía escucharlo o apagar los radios y televisores. (Los altoparlantes en las esquinas aparecerían un año más tarde, lo cual daría al traste con el silencio que reinaba en algunas casas). Por lo tanto, para mí, todo el lío de la Reforma Agraria no era nada más que un enorme disco rayado. Pero los discos tenían demasiadas líneas y mis tendencias perfeccionistas no me permitían dibujar un disco que no tuviera la cantidad exacta.

Me vendí y todavía me odio por haberlo hecho. Nunca voy a poder perdonármelo.

Yo sabía que el maestro estaba con Fidel y con la Reforma Agraria. Un tipo bien 'Patria o Muerte'. También sabía que le gustaban las cosas a su manera, y sólo a su manera, y que nos había puesto la tarea de hacer los carteles a favor de la Reforma Agraria para mandarlos fuera del colegio a algún lugar donde le darían mucha importancia porque fueron dibujados por escolares.

El problema es que ya yo me había virado contra Fidel. Lo que más detestaba era el aluvión implacable de información sobre la Revolución y sus proyectos. Nunca antes había visto nada por el estilo, vivir totalmente saturado por un bombardeo mental. Incluso, lo que más detestaba —las clases sobre el infierno— ya nos las daban sólo de vez en cuando y sólo por media hora. Nunca me habían metido nada en la cabeza con tanta persistencia como la Reforma Agraria y otros temas relacionados con la Revolución. Hasta la misa semanal, lo peor de lo peor en todo el mundo, duraba sólo una hora, si acaso.

Tampoco me gustaba cómo Fidel se adueñó de todos los medios de comunicación. No me gustaba para nada. Y los discursos que daba eran aburridísimos, incoherentes y llenos de demasiadas promesas y amenazas.

En todo caso yo sabía exactamente lo que el maestro quería que pusiéramos en aquellos carteles y lo complací. Me di por vencido y no dibujé el disco rayado. Lo que hice fue agarrar el círculo del disco que ya había hecho, y las pocas líneas que le había dibujado por dentro, y los convertí en un blanco de tiro al arco. Dibujé tres flechas y sus plumas con detalle en el mismo centro del blanco, y debajo escribí en letras mayúsculas, tal como el maestro nos había indicado, LA REFORMA AGRARIA DA EN EL BLANCO.

Dante se equivocó. En el punto más bajo, en el nadir del noveno círculo del infierno, Satanás comparte un espacio eternamente frío con traicioneros aduladores que abandonan sus convicciones por una buena nota o por un aplauso. Por los siglos de los siglos, *per omnia seculae seculorum,* los "guatacas" sicofantes tendrán que usar sus lenguas para lamerle el culo erizado de navajas que tiene Satanás.

Mi cartel infernal se sacó el primer premio y el maestro lo mandó a que lo exhibieran. Lo peor de todo es que yo no sabía si odiarme a mí mismo o sentirme orgulloso por lo que había hecho.

Permíteme regresar al tema de los cuatro días que recuerdo del cuarto grado. El día número cuatro fue el día de la gran explosión. Era una tarde a principios de 1960. Estábamos en la misma rutina cotidiana del colegio, cuando, de repente: ¡BA-GA-BUUUUUUUUM! El aula entera se estremeció. Las contraventanas se sacudieron. La tiza en la tablita debajo de la pizarra brincó. Lo que más recuerdo fue la sensación de la explosión que me entró por las plantas de los pies y me atravesó todo el cuerpo por lo que me pareció una eternidad, aunque debió haber durado menos de un segundo.

Hubiera pensado que era un terremoto si no hubiera oído el inconfundible estruendo de la explosión. Nadie me engañaba cuando se trataba de explosiones. El estallido de aquel día fue el más fuerte que jamás oí o sentí. Ni idea tenía de que las explosiones grandes podían ser tan fantásticas. ¡Sí, aquella era una buena de verdad! La mejor de las mejores.

Como una hora después del estallido nos enteramos de lo que pasó. El maestro salió del aula por unos cuantos minutos, tal vez la tercera vez desde que ocurrió la explosión, y regresó con la noticia: un barco cargado de armas y artefactos explosivos había estallado en la bahía de La Habana. Casi en el mismo lugar donde voló el *Maine* en 1898.

Así debió haber sido cuando se hundió el afamado acorazado americano. Desde muy chiquito había estado oyendo los cuentos de tía Lucía de cuando volaron el *Maine* y el estallido que hizo, a pesar de que en aquel entonces ella tenía sólo tres años. Siempre pensé que exageraba, que se estaba inventando aquellos recuerdos, pero a partir de ese momento, se los creí. Uno nunca olvida una explosión como esa.

Nuestro colegio quedaba a unos cuantos kilómetros de la bahía. Traté de imaginarme cómo sería de cerca. ¡Seguro que algo increíble!

Durante los días que siguieron no se hablaba de otra cosa que de la explosión, de la tripulación, de lo que traía y de los sospechosos de siempre. El barco *La Coubre* había llegado cargado de armamento para la Revolución. Armas de fuego, municiones, artillería y equipos militares de todo tipo, comprados con las contribuciones de gente de otros países que apoyaban la Revolución. Un símbolo de solidaridad internacional hecho cenizas instantáneamente. Un barco enorme repleto de cosas diseñadas para explotar. Cosas que le quitaron a Fidel y a su gloriosa Revolución.

O sea, no todo el mundo estaba a favor de la Revolución. La explosión de *La Coubre* fue el mensaje más impresionante

que los contrarrevolucionarios le pudieron enviar a Fidel.
También fue una gran victoria estratégica. *La Coubre,* junto a su
preciosa carga, se destripó y se hundió en el fondo de la bahía.

Lo que en aquel entonces yo no sabía era que dos parientes míos estaban haciéndole guerra a Fidel también, sin aso-
ciarse con la gente que voló a *La Coubre.* Uno fue mi primo
Fernando. El otro fue el primo de Fernando —el sobrino de
su mamá—, con quien yo no tenía ningún parentesco. Aunque podíamos ser considerados parientes.

Cómo me hubiera gustado haberlo sabido en aquel
entonces.

Miguelito, el primo de Fernando, era el hijo de un diplomático y ministro que había formado parte de varios gobier-
nos, incluso el segundo de Batista. Por lo que oigo, él era muy
buena gente y gran contrarrevolucionario. Mi otro primo,
Rafael, me contaría años más tarde que Miguelito se le aparecía en la casa en El Vedado, a sólo una cuadra de mi aula de
cuarto grado, a cualquier hora de la noche y le pedía que le
sirviera un trago. Entonces se sentaba en una silla cómoda,
con el trago en la mano, mirando el reloj.

—En veinte segundos vas a oír tremenda explosión.

Entonces se oía un *¡PAAAAAAA!* en la distancia.

—En cuarenta segundos vas a oír otra.

¡PAAAAAAA!... *¡PAAAAAA!* otra vez en la distancia.

—¡Perfecto! Aguanta unos veinte minutos más y lo vas a
oír todavía más cerca.

A las explosiones les seguía una conversación que no solía
tener nada que ver con los sabotajes, pero más bien con esas
cosas que les interesaba a la gente de veintitantos años en La
Habana de la época. Lo siento, no puedo darte más detalles
sobre dichas conversaciones. No tuve la suerte de tener veintitantos años en La Habana antes de que el mundo cambiara.
Sin embargo, mi primo Rafael me cuenta que La Habana era
una maravilla.

Lo suficientemente maravillosa como para poner bombas y
volar barcos en su bahía con el fin de que siguiera siendo tan
maravillosa como había sido.

Veinte minutos más tarde y mucho más cerca: *¡PAAAA-AAA!... ¡PAAAAAA!... ¡PAAAAAA!*

—¡Perfecto! Y en diez minutos, el gran final.

¡PAAAAAAAAAAAAAA!

Esa vez sí que fue cerca. Era imposible decir dónde exactamente, pero sí que fue cerca.

—¡Perfecto! ¡Qué maravilla! Como un toque de tambor. ¡Ahora sí que estos cabrones hijos de putas van a saber lo que es bueno! ¿Está bien si me quedo aquí hasta que amanezca?

Pero llegó el día en que detuvieron a Miguelito. Tarde o temprano, los agarraron a casi todos. Aquellos niños bitongos que una vez jugaran con petardos y cohetes y bolitas y que andaban en sus bicicletas por los parques. Aquellos patriotas ejemplares, que tomaban Cuba-Libres y esperaban la detonación de las bombas en la noche. A casi todos los agarraron.

Fidel demostró ser más inteligente que todos ellos. Fue él quien salió ganando. La mayoría de la gente no sabe o no le interesa saber sobre cuán duro lo trataron de derrocar. Hace tanto tiempo que está ahí que parece tan inmutable como el Monte Everest o los polos terrestres.

Pero por más o menos tres años, el destino de Fidel no era inevitable.

Por poco Fernando mata a Fidel. Por poquito. Casi, casi. Te daré los detalles más adelante. Pero no sabían nada de esto cuando se lo llevaron y le celebraron juicio. De lo contrario le hubiera tocado el mismo destino que le tocó a Miguelito.

A Miguelito le tocó la pena máxima, la misma que a todos los contrarrevolucionarios cojonudos. ¡Paredón! ¡Paredón! ¡Paredón! En su caso no suspendieron la sentencia. Ya yo te conté lo que le pasó. Él fue el que se agarró las entrepiernas cuando le apuntaron y que les gritó a sus verdugos "¡Apunten aquí primero, maricones!" Me alegro que no gritó "¡Viva Cuba libre! ¡Viva Cristo Rey!", ni nada por el estilo. Algunos mensajes son más hermosos cuando son codificados en sartas de blasfemias, particularmente frente a algo tan obsceno como un pelotón de fusilamiento a las órdenes de un implacable dictador que se hace pasar por humanitario.

Al mismo tiempo que estaba sacando a los limosneros de las calles, Fidel estaba callando con mano dura a todos los que se oponían a él.

En resumidas cuentas, la mujer sin piernas desapareció de la escalinata de la iglesia porque el pedir limosnas fue prohibido por la Revolución. ¿Le habrán dado lo suficiente para comer o para el cuidado de su hijo babeante? No lo sé, pero no creo que se lo hayan dado. En aquella época no vi nada, ni tampoco he oído nada de los pocos parientes que todavía tengo en Cuba que me permita creer que la Revolución le pueda ofrecer a nadie ni lo más básico que se necesita para vivir como un ser humano.

Lo único que sobra en la Cuba de Fidel son la mierda, la envidia y la intolerancia.

Pues si alguna persona recibe lo más básico que puede ofrecer la Revolución, lo tiene que pagar con dinero bañado en sangre.

Debería haber hablado sin ambages con el chofer de la guagua que a la hora del almuerzo nos llevaba a la casa y en que regresábamos al colegio. Parecía el tipo de persona que más se beneficiaría de la Revolución. Mucho más que el chofer de los Aulet, que siempre andaba vestido en un traje bien planchado. El guagüero de la guagua de La Salle número dos era un museo de tatuajes ambulante. De las muñecas para arriba tenía los brazos cubiertos de tatuajes. Como siempre llevaba las mangas de su camisa remangadas y se dejaba la camisa abierta hasta la mitad del pecho, podíamos ver que tenía tatuajes por doquier. A veces, cuando se amarraba los pantalones demasiado alto, podíamos ver que también tenía tatuajes en las piernas. Marcas azules y rojas por todo el cuerpo. Imágenes de la Virgen. Corazones entrelazados penetrados por una sola flecha. Nombres de mujeres. Diagramas y retratos de todo tipo. Unos cuantos animales. Una bandera cubana.

Yo nunca antes había visto un tatuaje, salvo en los personajes de las historietas.

Quizá algún día tendré el coraje de hacerme un tatuaje. Casi lo hago hace unos días, pero me acobardé. Uno de estos días, unas cuantas cervezas de más puede que me permitan penetrar aquel umbral, trasladarme de este mundo a ese, al mundo de los tatuados, al mundo de la verdad.

No cabe duda que la gente con tatuajes es diferente. ¿Serían los mentirosos o hipócritas capaces de hacerse un dibujo permanente en la piel? Te apuesto a que Fidel no tiene tatuajes.

Por eso hubiera querido hablar con el guagüero de la guagua número dos. Me pudiera haber dicho todo lo que necesitaba saber sobre la Revolución.

La guagua número dos recorría todo Miramar, recogiendo a la mayoría de los antiguos alumnos de La Salle de Miramar. La última parada era en un reparto nuevo, donde los árboles aún eran muy pequeños y el sol era tan fuerte que rajaba las piedras. El último pasajero en bajarse era un niño cuyo padre era el dueño de una compañía de refrescos. Su apellido salía en todas las botellas que vendían. Imagínate cómo debe ser que la gente diga tu apellido cuando piden un refresco.

—Me da un Cawy de naranja, por favor.

¿Oír decir tu apellido así te haría sentir especial o como cualquier otro?

De cualquier manera, pronto Cawy y todos los demás refrescos desaparecieron. El niño Cawy y su familia lo perdieron todo. Se lo quitaron todo. Se lo nacionalizaron todo. Todo, la Coca-Coca, el Cawy, la Materva y el Ironbeer quedó en manos del Estado. Perdón. Me equivoco. Todo quedó en manos del pueblo cubano.

Y los refrescos se fueron para el carajo.

Apuesto que el Che Guevara tenía uno o dos tatuajes. Era un asesino feroz e implacable, pero de vez en cuando decía la verdad, algo que nunca le gustó a Fidel. En una ocasión, cuando en la televisión le preguntaron sobre la producción de refrescos en las fábricas recién nacionalizadas, tuvo que confesar que el régimen no tenía ni idea de lo que estaba haciendo con los refrescos y que no sabía cómo darles los sabores que les correspondían. A los dueños de las fábricas se les obligó a entregar las plantas, pero no las fórmulas.

—Olvídense de la Coca-Cola y la Pepsi-Cola —dijo el

Che—. Olvídense de todo eso. Vamos a seguir haciendo algo que se parece a la Coca-Cola y la Pepsi-Cola, pero ya no tenemos las fórmulas. Los capitalistas yanquis se las llevaron. Si quieren, pueden seguir tomando refrescos, pero nunca van a saber como antes.

Cada una de esas Coca-Colas y Pepsi-Colas del Che era un acontecimiento. No había dos botellas que supieran iguales. Cada botella, cada trago, sabía a rayo. Y siempre a un rayo distinto. No pude tomarlas más y por eso me puse a tomar agua efervescente, ya que el agua gaseada es difícil de estropear.

La guagua siguió dando sus vueltas hasta junio de 1960, cuando terminó el año escolar. Ya para entonces se había encogido la ruta. Había más asientos vacíos que en el mes de septiembre. Asientos que quedaron vacíos cuando los niños que se sentaban en ellos desaparecieron sin despedirse. No eran muchos los que se habían ido, pero sí lo suficiente como para darme cuenta de que se estaba abriendo una enorme grieta bajo nuestros pies. La gente estaba huyendo de su propio país.

Pero nosotros nos quedamos.

Ni Luis XVI ni María Antonieta jamás tocaban el tema. No sé cuándo lo hacían, pero si hablaban de la Revolución sólo lo hacían entre ellos. De modo que nos sorprendieron cuando nos informaron de sus decisiones sobre mi futuro y el de Tony.

—El año que viene no regresan a La Salle del Vedado. Creemos que necesitan un cambio. Es mejor que vayan a un colegio más pequeño que no tenga nada que ver con la Iglesia. Todavía no sabemos dónde ponerlos, pero los vamos a llevar a ver unos cuantos colegios para que nos digan cuál les gusta más.

Consultarnos a Tony y a mí nuestro parecer, eso sí que era una novedad.

Fuimos a visitar cuatro colegios. Uno quedaba a sólo unas cuadras de la casa. Era tan pequeño que ocupaba una casa de doce habitaciones. Usaban un uniforme ridículo, con zapatos negros. También fuimos a ver un colegio militar que se veía tan espantoso que Tony y yo nos pusimos a rezar en voz alta por primera vez en la vida.

—¡Dios mío, por favor, sálvanos de ese colegio!

No me acuerdo cuál fue el colegio que fuimos a ver después del colegio militar. Sin embargo, el último que fuimos a ver era magnífico.

Ése era un colegio con niñas. Imagínate eso. Yo sabía que existían los colegios mixtos, pero jamás soñé que yo llegaría a ser alumno en uno de ellos. Como la muerte o las enfermedades, los colegios mixtos eran siempre para la otra gente, pero para nosotros no.

Sin embargo, al fin nos tocó el turno de mezclarnos con niñas. Mamá y Papá ya estaban tan nerviosos que al siguiente año escolar nos matricularon en el Colegio del Salvador. No quedaba muy lejos de la casa y nos permitieron ir y regresar en bicicleta. No habría más ningún Cadillac, ni choferes, ni guaguas. Sólo bicicletas. Y también habría niñas y maestras, pero sin curas, en una residencia preciosa de la Quinta Avenida con un gran patio arbolado. Y encima de eso me tocaría un uniforme diferente con zapatos carmelitas. ¡Qué maravilla calzar zapatos carmelitas! ¡Increíble!

Ese colegio valió todas esas Pepsis y Coca-Colas del Che que tomé ese año. ¿Tal vez la Revolución no era tan mala, si me había traído a tal lugar?

En lo que se refiere al colegio, no me equivoqué. Resultó ser mejor de lo que me había imaginado. Pero en lo que se refiere a la Revolución, en eso sí me equivoqué.

Aquella noche del 26 de julio de 1960, mientras desfilaba con los otros cocuyos por la Quinta Avenida, estaba contento de haberme liberado al fin de mis enemigos del cuarto grado y estaba enloquecido con el bastón de Bat Masterson.

Esa noche, las palmas se mecían en la brisa y las llamas de las velas que portábamos danzaban al unísono. Aquellas velas bailaban un chachachá y reían con deleite. Estaban de fiesta mientras lamían el aire un poco salado y olían el perfume de las señoras a través de los velos y de la brillantina de los hombres.

No me preguntes a qué olían los pocos niños y niñas que estaban allí desfilando junto a sus padres. Posiblemente olían a esperanza y a distracción infinita. Sabía que yo olía a eso. Y también comprendía que me mecía con las palmas y que bailaba con las llamas, aunque bailar estaba prohibido en mi casa, y como un Quijote atrofiado empuñaba mi bastón invisible en contra de todos mis enemigos invisibles. Sé también que disfruté el haberme convertido en cocuyo por una noche.

Los cocuyos eran cien mil veces mejores que las lagartijas.

Santa Ana, allá en la gloria del cielo, observaba la procesión y el baile de las llamas con mucha curiosidad y bastante júbilo. Como a todos los santos, le encantan las procesiones grandes. Imagínate eso, gente desconocida, desfilando trascendentalmente en tu honor, casi dos mil años después de tu muerte. Todos quisiéramos que nos alaben así algún día. Quisiéramos ser tan buenos y bienaventurados como santa Ana.

Pero esa gente allá abajo en La Habana era rarísima. Santa Ana sonrió y frunció su entrecejo perfecto e inmortal. Las llamas nunca le bailan así a la otra gente. ¿Cómo hicieron para que las llamas bailaran así? La música no emanaba de los cantos tristes de aquellos cocuyos, sino de sus cuerpos y del aire. ¿Y por qué sonaban tan altos los tambores? ¿Tendría algo que ver con los destellos que se veían por toda la capital noche tras noche? ¿O con las luminosas explosiones de las bombas colocadas por hombres jóvenes que exudaban esa misma música por los poros?

Desde el cielo, santa Ana vio las luces. Todas las luces. Y también oyó la música. Toda la música. Ella vio, como sólo se puede hacer desde el cielo, cómo las luces y la música se volvían una sola pieza, vinculadas por el amor y el deseo de vivir.

Los insectos, las fiestas, las velas, las bombas. Todo estaba vinculado.

Y santa Ana sonrió, pero también lloró, como sólo se llora en el cielo.

25

Twenty-five

La luz del sol chocaba contra la escalinata del cine Miramar con su acostumbrada furia y su chillido inaudible. Subimos corriendo aquellos cuatro escalones de terrazo y entramos al aire acondicionado del vestíbulo mientras Luis XVI mostraba a la taquillera su carnet de yo-soy-juez-y-yo-entro-gratis.

Unos meses antes, en ese mismo cine, habían celebrado un concurso de yoyos patrocinado por los yoyos Duncan. Aquellos iconoclastas de la Duncan habían interrumpido el rito y me habían robado el valioso intermedio de la matinée. Encendieron las luces y profanaron la oscuridad sagrada. El exuberante interior del teatro, las butacas de terciopelo y el telón —del mismo azul turquesa del mar— quedaron al descubierto, ante los ojos de todos. Pero lo peor de todo fue que revelaron el escenario tras la enorme pantalla, la cual guardaba nuestros recuerdos más importantes. Un escenario lleno de niños con mucho talento que, armados de sus yoyos de colores, hacían trucos que sabía que jamás lograría hacer. Sin duda eran niños que habían vendido sus almas a Satanás para que éste les permitiera hacer aquellos trucos increíbles, con nombres como la-vuelta-al-mundo, mece-la-cuna y camina-el-perro.

Yo ni siquiera podía hacer que el yoyo subiera y bajara tres veces antes que la cuerda dejara de funcionar y el desgraciado juguete quedara colgado tan muerto como un cuatrero en la horca.

Pero al ver aquellos niños en el escenario, en aquel escenario que revelaba un pasado secreto, me dieron ganas de comprar todos los yoyos fabricados en la planta de Duncan. Le imploré al rey Luis que me los comprara todos, todos los modelos en existencia, pero me recordó que yo ya tenía uno que no obe-decía mis órdenes.

Fue durante aquella tarde que entendí por primera vez lo que son la envidia y la traición. El cine Miramar era sólo para las películas, reservado para la oscuridad y la realidad inmater-rial. El escenario tras la pantalla, lleno en ese momento de ex-pertos del yoyo, había también albergado artistas de carne y hueso, traidores a la pantalla, enemigos de las fantasías que transcienden a este mundo.

Habíamos ido a ver una película muy especial, pero los ex-pertos del yoyo no nos dejaban verla. Habíamos ido a ver a Kirk Douglas en el mar y a una nave maravillosa.

Si no lo sabes, debo decírtelo: antes de ser vikingo, Kirk Douglas había sido marinero. Con una camiseta de rayas muy ajustada, cautivo dentro del submarino del capitán Nemo, el Nautilo, en la película *Veinte mil leguas de viaje submarino* de Walt Disney.

Como siempre, habíamos ido al Miramar, pero en aquella ocasión debimos esperar a que terminara la demostración de los yoyos. Cómo nos encantaba ver a Kirk arponear el calamar gigante en el ojo, hiriéndolo justo en el centro de aquella pu-pila maldita y vacía a pesar de su camiseta ajustada y de las olas enormes que barrían la cubierta del *Nautilo*. (Seguro que este papel le había costado la venganza cinematográfica de quedar tuerto bajo las garras del halcón en *Los vikingos*).

Y un año más tarde, ahí estábamos otra vez, en el cine Mi-ramar, disfrutando el aire acondicionado y viendo de nuevo cómo Kirk le cortaba, de un hachazo, un tentáculo al calamar gigante para liberar al capitán Nemo de su abrazo mortal.

E íbamos también al cine Arenal para ver lo tonto que lucía Peter Lorre, hiciera lo que hiciera. En *Veinte mil leguas* no hacía papel de cretino, como en sus otras películas, sino más bien de bufón. Íbamos al cine Ambassador para ver el Nautilo embestir un barco y hundirlo. Íbamos al cine Maxim, que quedaba a unas puertas de la casa de Abuela, para ver cómo le pegaban un tiro al capitán Nemo. Y qué bien hacía James Mason su papel cuando le entraba la bala por la espalda. Uno se daba cuenta enseguida de que era una herida mortal. De eso no cabía duda alguna. Íbamos al elegante Trianón para ver a Kirk Douglas dar brincos con la foca que le servía de mascota al capitán Nemo. Íbamos al Roxy, a aquel Roxy apestoso y de aire recargado donde hacía demasiado calor, para ver al capitán Nemo abrir la gigantesca ventana redonda del Nautilo, lo cual dejaba boquiabiertos a Kirk Douglas, Peter Lorre y a otro tipo frente a las maravillas del mundo subacuático. Un mundo que todos queríamos visitar, en el cual queríamos vivir algún día. Por lo menos yo sabía que me iba a comprar un equipo de buceo tan pronto Mamá y Papá me lo permitieran. Quizá me lo permitirían cuando cumpliera los trece años.

Ninguno de nosotros llegó nunca a bucear.

Fuimos a ver *Veinte mil leguas de viaje submarino* muchas veces. Cuando la exhibían en un cine habanero, ahí estábamos nosotros. A veces hasta íbamos a los cines que no nos dejaban entrar gratis. A nosotros nos azoraba ver a Luis XVI pagar en la taquilla, pero siempre valía la pena.

A los ocho años aprendí cómo memorizar las carteleras de la semana que salían en los periódicos. Llegué a conocer el nombre de todos los cines de La Habana, incluso los de los cines a los cuales jamás iba ni jamás iría. No memorizaba las horas de las tandas, sino sólo las carteleras, incluso hasta las de películas mexicanas de vaqueros, que a mi parecer eran lo peor de lo peor en el mundo. Incluso peor que las pesadas películas de amor con sus escenas de gente besuqueándose y restregándose unos contra otros.

A mí me empezaron a gustar las escenas de los besuqueos de repente, en medio de la película *Reina del espacio* en el Miramar, algún sábado a principios de 1960. Me acuerdo que esa tarde hizo mucho sol y calor. Pero no se necesita ser un genio para recordar eso, ya que es fácil acordarse de cómo era el tiempo en Cuba. Es mucho más difícil acordarse de cómo estaba el tiempo cuando se ve una película en Nueva York, Chicago, Miniápolis, París o Madrid. Pero yo sí puedo. Yo soy como el "Señor Memoria" de la segunda versión de *Treinta y nueve escalones* de Hitchcock (que vi por primera vez en una calurosa y estrellada noche de verano en julio de 1974, en un televisor blanco y negro de trece pulgadas, en mi apartamento, a unas quince millas de donde ahora estoy sentado).

En todo caso, *Reina del espacio* me enloqueció. Era una película barata de ciencia ficción sobre unos hombres que terminan en el planeta Venus, donde sólo viven mujeres gobernadas por Zsa Zsa Gabor, la científica principal del planeta. Los hombres y mujeres se besuquearon mucho en aquella pantalla y, como de costumbre, fueron acompañados por la cacofonía de los besuqueos y vítores burlescos del público cubano.

—¡Ay, dale! ¡Chupa! ¡Chupa duro, Mami! ¡Muaaaa!

Cuando salí al sol fuerte y cegador ya pensaba más en los besos que en los robots de esa película. No era sólo que me gustó cómo los artistas disfrutaban darse tantos besos, sino que de repente la idea de darle un beso a una hembra en los labios me pareció algo muy atractivo. Me sentí poseído por un espíritu extraterrestre, pero por un espíritu delicioso. Me dieron ganas de montarme en una nave espacial —un cohete, por supuesto— y salir volando directamente hacia el planeta Venus.

El Nautilo no era nada como el planeta Venus. De ninguna manera. En el Nautilo los hombres y las mujeres no se besaban. Ni había mujeres. En ninguna parte de la película pudo un hombre besar a ninguna mujer. Ahí los únicos besos eran entre un hombre y una foca.

Pero parece que Fidel vio algo en la película peor que el bestialismo de esos besos entre Kirk y la foca de Nemo. Algo terrible. Tuvo que haber sido eso, ya que le prohibió la película a todos los niños cubanos.

Y así fue que un día en 1960 fuimos a ver *Veinte mil leguas* al Roxy, donde nos informaron que la película estaba prohibida para menores.

—Lo siento, no pueden entrar los niños —explicó la taquillera.

Papá se veía desconcertado mientras le hacía algunas preguntas, pero no pudo ablandar a la taquillera, ni tampoco obtener una respuesta a sus preguntas. Lo único que la taquillera hacía era recitarle las nuevas reglas al viejo juez.

—Lo siento.

Repetía y repetía lo mismo, como si fuera un autómata recitando un mantra: "La película está prohibida para menores".

Armé un escándalo ahí mismo en la acera frente al Roxy. Supongo que le hice mil preguntas a la taquillera, toda una variación sobre un mismo tema: "¿Y por qué?" Mi padre, mi hermano y mis amigos le hicieron la misma pregunta.

Pero fui más allá de lo debido. Le dije a la taquillera exactamente lo que yo opinaba de su comportamiento y de sus reglas imbéciles, todo lo cual era mucho peor que las interrupciones de los yoyos Duncan de tiempos pasados. Nos partió el corazón la cosa. Fue una espantosa traición.

—Esto no sirve... es algo estúpido. Estupidísimo. Y... y... también es... es una injusticia.

La taquillera puso una cara que expresaba la mezcla de emociones más extraña que jamás he visto. Yo no sabía si me había buscado un lío o si casi la hice llorar.

Supongo que Luis XVI estaba pensando en las turbas parisinas del Reinado del Terror cuando me puso la mano en el hombro y me dijo:

—Déjalo. Ni trates de discutirlo.

Bueno, ahí nos quedamos, sin poder ver una película que ya habíamos visto muchas veces porque nos la prohibieron. Nos botaron, nos expulsaron de nuestro propio pasado. Lo único que le faltaba a la taquillera era una espada flamígera, como la que Dios le dio al ángel que puso a la entrada del

Edén. Pero no estábamos en el Edén. Al contrario, estábamos muy lejos de él. Estábamos en un cine barato, asqueroso, el peor de todos. Ni siquiera tenía aire acondicionado. Lo único que tenía era ventiladores en el techo e incómodos asientos de madera. El baño era tan puerco que Papá nos advirtió que nunca nos sentáramos en el inodoro.

—Lo único que debes hacer en el Roxy es orinar —decía él—. Sabe Dios lo que se te pegue si te atreves a sentarte.

Me dejó contemplando un misterio el rey Luis. No se me ocurría qué era lo que se me pudiera pegar de la taza del inodoro del Roxy. Y contemplaba yo ese misterio cada vez que se me llenaba la vejiga casi a reventar y me arriesgaba a ir al baño.

—Te pueden dar parásitos —reveló una vez Luis XVI—. Si el agua del inodoro tiene huevos de parásitos y te caen en el fondillo cuando salpica el agua, ahí quedaste. Olvídate. Sales de aquí con lombrices en los intestinos.

Valga decir que sólo los peores aprietos que se podían solucionar a pie me obligaban a ir al baño del Roxy.

Pero de todas formas, aquel cine ocupa un lugar muy especial en mi memoria. Fue ahí, en aquella acera, al lado del cartel gastado de *Veinte mil leguas de viaje submarino,* sumergido en la luz de la marquesina, donde por primera vez sentí la repugnante sensación que alguien me estaba tratando de invadir la mente y el alma. Fue la primera vez que sentí la herida, esa herida infernal. El bisturí de Fidel intentó su primera incisión, el primer paso de lo que debía ser un transplante de cabeza.

—Lo siento, usted no puede entrar con los menores. Lo siento, esta película no es apta para menores. Lo siento, la dirección no permite que nadie entre a ver la película que esté acompañado por menores de dieciocho años. Lo siento, es la dirección que manda, no yo. Lo siento, lo siento. Váyanse ya.

Estoy consciente de que muchas personas que no sean cubanas no me creerán, pero por Dios lo juro que así fue. Como decimos los cubanos, que mal rayo me parta si no estoy diciendo la verdad.

Desde aquella noche he pensado mucho en por qué Fidel hizo semejante cosa.

¿Sería el capitán Nemo? ¿Sería que aquel Capitán era un personaje tan maléfico que tenía que protegernos de él? Ahí estaba James Mason, con su barba, al mando del Nautilo, haciendo estragos en alta mar, vengándose de quienes le hicieron sufrir cuando era más joven, totalmente decidido a que los poderes imperialistas de la tierra saldaran cuentas por haber explotado la humanidad. ¿O sería que Nemo se parecía demasiado a Fidel? Después de todo, Fidel tenía una barba como la de Nemo y estaba al mando de una isla que se parecía mucho al Nautilo, larga y estrecha, con un espolón en su punta.

Disney hizo al personaje de Nemo muy desagradable y muy parecido a Fidel. Como no tenía buena comida para su tripulación, Nemo los forzaba a comer un montón de cosas asquerosas. Además, a Nemo no le molestaba nada matar a los que no estaban de acuerdo con él y su extraña interpretación de la justicia. Y encima de esto, al fin de la película, Nemo hunde al Nautilo y obliga a toda su tripulación a morirse con él.

Demasiado parecido a Fidel. Demasiado profético.

No, me equivoco. Seguro que me equivoco. Eso sería demasiado simple. Demasiado lógico.

¿Sería el calamar gigante? ¿Sería la foca? ¿Sería Peter Lorre y sus ojos de sapo?

¿Sería Kirk Douglas y su deseo incesante de escaparse del Nautilo y de las garras del capitán Nemo? Pero no. No, no pudo haber sido nada de esto. Lo único que se me ocurre que pudo haberle estado dando vueltas en la cabeza de Fidel es bastante feo y retorcido. Por lo tanto, prepárate. Voy a pensar como Fidel. Voy a pensar como si hubiera tenido éxito el transplante de cabeza que trató de hacerme.

Aunque no tenía cómo saberlo en aquel entonces, en aquella película Kirk hizo el papel de un homosexual. Más gay no podía haber sido. No me digas que no te diste cuenta. Ahí lo ves, a Kirk, en su pequeño camarote del Nautilo, rasgueando su ukelele de carey, piropeando a una foca. Piropeando a un pinnípedo que se tragaba pescados enteros de sopetón. Hasta besaba a la foca, que seguro era un foco. ¿Habría un macho de veras que pudiera hacer algo semejante? ¿Habría un macho que fabricara un instrumento musical del caparazón de una tortuga y después le diera una serenata a una foca, con una camiseta tan ajustada que parecía a punto de reventarse sobre sus brazos supermusculosos?

Jamás habría un verdadero macho así. Olvídalo.

Como bien sabes, Walt Disney era homosexual. Si tienes la oportunidad, fíjate bien en *Veinte mil leguas de viaje submarino*. Verás que Disney fue un genio maléfico y súper gay.

Si no me crees, échale un vistazo a *Peter Pan*. Ése también era gay. Más gay imposible. Basta con mirarle el disfraz. Olvídate que disimulaba con Wendy. Ella no le interesaba para nada. La verdadera razón por la cual Campanilla estaba tan enojada con Peter es porque sabía que él era gay y que nunca sería de ella. ¿Y los Niños Perdidos? Olvídate de eso. ¿Y el capitán Garfio? Fíjate bien en él y su tripulación de piratas, sobre todo en su ayudante, el tipo afeminado con la camiseta de rayas y las sandalias. ¿Qué es eso? ¿Cómo es que se atreven a decir que *Peter Pan* es una película para menores?

Bendito Moisés. Jesucristo Hombre Echo y Derecho.

De niño yo no comprendía nada de esto. Por supuesto, *Veinte mil leguas de viaje submarino* y *Peter Pan* eran mis películas preferidas y también lo era *Pinocho*. Las vi un montón de veces.

Lo que más me gustaba de *Peter Pan* era Campanilla. Ella fue el primer amor de mi vida, mucho antes de que yo entendiera lo que era el amor o antes que me empezaran a gustar las películas con escenas de besuqueos, o antes que descubriera a Marilyn Monroe o Kim Novak. Cómo me encantaba esa perra de Campanilla. Y qué arpía era. La peor de todas. Así y todo me enamoré de ella. Acabó conmigo, me tocó en el fondo del alma, sin yo saber por qué.

En todo caso, en La Habana, antes de Fidel, todos los niños íbamos a ver películas gays, sin comprender que el insidioso Walt Disney —loca arrepentida que era— nos hacía caer, tan ladinamente, en la trampa de la perversión. Aquellos de nosotros que teníamos verdadera madera de machos, que ardíamos por Campanilla y hasta por Blancanieves, hubiéramos terminado subliminalmente corrompidos por Walt Disney si san Fidel no nos hubiera rescatado. Nos rescató de la homosexualidad. Nos salvó antes de que perdiéramos los deseos que sentíamos por Campanilla y termináramos atraídos hipnóticamente por Peter Pan, por los Niños Perdidos, por el capitán Garfio y por todos sus piratas gay. Maricones.

Fidel vio bien claro la amenaza que acechaba los cerebros de la generación más joven de cubanos. Según su modo de ver las cosas, faltaba sólo una generación para que la nación cubana y la Revolución llegaran al punto de caer en la mariconería y por lo tanto, levantó una muralla de hierro tan pronto pudo.

Supongo que Fidel estaba pensando en esto cuando prohibió el Nautilo. Fidel odiaba a los gays con pasión y los sigue odiando. No quería hacerles un trasplante de cabeza normal a los gays. No, al contrario. Los odiaba tanto que prefería verlos a todos ahogados en el mar azul turquesa. No es que los gays pusieran bombas ni nada por el estilo. Es que definitivamente los homosexuales no cuajaban con la imagen del cubano de pura cepa. Los gays insistían en realizar su propia voluntad, en ser diferentes y en seguir sus propios impulsos.

Lo cual es lo último que uno debe hacer en la Revolución eterna de san Fidel.

En cualquier caso, ese día desperté y por primera vez me encontré cara a cara con la realidad de que algo espantoso había pasado en nuestra Isla. Todos nos quedamos pasmados, haciéndonos preguntas y quejándonos. La pandilla de los cinco, Manuel, Rafael, Eugenio, mi hermano y yo, no lo podíamos creer. Lo que más nos afectó fue que chocamos contra una regla inútil y estúpida que nos dejó paralizados bajo la marquesina, sin ganas de hacer nada. No queríamos regresar a casa. Nos mirábamos los unos a los otros, como zombies. No podíamos creer lo que nos había pasado. Sentimos que la fuerza de la gravedad nos jalaba con aún más fuerza. Pero a pesar de eso, no nos quedó más remedio que enfrentar la triste realidad. No nos iban a dejar entrar. Nos jodimos. Quedamos aplastados como cucarachas.

Compartir una duda es una gran experiencia, como lo es compartir una sensación de desastre. Aunque habíamos sido amigos de toda la vida, me duele admitir que nunca nos habíamos sentido tan unidos como en ese momento.

Esa noche no habría *Veinte mil leguas de viaje submarino.* Ni tampoco habría Ned, ni el capitán Nemo, ni el Nautilo abriéndose paso por el mar azul turquesa para embestir buques indefensos. No habría hombres en trajes de buceo recogiendo esponjas del fondo del océano. Y lo peor de todo: tampoco habría ningún calamar gigante.

¿Qué de malo tenía el calamar gigante?

Entramos en el automóvil, abatidos, pasándonos la mano por el cuello, por donde empezaba el trasplante de cabeza, todos con la misma expresión en la cara.

—Vamos muchachos, vamos al Tropicream —dijo Luis XVI—. Vamos a tomarnos un batido.

Los batidos del Tropicream eran una maravilla, pero estaban a punto de desaparecer como tantas otras cosas que le daban encanto a la vida. Había tantos sabores, que hasta yo, el "señor Buena Memoria", sólo recuerdo unos cuantos: ciruela, frutabomba, guanábana, guayaba, naranja, piña, plátano, mango, mamey. Yo siempre pedía el batido de mamey, a pesar de que la frutabomba —o papaya, como se dice fuera de Cuba— me atraía por su nombre tan explosivo. El color y el sabor del mamey son sublimes. Un color rojo fuerte con una infusión de un rosado loco que nunca he visto en nada más que dé la naturaleza, salvo en algunas flores tropicales. No me voy a atrever a explicar a qué sabía. Sería tan difícil como explicarle a una persona que nació ciega qué son los colores. Pero ahora cuando lo pienso bien, seguro que lo que me atraía a esos batidos de mamey tenía que haber sido la droga alucinógena que dicen se esconde en las semillas de la fruta.

Supongo que usaban esas semillas en los batidos del Tropicream. Aquellos batidos siempre me hacían sentir más inteligente. Tan pronto me tomaba uno me podía unir a casi cualquier paradoja y del mismo modo me sentía unido, en una manera muy especial, a toda la naturaleza, salvo, por supuesto, a las lagartijas.

A pesar del batido de mamey que me tomé esa noche, no alcanzaba a descifrar el misterio de Fidel, Ned, Nemo, el Nautilo y el calamar gigante. ¿Qué había pasado? Y ahora, después de tantos años, ¿tendré ya la respuesta?

¡Lo que daría ahora por un mamey! Mejor todavía, ¡por una semilla de mamey! Te aseguro que después de probar la esencia del mamey yo estaría más cerca de saber la verdad.

Para entender a Fidel hay que pensar como un loco. Para vivir con los recuerdos de Cuba hace falta también tener momentos lúcidos que otros creen son locura pura.

Por eso, por favor, tráeme un mamey con una semilla gigante. Una de esas semillas oscuras y resplandecientes, tan oscura como los puntos de los dados, tan oscura como una mancha en un alma nítida, en forma de almendra, más o menos del tamaño del puño de un niño. Dame una de esas semillas. Me hacen falta. Y de qué manera.

Y también tráeme flores de mamey, flores solitarias en los labios de Campanilla. Ramos entre los senos de bailarinas de flamenco. Camiones enteros llenos de estas flores, estadios enteros, repletos, a cargo de acólitos en vestiduras azul turquesa y cráteres, cañones, los Grandes Lagos, desiertos, océanos, continentes, lunas, planetas con los anillos que los rodean, todos repletos de flores de mamey. Todo el planeta Venus con flores de mamey desbordándose por doquier.

Supongo que un solo pétalo sería un regalo eterno e inconmensurable, por fugaz que sea su presencia y figura. Ridiculísimo, el tiempo triste y derrochado, antes y después.

Sí, por favor. Ahora. Pronto. Ya. Envidio los rayos de luz que alumbran estas flores, los insectos que beben su néctar o duermen la siesta sobre ellas y los vientos que las hacen ondear y estremecer. Hasta envidio las lagartijas que respiran sobre dichas flores.

No tengo ni idea de cómo son las flores del mamey o a qué huelen o saben, o cómo son cuando uno las toca. Fidel me expulsó del Edén antes de que me enterara y allá sigue él, aferrado a la espada flamígera para que yo no pueda reclamar los conocimientos que me corresponden.

Si alguna vez te cae una semilla de mamey en las manos o algo por el estilo, sal corriendo al cine a ver cualquier película que se te antoje.

Y lo verás con tus propios ojos.

Si puedes, también ponte a esperar en una de las colas de las atracciones en cualquiera de los paraísos de Disney. Las interminables colas, lo que cuesta entrar y la total idiotez de esos lugares te volverán loco. Pero habrás entrado en aquel mundo insípido por tu propia voluntad, sin que nadie te lo haya prohibido.

Y quién sabe si mientras estés haciendo la cola sentirás el olorcillo de un puro cubano, llegándote desde una isla lejana donde los mameyes siempre están en flor; una isla en forma de lagarto donde a nadie se le permite elegir nada libremente y las únicas imbecilidades que se permiten son las que se les ocurren al máximo líder, el todopoderoso comandante Fidel Castro Ruz.

26

Twenty-six

Llegó el momento de hacerte el cuento de mi primo Fernando.

Así es como siempre me lo he imaginado, y como lo llevo en la memoria. Y lo que sé, lo sé porque mi familia nunca cesó de relatar lo ocurrido, de hacer el cuento una y otra vez hasta que se volvió como las oraciones latinas de la misa tridentina o como un polo magnético para la brújula de todos mis recuerdos, transformándose en un mito tan formidable como el del Edén.

Siete tipos apretados en un solo automóvil, con otro más al volante. Tanta gente, maldición, que casi no se puede manejar o cambiar las velocidades. Como ya sabrás, no es un carro de lujo.

Y el maletero. Dios santo. El maletero.

Y el reloj, el reloj. El tiempo va pasando. ¿Y qué pasa si la G2, la policía secreta de Fidel, va subiendo por la calle en el mismo instante en que estás saliendo de tu casa?

Qué bueno. Gracias a Dios. Ya llegaste a la esquina. Ahora

puedes doblar, tomar por el amplio bulevar y escapar rápidamente. Y si te encuentras con la G2, no te preocupes. No sabrán quién va en el automóvil, ni qué llevas en el maletero.

Dos cuadras. Cinco cuadras. Perfecto. Pero todavía queda
un largo tramo para llegar a la próxima casa de seguridad
donde dejarás lo que llevas en el maletero. Dos cuadras. ¡Fantástico! ¿Pero la policía no va a entrar en sospechas cuando vea
a un montón de hombres en un carro que van como sardinas
en lata? Ojalá que no. Mejor que no. Por favor, Dios santo, no
dejes que pase. Ten piedad.

Estás nervioso y con razón. El maletero del automóvil va
cargado de armas y municiones.

Que se vayan todos al carajo. Por ahora, lo único que importa son los semáforos. Dios santo, por favor, que no cambie
la luz. Ahora no, por favor. No podemos perder ni siquiera un
segundo.

La luz cambia a amarilla cuando ya casi llegas a la esquina.
Si pisas el acelerador con toda tu fuerza, puedes cruzar antes
de que se ponga roja. Cambias a la cuarta velocidad. Aprietas
el acelerador. Tus amigos gritan.

—¡Dale Fernando! ¡Dale!

—¡Cruza!

—No podemos detenernos en esta esquina. ¡Dale!

—¡Dale, coño! ¡Anda!

¡Vrrrrrrrrrrrrrrruuuuuuuuuuuuuummmmmmmm!

—¡Coño! ¡Qué mierda! No. Qué va.

De repente, en menos de un segundo, la luz cambia a roja,
en el mismo momento que la defensa del automóvil llega al
nivel de la esquina. Es una luz roja, fuerte, resplandeciente.

¡Coño! ¡Me cago en la mierda! ¡Carajo! ¡Que no haya ningún policía en la esquina!

¡Coño! ¡Dios mío, nos jodimos! ¡Me cago en la puta madre
del semáforo! ¡Carajo!

En el retrovisor se ve una perseguidora con sus luces rojas
lanzando destellos. ¡Me cago en el carajo! Bueno, no son policías, sino milicianos, pero son la misma mierda. Y con las sirenas sonando. ¡Coño! A los cubanos les encanta convertir

malas palabras en poesía épica cuando las cosas van mal, pero en este caso, las malas palabras querían sólo articular una sencilla súplica: "Dios mío, ayúdanos!"

Si el maletero de tu automóvil va lleno de armas y municiones y el auto está pintado de morado y le falta el silenciador y lleva dentro siete hombres amontonados, jamás trates de pasarte una luz roja. Sobre todo en un lugar donde sólo le está permitido portar armas a la policía y a los milicianos. Y sobre todo en un lugar donde la pena por poseer o transportar armas es ser fusilado por un pelotón.

A Fernando casi le cuesta la vida llevarse esa luz roja. Se salvó porque sólo lo condenaron a treinta años y tuvo suerte de salir antes de cumplir la condena completa. Sólo Dios sabe cuántas veces se equivocó Fernando antes de ese momento fatídico, cuando decidió pisar el acelerador en lugar del freno. Dios sabe cuántas veces logró escapar. Pero en aquella ocasión no pudo.

Muchas veces he tratado de recrear la escena. Muchas veces me he preguntado cómo mi primo Fernando recordaba ese momento en su celda, viendo cómo los días se volvían meses y los meses años y los años décadas, mientras los dientes se le caían de las encías como el fruto podrido de un árbol de pan. Algún día se lo preguntaré. Pero hasta ahora no he tenido suficiente coraje para hacerlo. De ninguna forma. Cualquiera puede darse cuenta de que aquel fue el peor error de su vida.

¿Habrá alguien que le guste hablar de su peor error, aunque sólo haya sido haberse puesto pantalones de campana o haber tomado demasiados calmantes antes de su boda?

Se llevó la luz. Y los milicianos se dieron cuenta sólo por el ruido que hizo su automóvil. *Vrrrrrrrrrrrrrrrruuuuuuuuuuuuuuu-mmmmmmm*.

Fernando no vio la patrulla, o "perseguidora", estacionada más allá de la luz. No la vio antes de pisar el acelerador. No la vio.

Los milicianos no estaban vigilando la esquina ni tampoco el semáforo. ¿Pero a quién le pasa inadvertido un auto de color morado a alta velocidad, sobre todo sin silenciador y repleto de hombres? Les fue fácil verlo y perseguirlos. Fue como si hubiera gritado por un altoparlante: "Aquí estoy. Persíganme y aprésenme. ¡Soy culpable!"

Cuando los milicianos los detuvieron, los demás salieron del auto de un salto. Se dispersaron en todas direcciones como esos payasos de circo que llegan en un carrito pequeño.

—Fernando, me tengo que ir. No puedo llegar tarde a la boda. Hasta luego, socio.

—Oye, nos vemos... ¡Hasta luego!

—Oye chico, tú sabes... tenemos que echar un pie.

—No te preocupes, nosotros te pagamos la multa.

Etcétera.

Muchos de esos tipos caerían en sólo unos cuantos meses durante la invasión de la Bahía de Cochinos. Pero en ese momento sabían que tenían que irse rápido, antes de que el miliciano le pidiera a Fernando que abriera el maletero. Sabían bien lo que se avecinaba y cuánto los iban a necesitar. Estaban colaborando muy de cerca con la CIA y los exiliados en la Florida, tratando de distribuir armas por toda La Habana para que cuando los combatientes de la Brigada desembarcaran, se hiciera más fácil el levantamiento popular contra Fidel.

A Fernando lo habían citado discretamente ese día a que fuera a una casa llena de armamentos y municiones que tenían que ser trasladados con urgencia. La orden se le dio en persona. Nunca usaban teléfono. Se corría la voz que un "chivato" había avisado a la policía secreta de Fidel, el G2, que ya estaba en camino a hacer una redada.

El maletero de Fernando no era muy grande, por lo que no se trataba de una gran cantidad de armas, no señor. No. Tan sólo la que cupiera. Pero lo único que se necesitaba para que lo condenaran al paredón era estar en posesión de una sola arma. Una sola.

—Abre el maletero ahora mismo.

—Chico, si no llevo nada.

—¡Ábrelo ya!

—Mira chico, ¿por qué no me pones una multa por la luz roja? ¿Está bien? ¿Eh? Voy a llegar tarde a una boda y no puedo dejar que todos estos tipos lleguen tarde también. Uno de ellos es el padrino de...

—¿Y por qué todos tus amigos salieron corriendo como un cohete?

—Bueno, tú sabes... las bodas ponen a los hombres nerviosos y flojos, ¿me entiendes? Es como una sentencia de muerte, ¿no? Es como ver llevarse a todos los amigos de uno, uno por uno, al paredón, ¿no es verdad?... ¿Ustedes están casados?

—¡Ya deja de hablar mierda! ¡Abre el maletero!

—Ya te dije que no llevo nada ahí. No tengo ni una goma de repuesto.

Ahí quizá sí dijo la verdad. Nadie que le quita el silenciador a su automóvil por sus efectos sonoros se preocuparía demasiado por una goma de repuesto.

—¡Ábrelo ya!

Fernando esperó hasta estar seguro de que el último de sus amigos hubiera desaparecido y entonces hizo lo que le pedían.

—¡Qué mierda! ¡Me cago en diez! ¡Qué hijos de putas son! ¡Mira lo que me dejaron aquí adentro! ¡Y no me dijeron nada! ¡Me cago en el coño de sus madres! ¡Cabrones, hijos de putas! ¡¿Cómo me hicieron esto sin decírmelo?!

Fernando trató de echarles la culpa a sus amigos, pero los milicianos no le creyeron. Lo llevaron al G2, donde lo torturaron por muchos días seguidos. Nunca habló.

Buscaron a sus amigos por toda La Habana, pero no encontraron ni a uno solo. Por lo menos al principio no los encontraron. Más tarde sí encontrarían a muchos y los matarían cuando trataban de incitar una insurrección popular que nunca se materializó.

Nunca le he hablado a Fernando de esto. Lo que sé es lo que me ha contado la familia. No sé qué le hicieron en el G2. Pero todos los cubanos saben que no hay mucha diferencia entre el G2 y el infierno.

En aquel entonces el cuartel general del G2 estaba situado en una mansión de la Quinta Avenida de Miramar, no lejos de nuestra casa. Una residencia hermosa con un jardín precioso. Pasamos muchas veces por ahí para ver si el carro de Fernando seguía parqueado al frente de aquella casa. Pasaron semanas y ahí seguía en su lugar, el carro color morado de Fernando, frente a esa preciosa casa, bajo la sombra de un árbol enorme, y entonces llegó el día en que desapareció.

¿Adónde fue a parar? Aquel carro hermoso y letal desapareció. Fernando también desapareció. Llegamos a creer que lo habían fusilado.

Pero se salvó de milagro o gracias a la Divina Providencia, si mejor te parece. Fernando no nació en Cuba. Nació en Sevilla, España, donde su padre, mi tío Filo, había sido funcionario en el consulado cubano a principios de la década de los treinta. En otras palabras, en Cuba, Fernando era extranjero. Y como su padre había sido diplomático de carrera, conocía a gente en la embajada española en La Habana que lo podía ayudar. Como cualquier padre, tío Filo movió cielo y tierra por Fernando y la embajada española le salvó la vida.

Como no había nacido en Cuba y debido a las presiones de la diplomacia española, a Fernando le tocó una sentencia más leve que la que exigía la justicia revolucionaria: treinta años.

Eso no significa que Fernando se salvara del paredón una vez que empezó a cumplir su sentencia. No, en lo absoluto. En repetidas ocasiones, a los presos como Fernando les decían que los iban a fusilar, los llevaban al paredón y les disparaban. No les decían nada antes para que no tuvieran tiempo para prepararse. Eso hubiera sido demasiado formal.

—¡Preparen! ¡Apunten! ¡Fuego!

—¡Pa! ¡Pa! ¡Pa! ¡Pa! ¡Pa! ¡Pa!

Silencio.

Risas. Risas fuertes y carcajadas.

—¡Mira cómo ese hijo de puta se cagó en los pantalones!

—¡A que están contentos porque no sabemos apuntar ¿verdad?! ¡Somos una mierda como tiradores! ¡Je!

—Estamos jodiendo. No eran cartuchos de fogueo. Les tiramos por arriba de la cabeza con balas de verdad. ¡Je, je! ¿Qué jodedera, eh? ¡Je! ¡Pero lo que viene ahora no es juego!

—¡Atención! ¡Preparen! ¡Apunten! ¡Fuego!

¡Pa! ¡Pa! ¡Pa! ¡Pa! ¡Pa! ¡Pa!

—¡Je, je, je!

—¡Mira, a ése todavía le quedaba mierda adentro y también se meó!

—¡Je, je, je!

Los secuaces de Fidel se divertían tirándoles a los presos con balas de fogueo para volverlos locos y quebrantar su moral. A veces les tiraban por arriba de la cabeza una o dos veces antes de tirarles a matar o a herirlos horriblemente.

Así era. Los presos nunca sabían cuándo los rifles estaban cargados con balas de verdad o con cartuchos de fogueo o si el pelotón apuntaría por sobre su cabeza o directamente hacia ellos. Los despertaban por la madrugada o los sacaban de sus celdas al mediodía o a las tres de la tarde o a las ocho de la noche, sin previo aviso o sin que la corte dictara una sentencia de muerte. Los llevaban al paredón y los acribillaban. La mayoría de las veces les tiraban con balas, pero a veces no.

A los presos como Fernando, que se negaban a hablar y que jamás se arrepentían de sus errores contrarrevolucionarios —a los "plantados", como les decían allá— los fusilaban más a menudo. Eso era como una perversa ruleta rusa.

Imagínate lo que debe ser que te coloquen muchas veces frente a un paredón de fusilamiento, sin saber si ya por fin, en *ese* mismo momento te tocará morir.

Verás, muchas veces a los presos los forzaban a presenciar los fusilamientos de los otros. Por lo tanto cualquier preso como Fernando estaba muy enterado de la existencia de los cartuchos de fogueo, de que apuntaban por encima de su cabeza y de que, también, tiraban a matar. Sabía muy bien lo que eran las balas de verdad y qué le pasaba al cuerpo humano cuando lo acribillaban con balas. También sabía que en demasiadas ocasiones los pelotones tiraban para desfigurar y no matar, para que el condenado sufriera lo más posible antes de volarle los sesos con el llamado tiro de gracia.

¡Pa!

Muchas gracias, compañero. Seguro que me lo merezco.

A pesar de todos estos horrores, e incluso otros mayores, Fernando no dijo ni una palabra. Nunca divulgó nada de las acciones pasadas ni los proyectos futuros de quienes habían conspirado con él. Y reservó su silencio más profundo para lo que debería haber sido su alarde más importante.

¿Qué hubieras hecho o dejado de hacer si hubieras estado a punto de matar a Fidel?

Lo planeó todo con mucho esmero. Lo calculó hasta el último minuto y segundo. Se jugó la vida cuando se acercó a un par de tipos que no inspiraban mucha confianza. Lo ensayó todo muchísimas veces.

¿Pero dónde se habrá metido el tipo que tiene la llave del hangar? Hace siete minutos que lo estoy esperando. Siete muy valiosos minutos.

Los tipos que estaban con los guardias y los que estaban con los controladores aéreos no iban a poder seguir entreteniéndolos más. Ya no podían más. Y el *jet* en el hangar estaba repleto de cosas que hacían falta. Repleto. Listo para volar. Pero estaba bajo llave. Ahí mismo estaba, detrás de la puerta del hangar. Tan cerca, y a la vez tan lejos.

Ocho minutos. ¡Que se vayan todos al carajo! ¿Dónde coño estará este tipo?

Tienes que meterte en el *jet* y volar bajito por la parte occidental del municipio de La Habana. Tienes que pasar por encima del Cementerio de Colón y girar hacia la derecha en dirección al Castillo del Príncipe y ahí detrás está la Plaza de la Revolución donde Fidel está jodiendo al pueblo con otro de sus discursos interminables. Jamás se les ocurriría que un avión entraría por ahí.

Sin duda que Fidel va a estar hablando por horas. Pero aquí en el aeropuerto se nos está yendo el tiempo. Si el tipo con la llave llega demasiado tarde, el riesgo será enorme y las posibilidades de que tengamos éxito serán mínimas. Lo agarrarían y lo matarían a tiros ahí mismo por tratar de llevarse el avión sin autorización.

¡Diez minutos! ¿Dónde estará ese cabrón? ¿Y qué pasa si ahora se aparece el guardia? ¿Qué le vas a decir? ¿Por qué no le dices la verdad? Dile que quieres llevarte el avión que está adentro del hangar y volarlo bajito por sobre la Plaza y soltar todas las bombas y municiones que lleva dentro sobre la tarima debajo del monumento a José Martí, encima de las cabezas de Fidel, su hermano Raúl, el Che Guevara y todos los otros hijos de putas que siempre se sientan ahí con él para besarle bien el culo. Y lo mejor de todo es que el púlpito de Fidel está muy apartado del gentío, mucho más arriba y hacia atrás de donde está congregada la muchedumbre. Es fácil verlo y soltarle las bombas encima sin mucho riesgo de matar o herir a víctimas inocentes.

Deja que caigan las bombas. Que caigan todas. Que le caigan encima de la cabeza a Fidel. Bombas grandes y precisas. Seguro que hacen un ruido dulcísimo. Y además, seguro que cuando explotan, son tremendas.

Quién sabe si uno de los guardias te ayude si le explicas lo fantásticas que van a ser las explosiones.

¡Doce minutos! Olvídalo… Estábamos tan cerca, tan cerca, pero todo se nos está viniendo abajo.

Qué mierda. Coño. Carajo.

El tipo que estaba supuesto a abrir el hangar, el único que lo podía abrir, no llegó a tiempo al aeropuerto. En el camino se le rompió la correa del alternador del automóvil, y no tenía otra pieza para reemplazarla, ni tampoco pudo arreglarla con tan poco tiempo.

O por lo menos eso fue lo que dijo. Tal vez se acobardó. ¿Quién sabe?

No es difícil acobardarse cuando se está jugando la vida. Le pasa hasta a los hombres más valientes. Por lo tanto, incluso si lo que dijo fue un cuento, uno se lo cree.

Fernando y los otros hombres siguieron esperando, listos para arriesgarse aún más si el tipo llegaba tarde. Pero ya era demasiado tarde cuando al fin se apareció.

Fidel no sabe lo cerca de la muerte que estuvo ese día.

Avancemos cinco años.

Como viene haciendo día tras día, Fernando sigue preso en su celda del Presidio Modelo de Isla de Pinos. Está pensando en la visita que le hizo su hermana María Luisa el día anterior. Sacude la cabeza, un poco atolondrado, y se pregunta cómo pudo su hermana enamorarse del tipo que está preso a sólo unas cuantas celdas de la suya. ¿Cómo sería posible que un hombre y una mujer se enamoraran durante una visita tan corta y tan bien vigilada? Algo increíble. Se pone a pensar si alguna vez estaría con una mujer otra vez, antes de que esté demasiado viejo para disfrutarla. Hace chistes en voz alta que los otros presos en sus celdas oyen y todos se ríen.

Avancemos diez años.

Como viene haciendo día tras día, Fernando sigue preso en su celda. Pero hoy le ofrecen la posibilidad de recuperar la libertad, tal como se la han ofrecido en tantas otras ocasiones que ya ni las recuera. Los carceleros le han ofrecido la posibilidad de excarcelación si se somete a un plan de "rehabilitación". Si le jura lealtad por escrito a la Revolución y permite que lo instruyan en todas sus glorias, puede convertirse en hombre libre. Marcado y manchado y siempre bien vigilado, pero hombre libre. Como buen "plantado" que era, los mandó a todos al carajo. Él piensa en el ritual cruel del cual fue testigo en muchas ocasiones, cuando los guardias desnudaban a todos los presos y los más guapos desfilaban frente a los reclusos recién llegados para saber cuáles eran homosexuales. Piensa en cómo los reos que se alborotaban eran llevados a un plan obligatorio de "rehabilitación" que incluía corrientazos en los genitales. Piensa en todas las otras torturas que no se deben mencionar de las cuales fue testigo. Piensa en su propio dolor y en el tiempo que ha perdido. Hace chistes en voz alta que los otros presos en sus celdas oyen y todos se ríen, incluso quizá los que tuvieron que pasar por la electrocución reeducativa.

Avancemos otros quince años.

Como viene haciendo día tras día, Fernando sigue preso en su celda. Hoy uno de los pocos dientes que le quedan le está doliendo mucho y además se siente febril. También le duele la espalda en el lugar donde años atrás los guardias le daban culatazos con sus rifles. Sigue pensando en la carta que recibió de su tío Amado desde bien lejos en Bloomington, Illinois, en la que le contaba que un almirante español de apellido Nieto

estaba haciendo todo lo posible por su liberación. Qué suerte
tuvo Fernando de que tío Amado viera el nombre del almirante en el *Pantagraph,* el periódico de Bloomington, y tuviera
la osadía de mandarle una carta en la cual le preguntaba si tenían algún parentesco. Qué suerte tuvo Fernando que desde
hace tiempo nuestra familia estuviera tan obsesionada con la
genealogía y que el almirante pudiera verificar rápidamente
que *sí,* efectivamente, era pariente nuestro. Qué suerte tuvo
Fernando de que el almirante apoyó la causa de la excarcelación de uno de los ciudadanos españoles que yacían en las
cárceles cubanas. A fin de cuentas, el proceso lento y agotador
que el almirante inició pondría a Fernando en libertad antes
de que terminara su condena de treinta y un años. Mientras
tanto, Fernando hace chistes en voz alta que los otros presos
en sus celdas oyen y todos se ríen.

Avancemos veinte años.

Como viene haciendo día tras día, Fernando sigue preso en
su celda. Otra vez esos hijos de puta le han tratado de meter
en la cabeza que se someta al plan de "rehabilitación" y así lo
dejarían irse. Hoy le leyeron una lista larga de nombres de
quienes habían estado encarcelados y que juraron lealtad a la
Revolución y ya se habían reunido con sus familias, muchas
de ellas en los Estados Unidos. Nombres y apellidos de hombres que él conoce y respeta. Y otra vez Fernando les dice que
se vayan para el carajo. Pero aunque no lo sepa, allá lejos en
Chicago, uno de los hombres que salía en aquella lista está
conversando con su primo Tony en el aeropuerto O'Hare. El
hombre acababa de llegar a los Estados Unidos y consiguió
empleo en el aeropuerto, donde trabaja con Tony todos los
días. El hombre le cuenta a Tony que Fernando es el preso más
gracioso en Isla de Pinos y que siempre tiene a todo el mundo
riendo a carcajadas. También le cuenta que Fernando sigue
plantado, y que por lo tanto se niega al plan de "rehabilitación". Y allá en Isla de Pinos, Fernando hace chistes en voz
alta que los otros presos en sus celdas oyen y todos se ríen.

Avancemos veintitrés años.

Al fin soltaron a Fernando. Ya pisó suelo español. Su padre, mi tío Filo, se desmayó frente al rey Juan Carlos I de España, pero Fernando siguió de pie al lado de él, sin saber qué hacer ni qué decir. Filo Nieto tropezó y cayó a los pies del rey de España en el aeropuerto de Barajas. Se veía mucho más pequeño en estatura de lo que era, y mucho menos distinguido. El traje que llevaba puesto estaba tan arrugado como su alma, y tenía una mirada extraña. Era la mirada de un padre que oía incesantemente los pelotones fusilar a su hijo, día tras día.

Filo se ha caído y le cuesta tanto trabajo levantarse porque está totalmente debilitado por los calmantes que se ha tenido que tomar. Incapaz de pararse hecho y derecho, está así porque vio y oyó los pelotones fusilar a su hijo Fernando muchas veces más de lo que quisiera recordar. Está destruido. Totalmente acabado. A Filo también lo prenderían y meterían en la cárcel, y para atormentarlo lo hacían oír o presenciar los fusilamientos fingidos de los pelotones de Fidel.

—Oye Nieto, despierta. ¡Buenos días! Vamos a fusilar a tu hijo en cinco minutos. Cuando oigas los tiros, el que fusilamos va a ser tu hijo. Ahí tienes el desayuno. Buen provecho.

También oiría y vería otras cosas que lo enloquecerían por el resto de su vida. Pero eso es otra historia.

Por dentro Fernando está llorando y riéndose simultáneamente al ver a su padre, que pasó casi una vida entera tratando de encontrar algún parentesco con la nobleza, tirado en el piso, a los pies del rey de España. Lo ayuda a levantarse y al oído le advierte que se porte como el caballero que es.

Fernando piensa en qué decirle. *Párate derecho, Papá. Arréglate la corbata. Éste es el rey de España, aquí lo tienes, frente a ti... Ay... lo siento, Su Majestad, le pido disculpas, se lo ruego... Su Majestad, estamos todos un poco cansados. Le doy mi palabra de honor de que la próxima vez que me suelten de la cárcel y que Su Majestad vuelva a ser tan generoso como para ayudarme a recuperar mi libertad, le prometo que haremos todo lo posible para presentarnos frente a Su Majestad con más confianza y con mejores modales.*

Avancemos treinta y un años.

En la casa de mi primo Rafael en San Juan, Puerto Rico, Fernando se me acerca sigilosamente y me toca el hombro.

Me volteo y veo a un tipo, flaco y canoso, con un bigote fino y de mucha menor estatura que yo. No lo reconozco. Se da cuenta que no tengo ni idea de quién es.

—Carlos, ¡soy Fernando!

Lo reconozco, supongo que con la misma expresión que tenían los discípulos de Jesucristo después de su resurrección. Le doy un abrazo a un tipo que en otros tiempos me tiraba a mí por los aires.

—¡Fernando!... Oye, qué maravilla esto —le digo en mi torpe español, con la lengua trabada.

—Oye Carlos, quiero presentarte a mi mujer y mi hijo... Y por cierto, ¿cómo creciste tanto? La última vez que te vi tú no eras más que un piojito.

Me río y me quedo estupefacto por un rato. Enmudecido. Tan mudo como una lagartija que toma el sol.

27

Twenty-seven

Su belleza era increíble. A veces hasta dolía mirarla. Era tan, pero tan agradable. Jamás se me ocurrió que existiera una maestra tan maravillosa como ella.

Era jovencita. No tendría ni treinta años. De eso estoy seguro.

Yo le caía muy bien. A veces hasta me dolía el cariño que me ofrecía. Me preocupaba que los otros alumnos del quinto grado se dieran cuenta de que había algo especial entre nosotros. En las ocasiones en que Mamá o Papá iban al colegio, ella se deshacía en elogios y les contaba lo inteligente que era yo, lo bien que me comportaba y un montón de cosas semejantes. Eso siempre me incomodaba y me avergonzaba mucho, sobre todo porque los otros alumnos podían oírla hablar así. Una vez hasta le dijo a Mamá que yo tenía un cutis muy suave y que le encantaba pasarme la mano por el brazo. Y en ese mismo momento me pasó las puntas de los dedos por el antebrazo, lentamente, para enseñarle a María Antonieta cómo lo hacía. ¡Sagrada Hostia! En ese momento rogué que la Tierra me tragara de golpe. Sin embargo, también me gustaba eso. Me aturdía, me enfermaba y me regocijaba.

Porque hasta yo, un mocoso alumno de quinto grado con las uñas sucias, podía ver claramente que su alma brillaba como el sol.

También era muy inteligente. La maestra más brillante que jamás había tenido. Nunca nos hacía sentir como burros por no saber tanto como ella. Siempre que nos explicaba algo que no sabíamos era como si nos abriera la puerta dorada de una sala llena de tesoros.

No importaba cuál materia nos estuviera enseñando, ella tenía la facilidad de hacer que nos gustara. Cuando enseñaba matemática, nos interesábamos profundamente en calcular en cuántos minutos chocarían dos trenes que corrían por el mismo carril, uno hacia el otro, a velocidades diferentes. Cuando nos enseñaba inglés, intentábamos entender las descabelladas reglas de pronunciación de aquel idioma. Cuando nos enseñaba poesía, queríamos ser poetas, o quizá hasta morir en un tiroteo mientras atacábamos al enemigo, tal como le sucedió al gran poeta y héroe cubano José Martí. Cuando nos enseñaba historia, nos transportaba al pasado como si estuviéramos dentro de una máquina que atravesara el tiempo.

No llamaba a nadie por sus apellidos. No, jamás. Nos llamaba por nuestros nombres de pila o por nuestros apodos. Conocía a todos sus alumnos a la perfección.

Aquel colegio era una maravilla. No hubo un momento en el que no la pasara bien. Tenía el nombre perfecto —El Salvador—, porque allí me salvaron, me liberaron del infierno que era La Salle del Vedado. En El Salvador me sentía como si el tiempo se hubiera detenido. Ya entonces sabía —aunque no sé cómo— que estaba disfrutando de la eternidad de una manera insólita. Todo se me antojaba con una gran sorpresa y un glorioso recuerdo a la misma vez.

Platón hubiera estado muy orgulloso de aquella clase del quinto grado. La maestra nos enseñó a entender las formas eternas, y por lo tanto no había un día que no diéramos suspiros cuando las reconocíamos. La verdad, la bondad y la belleza se enlazaban en un todo y mi maestra era una prueba viviente de aquello. Estoy seguro de que si Platón hubiera estado ahí, se hubiera enamorado de ella. Y no hubiera sido un amor platónico. De ninguna manera. Te apuesto que al griego le hubiera gustado tener una relación con ella que fuera más allá de meras palabras.

¿Quién sabe? Quizá Platón, el filósofo, hubiera alardeado con sus discípulos de los chupones que le dejaba en el cuello y del perfume que había dejado su esencia en él. Quizá hasta le hubiera pedido consejos a hombres mucho más jóvenes sobre las realidades de la vida y se compraría camisas escandalosas, o hasta se pondría a fumar.

Sin embargo, Immanuel Kant ni se hubiera dado cuenta de que la maestra era una hembra. Lo único que le interesaba era si ya había llegado la hora de su paseo, o si los maestros habían hecho todo lo posible para comunicar lo más elemental de la manera más complicada y recóndita. De hecho, aquel colegio lo hubiera turbado tanto que se hubiera fijado los calcetines con tres pares de ligas o quizá hasta cuatro, en lugar de las dos que siempre usaba. Kant nunca se hubiera fijado en las ventanas, ni en el follaje precioso de los jardines, ni en el sol que lo iluminaba todo. Estoy seguro que tampoco se hubiera fijado en las nubes, ni en las niñas en el aula. Yo, por supuesto sí que me daba cuenta de todo aquello.

Las plantas hermosas, el sol y las nubes no eran nada nuevo para mí. Pero ahora me parecían muy distintas y mucho más bellas, vistas desde un aula llena de niñas.

Hasta el "Caballero de París" parecía guapo desde la ventana del aula. Aquel era un loco que se vestía de frac y llevaba puesta una capa negra y un sombrero de copa, hasta en los días de más calor. El pelo canoso le llegaba hasta los hombros y lucía una luenga barba, como los sacerdotes de la Iglesia de Oriente. Se pasaba el día caminando por las calles habaneras, sobre todo por la Quinta Avenida de Miramar. Siempre parecía que estaba en camino a una fiesta muy importante. Me cuentan que le gustaba recitarles poesías a las mujeres en la calle y que a veces hasta les daba flores.

Mi hermano y yo nos burlábamos de él cada vez que lo veíamos. Claro, nuestros amigos también hacían lo mismo. Pero si Papá nos estaba llevando a algún lado en el automóvil y lo veíamos, no nos permitía que nos burláramos de El Caballero.

—Es un hombre muy sabio. Estará loco, pero tiene grandes conocimientos. Se merece que lo traten con respeto.

—¡Pero si está chiflado!

—Papá, tú estás diciendo eso porque él viene de París.

—Uno puede ser muy sabio y loco a la misma vez. Las dos cosas normalmente van de la mano ya que los grandes conocimientos permiten que uno vea cosas que los otros no ven —explicó Luis XVI.

Sin embargo, nuestra aula veía las cosas de manera muy distinta.

—¡Mira al Caballero de París! —gritaba un alumno—. Mira, ¡ahí está! ¡Por ahí va!

Todos corríamos a la ventana para verlo. Nos burlábamos de él y nos quedábamos boquiabiertos. La maestra no podía o no quería detenernos. Eso nunca hubiera pasado en los colegios donde había estudiado antes.

La verdad era que el Caballero de París se veía tan digno porque lo veíamos desde la ventana de un aula que tenía tantas alumnas como alumnos. Aunque nos gustaba burlarnos de él —sobre todo a los varones—, la existencia del Caballero de París casi parecía tener sentido. Quizá nos reíamos de él porque queríamos vestirnos como él y recitar poesías. Quizá ya sabíamos que algún día terminaríamos como él, con la apariencia de un loco ridículo buscando amor, impulsado por una música incesante en su interior. El Caballero de París, que en paz descanse, era nuestro profeta barbudo con capa y sombrero de copa, nuestro Isaías, nuestro Jeremías, el visionario del funesto futuro que nos aguardaba.

Quizá las niñas se reían también porque ellas veían su futuro en el Caballero de París. Quizá se veían enamoradas por los avatares de lo absurdo y les gustaba esa idea, sin saber por qué.

Girls. En inglés solamente existe una palabra para "niñas". En el español se usan muchas palabras para ellas, porque los españoles son muy sabios en lo que se refiere a esas cosas. Niñas. Niñitas. Muchachas. Muchachitas. Chicas. Hembras. Jevas. La presencia de las niñas nos calmaba. Los niños nos portábamos mejor. Nos burlábamos menos de los demás. No éramos tan crueles. Había menos peleas.

En aquel colegio siempre se escuchaba un zumbido, como si una corriente traspasara las aulas, que te hacía sentir como si te electrocutaran lentamente. Esa sensación le daba vida a cualquiera. Hasta una enorme caja de lápices de Prismacolor parecía tener sentido en aquel colegio. Antes yo pensaba que una caja con más de veinte lápices era una inútil exageración. Eso sería algo que Cañita compraría para lucirse delante de los demás. ¿Cuántos tonos del mismo color se necesitan? Pero ahora, en el quinto grado, cien colores no me bastaban. Yo quería la caja más grande de lápices Prismacolor que hubiera. Quinientos lápices, mil, diez mil, cada uno de un tono diferente. Más lápices de lo que cabían en todo el colegio.

Ni eso me hubiera bastado.

Por primera vez en mi vida o por lo menos así me pareció en aquel momento, me sentí vivo. Algo que le debía a las niñas. Seguíamos siendo dos especies diferentes de dos planetas distintos, pero de vez en cuando nos relacionábamos.

Me gustaba reírme con ellas. Me gustaba sentarme cerca de ellas. Me gustaba mirarlas. Me gustaba oírlas hablar. Me gustaba conversar con ellas en las raras ocasiones cuando atravesábamos el mar que nos separaba. También me gustaba olerlas.

Pero a nadie le gustaba que los demás se enteraran de que te habías enamorado.

Si se enteraban, tenías que pasar por un rito de apareamiento, algo que ocurría por lo menos una vez por semana. Era algo espantoso, muchísimo peor que ver fusilar a un hombre por la televisión.

Cuando se corría la voz de que había una niña que le gustaba a un niño o viceversa, los compañeros de aula se unían en contra de él o de ella, a la hora del recreo. Se les acercaban sigilosamente a sus víctimas. Solía ser tu mejor amigo el que daba el primer paso. Se acercaba a ti, haciéndose el despistado, y de repente te brincaba arriba y te daba un fuerte abrazo. (Solía ser también el Judas que regaba el chisme). Entonces todos los otros alumnos se unían contra la víctima, como una falange espartana, y lo empujaban hasta que llegaban al centro del patio del colegio. Los varones a un lado, empujando a uno de los suyos y las hembras al otro, empujando a una de las suyas, hasta que llegaban al mismo lugar.

Dolía oír cómo chillaban, gritaban y se burlaban de sus víctimas. Y ni hablar de la cantinela infernal que sin duda había sido escrita por Satanás.

—¡Ricardo ama a Marta!… ¡Ricardo ama a Marta!… ¡Ricardo ama a Marta!…

—¡Marta ama a Ricardo!… ¡Marta ama a Ricardo!… ¡Marta ama a Ricardo!…

Normalmente, Marta y Ricardo, o quienes fueran a los que estuvieran empujando, se retorcían y arrastraban los pies. Pero era inútil batallar contra los verdugos que te llevaban al paredón. Mientras más se acercaban los dos grupos, más alto cantaban. Los gritos y las risas de todos los niños y niñas reunidos en aquel patio armaban un estruendo.

Las maestras no hacían nada para detener el suplicio.

Ten presente que en la mayoría de los casos una sola persona de las dos que estaban empujando se sentía en realidad atraído o atraída, o "enamorado" o "enamorada", de la otra. Casi siempre para la otra persona todo lo que ocurría era una gran sorpresa.

Imagínate cómo sería revelarle tu secreto más sagrado a tu mejor amigo y que éste le anuncie al colegio entero que estás enamorado. E imagínate cómo sería tener que abrazar y besar a la fuerza a tu "enamorada" frente al colegio entero. O peor todavía, imagínate cómo sería tener que abrazar y besar a la fuerza a una persona que no te gusta o que hasta te repugna.

Eso es lo que pasaba en el centro del patio del colegio

cuando las falanges al fin se enfrentaban. Al niño y la niña los empujaban y se burlaban de ellos hasta que se abrazaban y se besaban. Y entonces se oía una bulla ensordecedora por todo el patio. Quién sabe si así era el estruendo que se oía en el Coliseo de Roma.

Poco me pude imaginar en el mes de septiembre, mientras me reía con los demás, que para febrero a mí también me estarían llevando al paredón.

Todo pasó muy rápido, sin previo aviso. Qué maravilloso que esas cosas siempre ocurren sigilosamente, como las nubes en forma de la Isla de Cuba que se aparecen de repente en el cielo.

Un día yo estaba bien y al siguiente estaba enamorado, transfigurado. Mi corazón había dejado de ser mío. Me volví como la zarza del Monte Sinaí: ardía en el fuego pero no me consumía. Para mí fue una gran sorpresa. Sí, yo ya me había enamorado, pero siempre de mujeres en las pantallas; actrices del cine y de la televisión. Esas llamas no ardían tan fuertes. Pero en esta ocasión me enamoré de una niña de mi edad, una hembra de carne y hueso, que podía tocar, si hubiera tenido el valor de hacerlo. Y aquellas llamas eran como erupciones del sol.

Aquella niña se sentaba en el pupitre a mi derecha, al otro lado del pasillo. Olvídate de esas otras rubias, Marilyn y Kim. Olvídate de todas las rubias. Aquella niña tenía un pelo castaño cortado parejo que le tapaba el cuello. También tenía los ojos castaños. Era muy delgada y tenía unas cejas delgaditas.

Jesucristo Registra-almas, ¿cómo es que podía ser tan perfecta? No tenía un pelo en aquella cabeza que no fuera perfecto. El perfil de su nariz era perfecto. Los huesos en sus muñecas eran perfectos. Los pies que tenía dentro de sus zapatos carmelitas eran perfectos. Los pelos finos que tenía en las piernas eran perfectos. La manera en que posaba las manos sobre el pupitre, la manera en que le sacaba la punta a los lápices, la manera en que se reía, la manera en que corría por el patio del colegio, la manera en que se comía las palabras, todo era perfecto.

Y qué voz tenía.

Olvídate de Odiseo atándose al mástil de su barco y de los cantos de las sirenas. Esas sirenas no sabían lo que estaban haciendo. Las ondas sonoras de aquella niña estaban afinadas a las claves de los cinco sentidos, no de uno sólo. Me podían haber tupido los oídos con plomo derretido y aquel sonido todavía me seguiría invadiendo el núcleo del alma. Creo que había un sexto sentido metido en todo esto, y quizá hasta un séptimo u octavo también.

A pesar de que el espacio que nos separaba no superaba un pie y medio, para mí era tan amplio como el universo entero y tan nulo como el cero. Era un espacio que no me atrevía a cruzar, a pesar de que ya la llevaba por dentro. Era un espacio sagrado. Numinoso.

Nunca me atreví a acercarme a ella fuera del aula de clase. Y dentro del aula, por supuesto, todos nuestros intercambios tenían que ver con lo que estábamos aprendiendo y con los sucesos cotidianos que ocurrían dentro de aquellas cuatro paredes.

Por supuesto, yo jamás le hubiera confesado lo que sentía por ella.

Aunque ya tenía diez años, tampoco me hubiera atrevido a cruzar el pasillo para tocarla. Pero por lo menos la hice reír un par de veces.

Yo quería que me prestara atención. Entonces, inspirado por el Caballero de París, decidí cambiar mi apariencia física. Yo siempre había andado con el cuello y las uñas sucias. Los dientes siempre los tenía un poco verdosos. Y aunque traía el pelo corto, siempre andaba despeinado. Nunca me arreglaba la camisa cuando se me salía de los pantalones, lo cual ocurría mucho. Decidí enfrentarme a todas estas debilidades con el entusiasmo de un novato.

Empecé a darme una ducha al mediodía, cuando regresaba a casa a almorzar y hasta empecé a ponerme desodorante. Insistía en que me llevaran más frecuentemente al barbero. Y cuando la camisa se me empezaba a salir de los pantalones, enseguida me la arreglaba. Le dejé saber a Mamá que me tenían que limpiar los zapatos todos los días. Y me cepillaba los dientes por lo menos dos veces al día.

Traté de iniciar una conversación con la niña, pero sólo dentro del aula. Ella me contestaba, pero ahí terminaba nuestra relación. Aun así, a mí me pareció que todo iba bien, ya que me vestía y me peinaba tan bien y lograba hacerla reír tanto. Todo iba bien hasta que llegó el día en que lo eché todo a perder.

Un día, durante la hora del recreo ya no resistía más mi secreto. Se me salió de la boca de un brinco, como un sapo.

—Oye, Ciro. Creo que estoy enamorado de la que se sienta a mi derecha. ¿Sabes de quién hablo?

—Y con buena razón estás enamorado —contestó, asintiendo con la cabeza.

Ciro era mi mejor amigo.

Pero ahora le tocó hacer el papel de Judas.

Todo pasó un par de días después durante la hora del recreo. Ciro se me acercó y me abrazó y todos los otros varones me cayeron encima. Me asediaron, me sujetaron y me llevaron, empujándome, hacia el centro del patio. Resistí lo más que pude, pero con los ojos cerrados. No quería ver cuando llegara el momento fatal del suplicio.

Al fin abrí los ojos un poco y vi el horror que me esperaba. Desde el otro lado la niña se veía aterrada. Totalmente aterrada.

Nos empujaron a mi primer amor y a mí hasta que llegamos al centro del patio. Dios sólo sabe lo que ocurrió ahí. Fue tan horrible que no recuerdo nada; tan espantoso que yo, *Míster Memory*, Don Memoria, he perdido o borrado el fin de aquel episodio.

Pero lo que sí recuerdo muy bien es que a las dos o tres semanas, la niña desapareció. Se fue para siempre, igual que los otros. Uno por uno fueron desapareciendo.

Esto ocurrió a principios de 1961. Marzo, para ser más exactos. La mitad de mis compañeros de aula ya habían desaparecido sin despedirse. Un día estaban ahí y al otro ya se habían ido. Las maestras también se estaban yendo. Todos se estaban yendo para los Estados Unidos o para otros países. Los que quedábamos atrás sabíamos por qué se iban y por qué no se despedían. Así y todo, nos dolía ver los pupitres vacíos.

Para el mes de abril debieron cerrar el colegio por falta de alumnos y maestras y porque la situación había empeorado mucho.

A nosotros, los hijos de la Revolución, nos faltaba mucho que aprender en el quinto grado. Pero todo cambió y lo que aprendimos fue pura basura. Ya te lo contaré. Y mientras cayeron bombas del cielo, y volaron balas, y se evaporó el dinero, y Fidel se adueñó de nuestras almas, y todo el mundo que yo conocía y quería desapareció sin despedirse, y yo empecé a enfrentar la realidad de que algún día yo también desaparecería, ¿sabes qué es lo que mejor recuerdo?

Su precioso pelo color castaño, tan perfectamente cortado, acariciándole el cuello.

28

Twenty-eight

Según dicen, cuando estás a punto de morir, la vida entera pasa por delante de tus ojos en menos de un segundo. Cuando llegue mi turno, aunque me tome una eternidad o medio segundo, te aseguro que veré toda una sección que no será sino fragmentos de imágenes.

Algunas veces, cuando menos me lo espero, me asaltan los fragmentos sobrevivientes de un mundo vuelto patas arriba. Para explicarlo bien, necesitaría un poco de inglés y de terminología sicodélica, ya que la Revolución de Fidel es como una droga muy mala y muy fuerte, el ácido máximo. Mis recuerdos son como *flashbacks* provocados por ciertas drogas: escenas o imágenes de amargas experiencias que se adueñan de tu mente y te llevan inmediatamente al pasado. Siempre son un mal viaje, estos *flashbacks*, un viaje funesto.

Bummer, man.

Prepárate, allá vamos. Siento que me viene un ataque... Aguántate... Ahí viene...

Pioneros desfilando por mi calle. Niños de mi edad, todos

con el mismo uniforme, boinas rojas, pañuelos rojos, marchando el paso como soldaditos.

—Uno, dos, tres, cuatro…

Soldaditos en formación. Milicianos y milicianas del futuro. Espías. Chivatos. Familiares de la Inquisición. Obedientes servidores de la Revolución.

Las marchas nunca acaban. Todos los días y siempre a la misma hora.

Autómatas. Copias en miniatura de Immanuel Kant tomando sus paseos ridículos a la misma hora todos los días. Docenas de pioneros, marchando por nuestra calle. Y siempre en la misma dirección.

Qué ganas tengo de que aparezca el jeep del pesticida y los fumigue a todos. Qué ganas de que tropiecen en la neblina del aerosol y caigan unos encima de los otros. Un montón de pioneros fumigados como mosquitos, tumbados, tosiendo. Sabemos que no podrán resistir ese veneno como sí lo resistíamos nosotros.

Las boinas y pañuelos rojos son una suprema imbecilidad. Las consignas que gritan mientras marchan también salen de la cumbre del cretinismo.

—Uno, dos, tres, cuatro… Cuba sí, yanquis no, Cuba sí, yanquis no…

—Fidel, seguro, a los yanquis dales duro…

Se habían acabado los jeeps de fumigación porque se habían acabado los pesticidas. Todo se había acabado.

Un par de años antes, Tony y yo habíamos sido Lobatos, el primer nivel de los Boy Scouts de Cuba, pero lo dejamos atrás bastante rápido. Debíamos observar demasiadas nimiedades que hacían pasar por reglas importantes. Medallitas y premios de mierda. Saludos imbéciles. Uniformes ridículos. Calcetines parecidos a los de Immanuel Kant, sujetos con ligas. No creo que duráramos ni tres meses como Lobatos. Fred, el jefe de nuestra "manada", o grupo de Boy Scouts, era un francés y había servido en la Legión Extranjera. ¿Qué carajo hacía en La Habana, dirigiendo una manada y tratando de convertirnos en pequeños legionarios? El colmo era que se llamaba Fred Lieu. Su apellido era Lieu: "lugar" en castellano. Fred Lieu. Fred Lugar tan lejos de su lugar.

Dejamos los Lobatos antes de saber qué querían de nosotros.

Y ahora los cabrones de la casa vecina quieren que nos integremos a los pioneros. Aquella gentuza a cargo del Comité de Defensa de la Revolución (CDR) no paraba de darle lata a nuestros padres para que nos metieran en los pioneros. Metiches: metiéndose en la vida de todos. Querían que fuéramos como aquellos niños que marchaban por todo el barrio.

Aquellos espías y chismosos se mudaron a la casa de Chachi. La familia de Chachi se había ido para la casa preciosa recién construida en la playa, pero unos meses más tarde se vieron forzados a abandonarla. Se fueron para los Estados Unidos, dejando atrás la casa nueva para que otro la tomara. La casa vieja la tomaron aquellos espías entrometidos. Metiches, chivatos, metomentodos, inquisidores: bestias apocalípticas con mil ojos y diez mil oídos.

No hay una cuadra de La Habana que no tenga un Comité, un CDR manejado por *cederistas*. Están por doquier. Vigilando. Oyendo. Acosando. Molestando. Amenazando. Controlando. Teníamos la mala suerte de tenerlos al lado y de habitar en un ambiente tropical que nos obligara a vivir con las ventanas abiertas.

Ay, coño, me viene un *flashforward,* una visión del futuro, en lugar de un *flashback,* un recuerdo del pasado.

No lo esperábamos, ni podíamos imaginarlo. Entonces nadie hubiera sido capaz de profetizarlo, pero aquellos espías, nuestros vecinos, lacayos y rabiosos guardianes de la Revolución, también se largarían para los Estados Unidos, años después, tan hartos con las injusticias y los desengaños como toda la gente que atormentaron con su vil poder.

Y le dejaron la casa de Chachi a otros espías.

"Patria o muerte... si, quizá... o Patria o exilio... Venceremos... o nos iremos".

Ay, carajo, ahora al pasado otra vez... rápidamente...

A Manuel se le ocurrió la respuesta perfecta para los pioneros: "Uno, dos, tres, cuatro, comiendo mierda y gastando zapatos".

Permíteme una explicación, si no eres cubano. Para nosotros, todo lo que sea una estupidez o un gasto de tiempo es "comer mierda". Un imbécil o idiota es un "comemierda".

En todo caso, la consigna de nuestro sabio Manuel se nos ha pegado. Nos escondemos en los portales, en los árboles o detrás de las matas y les gritamos a los pioneros cuando pasan.

—Uno, dos, tres, cuatro, comiendo mierda y gastando zapatos.

Los pioneros están tan ocupados con sus marchas y consignas imbéciles que no nos oyen.

O quizá sí nos pueden oír. De vez en cuando vemos a uno o dos virar la cabeza por su cuenta y riesgo. No se les permite mirar para atrás, debido al Che. Da asco oírlos cómo repiten y se apropian de una de las consignas de Che Guevara: "¡P'atrás ni pa' coger impulso!"

Para nosotros es peligroso gritarles "¡comemierdas!" y acusarlos de gastar zapatos, sobre todo cuando ya queda poco calzado y el que hay está racionado. Tres o cuatro meses atrás los zapateros empezaron a usar neumáticos viejos para arreglar las suelas y los tacones gastados. Las veo todos los días, pero no me acostumbro a verlas, esas gomas en las suelas y tacones de los zapatos de Papá.

Y por eso les grito "gastazapatos" desde mi escondite. A veces me pregunto cómo hubiera sido mi vida si mi madre no nos hubiera pillado burlándonos de los pioneros.

Mamá aún se eriza cuando se acuerda de eso. Ella siempre tiene presentimientos, de esos que tienen todas las madres. No son *flashbacks* sino *flashforwards,* presentimientos del futuro. Presentimientos terribles, atormentadores, de los milicianos desapareciéndonos a mi hermano y a mí. Presentimientos de los vecinos espías cederistas oyéndonos gritarles a los pioneros. Presentimientos de nosotros, presos en un campo de concentración para menores en el interior de la Isla, cumpliendo una sentencia de cadena perpetua que nos obligaría a cortar caña de azúcar por el resto de nuestras vidas. O aún peor, presentimientos de que nos mandarían a Rusia, a Alemania del Este o a Checoslovaquia, o que nos harían desaparecer por algún otro país de donde más nunca regresaríamos.

Nunca sabré exactamente cuántas veces mi madre me ha contado del susto que le dimos el día que nos encontró burlándonos de los pioneros y cómo eso la convenció de que nos debía sacar de Cuba lo más pronto posible y de cualquier forma.

Supongo que Mamá nos ve como Fernandos en miniatura, y sabe que es posible que antes de darse cuenta podríamos ser parte de la contrarrevolución y el tráfico de armas. Sabe cómo nos gustan los petardos y los cohetes y las guerras de piedra y por lo tanto, tiene razón para estar preocupada.

Entonces empieza a correr el rumor. El peor rumor de todos.

Se dice que la Revolución le va a quitar los hijos a todos los padres. Hay razón de temer esto, pues una cláusula sobre la *patria potestad* en la Ley Fundamental de la Revolución lo permite. Y esta Ley ha remplazado la Constitución de la República. Mi madre está convencida de que en contra de nuestra voluntad, el Estado nos meterá en camiones y barcos que irán a parar a Dios sabe dónde. Quizá hasta nos manden a Rusia. Se sabe que eso es posible. Después de todo, es algo que ya sucedió durante la Guerra Civil Española en algunas de las zonas controladas por los comunistas, y en La Habana todo el mundo conocía a alguien que conocía a alguien que conocía a alguien a quien le habían mandado sus hijos a Rusia y que nunca más los volvieron a ver.

En La Habana hay muchísimos españoles y muchos que son hijos de españoles. Todo el mundo tiene fresco en la memoria lo que les pasó a los niños durante la Guerra Civil. Mamá y muchos otros padres y madres saben que algo así es posible.

Además, no hace falta preocuparse solamente por lo que puede pasar: todo el mundo sabe que algo parecido ya está pasando. A muchos adolescentes los están forzando a participar en misiones "revolucionarias"en el campo, a trabajar sin pago, como esclavos, sembrando lechuga, cosechando tabaco, cortando caña, excavando zanjas de irrigación y mil otras obras. Los riesgos que esto implica para las niñas son enormes, especialmente en un país que valora tanto la reputación de sus niñas que no deja que se reúnan con los niños sin la vigilancia de una chaperona. Lo peor imaginable, desde el punto de vista de tal costumbre, ya había comenzado a pasar. Hay casos de muchachas que vuelven del campo embarazadas, y algunas confiesan que fueron violadas. Los varones corren otro peligro: a los dieciocho años, todos tienen que entrar en el servicio militar obligatorio. Eso confirma el miedo que muchos padres le tienen a los planes de los comunistas.

¿Comunistas? Fulgencio Batista todavía está en el Palacio Presidencial cuando oigo esa palabra por primera vez. Tengo unos cinco años. Estoy en nuestro carro camino a casa de Abuela y Abuelo cuando pasamos por la explanada que luego sería bautizada "Plaza de la Revolución". Todavía la están construyendo. Como siempre, Tony y yo vamos sentados en el asiento trasero, cuando oigo a Mamá y Papá hablar de los comunistas.

—Oye —interrumpo—. Esos comunistas deben ser buena gente.

—¿Y por qué dices eso? —pregunta Luis XVI, con ese tono de voz que indudablemente quiere decir "te equivocas".

—Pues porque ayudan a la gente a comunicarse…

Se oyen fuertes risas desde el asiento delantero.

—Qué gracioso —dice Mamá.

—¿Y por qué se ríen?

—No, de nada. Es que eres tan inocente. Todavía no entiendes. Los comunistas no son buenos. Son malos. Requetemalos.

Ahora, unos años después, pasando en auto por el mismo lugar, veo un cartel gigante con una hoz y martillo desde mi ventanilla y me doy cuenta de la enormidad de lo que está sucediendo. Ahora se supone que todos debemos volvernos comunistas. Sí, todos.

Fidel se ha declarado marxista-leninista y a la Revolución y toda Cuba comunista. Ya no habrá más propiedad privada. No habrá nada tuyo ni mío. No habrá más explotación de las masas. Todo se va a compartir y todos tienen que trabajar. El que no trabaja, no come. Pero no se permitirá trabajar más por cuenta propia. Todos trabajan por todos. Nadie tendrá jefe. Todo el mundo va a ser dueño de todo.

Según Fidel.

El Chino de los Perros perdió su timbiriche, en el cual vendía sus perros calientes y papitas fritas. La Revolución no permite que se trabaje más por cuenta propia. Ni siquiera se permite tener un puesto de perros calientes. Como muchas otras cosas, los perros calientes se han desaparecido también. Lo mismo que la Pepsi y Coca-Cola.

La Revolución le quitó a tío Mario sus dos negocios. Lo último que él hizo en su mueblería fue quemar todos los registros de las cuentas para que los clientes con cuentas pendientes no tuvieran que saldarlas con el Estado. La Revolución quería que los clientes siguieran pagando el dinero que debían. Supongo que según la lógica de la Revolución, los clientes estarían pagando con el dinero que ellos mismos se debían.

A mi tío por poco se lo llevan preso por ese delito subversivo.

Fernando Chan también perdió su bodega: "puede seguir trabajando en ella si quiere, pero ha dejado de ser el dueño". Ya no puede regalarnos pasas ni aceitunas porque dejaron de ser suyas.

Todo el mundo ha perdido cualquier bien raíz.

El Estado ha recompensado a los dueños, pero la cantidad es tan miserable que de verdad es un robo asqueroso.

Un robo. Todo un robo. Una *robolución*.

Poco después, al Che se le ocurre la gran idea de acabar con el dinero. A veces también se me ha ocurrido lo mismo, sobre todo cuando he estado ahogado en deudas. Abajo con el dinero. Que todo el mundo tenga lo que quiera, que todos compartan de todo. Cada cual según sus necesidades. Por lo tanto, todos los bancos se han cerrado y todas las cuentas en toda la Isla han sido confiscadas. Ese es el primer paso. Todo el que tenga una cuenta bancaria puede quedarse con una pequeña suma, creo que menos de mil pesos. Pero todo lo demás se ha borrado, desaparecido.

El segundo paso es cambiar la moneda en circulación para que todos los billetes y monedas en mano de los cubanos no tengan valor alguno, y así igualar las condiciones. A cada persona le permiten cambiar una cantidad exacta de dinero, creo que unos cincuenta pesos.

Es una mañana preciosa de domingo cuando todo el mundo se pone en cola en los lugares designados para cambiar la cantidad permitida. Si no lo puedes cambiar antes que termine la jornada, mala suerte. De ese día en adelante toda la moneda anterior dejará de tener valor.

Las colas son larguísimas, pero se mueven rápidamente porque permiten cambiar muy poco dinero. Yo hago la cola, y también la hace mi hermano Tony, y todo el mundo que conocemos. Nadie sabe muy bien cuáles son las reglas, pero los cambistas no hacen muchas preguntas. Cuando al fin llegas a la mesa de cambio, con billetes y monedas en la mano, te las quitan y te entregan billetes nuevos de muchos colores, con los retratos de Fidel, el Che, Raúl, Camilo y otros héroes de la Revolución. Las monedas nuevas son tan ligeras que al soplarlas salen volando. Nos turnamos soplando los kilos, los níqueles, los reales y las pesetas nuevas, hasta que salen volando de las palmas de nuestras manos.

Nadie se vuelve loco y a nadie le entra el pánico, pero la situación no es nada más que un caos controlado. Muy pronto la gente se entera que se puede hacer cola en más de una mesa de cambio. Y todos corren a ponerse en la mayor cantidad de colas posibles.

Nunca he oído a la gente hablar tan alto o tan rápido como en aquel domingo. Y eso es mucho decir, tratándose de cubanos.

—¿Sabe usted que hay otra casa de cambio a cinco cuadras, en la Calle Veintisiete?

—Y esa no es la única. Bajando, en la Novena Avenida, hay otra.

Los que no tienen dinero para cambiar acceden a cambiarles dinero a los demás, y les cobran por hacerlo. Algunos cobran mucho. Y roban mucho. La gente les entrega su dinero a desconocidos que prometen cambiarlo cobrando un veinticinco por ciento, pero que luego nunca regresan.

Sobran los cuentos de infartos y embolias ese día.

Más de cuatro décadas más tarde, le echo un ojo a mi inquietante cuenta bancaria y contemplo los números que veo frente a mí. De repente todos se vuelven cero. Me veo otra vez haciendo la cola de aquella mañana dominical, pero no sé si reír o llorar. Todavía creo que algún día todo el dinero que hay en los Estados Unidos va a desaparecer de la misma manera. El dinero no es nada más que una ilusión, meras cifras escritas en un papel. ¿Cuentas para la jubilación? ¿Acciones? ¿Bonos? ¿Cuentas de ahorros? Olvídate de todo eso. Yo no guardo ni un centavo. Con excepción de lo poquito que tengo en mi cuenta corriente, no tengo dinero en el banco. Siempre le estoy debiendo a alguien, siempre estoy listo para el día en que todos pierdan su dinero. Cuando llegue ese día, gracias a que lo he planeado todo bien, no tendré nada que perder. Cuando llegue la Revolución, lo único que perderé serán mis deudas, como los clientes de mi tío.

¡Ja!

No cuento para nada con un plan de jubilación. No tengo esperanzas de ver ni siquiera un dólar del dinero que mi trabajo me obliga a depositar en las manos de inversionistas profesionales.

¿Cuentas de ahorros para pagar la universidad de mis hijos? ¡Ja! ¡Ni lo pienses! ¿Y para qué? La Revolución se encargará de que estudien gratis.

No tengo ni un centavo guardado. No tengo ni un centavo que perder.

Me acuerdo de un pariente mío, Pepito Abeillé, que me enseñó que no valía la pena ahorrar dinero. Él fue uno de los que se volvió cambista aquel domingo. Trabajó ese día como nunca antes. Su problema y su salvación fueron lo mismo. No había trabajado ni un solo día de su vida. Su padre había perdido toda su fortuna en 1929 y desde entonces siempre fue pobre. Como el hidalgo español desequilibrado de una novela picaresca, Pepito siempre vestía trajes blancos de hilo y se rehusaba a trabajar, ya que insistía que tenía demasiada dignidad para salir a la calle a ganarse la vida con el sudor de su frente. Vivía con su madre en un pequeño apartamento de La Habana Vieja lleno de periódicos viejos y con un fuerte olor a orina de gato. Supongo que se mantenía con los pequeños subsidios que la familia le daba. Pepito era un tipo inteligente y siempre fue un caballero. Pero no quería trabajar, de ninguna manera. Unas cuantas veces al año nos venía a visitar, enfundado en su traje blanco, a veces acompañado de su madre, y se quedaba por unas cuantas horas. Lo tenía todo calculado. Siempre visitaba a todos sus parientes, sin importar cuán lejos vivieran.

Aquel domingo, Pepito ganó más dinero que nunca, cambiándoles el dinero a los parientes que lo habían mantenido por tanto tiempo. Le estaba haciendo un favor a todo el mundo y todo el mundo se sintió obligado a dejar que se quede con el porcentaje que le correspondía.

He regresado a esa cola y ya estoy cerca del cambista. Veo a Pepito muy apurado, caminando hacia nosotros. Nunca lo he visto hacer nada con tanto apuro. Está andando por toda La Habana en su traje blanco, cambiándole el dinero a todo el mundo que conoce. Pero claro, les cobra. Hoy Pepito no ha perdido nada pero sí ha ganado mucho.

Pepito, el gran héroe del día.

Veo a otro héroe de aquel día, mi abuelo Amador. Él ha perdido mucho y está llorando, pero no lo ha perdido todo. Ha pasado años guardando monedas de plata en jarras que tiene escondidas dentro de la pared de la sala. Si, así mismo, abrió unos huecos en la pared, colocó las jarras una por una adentro, tapó los huecos y pintó la pared con lechada. Abuelo lo perdió todo en 1929 y desde entonces más nunca ha confiado en los bancos.

Tenía la pared llena de plata el día que cambiaron la moneda. Se pasó gran parte del día contemplando esa pared, pensando en toda la plata escondida que podría extraer, poco a poco, como de una mina, hasta el día que muera. Él sabía bien que incluso en un paraíso comunista la plata siempre te consigue más que al vecino, sobre todo si éste no la tiene. Sabía bien, como por instinto, que la libreta de racionamiento es una estafa. No es nada más que otra forma de hacerle creer a la gente que las injusticias son justas.

Casi todo ya está racionado. De vez en cuando llegan a las bodegas envíos enormes de arroz o frijoles negros o carne de res o lo que sea y se corre la voz como un reguero de pólvora. Todo el mundo sale corriendo para la bodega a ponerse en una cola interminable. A veces, si es muy larga, cuando ya te toca el turno de comprar lo que queda ya se acabó todo, los frijoles, los garbanzos, los pollos.

La bolsa negra es la peor estafa de todas. La gente vende lo que le toca según la libreta de racionamiento por más de lo que pagaron, o lo truecan por lo que más les hace falta. Hay mucha gente como mi abuelo, que extraen plata o hacen lo que sea. Cuando se trata del racionamiento y las revoluciones, siempre hay un "¿Qué se va hacer?" Siempre se resuelve, de cualquier manera.

He pasado dos meses haciendo colas. He hecho colas con viejitos, con amas de casa, con otros niños, con banqueros, con abogados, con médicos y otros ex capitalistas. Aulet, el vecino del zoológico, el ex dueño de minas, también tiene que hacer cola. La gente tiene que presentarse en persona, con la libreta en mano, y ponerse en la cola. Si no lo haces, nada te toca.

Todo el mundo tiene que hacer la cola, salvo los comandantes de la Revolución. La gente nunca ve a los comandantes ni a sus criados haciendo cola. Sí, efectivamente, los comandantes de la Revolución tienen criados.

Las medicinas también están desapareciendo. Y la ropa. Y los aparatos eléctricos. Y los automóviles. Y las herramientas. Y los juguetes. Todo se está acabando.

No habrá más historietas. No habrá más películas americanas. Ni más programas americanos en la televisión. Ni más vendedores de helados. Ni más vendedores de granizado. Ni más vendedores de frutas. Ni más vendedores de vegetales. Ni más vendedores de carbón. Ni más vendedores de guarapo, el jugo de la caña de azúcar. Ni más vendedores de pasteles. Ni más pregones que entonar.

—Pasteles... pastelitos... Pasteeeles, paaasteliiitos... Frescos, fresquitos... Dulces... buenitos.

Estoy sentado en el portal de mi casa y oigo al jamaiquino entonar su pregón. Aquel hombre tan alto vende los mejores pasteles que jamás he comido. Se aparece por el barrio más o menos una vez por semana, a pie, cargando una enorme caja de metal. Siempre pasa al anochecer, después de la cena. La caja de este tipo es una maravilla de la ingeniería. Supongo que él mismo la hizo. Por todos lados tiene puertecitas y gavetitas por donde muestra sus delicias especiales. Aquel jamaiquino abre y cierra todas esas puertecitas y gaveticas con gran destreza y saca los pasteles con tenazas para que el cliente los pueda admirar. Se ve que está muy orgulloso de su mercancía por la manera que la trata. Es tan reverente como un cura en el altar, pero con mucha más elegancia.

A mí me encantan los *eclairs,* esos pastelitos rellenos de nata cubiertos con chocolate que vende el jamaiquino y que son del mismo color de sus brazos. También me encanta el acento con que él habla nuestro idioma español.

Pero ya no hay más vendedores de pasteles.

Ni tampoco ningún vendedor de aguacates.

Todavía lo oigo entonar sus pregones. Los pregones de aquel vendedor de aguacates son los más lindos que jamás he oído.

—Aguacate maduro, aguacate. Aguaaacate maaaduuuro, ¡aaaguuuuaaacaaatee!

Tenemos unos cuantos antipregones que entonamos cuando vemos al aguacatero.

—Aguacate maduro, peo seguro.

—Aguacate verdoso, peo apestoso.

—Aguacate amarilloso, peo ruidoso.

Etcétera. Tenemos un montón de antipregones por el estilo. Hasta Luis XVI se ha unido a nosotros con unos cuantos suyos.

—Aguacate podrido, peo perdido.

O...

—Aguacate podrido, peo mordido.

Ese es uno de los mejores. Una joya de su corona.

Y ahí se aparecen otra vez esos pioneros imbéciles, marchando monótonamente, gritando sus consignas satánicas. Pienso en el aguacatero y en nuestros antipregones. Qué bueno que tuvimos tanta práctica con esas cosas. Qué requetemierda que estos pioneros nos recuerdan que todo se ha perdido, perdido para siempre.

Los curas también se desaparecen, junto con los monjes y las monjas. Todas las comunidades religiosas han sido expulsadas de Cuba. Los jesuitas con quienes estudió Fidel, mi abuelo y mi bisabuelo, todos han sido expulsados. Los dominicos, los franciscanos, las carmelitas, los hermanos cristianos y las ursulinas fueron expulsados. Los curas italianos que vivían al frente también. Todo el clero extranjero ha sido expulsado de la Isla.

Estoy en la sala que da entrada a la casa donde viven los curas. Es un salón oscuro, con cortinas de terciopelo que ocultan las ventanas y con un confesionario frente a la escalera. Esos curas, a pesar de ser curas, son muy agradables. Mamá me dijo que fuera a hablar con el cura mayor que vive ahí, porque la muerte empezó a preocuparme mucho, como siempre nos pasa a todos en mi familia. El cura me dice que no tengo por qué temerle a nada y que de todas formas, la muerte no me va a tocar por largo rato. Me dice que a pesar de que él se va a morir antes que yo, por ser más viejo, no le teme a la muerte. Me explica que cuando se tiene la edad de él, la muerte no asusta más, sobre todo si uno se ha esforzado en ser una buena persona en esta vida. Vuelvo a mi casa sintiéndome mucho mejor.

El cura más joven también es muy agradable. A veces se aparece en nuestra casa con una grabadora y nos pide que hablemos por el micrófono y que le mandemos mensajes a la gente en Italia.

—Vamos. Hablen. Los italianos entienden el español.

El cura habla en italiano por el micrófono para que veamos lo parecido que es su idioma al español. ¡Qué gran sorpresa! ¡Entendemos todo lo que dice!

Hablamos por el micrófono y nos quedamos fríos cuando rebobina la cinta. Todas nuestras voces suenan muy altas y chillonas. Nos acusamos de sonar como niñas. Y el cura se ríe a carcajadas de vernos tan ofendidos por nuestras acusaciones.

De vez en cuando los curas colocan un proyector y una pantalla grande afuera para que el barrio entero vea una película. *La casa de té de la luna de agosto* es la peor de todas, pero nosotros nos divertimos mucho esa noche metiendo los brazos y manos frente al lente del proyector, haciendo que los mayores nos regañen. Sobre todo cuando Manuel le puso el dedo del corazón en la cara a todos los actores. Parecía un dedo gigantesco sobre la pantalla que tapó a Glenn Ford. Creo oír a los curas reír en la oscuridad.

Pero aquellos curas lloran mucho el día que se despiden de nosotros.

Pum, pum, pum, pum, pum, pum, pum, pum, pum...

Oigo el estrépito de los golpetazos.

Pero como esto es un *flashback,* lo oigo y lo veo en inglés ahora:

Bang, bang, bang, bang, bang, bang, bang, bang, bang...

Parece que el ruido nunca cesa durante el día, todos los días, por siempre jamás. Es el estruendo de mandarrias machacando símbolos sagrados en lo que ya no es el convento y colegio de las monjas ursulinas, como a una cuadra de nuestra casa. El colegio donde Tony fue al kindergarten y al preescolar. Mandarrias tumbando cruces, retumbando. Mandarrias pulverizando imágenes de Jesucristo y de la Virgen María y de los ángeles y de los santos, retumbando. Mandarrias derribando adornos góticos, también, simplemente porque son del estilo gótico y están vinculados a la religión.

Bang, bang, bang, bang, bang, bang, bang, bang, bang...

No hay nada en esta tierra como el ruido retumbante de símbolos sagrados cuando son destruidos, poco a poco.

Se puede ver a los trabajadores en el techo y en las torres. Desde una cuadra de distancia veo la cruz caer en pedazos. Desde el antiguo convento el estruendo demora unos segundos en llegar adonde estoy y, por lo tanto, el proceso entero me parece un poco irreal. Escucho el sonido de las mandarrias golpeando las piedras. También oigo el silencio de los trabajadores echando atrás sus herramientas para cobrar impulso y dar el próximo mandarriazo. Es un silencio que hace parecer como si el pasado, presente y futuro estén desequilibrados.

Bang, bang, bang, bang, bang, bang, bang, bang, bang...

Mientras nos acercamos al palacio del Che Guevara en nuestras bicicletas, el estruendo de los mandarriazos se vuelve más y más fuerte. Tenemos que pasar por lo que había sido el convento de las ursulinas para llegar a la mansión del Che, dos cuadras más abajo por la misma calle. A sólo dos o tres cuadras de mi casa.

Nos gusta ir allá en bicicleta y hacerles preguntas a los guardias sobre sus pistolas y pedirles que nos den balas. También tratamos de ver al Che. A veces lo vemos entrando y saliendo de su palacio enorme en su Mercedes-Benz. El hombre que quiere acabar con el dinero siempre anda vestido de uniforme verde olivo y boina, igual que su chofer.

Es una casa preciosa. Descomunal. Con jardines preciosos. Palmas reales majestuosas. Puertas de hierro impresionantes. El Mercedes es bello. Me parece que está blindado a prueba de balas.

Bang, bang, bang, bang, bang, bang, bang, bang, bang...

Desconocemos de quién había sido la casa antes, pero no nos importa. El hombre número dos de Cuba es nuestro vecino y vive casi en la misma calle que nosotros. Es cierto que hace cosas terribles, como fusilar a la gente y acabar con el dinero de todos, pero es famoso. Y a los muchachos siempre les gusta decir que han visto a alguien famoso. Y les gusta ver las limusinas que tienen. Y sus choferes. Y sus mansiones. Aun si saben muy bien lo mentirosos e hipócritas que son.

Bang, bang, bang, bang, bang, bang, bang, bang, bang…

—P'atrás ni pa' coger impulso.

—Uno, dos, tres, cuatro, Cuba sí, yanquis no, Cuba sí, yanquis no…

—Fidel, seguro, a los yanquis dale duro…

Bang, bang, bang, bang, bang, bang, bang, bang, bang…

El hombre que quiere eliminar el dinero siempre anda vestido de verde olivo y con su boina. Su chofer viste igual. Me pregunto si el chofer, un revolucionario ejemplar, tendría revistas pornográficas. Llevaré esa duda conmigo hasta la tumba.

—Aguacate maduro, aguacate. Aguaaacate maaaduuuro, ¡aaaguuuuaaacaaatee!

—Aguacate podrido, peo mordido.

Bang, bang, bang, bang, bang, bang, bang, bang, bang…

—Uno, dos, tres, cuatro, comiendo mierda y gastando zapatos…

—Pasteles… pastelitos… Pasteeeles, paaaseteliitos… Frescos, fresquitos… Dulces… buenitos.

—P'atrás ni pa' coger impulso.

Un dedo gigantesco sobre una pantalla y los curas riendo en la oscuridad.

Y cómo lloran aquellos curas cuando nos dicen adiós. Y cómo llora mi abuelo cuando hace la cola para cambiar el dinero. Y cómo llora el jamaiquino por sus pastelitos. Los ama tanto.

Y Pepito Abeillé cuenta los billetes que lleva en los bolsillos de sus pantalones blancos.

¿Qué se le va a hacer? En las revoluciones siempre hay un "¿Qué se le va a hacer?"

Y me pregunto si el chofer, el revolucionario ejemplar, tendrá revistas de relajo.

—Aguacate maduro, aguacate. Aguaaacate maaaduuuro, ¡aaaguuuuaaacaaatee!

—Aguacate podrido, peo mordido.

Bang, bang, bang, bang, bang, bang, bang, bang, bang…

Un momento, espera: ¿dónde están las lagartijas? ¿Podrán Fidel y el Che acabar con ellas también? Si ya todo está siendo relegado al olvido, ¿por qué no ellas también?

Puñetero ácido y demasiados *flashbacks* fatales.

¡Pum! ¡Bang!

Bummer, man!

Coño, compay, qué mierda.

Ba… nG… bAnG… baNG… BA… bA… bababababa… nnnnG… gG… nNGB…

    Gnab….bing?   BanG!

    Bgan… gban… BNaG… banbanbanbanG!

Abng… B… Nn nN… …NNNgggg… b… b… b……n

    baa?   BbBbB… bb… N n Ng?… …

  Gg… gG… gg… GG   NoNoNoNo… no

Aaaaaaaaaaa A…   sí…

    ¡Bang!

*&^%$#@!«¡!»

Qué Carajo

Hay capítulos a los que no se les puede asignar un número.
De ninguna manera.
Estoy seguro de que has vivido capítulos así.
No son capítulos que puedan esconderse en una bóveda
del olvido, si la tienes.
No.
Son todo lo opuesto.
Esos recuerdos perduran.
Aunque quisieras que desaparecieran.
Aunque quisieras que no existieran.
Son tan espantosos como el infierno.
Son el infierno mismo.
Son la pura esencia del dolor.
No puedes asignarles un número.
Ni siquiera el cero.
Ni siquiera un cero con una corona de espinas.
No puedes escribirlos como los otros.
Ni tampoco pueden parecerse.
No.

Sólo se puede escribir un capítulo así a las dos y media de la madrugada, al final de un día fatal.

Sólo cuando cada uno de tus nervios está a punto de reventar.

Sólo en uno de esos días en que se te ha ocurrido repetidamente que sería mejor estar muerto.

Sólo en uno de esos días en que le has gritado al Príncipe de las Tinieblas desde el sótano de tu casa para que se quede en el infierno y te deje tranquilo.

Sólo luego de un día en que comprendes tan claramente el aprieto en que te encuentras que te duele darte cuenta que existes.

Sólo luego de un día en el que tu capacidad de negar la realidad está en su punto más flojo.

Aquí tienes uno de esos capítulos.

Se trata de Ernesto.

Se trata de un niño cuyo nombre me cuesta trabajo decir.

El niño a quien sólo puedo referirme indirectamente.

El niño que mi padre trajo a casa.

El niño que le caía mal a todo el mundo, salvo a mi padre.

El niño cuya alma no podía estar más retorcida.

El niño que seguramente tuvo una niñez infernal.

El niño de una familia muy pobre.

El niño que en lugar de ir al colegio pasaba el día vendiendo billetes de lotería.

El niño que vio a mi padre tropezar en la calle y caérsele los espejuelos.

El niño que recogió los espejuelos de Luis XVI y se los dio.

El niño que mi padre reconoció al instante como un hijo que había tenido en otra vida.

El heredero del trono de Francia.

El Delfín.

El delfín que vendía billetes de lotería por las calles de La Habana.

El delfín de ojos azules.

De ojos tan azules como los del Cristo de los Ojos.

De ojos azules que nunca se parecieron a los del Cristo de los Ojos.

De ojos azules en los que bailaban las llamas del infierno.

Sin que mi padre lo supiera, siempre lo traicionó.

Era tramposo y mendaz, y nos odiaba a todos.

Pero yo supe quién era.

Un pervertido.

Trató de serlo conmigo.

Hubo una época en que no se detenía.

Trataba de abrazarme suciamente.

Incluso cuando yo era muy pequeño, y todavía ni entendía lo que quería hacerme.

A sólo unas cuantas pulgadas del Cristo de los Ojos.

Jesucristo Todovidente.

Te doy las gracias, Cristo de los Ojos, por no quitarme el ojo de encima.

Tú no permitiste que pasara lo peor.

Me tuve que defender de él muchas veces.

Pero él seguía insistiendo.

Hasta que crecí lo suficiente para pegarle duro.

Me acuerdo del día que dejó de mortificarme.

Me acuerdo que le pegué y lo pateé tan duro que a mí también me dolió.

Pero esa misma violencia me hundió en el infierno con él.

Tenía maldad hasta en la médula.

Según los platónicos, el mal es sencillamente la ausencia del bien.

Teoría equivocada.

La maldad es una presencia, real y astuta.

La maldad es un maldito desgraciado que se mete en tu casa.

Un pervertido muy listo que sabe cómo enredar la verdad.

Un pervertido que sabe bien qué hacer para que uno quede como el malo de la película.

Un pervertido que es capaz de envenenar la relación entre un padre y su hijo.

Un pervertido que sabe que tu madre te va a creer, pero que tu padre tal vez no.

Un pervertido que sabe que sus mentiras son capaces de poner a prueba un matrimonio.

Así fue como le devolvió el favor a mi padre por todo lo que hizo por él.

Yo debería haber confiado más en mi padre y en mi madre.

Pero yo era demasiado pequeño, y temía que mi padre le creyera.

Ahora sé que lo hubieran botado de la casa más rápido que el zapato que Tony me tiró por el piso del pasillo. El zapato que chocó con el dedo de mi pie y terminó en la taza.

El zapato que me costó una paliza que no merecía.

Ahora sí lo sé.

Ahora sé que el rey Luis me hubiera creído a mí y que lo habría devuelto a la calle, a seguir vendiendo billetes de lotería.

Ahora.

Too late, too bad.

Demasiado tarde, tremenda desgracia.

Yo sólo era un niño bobo sin mucha credibilidad.

Pero lo peor de todo es que yo no sabía el verdadero alcance de su perversión.

También Tony se lo tuvo que quitar de encima.

En aquel momento yo no lo sabía.

Era muy listo, el pervertido.

No me enteré de todos los detalles horribles hasta que cumplí cuarenta años.

Tony también tuvo miedo de hablar.

Jesucristo Perdonalotodo.

Le pagó a mi padre por toda su bondad con traiciones ocultas.

Quizá hasta hizo cosas peores de las que todavía no me he enterado.

Pero así y todo, mi padre lo adoptó.

Fue un día funesto cuando Luis XVI nos dio la noticia.

Un día sumamente funesto.

Nunca nos consultó.

Ni siquiera nos dijo que quería adoptarlo.

Sencilla y llanamente, un día nos dijo algo que jamás hubiera creído posible.

—Quiero que sepan que de ahora en adelante Ernesto va a ser hermano de ustedes. Ya tiene el mismo apellido que ustedes.

Como juez que era, Luis XVI pudo adoptarlo sin el consentimiento de mi madre.

En Cuba los jueces podían hacer casi todo lo que les daba la gana.

Así eran las leyes de allá.

Nuestras vidas más nunca fueron las mismas.

Después de ese día, Luis XVI y María Antonieta dejaron de llevarse bien.

Después de ese día, mi hermano y yo dejamos de confiar tanto en el rey Luis.

Después de ese día, Ernesto quedó muy satisfecho consigo mismo.

Pervertido.

Canalla.

Sinvergüenza.

Lagartija.

Ya sé que me vas a llamar mentiroso y que vas a tergiversarlo todo hasta el día que te mueras.

Seguro que cuando estas palabras lleguen al público vas a mentir, mentir, mentir.

No importa; yo sí sé la verdad, y Dios también la sabe.

Pero no te preocupes, cabrón.

Yo no te voy a mandar al infierno como me mandaste tú a mí.

No.

El infierno sería demasiado bueno para ti.

Lo sé porque hoy mismo estuve allí, de visita, largo rato.

No sirve para ti.

Contemplé mandarte para ese rincón del cielo que comparten Immanuel Kant, Mel Blanc y el tipo de Rancho Boyeros, pero me di cuenta que eso tampoco serviría.

A pesar de todos sus defectos, yo nunca le haría esa mierda al pobre Immanuel.

También quizá te diera por apretarte contra Kant y convertirle el paraíso en un infierno.

En cambio, te mandaré a otro rincón del cielo.

Al mejor rincón.

El mejor de todos.

Irás directamente al pie del trono de Jesucristo y pasarás ahí la eternidad bajo Su mirada.

Me parece bien que él te vigile por los siglos de los siglos.

Mirando tus ojos azules con Sus ojos infinitos.

Perdonándote, y perdonándote, y perdonándote, constantemente.

Abrazándote.

Eternamente.

29

Twenty-nine

Oigo truenos en mis sueños, truenos que retumban desde lo más profundo de la tierra y a la misma vez del cielo. Nunca he oído truenos tan raros. La cama se estremece y en mi sueño puedo ver el ruido, que se parece a una enorme nube negra que crece y crece sobre la azotea de mi casa. Se pone más y más grande, más y más negra, más y más atronadora. También veo los relámpagos. Pero no son relámpagos normales, como los nítidos relámpagos serpentinos que se deslizan y se bifurcan. De ninguna manera. Son como los que vemos en las historietas. Relámpagos gruesos y tan amarillos como el azufre, que zigzaguean en ángulos perfectos.

Rarísimos truenos, que me estremecen todo el cuerpo.

¿Estaré despierto?

No. No lo creo. Espera, puede ser que sí. ¿Y qué será ese ruido que oigo dentro del relampagueo, que brota de la gigantesca nube negra? Suena más como un zumbido que un tronar.

¡Aviones! Aviones y más aviones. No cabe duda de que estoy despierto. ¿De dónde vendrán todos estos aviones, y por qué estarán volando tan bajo esta madrugada? ¿Y por qué pasan casi rozando los techos? ¿Volarán tan bajo para evadir los relámpagos?

¡Ba-buuuun! Pácata! ¡Baaa-buuuuuuun! ¡Pácata! ¡Baaabuuuuuun, pácatabún, bún, bún, bún!

¡Ese trueno sí fue grande! Es tan fuerte el estruendo que ni puedo oír los gritos de mi madre, que sale de su cuarto, cojeando sin bastón, en su ropa de cama. María Antonieta entra en el cuarto que Tony y yo compartimos, gritando más alto de lo que yo creía posible.

Y me cuesta trabajo oír lo que dice sobre el ruido de los truenos.

—¡Ay Dios mío! ¡Nos van a matar! ¡Nos vamos a morir! ¡Nos van a matar a todos! ¡Aaay Dios mío, aaay Dios mío! ¡Métanse debajo de la cama, rápido! ¡Ahora mismo! ¡Aaaaay! ¡Rápido! ¡Aaaaay!

—¿Pero qué te pasa, Mamá? Si sólo está tronando.

—Nunca hemos tenido que escondernos de los truenos —dice Tony.

¡Ba-buuuuún! Pácata! ¡Baaa-buuuuuuuuún! ¡Pácata! ¡Baaabuuuuuun, pácatabuuuuún, bún, bún, bún!

—¡Ay Dios mío, chico, esos no son truenos! ¡Son bombas! ¡ Nos están bombardeando! ¡Nos vamos a morir, nos matan! ¡Ay Dios mío! ¡Aaaaay! ¡Métanse debajo de la cama, *AHORA MISMO*! ¡Nos matan! ¡Aaaaay! ¡Nos vamos a morir! ¡Nos vamos a morir! ¡Aaaaaaaaaaaaaaaaaaaaaayyyyyyyyyyyy!

El ruido ensordece. Las ondas sonoras me estremecen a mí, a la casa y a todo lo que hay dentro. Y todo está tan oscuro, afuera y adentro de la casa.

—¡Aaaaaaaaaaaaaaaaaaaaaaayyyyyyyyyyyy! ¡Nos vamos a morir! ¡Aaaaaaaaaaaaaaaaaaaaaayyyyyyyyyyyy!

¡Un bombardeo! ¡Al fin estaba dentro de una película de guerra! Pero aguanta un momento: no tengo ni casco ni armas. Soy uno de esos civiles lastimosos, un niño en una película de guerra. ¿Y qué les pasa a los niños en las películas de guerra? No, esto no me gusta. Los niños siempre terminan acribillados por las balas, o triturados o se vuelven huérfanos sucios y andrajosos. El único papel que tienen los niños es el de darle más sentimentalismo a la película. Son accesorios patéticos y nada más.

¡Ba-buuuun! Pácata! ¡Baaa-buuuuuuun! Pácata! Repácatabún, bún, bún, bún!

—¡Aaaaaaaaaaaaaaaaaaaayyyyyyyyyyyyy, Dios mío!

Luis XVI entra al cuarto, en sus calzoncillos anchos, tan anchos como los pantalones que siempre los cubren. Nunca lo ví ponerse los calzoncillos, pero no dudo que solía ponérselos después de ponerse los zapatos.

—¡Tranquilos! No nos va a pasar nada. Pero sí, métanse debajo de la cama. ¡Rápido!

Me lancé debajo de la cama y vi a Tony hacer lo mismo. Ninguno de los dos dijo una sola palabra.

Oímos a los aviones zumbando arriba, volando bajito. Nunca había oído los motores de aviones tan de cerca. ¿Estarían rozando el techo de la casa? ¿Quién sabe?

Pa-pá, pa-pá, pa-pá, pa-pá…

Un momento, ¿qué fue eso? Disparos. Están disparando cerca de la casa. Están disparando desde la casa vecina, donde vivía Chachi y donde pusieron el Comité de Defensa de la Revolución. Me cuesta trabajo oír los disparos entre el sonido de las explosiones, pero aún así, son inconfundibles. Los nuevos vecinos, quienes a nombre del régimen tienen la tarea de espiar y meterse en la vida de todos en nuestra cuadra, se suben a la azotea de la casa de Chachi y le tiran a los aviones con una pistola.

¿Y qué pasaría si María Antonieta tuviera razón? ¿Y si una de las bombas nos cayera encima? Aquellas explosiones eran tan formidables, tan cercanas. Pero no, qué va, no nos puede tocar ninguna. O quizá sí. Me parece raro que las bombas no silban como sucede en las películas de guerra. ¿Qué nos pasaría si una bomba nos cayera encima?

Comienzo a temblar y me tapo los oídos con los dedos. No son las bombas las que me molestan, sino los gritos de mi madre. *¡Basta ya, Mamá! ¡Me estás asustando!* Claro que no se lo digo en voz alta. Estoy temblando tanto que ni puedo hablar. ¿Qué será este miedo? ¿Será que la muerte está allá afuera, llamándome, llamándonos a todos? ¿Será que nos tocó el turno? Pero no. No puedo morirme de niño. Tengo una vida larga que vivir. Esto no puede ser.

Coño, ¿por qué no se me quitan estos temblores? ¿Por qué estoy llorando? ¿Cómo es que las explosiones me estén haciendo llorar a *mí*?

Porque todos nos vamos a morir. Mamá nunca se equivoca. Oye cómo grita.

—¡Aaaaaaaaaaaaaaaaaaaaaaayyyyyyyyyyy!

El estruendo disminuye y el ruido de los motores se aleja. Cesan las bombas, cesan las explosiones, cesa el tiroteo de la casa de al lado. Pero dentro de la casa la gritería sigue. María Antonieta no para de gritar y llorar.

Yo salgo de debajo de mi cama y Tony de la suya. Tiemblo como un endemoniado.

Luis XVI abraza a María Antonieta, de una manera que nunca antes había visto. Es entonces cuando me doy cuenta de que algo anda muy mal. Requetemal.

Dos días después nos toca una sorpresa aún mayor. Ha empezado la invasión. La Brigada del exilio ha llegado de la Florida para liberar a Cuba. Los brigadistas desembarcan en el lugar donde menos esperábamos, en la Bahía de Cochinos, en la ciénega de Zapata, el mayor pantano de la Isla. Y todos vemos la guerra desenvolverse en vivo por la televisión. Nos enteramos entonces por qué hubo el bombardeo. Fue el preludio a la invasión. Aviones piloteados por exiliados cubanos, algunos de ellos amigos de Fernando, trataron de arrasar con los aviones que Fidel tenía guardados cerca de mi casa en el campamento militar de Columbia. Aquellos aviones americanos, suministrados por la Agencia Central de Inteligencia, estaban perfectamente pintados como aviones de la Fuerza Aérea cubana. Su objetivo era paralizar la fuerza aérea fidelista para que cuando los brigadistas desembarcaran en las playas no quedara ningún avión que los pudiera acribillar. Olvídalo. Durante esa mañana y por casi toda la semana siguiente, Dios nos abandonó. La Brigada desembarcó con unos mil quinientos brigadistas. Y fracasaron. Los segaron como trigo bajo la hoz. Los aplastaron como cucarachas bajo una chancleta de madera. Los estallaron como lagartijas atadas a un petardo. Y los acorralaron a todos como reses en un matadero. Muchos murieron peleando. Pero los demás debieron rendirse.

No les quedó más remedio. A sus espaldas tenían el Caribe y al frente y a los lados, pantano. No tenían armas. No tenían respaldo aéreo. No tenían tanques. Y encima de esto, se vieron superados en número por el enemigo, bombardeados sin piedad.

Lo vimos todo por la televisión, en vivo y en blanco y negro. Los exiliados en las playas, donde fueron abandonados sin la prometida cobertura aérea. Los exiliados en la manigua, donde no se suponía que los dejaran, con el ejército de Fidel arremetiendo contra ellos. Los aviones de Fidel, intactos, acribillándolos en las playas. Fidel disparándoles cañones, sonriendo, riéndose, dándoles palmaditas en las espaldas a sus soldados, empuñando su tabaco como si fuera un cetro, ajustándose la boina como si fuera una corona. Fidel dando discursos sin fin, día y noche, ejercitando sus brazos tanto como su lengua. El Máximo Líder de la Revolución estaba en su gloria.

También vimos a los exiliados rendirse en masa, con las manos en la nuca.

Todo eso ocurrió en sólo tres días: el 17, 18 y 19 de abril de 1961. El futuro —mi futuro— destripado y apresado. La esperanza totalmente aniquilada.

No podíamos creerlo. No entendíamos por qué todo salió tan mal.

Mientras tanto, el levantamiento popular que esperaban los brigadistas nunca sucedió. Fidel actuó rápidamente para que nadie saliera a apoyar a los invasores. De una punta a otra de la Isla, miles y miles de hombres y mujeres fueron arreados y acorralados como bestias en los teatros, los estadios, los cuarteles y cualquier lugar disponible. A todos los que estaban fichados por los Comités de Defensa de la Revolución, a todos de quienes se sospechaba, por cualquier razón, se los llevaron antes de que pudieran alzarse. También se llevaron a todos los que tenían hijos presos.

Incluido mi tío Filo, el padre de Fernando.

Se aparecieron de noche, dando golpes en la puerta como si quisieran tumbarla. Se lo llevaron arrastrando y desapareció. Nadie sabía ni adónde lo llevaron ni qué le habían hecho.

A la mañana siguiente estoy mirando un noticiero en la televisión, en la sala de mi casa, bajo la mirada altiva de mi emperatriz favorita, cuando me entero de lo que le pasó a mi tío. Como siempre hace fuera de mis sueños, María Teresa se comporta bien ese día y ni se mueve ni me dice nada. Cabrona hipócrita. Solamente reposa una mano en el pecho, serenamente, tal como debe hacer una emperatriz malhablada. Tony está conmigo, pero no nos estamos divirtiendo. Tengo que admitir francamente que esa guerra en vivo que estoy viendo en la televisión no sirve para nada. Es una basura comparada a una película de guerra. Todo se desenvuelve mucho más lentamente, sin trama clara, sin héroes con los cuales me pueda identificar. ¿Y más que nada; por qué es que los buenos están perdiendo?

Aun así, ahí estamos enfrente del televisor, pegados a la pantalla y en las mismas butacas de siempre, acompañados por María Teresa y el Buen Pastor. De repente, Mamá y Papá atraviesan la sala con mucha prisa, haciendo una breve pausa antes de llegar a la puerta, como hacen los corredores cuando les falta el aire.

—Se llevaron a tío Filo. Anoche. Puede que nos pase lo mismo a nosotros. Pero no se asusten. Si no regresamos o si nos vienen a buscar y pasa un rato sin que nos vean, no se preocupen. Será que nos han metido en la cárcel. Nada más. Por ahora no están en peligro. Así que no se preocupen, todavía no están recogiendo a los niños. Pórtense bien. Hasta luego —nos dice María Antonieta a Tony y a mí.

Luis XVI añade que no nos preocupemos y, acto seguido, desaparece. Salen volando nuestros padres por la puerta. La

cierran con mucho cuidado, pero me parece como si la tira-
ran con más fuerza que nunca.

Jesucristo Lanzabombas.

Tony y yo nos miramos. Supongo que mi expresión es muy
parecida a la de él. Una expresión rara, difícil de olvidar. Sólo
la volveré a ver algunas veces más en los próximos cuarenta y
tantos años y bien pronto me daré cuenta de que siempre significa lo peor de lo peor.

El rey Luis y la reina María Antonieta van corriendo a casa
de Filo para consolar a su mujer e hija y hacer lo que pueden
en una situación como esa. ¿Pero *qué* se puede hacer? En
aquel entonces no existían tarjetas de felicitación para ocasiones como esas, ni tampoco existen hoy. Imagínate tener que
inventar el texto para una tarjeta así:

*Lamento muchísimo el arresto de su ser querido. Estamos rezando por
usted mientras espera noticias sobre su paradero. Que Dios le sirva de
consuelo y le dé la fuerza necesaria para soportar la incertidumbre.*

¿Y qué dibujo le pondrían a tal tarjeta de felicitación? ¿Un
sillón vacío con un tabaco encendido al lado, en el cenicero?
¿Una cara triste con un signo de interrogación encima? ¿Una
persona nerviosa pegada al teléfono o a la ventana?

Pasan días tensos y lúgubres. No sabemos nada de Filo, ni
siquiera si estará vivo o muerto. Mamá y Papá van todos los
días a su casa y regresan sanos y salvos. Viven esperando que se
los lleven presos, pero nadie viene a llevárselos. Quién sabe si
los espías cederistas de la casa de al lado no sean tan "patria o
muerte". O quizá no sean tan sagaces o vigilantes.

Nos costó creer en la derrota total de la Brigada. ¿Cómo
fue que fracasaron así? ¿Estaría Dios dormido? ¿O infinitamente enfurecido con nosotros?

Varios días después nos enteramos para dónde llevaron a
Filo, y Papá va a ver a su hermano. En ninguna película de
guerra he visto una escena parecida a las que nos pintó Papá
aquel día al regresar a casa.

—A Filo lo tienen metido en un auditorio donde no cabe más gente. Debe haber por lo menos unos doscientos, trescientos detenidos o más. No les han dado nada de comer, ni tampoco tienen ropa limpia. La única agua que hay es la que sale de la pila del baño. Sólo tienen unos cuantos inodoros que ya están tupidos de tanto uso. No tienen duchas. Cientos y cientos de presos que han debido acostumbrarse a no bañarse. La peste y el calor son insoportables. Algunos están enfermos, pero no hacen nada por curarlos. Tienen ahí algunos médicos presos también, pero sin medicinas ni equipos, tienen las manos atadas. Hay gente lamentándose y quejándose, gente llorando y gritando como locos. Algunas de las mujeres están totalmente desquiciadas y aúllan y gimen y ululan sin parar. Y lo peor es que los milicianos los amenazan, diciendo que los van a matar a todos. Nadie sabe lo que va a pasar. Los tienen aterrorizados. Muchos han sido golpeados y muchos otros están heridos de gravedad.

Yo le hice la pregunta más importante de todas.

—Y si los inodoros no funcionan, ¿qué hacen?

—Hacen sus necesidades sin inodoros.

—¿Y cómo?

—Tienen que usar el piso… y tampoco tienen papel higiénico para limpiarse.

—¡Fo! ¡¿Cómo pudiste ir ahí?! —preguntó Tony.

—No fue fácil, pero gracias a Dios pude ver a Filo. Los milicianos me dijeron que le podía llevar comida. Si no se la llevo, Filo no come.

Durante unas dos semanas Papá estuvo llevándole comida a su hermano. Hasta que llegó el día que lo sacaron del auditorio y se lo llevaron a la cárcel principal de la capital, el Castillo del Príncipe. Era la misma cárcel de donde se había fugado aquel hombre que dos años antes nos había pedido ayuda en plena calle. También se habían llevado a Fernando, su hijo, para el Príncipe.

No tengo idea de cuánto tiempo lo tuvieron ahí, pero sí sé que ya no tuvimos que llevarle más comida. No creo que hubo un juicio ni nada por el estilo. Había tantos bajo sospecha del mismo delito —el de no pensar igual que el Máximo Líder— que los fidelistas no veían la necesidad de celebrarle juicios. Bastaba con que fueran culpables de ser sospechosos, el peor delito de todos.

Algunos nunca salieron del Príncipe, ni de ninguna de las otras cárceles que levantaron por toda la Isla. Tío Filo tuvo bastante buena suerte, ya que lo soltaron unos meses después, pero tuvo la mala suerte de perder la mente. Totalmente.

Papá no nos dio más detalles, a pesar de que Tony y yo le rogamos que nos lo contara todo. Teníamos gran curiosidad y deseábamos saber todos los detalles sobre la locura de Filo. También nos parecía muy fascinante tener un tío que estaba completamente loco. Pero Luis XVI ignoró nuestras súplicas.

—Créanme, es mejor que no sepan los detalles.

Pero a Papá un día, sin querer, se le escapó algo al comentar que Filo no estaba mejorando con el tratamiento de electrochoques al que lo estaban sometiendo. Nos explicó con bastante detalle cómo eran los electrochoques. Sólo podía imaginarme una silla eléctrica, como las que se usan para ejecutar a los criminales.

Pero al fin los electrochoques empezaron a dar resultados. O quién sabe si fue que poco a poco, con el pasar del tiempo, se fue mejorando. A pesar de que empezó a socializar más con la gente, pasó mucho tiempo antes de que hablara de lo que le había tocado sufrir. Le dio por hablar de algunas cosas que le sucedieron en la cárcel, pero Mamá y Papá hacían todo lo posible para que no las oyéramos. De lo único que sí nos comentaban era del truco que le hacían todos los días a Filo con el pelotón de fusilamiento.

—Oye, Nieto. Cuando oigas los tiros allá afuera, es tu hijo al que estamos fusilando.

Me acuerdo demasiado bien de una vez que visitamos a Filo en su casa unos diez meses después, poco antes de irme yo de Cuba. Hablaba en susurros y murmuraba que tuviéramos cuidado con los micrófonos ocultos por doquier. No le quitaba los ojos a las persianas y a los pestillos, para asegurarse de que estaban cerradas.

—Tú sabes bien que siempre nos están escuchando. Siempre. Y están por todos lados, dondequiera. Cuando menos te lo esperas, donde menos te lo esperas, ahí están. Siempre. Siempre. Siempre.

El pobre Filo me parecía una momia viviente, envuelto en sus propios temores, sepultado en su propia casa, siempre en el mismo sillón con una expresión extrañísima en los ojos. Ciertamente, no se puede decir mucho cuando crees que siempre te están vigilando. Sobre todo cuando los que te están vigilando pueden meterte en la cárcel por solamente decir lo que verdaderamente piensas.

Qué maravillas son esos Comités de Defensa de la Revolución. Qué instrumentos de terror e intimidación más hermosos y refinados. Como teníamos uno de esos nidos de culebras al lado, siempre teníamos que cerrar la boca o hablar bien bajito. Las paredes tenían oídos y transportaban las voces fácilmente.

Qué pena que no había tarjetas de felicitación para mandarle a los "cedeerres", como todo el mundo les decía a los Comités. Se le debería haber ocurrido a alguno de sus líderes, eso en caso de que alcanzara el papel y la tinta para hacerlas. Tan sólo para La Habana se hubieran necesitado muchas tarjetas, ya que no había una cuadra que no tuviera un CDR. Desgraciadamente todavía siguen ahí, mientras escribo esto.

Imagínate el texto de una tarjeta de felicitación cederista.

Muchas gracias, compañero. Te agradezco mucho que me obligaras a estar presente en la manifestación de ayer, en La Plaza de la Revolución. Te juro que ese espectáculo me levantó el espíritu revolucionario y me abrió los ojos, por lo que ahora puedo ver claramente el maravilloso papel que tengo que jugar. Me quedo eternamente agradecido. ¡Adelante! ¡Pa' atrás ni pa' coger impulso!

¡Ay, compañero, qué imbécil soy! Perdona que se me olvidó presentarme voluntariamente a cortar caña. Lo siento mucho. Cuánto te agradezco que me lo hayas recordado. Oye, compañero, cuánto me encanta lo que están haciendo los Comités por la patria. Y cuánto me

alegra que me eleven la conciencia. Quiero también que sepas, compañero, cuánto a mí me encanta cortar caña con un machete desafilado. ¡Que viva la Revolución!

Compañero, estoy más que agradecido por haberme recordado que ustedes controlan la libreta de abastecimiento sin la cual no puedo vivir. Estoy muy arrepentido de no cumplir con mis deberes. En serio, lo juro. Cuando tengas un momento, por favor, compañero, déjame saber lo que tú piensas que estoy haciendo mal para que no lo vuelva a hacer. Y si te parece que estoy cumpliendo bien con algo, por favor, déjame saber lo que es, para hacerlo todavía mejor. ¡Patria o muerte, venceremos!

Oye, compañero, te estoy sumamente agradecido por haber chivateado a mi ser querido y haberlo metido preso, como se lo merece, por ser tan gusano y repugnante. Ojalá que algún día ese degenerado se pueda rehabilitar. Si algún día regresa a la casa, te prometo que lo vigilaré constantemente, con ojos de águila, y que si se atreve a decir cualquier cosa en contra de la Revolución, lo denunciaré inmediatamente. ¡Pa' atrás ni pa' coger impulso!

Gusanos. Déjame que te explique esto, si no eres cubano. Así es como bautizaron a los contrarrevolucionarios. Fidel llamó "gusanos" a los invasores y a todos los que los apoyaban. Lo más bajo de lo bajo. Arrastrados. Babosos. Insectos asquerosos que buscaban destruir la perfecta Revolución.

Fidel mandó a que le pusieran a todos los presos de la Brigada de Asalto camisetas amarillas para que tuvieran el color de gusanos. A pesar de que ya estaba escasa la ropa, encontraron suficientes camisetas amarillas para todos los brigadistas. Ese fue uno de los milagros de Fidel, tan sólo posibles gracias a la Revolución. Y entonces se pusieron a interrogar a aquellos hombres con las camisetas amarillas, y lo trasmitieron todo en vivo por televisión durante muchos días. Aquellas camisetas amarillas eran un símbolo perfecto de lo genial que era la Revolución, ya que en aquel entonces se televisaba sólo en blanco y negro, los periódicos y revistas no publicaban fotos en colores y a muy pocos cubanos se les permitió ver a los presos en persona.

Sin embargo, no sé cómo, nos enteramos de que las camisetas eran amarillas. Y tal como pasó con el apodo "cristiano", que en la antigüedad era un insulto, nosotros, los que apoyábamos la invasión de la Brigada, nos autodenominamos "gusanos", con mucha honra.

Pero chico, los brigadistas no nos inspiraban mucho orgullo. Uno tras otro fueron entrevistados ante las cámaras de televisión. Fidel mandó que resaltaran a los niños mimados, los vástagos de las "mejores" familias. Gusanos. Escoria todos ellos, que habían regresado a recuperar sus bienes y privilegios, para volver a esclavizar a todos los cubanos. Fidel quería hacerle creer a la gente que todos los brigadistas eran los hijos de los ricos y potentados. Como siempre, el Máximo Líder torció la verdad. Impidió que se dijera nada sobre los brigadistas humildes, sin propiedad alguna, que se arriesgaron para rescatar la libertad o de los que habían peleado contra Batista.

Uno de los brigadistas era hijo de uno de los mejores amigos de mi padre. Era un tipo muy divertido que nos llevaba aproximadamente diez años. Su cuarto era uno de los más lindos que jamás he visto, con docenas de aviones que colgaban del techo. Me gustaba ir a su casa sólo para ver su cuarto y los aviones. Pero aquella casa sí que era peligrosa. Así que imagina cuánto me gustaba ver aquel cuarto. Nunca antes había visto un patio con tantas lagartijas. Había por doquier, arrastrándose, brincando, tomando el sol. A Luis XVI le encantaba conversar con su amigo en ese patio, haciéndoles caso omiso a las lagartijas. Pero yo no lo resistía y me retiraba lo más lejos posible de aquel patio.

La casa también tenía algo más que daba miedo. El tipo con los aviones en su cuarto sabía cómo hipnotizar, y le encantaba aterrarnos.

—Fíjense bien, muchachos, que allá voy. Lo único que tengo que hacer es mirarlos bien para que se vuelvan mis esclavos. Allá voy... *Aooooooommmm*... Ahora son míos... Ahora tienen que hacer lo que yo les diga.

Por supuesto le creíamos, y salíamos de ahí corriendo mientras él nos perseguía. Una tarde que fuimos a la playa, nos pasamos todo el día evitando su mirada.

Pero ahora lo estábamos viendo por la televisión, en vivo, en blanco y negro. Se veía totalmente resignado, con una expresión de vergüenza y asco y los ojos fijados en el suelo. No logró hipnotizar a nadie. Al contrario, parecía que lo habían hipnotizado a él. O que le habían lavado el cerebro. Cuando le preguntaban "¿Y que pasó con los americanos?", él contestaba lo mismo que decían todos los otros brigadistas.

—Nos embarcaron.

No podíamos creerlo; era algo inconcebible. Sin excepción, el hipnotizador y todos los otros gusanos en sus camisetas amarillas declararon por televisión que los americanos, quienes habían preparado y sufragado la invasión, los habían traicionado en la Bahía de Cochinos, dejándolos sin el apoyo que les habían prometido. Nadie que veía y oía eso por la televisión podía creerlo. Si no estaban drogados, debían estar hipnotizados. O les habían lavado el cerebro.

¡Qué va! De ninguna manera. Los americanos no podían faltar a su palabra ni engañar a cualquier patriota que luchaba por la libertad de su pueblo. No había forma de que lo que estaban diciendo fuera verdad. Todos aquellos hombres mentían. Estaban mintiendo para que les dieran mejor trato en la cárcel o quizá hasta para que los soltaran.

Desengaño. Desengaño total, puro y amargo.

Amarguísimo.

La verdad se descubriría años más tarde. El mundo entero se enteraría de lo que pasó con los americanos. Esos desgraciados hermanos Kennedy, John y Bobby, tan peludos como represibles, se acobardaron cuando ya la invasión había sido lanzada. Mientras las magnolias y las azaleas florecían en Washington, los hermanitos Kennedy se espantaron y abandonaron a los brigadistas para que arrasaran con ellos. Claro, al fin y al cabo, aquellos hombres eran solamente cubanos y nada más. *Spics.* Seres inferiores, como todos los latinos. Cucarachas humanas.

Avancemos rápidamente unos dos años.

El estadio del Orange Bowl está abarrotado. Hay gente haciendo cola que no va a poder entrar, pero nosotros ya conseguimos asientos magníficos, bien altos, detrás de uno de los postes de metal. Como vivimos a sólo cinco cuadras de ahí, y pasamos muchas noches enfrente del pequeño estadio de béisbol que linda con el Orange Bowl a esperar que las pelotas de los jonrones salieran por encima de la cerca y nos cayeran en las manos, conocemos muy bien el sitio. Pero nunca habíamos entrado al templo atlético del Orange Bowl, donde el precio de entrada normalmente era más de lo que podía pagar cualquier exiliado cubano. ¡Qué maravilla!

Estábamos ahí, con otros miles de cubanos, para ver cómo el presidente Kennedy recibiría a los héroes de la invasión de la Bahía de Cochinos, los gusanos rescatados de las manos de Fidel. ¡Imagínate eso! Ver a todos los gusanos y al presidente de los Estados Unidos en persona. Estamos presenciando la historia. Vamos a poder contárselo a nuestros hijos y nietos. Qué gran suerte que vivimos en aquel orfelinato, a sólo cinco cuadras de ahí.

Fidel soltó a los gusanos después de que le pagaron un rescate de cincuenta y tres millones de dólares en medicinas y alimentos. Un chantaje y un intercambio justo, que hace a todos lucir de lo más bien. Qué perfecto. Fidel se deshace de mil quinientas bocas que alimentar y a cambio recibe un montón de productos americanos buenísimos. Encima de eso queda como el bueno de la película, el santo magnánimo. Y John F. Kennedy se aprovecha de la gran oportunidad de hacer el papel de un gran héroe, presentándose como el salvador que acude al rescate de los guerreros libertadores traicionados por él mismo.

Jacqueline Kennedy también está presente. La reina de los Estados Unidos da un discurso en un castellano casi perfecto. Ella y su esposo alaban el gran sacrificio de los brigadistas y prometen que la bandera de la Brigada 2506 pronto ondeará en una Cuba libre.

Soy tan tonto que creo lo que me dicen y vitoreo y aplaudo junto a los otros cubanos reunidos en aquel enorme estadio. Comemierdas todos nosotros, así en el Orange Bowl como en la Plaza de la Revolución, aplaudiendo a las mentiras y las traiciones.

Regresamos al orfelinato muy esperanzados. Esa tarde nos toca cenar bacalao. La casa apesta. A mí me toca fregar los platos ese día. Me esfuerzo para comer el bacalao, aunque huele y sabe a testículos hediondos del diablo. Por más que trato, no puedo tragar más de ese potaje infernal. Mareado, ahogado en olas de nausea, salto al baño y vomito. Tony es lo suficientemente bravo como para tragarse tres o cuatro bocados. Regreso a la mesa, le quito el bacalao al arroz y me como lo que hay debajo que no tuvo contacto con ese pescado asqueroso. Los otros huérfanos no comprenden el asco que me da el bacalao y se burlan de mí. Cuando todos terminan de comer, paso a la cocina a fregar los platos. La cazuela en que cocinaron el bacalao tiene un residuo pegado, una raspa gruesa que me toca restregar.

Más tarde, al anochecer, Tony y yo vamos a pie a la biblioteca pública que queda en la Calle Séptima. Que Dios bendiga a mi hermano, que encontró este lugar donde podemos leer en la comodidad del aire acondicionado, lejos de los abusadores del orfelinato. Vamos a la biblioteca casi todas las noches y nos quedamos ahí hasta el cierre. Yo me concentro en los libros de historia.

Los he leído casi todos. ¿Qué haré cuando en esta biblioteca no queden más libros de historia por leer?

La bibliotecaria anuncia que van a cerrar pronto. Tony y yo sacamos unos cuantos libros prestados y regresamos al orfelinato. En el camino nos topamos en la orilla de la acera con un animal muerto, aplastado y podrido. Nunca habíamos visto un bicho como ése, una zarigüeya. A mí me pareció una rata gigantesca.

—Mírale el rabo, Tony. Las ratas son los únicos animales que tienen esa clase de rabo.

—No seas tan tonto. Las ratas nunca son tan grandes. Parece un puercoespín.

—No, te equivocas. El puercoespín no tiene pelo. Tiene púas. Eso es una rata.

—¿Y qué sabes tú de las ratas? Para mí eso es un puercoespín.

—Y fíjate, mira todos esos gusanos que tiene por encima. Parecen granitos de arroz que se están moviendo. Fíjate bien.

—¡Fo! ¡Qué asco! Nunca he visto algo así. ¡Qué asco! Esos sí que son gusanos de verdad.

—¡Qué asco! Más nunca voy a comer arroz. Y eso es todo lo que nos dan en esa casa. ¿Qué voy a comer si no como el arroz que nos dan? ¿Tostada y pasta de guayaba y más nada?

—No pienses en eso, bruto. Vamos. A ver si encontramos unas botellas.

Rastreamos las aceras, las esquinas, los patios y los solares vacíos buscando botellas de refresco vacías. Nos dan dos centavos por cada una. Y nos va bien esa noche. Con las que encontramos nos alcanza para comprar dos helados, que devoramos camino al orfelinato.

—Oye, qué cosa más tremenda la que vimos hoy. Vaya, a Kennedy y a todos los gusanos.

—Eso sí que fue un fenómeno. ¿Pero tú crees que Kennedy dijo la verdad? ¿Tú crees que van a tumbar a Fidel pronto?

—Yo sí. Ya pronto regresaremos a casa. Ahorita ya estamos allá. Pronto. Bien pronto. Ya verás.

—Ojalá que tengas razón. Estoy loco por regresar.

Avancemos rápidamente treinta y siete años hasta cuando estoy escribiendo esto en inglés por primera vez, en el año 2000.

Con todos mis seres queridos durmiendo en derredor mío, en la comodidad del aire acondicionado de nuestra casa, dentro de un bosque espeso, me pongo a pensar en qué hubiera sido de mí si las cosas hubieran salido de otra manera. ¿Qué hubiera pasado si la Brigada hubiera cumplido su cometido? ¿Qué hubiera pasado si todos los aviones que tenía Fidel hubieran quedado hechos trizas aquella mañana de abril? Imagino el levantamiento popular. Veo a miles de cubanos de todo tipo tomando las armas que Fernando y sus amigos tenían escondidas, yendo de puerta en puerta, enfrentándoseles a los milicianos. Imagino a la Fuerza Aérea americana uniéndose a la lucha en defensa de los brigadistas que desembarcaron en las playas.

Cierro un ojo y veo una guerra nuclear entre los Estados Unidos y la Unión Soviética. No, aguarda. Eso sí que no. Cierro el otro ojo y veo la victoria de los gusanos. Esto me gusta mucho más. Veo a Fidel vencido, parado día tras día frente al paredón, con los pelotones de fusilamiento tirándole con municiones de fogueo, hasta que al fin lo mandan a vivir a Trenton, Nueva Jersey, uno de los lugares más feos y pobres de los Estados Unidos, condenado a limpiar los pisos de la estación ferroviaria atroz de esa ciudad hasta el día que muera. Además de que se le prohíbe hablar, siempre tiene que andar con un ejemplar en rústica de *Metaphysische Anfangsgrunde der Naturwissenschaft* y otro de *Kritik der Reinen Vernunft,* ambos escritos por Kant, en cada bolsillo. Veo cómo tiene que leer ambos libros todas las noches al terminar sus tareas de limpieza, recostado sobre una tabla dura, cubierto de pies a cabeza con alambres de electrochoques. Si echa un cabezazo, o si levanta los ojos de las páginas, o si las pasa a una velocidad que no debe, o si se equivoca cuando los profesores de filosofía de la Universidad de Princeton le hacen un examen sobre las obras de Kant, le dan una descarga eléctrica. Me veo en mi casa de La Habana, sin una Revolución que me haga huir del país, dándome gusto mientras me peino con brillantina y bailo desenfrenadamente en mil y un clubes nocturnos.

Me veo viviendo una vida mejor y más dulce de la que Dios me ha dado.

Olvídate de todo eso. Nada puede ser tan sencillo. Ni siquiera cuando uno es un gusano hipnotizado.

Yo gocé de mis paseos con Tony a la biblioteca, de nuestras búsquedas por el tesoro de botellas vacías y de la zarigüeya muerta cubierta de gusanos tanto como gocé con las bombas que cayeron del cielo y que por poco nos matan.

Mal rayo me parta si no estoy diciendo la verdad. Y que sea un rayo grueso y tan amarillo como el azufre, que zigzaguea en ángulos perfectos.

Te lo juro. Mal rayo me parta.

30

Thirty

Otro día más en el limbo. Sin colegio. Sin tener adónde ir. Sin planes que no sean jugar, disfrutar del sol, vivir el momento y esperar que nos llegue el permiso de salida.

Como siempre, el sol tropical atraviesa las persianas de madera y corta las galaxias de polvo como un cuchillo. Pero cuando abrí los ojos aquel día, lo primero que vi fue el mosquitero. Las columnas de luz lo traspasaban como si no estuviera ahí, iluminando todo lo que había a mi alrededor, definiéndolo todo. No había un hilo de aquel mosquitero que no brillara.

Qué mundo más bueno, pensé. Un mundo dulce, seguro, lleno de luz. Me sentí como si estuviera dentro de una nube, flotando por encima de la Tierra, apartado de todos los problemas. Aquel día por la mañana no hubo ni un solo mosquito dentro del mosquitero.

Había despertado en la cama de mis padres. Por la madrugada tuve una pesadilla y les pedí que me dejaran dormir con ellos. Últimamente me había dado por hacer eso. Luis XVI era un hombre muy corpulento y por lo tanto, de verdad que no había mucho espacio para los tres en una sola cama. Como siempre y sin quejarse, el rey de los calzoncillos anchos se paró, se fue arrastrando los pies y se acostó en mi cama. Aunque me avergonzaba el miedo que sentía cada noche, no sabía cómo vencerlo.

Durante el día me sentía de lo más bien. La luz del sol era la pura gracia de Dios y eso me daba la fuerza para ignorar todos mis temores.

Pero por la noche todo cambiaba. En las tinieblas era dificilísimo mantener el mal a raya. Aquella oscuridad sofocante llena de invisibles lagartijas. Las sombras que no quería ver. Los temores. Las pesadillas espantosas. No estaba soñando ni con Marilyn Monroe, ni con Kim Novak, ni con mi noviecita del quinto grado. Eran pesadillas que permitían que las lagartijas salieran de sus escondites. Tal como fue con la pesadilla de la Bruja.

Esa fue la pesadilla que le dio inicio a todos mis temores. Soñé con una mulata gorda que se parecía mucho a la limosnera lisiada que se sentaba en el portal de la iglesia. Me persiguió de la misma forma que me perseguían la Muñequita del Torso y la Mujer del Candelabro cuando era más niño. Pero esta Bruja era mucho peor. Tenía piernas y sabía bien cómo usarlas, pero lo peor era que era la maldad personificada. Me perseguía con ferocidad. Me quería secuestrar. Quería acabar conmigo de una forma lenta y dolorosa. No sólo quería adueñarse de mi cuerpo, sino que también ansiaba poseer mi alma. Quería poseerme en todos los aspectos y llevarme al infierno. Cuando soñaba con ella, casi siempre me agarraba, pero en el momento que me tocaba con sus manos, me veía a mí mismo despierto en mi cama y a ella aferrada a la rejilla de la ventana de mi dormitorio, dándome el mal de ojo y riéndose como una loca. Ella no tenía por qué hablar. Ya yo sabía exactamente lo que quería hacer conmigo. Y ella sabía que yo lo sabía y eso le encantaba.

No cabe duda que dicha pesadilla provenía de muchas realidades con que tenía que enfrentarme. Hasta hacía poco habíamos tenido a Caridad, la criada que me amenazaba con sus brujerías. Yo sabía que ella me odiaba. También yo sabía que su hija —que venía a casa muy a menudo con su madre— me odiaba todavía más que su madre. Las dos se burlaban de mí cuando mis padres no las podían oír. Me decían que pronto llegaría el día en que yo estaría limpiando la casa y los zapatos de ellas, y me amenazaban con echarme brujerías si se lo contaba a Mamá y Papá. Yo creía que, cuando mis padres la despidieron, la ladrona Caridad me había lanzado a aquella bruja para vengarse. Y quizá así mismo fue.

También tenía pesadillas de todas las cosas que me habían pasado o que me iban a pasar. Esas pesadillas eran tan horribles que le hacían competencia a la bruja.

Fui poseído por un terror indescriptible que parecía querer sacarme la vida de adentro. Ahora sé que era mi miedo a la muerte. La muerte se me acercaba, pronto y en varias formas y yo lo presentía, especialmente de noche. De eso no tenía duda. María Antonieta ya estaba empeñada en sacarnos de Cuba lo antes posible. Papá no estaba de acuerdo con ella, pero no sé cómo, ella lo convenció de que sería lo mejor para nosotros. Tony y yo debíamos irnos para los Estados Unidos, solos.

Era la única forma de sacarnos de Cuba rápidamente. A los menores no se les exigían permisos de seguridad para entrar en los Estados Unidos y en su lugar se les daba un permiso especial llamado un *visa waiver* —una exención de visa. Después de que los niños llegaban a los Estados Unidos, sus padres tendrían que esperar unos meses para que les dieran sus visas y en algunas ocasiones, tenían que esperar un año o hasta más.

Miles de familias estaban mandando a sus hijos e hijas de esta manera a los Estados Unidos. Cuando Fidel y Kennedy decidieron ponerle fin a este éxodo en el mes de octubre de 1962, más de catorce mil hijos e hijas ya habían salido de Cuba sin sus padres. Y se calcula que más de cien mil niños y niñas estaban haciendo cola para irse cuando se cerró la puerta ese otoño. Así que lo que me esperaba no era algo insólito, si se toma en cuenta lo que estaba pasando en la Isla. Pero claro, cuando el mundo se viene abajo, todo se vuelve tan extraño que ya no queda nada que parezca raro. Y ahora nos tocó a nosotros, dos bitongos mimados que nunca habíamos dormido en una cama que no fuera la nuestra. Seríamos enviados a vivir en otro país donde no conocíamos a nadie.

Tenía diez años cuando nos informaron que nos iban a desterrar, y acababa de aprender cómo anudarme los zapatos. Jamás había picado mis bistecs, ni puesto mantequilla a mis tostadas de pan. Jamás había levantado ni siquiera un dedo en mi casa. Para mí los quehaceres y las responsabilidades no existían. No tenía ni la menor idea de cómo sobrevivir en este mundo.

Todos mis amigos compartían el mismo dilema, y a todos también los iban a sacar del país. A Fidel le gustaba llamarnos "niños bitongos". Según él, todos nosotros éramos una partida de mocosos mimados. A él le encantaba burlarse de nosotros en sus discursos interminables. Manuel y Rafael, Eugenio, Gerardito, mi amigo nuevo Ciro y sus hermanas, mi otro amigo nuevo Daniel, Julio y Jorge. Todos, sin excepción, éramos niños bitongos en camino a los Estados Unidos, con becas a lo que en este país le llaman *the school of hard knocks,* es decir, el colegio de los golpes duros o la escuela de la vida.

Mientras tanto, a todos nos habían sacado del colegio, a pesar de todas las presiones de los chismosos del Comité de Defensa de la Revolución. Desde la invasión de la Bahía de Cochinos, cuando cerraron todas las escuelas privadas, dejé de ir al colegio. Y así perdí un año entero de estudios.

Mientras esperábamos a que nos llegaran los permisos de salida, nos pasábamos los días jugando como desesperados. Todos sabíamos de sobra que el final estaba al doblar la esquina.

¡Pero qué clase de año fue aquel! En parte fue como el sueño de todo niño hecho realidad. Vivíamos como perfectos salvajes. Sin colegio. Sin libros. Sin tutores. Sin nadie que nos educara. Sin instrucción ninguna. Ni siquiera nos dieron clases de inglés.

Disculpa. Exagero un poco. Aprendimos mucho, pero no en clases formales.

Aprendimos cuán rápido uno se puede emborrachar con

whiskey un día en casa de Eugenio, cuando desafiamos a Manuel a que se tomara una botellita de scotch de golpe. Se emborrachó de tal forma que no se podía parar y se puso a decir tonterías. Nos pareció lo más cómico que jamás habíamos visto. Pero nos asustamos cuando perdió el conocimiento y tuvimos que ir a buscar a alguien que lo auxiliara. Su papá tuvo que venir a recogerlo y nos regañaron a todos. Que se perdiera el whiskey aquella tarde no fue lo que enojó al padre de Eugenio, a pesar de que debido a la escasez ya valía como oro. Él ya estaba muy consciente de que todo lo iba a perder. Lo que le molestó fue que éramos demasiado jóvenes para estar emborrachándonos.

También aprendimos de lo que nos salvaron nuestros padres al habernos sacado del colegio cuando vimos los libros de un amigo que tuvo la mala suerte de no estar en el limbo. Una de las cuentas que ese amigo tenía que sacar jamás se me olvidará: "Antes del triunfo de nuestra gloriosa Revolución, el compañero Ramiro Gómez tenía que pagarle al capitalista y explotador que pretendía ser el dueño del edificio donde vivía treinta pesos al mes de alquiler. Ahora que nuestro Máximo Líder, el comandante Fidel Castro Ruz, ha puesto la Reforma Urbana en marcha, el compañero Gómez sólo tiene que pagar veinticinco pesos de alquiler. ¿Cuánto es el porcentaje de reducción en alquiler que le ha concedido la gloriosa Revolución al compañero Gómez?"

También aprendimos a romper las ventanas de todas aquellas casas que habían quedado abandonadas. Entrábamos en ellas como piratas en busca de tesoros. Pero lo único bueno que encontramos una vez fue una caja enorme de tubos largos de luz fría y un montón de revistas viejas de *National Geographic* (y todo el mundo sabe lo mucho que esas revistas les gustaban a los choferes y a los adolescentes).

Las casas abandonadas estaban vacías. Los dueños se marchaban, dejándolas llenas de todas sus posesiones. Y enseguida venían los representantes de la Revolución a vaciarlas. Se lo llevaban todo. Los camiones se aparecían frente a las casas y no dejaban atrás ni un palito de dientes. Había un montón de casas así por todo el barrio. Parecía como si hubiera pasado una epidemia. La gente desaparecía y de repente los remplazaban con otra gente. En algunas de las casas pusieron a niños pobres del campo, pero la mayoría se las dieron a familias de militantes del partido comunista, quienes se mudaron con muebles que se llevaron de otras casas. Había muy, pero muy pocos negros entre los nuevos habitantes de aquellas casas. No había ni un chino. Y muy pocos, pero muy pocos, eran de piel oscura.

Antes de salir del país, los milicianos se aparecían en las casas para hacer un inventario de todas las pertenencias de quienes se iban del país. Aquel proceso podía demorar varios días. Entonces, poco antes de que te fueras, regresaban para confirmar que todo seguía en su lugar. Si faltaba algo, te revocaban la salida. En otras palabras, a nadie se le permitía sacar nada de Cuba, salvo dos mudas de ropa, tres calzoncillos, un gorro y un libro.

El régimen inventó lo del libro para quedar bien ante los ojos del mundo. Cuando me tocó a mí irme, me llevé un ejemplar de *Imitación de Cristo* de Tomás à Kempis. De más está decir que no era el que quería llevarme. ¿Habrá algún niño normal que si le dieran a escoger un solo libro para leer escogiera un devocionario del siglo quince? Aquel libro me recordaba al Cristo de los Ojos y al Cristo de Mis Sueños y a todos los Cristos sangrantes que habían en el mundo. Mamá y Papá insistieron en que me lo llevara, y yo refunfuñé. Pero cinco años más tarde, ese fue el libro que me cambiaría la vida para siempre, o hasta el que me la salvó quizá. Espera, déjame quitar ese "quizá". No tengo ninguna duda de que me salvó la vida. ¿Por qué negarlo?

Nos seguimos divirtiendo como siempre. Por ejemplo, los largos tubos de luz fría eran una maravilla. Nos llevamos decenas a un terreno vacío y nos pusimos a tirarlos como si fueran lanzas o jabalinas. Volaban, caían y explotaban con un estruendo enorme. Nos sirvieron muy bien como suplentes de los petardos y cohetes, los cuales ya habían dejado de existir en nuestra Isla.

Las bombas dejaron de sonar después de la Bahía de Cochinos. De vez en cuando se oía alguna que otra, pero quedaban muy pocos contrarrevolucionarios activos que ya no estuvieran presos, y los que todavía no habían caído presos tenían muy poco con qué trabajar. De vez en cuando se oía una bomba lejana y de vez en cuando se oía un tiroteo, pero era muy poca cosa.

Bueno, era poca cosa si no te metían en un lío. Si estabas presente cuando empezaba el tiroteo, entonces no te parecería muy poca cosa. ¿Por qué negarlo?

Un niño que vivía al frente de mi abuela estaba parado frente a su casa cuando recibió una bala perdida en la barriga. Por poco se muere. Me contaron que no sabía que lo había herido una bala perdida y por eso seguía preguntando "¿Quién me empujó?" mientras lo llevaban corriendo a la sala de emergencias. Mis abuelos después me dijeron que aquel niño perdió la mitad del estómago. Qué mala suerte. Todo esto por haberse metido entre unos milicianos y el tipo que estaban persiguiendo a tiros.

Yo por poco pierdo mi vida también. Sí, efectivamente, por poco la pierdo. ¿Por qué negarlo? Me acuerdo de eso mejor que muchas otras cosas.

Ahí estoy en el parque de la esquina con mi amigo Jorge, casi en el mismo lugar exacto en que tratamos de lanzar el lagarto al espacio. Los dos estamos buscando flores para dárselas a nuestras madres. Sobran las flores en aquel parque, y como todo pertenece a todo el pueblo, no nos parece mal que arranquemos algunas. Y ahí estamos recogiendo flores, sin molestar a nadie, cuando de repente un automóvil negro se detiene en la esquina, como a unos veinticinco pies de donde estamos nosotros. Yo no le presto atención. Entonces se aparece otro automóvil, que va bien lento. Y de repente un tipo en el primer automóvil saca una ametralladora por la ventanilla y apunta en dirección del otro automóvil.

Rat-ta-ta-ta-ra-ta-ta-ta…

Los tipos que están en el otro automóvil sacan sus pistolas y comienzan a disparar también. Y otra pistola sale del primero y otra más del segundo. Una pequeña guerra se desata ahí mismo. Jorge y yo nos miramos con esa expresión que ya te expliqué, una expresión que mejor sería nunca tener que presenciarla.

Esta vez te haré el cuento sin sonidos. Imagínatelos.

Las balas vuelan por todo el parque. Esos zumbidos son difíciles de olvidar, y ya los había oído antes. Jorge y yo soltamos las flores como si fueran unas papas calientes y nos largamos de ahí a toda velocidad, corriendo a todo dar.

Corro como un trastornado mientras las balas me pasan zumbando bajo aquel sol resplandeciente que se te mete en la sangre. Con cada paso que doy pienso en el niño al que le pegaron el tiro cerca de la casa de Abuela. Espero sentir un empujón. Cruzo la calle sin mirar. Mejor que un carro me atropelle a que me de una bala. Me importa un bledo la obsesión que mi familia siempre ha tenido con los arrollados.

Veo el muro de un jardín frente a mí. El muro que tiene un seto detrás, el de la casa que queda en la esquina al final de mi calle, donde antes vivía el estudiante de medicina que guardaba un esqueleto entero en su cuarto. Fijo la vista en aquel muro color verde claro. Todavía me acuerdo exactamente cómo era. Los puntitos redondos de la superficie del muro. El borde del muro. Las matas detrás del muro. Las hojas verde oscuro. Los bordes dentados de las hojas. Los hibiscos rojos oscuros, algunos abiertos, otros semi-abiertos y otros por abrir. El estruendo del tiroteo que todavía oigo detrás de mí. La sensación extraña de sentir mis piernas moverse tan rápido. No puedo creer que sea posible correr tan velozmente.

Me remonto al aire. Vuelo por encima del muro verde y el seto de los hibiscos. *Al fin ya soy Superman.* Corro más rápido que las balas y me quedo suspendido en el aire por largo rato, o así me parece. Mi cuerpo pasa sobre el muro y comienzo a descender. Apunto con mi cabeza a la tierra y me acerco más y más al césped. Cuento cada brizna de aquella hierba áspera. Veo un hormiguero. Parecen hormigas bravas. *Mejor que no aterrice sobre ellas.* Mis manos dan contra el césped y doy una voltereta. Tremendo salto mortal. Yo no sabía que podía saltar así.

Estoy vivo. ¡Y no caí sobre las hormigas! ¡Soy Superman! ¿Pero dónde estará Jorge? Jorge abre la reja del jardín y entra jadeando. Siento un gran alivio al verlo.

Enseguida se aparece todo tipo de gente. La familia de la casa del esqueleto sale. Otros vecinos también salen. Empiezan a hacernos un montón de preguntas, todas ellas estúpidas.

—¿Les pasó algo?

—¿Qué fue?

¿Qué le pasa a esta gente? ¿Acaso no ven que estoy entero y que el tiroteo ya se terminó? Todavía se oyen algunos tiros a la distancia, pero se van alejando más y más. Nada de eso me asusta. No, para nada. Yo soy un gran experto en huirle a las balas.

Me pongo a pensar que los dos automóviles cargaban un montón de municiones y que ninguno de los tipos que estaban tirando sabían apuntar bien. Y de repente me entran las ganas de preguntarle a esta familia si todavía tenían el esqueleto en la casa y si me permitirían entrar a verlo.

Aparece un miliciano en el mismo instante en que aparece mi padre. Empieza a hacernos preguntas más inteligentes y casi todas las contesto yo. Me doy cuenta de que Luis XVI, con su brazo encima de mi hombro, está escuchando todo lo que estoy diciendo. Me parece raro que deje que el miliciano me pregunte tantas cosas. Entonces aparece María Antonieta. La pierna lisiada le impide caminar rápido, por lo tanto se demora más que todos los demás en llegar. Ya el jardín está lleno de gente.

Hablo a una velocidad vertiginosa, explicándole al miliciano todos los detalles que recuerdo. El color de los automóviles. Cuántos iban en cada uno. Las pistolas. Cómo eran los hombres. Cómo eran las pistolas. Incluso le expliqué que Jorge y yo estábamos en el parque recogiendo flores.

El miliciano anota mi nombre y apellidos, mi dirección y número de teléfono, y yo le señalo con la mano dónde vivo, a sólo media cuadra.

Regreso a casa con Mamá y Papá. Jorge regresa con nosotros. Llego a casa, me tomo un vaso de agua bien fría y me pongo a llorar.

No sé por qué estoy llorando. No me lo explico. Sin embargo, las lágrimas y los sollozos brotan como un géiser incesante. Papá me da un fuerte abrazo. Su barba me raspa la cara. No se afeitó esta mañana y recuerdo cuánto me molestaba eso cuando era más pequeño. Y eso me hace llorar más.

—Ya, ya. Ya está bien.

—Pero es que le tengo miedo al miliciano.

—¿Y por qué?

—¿Y si regresa y me hace más preguntas y me lleva preso por haberme robado las flores?

—No, no. No te preocupes. Eso no va a pasar.

Pero sigo preocupado y en estado de shock y no importa lo que me digan, no puedo parar de llorar. Tengo miedo porque le confesé mi delito al miliciano. Quién sabe si termine como tío Filo o mi primo Fernando. La verdad era que me estaba robando las flores del pueblo. El Follaje de la Revolución, el que le pertenecía a todos y que más nunca sería propiedad de una sola persona o de una sola familia. Yo le había robado al pueblo revolucionario. En aquel momento no me pasó por la mente que mis lágrimas tenían más que ver con las balas que con las flores.

Negar la realidad siempre ha sido uno de mis mejores talentos. En eso sí que soy un verdadero genio. Pero hay cosas que no se pueden negar. Por ejemplo, no puedo negar la existencia de las iguanas de mi primo Addison. Él tiene muchas en el patio de tía Carmela y todas son enormes y más feas que el diablo. Sería imposible negar la existencia de aquellos monstruos o del jardín excéntrico de Addison.

En aquel jardín, Addison ha sembrado un platanal formidable. Docenas de matas de plátano, cada una sembrada exactamente a la misma distancia de las otras. También tiene estanques de varios tamaños repletos de peces cubanos exóticos. Y jaula tras jaula, todas llenas de iguanas. Addison las atrapa en un sitio en la costa al este de La Habana y las mete en jaulas que él mismo fabrica. De vez en cuando se escapa una iguana, como suele suceder cuando las encierran en jaulitas hechas a mano. Entonces Addison se pone a buscarla. A veces la iguana se aparece en el portal, o en la cocina, o en la sala de un vecino, y Addison tiene que dar la cara.

Allá, en el jardín de una gran residencia, a sólo unos cuantos pies de distancia de la gigantesca imagen de san Lázaro que está al lado de la cocina, en una de las casas más elegantes de Miramar, Addison, que es mitad cubano y mitad americano y quien en una época vivió en Hollywood, ha sembrado su platanal. Según él, es lógico tener un platanal. Se sienta ahí en su cómodo sillón de mimbre, tomando bebidas bien frías, debajo de la sombra de los árboles de plátano, muy satisfecho de su obra y sumamente orgulloso de sí mismo.

Las iguanas de Addison son carmelitas, no verdes como las otras. Según él son carmelitas porque son costaneras, de un lugar rocoso, y por eso cambian de color para confundirse con las piedras y no con el follaje.

En lo que se refiere a lo feo, estas iguanas les ganan a las lagartijas. Son inmensas monstruosidades y tan horripilantes que no cuesta trabajo ninguno admitir que pudieran ser un argumento en contra de la existencia de Dios. O peor que eso, una prueba de que Dios no es bueno. Eso me aterra más que las mismas iguanas, lo cual, por supuesto, tampoco quiero reconocer.

Las escalas, los pellejos arrugados, las bocas, las lenguas, las garras, los cuernos, los rabos. Aquellos ojos, aquellos espantosos ojos infernales en los cuales se ve la maldad pura. Me imagino que así debe ser el alma de Ernesto.

Por culpa de las iguanas no me gusta sentarme en el platanal de Addison, pero él sabe qué hacer para que yo confíe en él y me ha convencido de que en su edén los reptiles están presos en las prisiones que se merecen. Él en realidad tampoco confía en aquellos monstruos, y por eso debo yo confiar en él.

O quizá confíe en él porque es tan excéntrico o porque es sólo mitad cubano. No hay muchos hombres cubanos que sean sólo mitad cubano. Quizá confíe en él porque se parece mucho a Jimmy Stewart. No hay muchos cubanos que se parezcan a un artista que besó a Kim Novak y a Grace Kelly. Quizá confíe en él porque a veces hace cuentos de los mártires de la iglesia primitiva cuyas cabezas fueron usadas como pelotas en los juegos del Coliseo de Roma. Quizá confíe en él porque una vez vivió en Hollywood y fue a las mismas fiestas que iba Charlie Chaplin. Hay muy pocos cubanos que hayan hecho eso. Quizá confíe en él porque anda por doquier en bicicleta. Te aseguro que eso sí no lo hacen los hombres cubanos. Quizá confíe en él porque bucea y le gusta nadar con los tiburones. La mayoría de los hombres cubanos no confían en los tiburones. Quizá confíe en él porque vive en casa con su madre, la cual también comparte con un tipo joven muy simpático que es acróbata. Seguro que Addison es el único hombre en Cuba que tiene ese tipo de vida doméstica.

El acróbata me lleva unos ocho años. Tiene la misma edad de Ernesto. Hace tiempo ya que vive en casa de tía Carmela con Addison y anda con él por doquier. Lo ayuda a cazar las iguanas y le cuida el platanal. Nos trae refrescos de la cocina cuando estamos sentados en el patio y me enseña cómo hacer todo tipo de saltos mortales y volteretas laterales. Una vez lo vi brincar por encima de un hoyo que tenía unos treinta pies de ancho. Yo aposté que se iba a caer en el abismo, pero lo brincó con la finura de un jaguar.

Yo pensaba que él y Addison eran buenos amigos y nada más. O quizá no quise enfrentar la realidad.

Últimamente Addison y tía Carmela —y por supuesto el acróbata— no han salido mucho de la casa. Hace poco también que Lucía, la mujer sin deseos, le ha dado por ir a verlo casi todos los días. Creo que están enamorados. Quizá mi tía alberga un deseo tenue, ardiente. A veces me lleva con ella a verlo. Ya no le tengo más miedo a la entrada de la casa de Carmela. Pero todavía le tengo miedo al interior. Prefiero quedarme en el platanal atestado de iguanas que dentro de la casa.

Durante este año que ha pasado he empezado a conocer a Addison mejor, y no sólo porque viene mucho a casa a ver a Lucía, sino porque también él y Lucía me han invitado muchas veces a pasear con ellos. Me han llevado a ver películas que nunca antes he visto, muchas de ellas de la época del cine mudo. Addison conoce a alguna de la gente que las hizo. También ellos fueron los que me llevaron a ver una obra puesta en escena por primera vez, *El robo del cochino*. Nunca antes había visto a los artistas trabajar en vivo, ni tampoco había visto una obra escrita por un cubano. Me quedé atolondrado, preguntándome cómo se aprendían de memoria tanto diálogo. ¿O quizá estarían improvisando? Aquella noche en el teatro oí todas las malas palabras que existían, e incluso algunas que yo nunca había oído antes. Nadie decía malas palabras en las películas. ¿Cómo es que se lo permitirán en el escenario? Nadie se atrevería a escribir un guión como éste, ni siquiera un cubano.

Era un cuento pesado y aburrido, pero aun así, fue una experiencia que me abrió los oídos y los ojos. La obra entera se trataba de la explotación de los obreros, de las vidas malvadas que llevaban los dueños industriales y de la injusticia de la propiedad privada. Claro, al final de la obra, mataron el puerco. Pero como era un puerco invisible, ni chilló ni derramó sangre por el escenario.

Puede ser que aquel año estuviera perdiendo mucha educación en el colegio, pero esta obra sola valía por dos meses de instrucción formal. El platanal, las lagunas, las iguanas y el acróbata del circo valían como otros tres meses, más o menos. Todo eso equivale a cinco meses de clases.

Y el tiroteo del parque, por sí solo, vale otros cinco meses más. Lo que sumaba todo un año escolar.

Las peleas entre mi madre y padre no valen nada. De vez en cuando se ponen a gritar. La mitad de las veces no entiendo por qué discuten tanto. Pero la otra mitad sí sé exactamente por qué: no están de acuerdo en qué hacer con Tony y conmigo.

No sé cómo, pero Luis XVI se ha dado por vencido ante la insistencia de María Antonieta. Nos va a dejar irnos a los Estados Unidos. Pero eso sí, le toca a ella hacer todos los trámites. Él no quiere saber nada del asunto. Sigue viviendo como si nada extraño estuviera pasando, acaparando más y más antigüedades mientras los otros coleccionistas huyen del país.

María Antonieta asume la responsabilidad de mandarnos para los Estados Unidos. No sé cómo, pero lo está haciendo todo solita. Ha hecho la cola en la embajada suiza. Ha investigado cómo poder conseguirnos los "visagüéives" para salir de la Isla. Ha hecho la cola para que nos den los pasaportes. Ha hecho la cola para que nos den los permisos de salida. A pesar de que su esposo es juez y abogado, ha contratado su propio abogado para que nos prepare todos los papeles. Ha hablado con un montón de gente en persona y por teléfono. Se ha movido por doquier en guagua y en taxi.

Un día llama a Puentes Pi, el amigo de mi padre que retrataba las escenas de los crímenes. Le pide que nos tome las fotos. Una noche, después de la cena, Puentes Pi se aparece en la casa con su cámara vieja en mano, la misma que usa para retratar a los cadáveres. Su cámara ha retratado a miles de personas asesinadas o arrolladas. También nos retrató a Tony y a mí centenares de veces durante nuestra niñez. Parece que siempre está con nosotros, retratándonos. No sólo en los cumpleaños, sino también durante todo el año. Aquella vieja cámara suya es una maravilla, con bombillos que explotan como cohetes. Pero Puentes Pi es el enemigo de las fotos naturales. Nos hace posar, posar y posar, como si estuviera pintando un retrato. Quizá eso se debe a que está demasiado acostumbrado a retratar a los cadáveres, los cuales siempre están en una pose eterna.

Casi todas las fotos que tengo de mi niñez fueron tomadas por Puentes Pi con su cámara de crímenes y cadáveres.

Ahora nos hace posar por última vez, en el sitio más maldito de mi casa, bajo el retrato de la malhablada María Teresa. Creo que él sabe que ésta será nuestra despedida. Como las fotos son para el documento más serio de todos, el pasaporte, nos tenemos que poner corbata y saco. Sin embargo, Puentes Pi nos dice que no nos tenemos que poner los pantalones del traje.

—Nadie se va a dar cuenta de lo que tienen puesto por debajo de la cintura. Si quieren, los puedo retratar en calzoncillos o con los bajos de las piyamas.

Y eso es lo que Tony y yo hacemos. Nos ponemos el saco de un traje, camisas blancas, una corbata y los pantalones de las piyamas. Mamá deja que nos retratemos así, lo cual me causa gran sorpresa. Quiero dejar bien claro que en mi familia ese tipo de combinación no se toleraba. Si hacíamos eso nos podía dar una pulmonía o una embolia fatal. O hasta peor, po-díamos terminar en el infierno para siempre.

Nos reímos tanto que Puentes Pi tuvo que trabajar doble. El hecho de que tenemos puestos los pantalones de la piyama para las fotos del pasaporte no nos deja poner una cara seria. Pero por fin nos retrata con una expresión que a la vez es seria, divertida, indignada y aterrada. Las fotos quedan perfectas.

Aunque han pasado muchos años, todavía conservo aquel pasaporte. Lo tengo guardado en la gaveta de mi escritorio, aquí mismo, a menos de ocho pulgadas de donde tengo apo-yado el codo. Cuando siento que las cosas me van muy mal, contemplo esa foto.

Cuando al fin me toca mostrar el pasaporte en el aero-puerto, el día que me destierro de Cuba para siempre, me dan muchas ganas de reír. Ahí estoy, listo para que me desnuden para el registro, y le estoy mostrando a esos tipos tan impor-tantes una foto que en sí es una burla. No soy lo que parezco.

Me estoy convirtiendo en un camaleón, o en una de las iguanas carmelitas de Addison. Estoy cambiando de color. Di-simulo muy bien ser un niño decente de una familia buena, pero por dentro soy un rebelde, un gusano en proceso de vol-verme un refugiado. Oye, jódete, tengo puestas las puñeteras piyamas.

Si hubiera podido decir malas palabras en aquel entonces, le hubiera dicho eso y también lo siguiente a todos los mili-cianos que estaban en Rancho Boyeros en aquel día: "¡Vá-yanse para el carajo! Me retrataron sin pantalones. Ni siquiera tengo puesto un cinturón. Y estoy descalzo y sin calcetines. ¡Métanselo por el culo!"

Pero no digo nada por el estilo. Al contrario, digo una bo-bería de mi equipaje. ¿Por qué negarlo?

Esa maleta es algo muy especial para mí. María Antonieta

fue en guagua hasta el corazón de La Habana Vieja para ver a una mujer que hacía maletas para los niños que se iban solos. Son maletas de lona, hechas a mano, de un material que en tiempos anteriores se usaba para hacer los toldos. Es el único material que queda que es lo suficientemente fuerte y liviano para hacer maletas. Las hace de un solo tamaño especial, perfectas para llevarnos lo único que nos dejan sacar del país: dos camisas, dos pantalones, tres medias, tres calzoncillos, un suéter, un gorro, una piyama y un libro. Tienen que ser de ese tamaño, ya que también han impuesto un límite de peso. Si te pasas por sólo una onza, tienes que sacar una de tus cosas y dejarla. También hemos oído decir que a veces confiscan maletas enteras.

Como tú ya sabrás, las revoluciones lo pesan todo onza por onza.

Aunque Mamá nos pudo haber hecho las maletas en una sola tarde, no lo hizo. Al contrario, prefirió tener que ir en guagua hasta la casa de la costurera que las hacía. Como no tenía teléfono y no las terminó a tiempo, Mamá tuvo que ir a verla en persona varias veces. Aquella mujer estaba haciendo cientos de maletas. Tenía tantos pedidos que no daba abasto. Las de nosotros las terminó al último momento. Creo que nos las entregó más o menos una semana antes de que nos fuéramos.

Me acuerdo del viaje en guagua con Mamá y Tony a la casa de la costurera y cuando subimos por la escalera hasta llegar a la azotea a un apartamento donde entraba mucho sol. Ahí era donde aquella negra vivía y hacía las maletas. Me acuerdo de lo maravillado que quedé cuando vi las que nos hizo. ¿Pero por qué se demoró tanto para hacer un bolso tan chiquito? Aquel bolso mío era chiquitico y estrechito.

El bolso parecía un gusano. "Gusanos para los gusanos".

Comiquísimo. Así se llamaban esas maletitas, que eran tan pequeñas que casi ni podían llamarse maletas. Pero bueno, acuérdate de que de los gusanos salen las mariposas.

Ese juego de palabras no le interesó a Luis XVI, ni tampoco le interesó hacer ningún trámite para sacarnos de Cuba. Lo único que hizo fue abrir las manos y dejarnos volar.

Nada. No hizo absolutamente nada por nosotros. Eso tampoco lo puedo negar. No señor, de ninguna manera.

Nada.

Alzamos el vuelo y nos despedimos del limbo, con los gusanos en mano. Y él se quedó atrás, pasmado, con las manos en los bolsillos. Nunca más lo volvimos a ver.

Dieciséis años después de aquella despedida, dos años después de que lo enterraron en el panteón de los Nieto en el Cementerio de Colón, rebajé su apellido a la inicial "N" y comencé a usar el apellido de mi madre, "Eire", para que ese fuese el apellido de mis hijos, aunque en aquel entonces todavía no tenía hijos. Y sé que él estaría muy orgulloso de mí por haber hecho eso.

Fue lo correcto. Tan correcto como ponerse los zapatos antes de los pantalones. Tan correcto como nunca andar sin calcetines, en ningún lugar. Tan correcto como defender la reputación de la emperatriz María Teresa. Tan correcto como adoptar cualquier pilluelo que uno se encuentra en la calle.

Tan correcto como dejarnos ir.

31

Thirty-one

*T*iburones. En la piscina. Montones de tiburones aglomerados en una piscina en forma de riñón, grande, profunda y de agua color azul turquesa, casi igual que el mar. Está repleta de tiburones nadando en apretados círculos, buscando qué matar y devorar. Aunque es una piscina grande para una casa, no es tan grande como las de los clubes privados.

El trampolín sigue ahí, sobre el borde letal, gritando groseramente: "¿Alguien se quiere suicidar?"

Y el mar está a sólo unos cuantos pies, lleno de tiburones que nadan libremente. Es un día ventoso, de mucho oleaje. Las olas rompen contra el arrecife como queriendo recordarle a los tiburones en la piscina que ya no son libres, como todos los seres humanos que habitan la Isla. Yo me pregunto si los tiburones oirán aquellas olas golpeando contra el litoral.

En su búsqueda por sangre y libertad, los tiburones dan vueltas a un ritmo vertiginoso. Están nerviosos. Hay de todo tipo allá dentro, incluyendo un par de peces martillos. No sé cómo les dicen a los diferentes tipos de tiburones, pero no tengo duda que la mayoría son lo suficientemente grandes como para tragarme de golpe. Supongo que algunos también podrían tragarse a Luis XVI y Ernesto con sólo unas cuantas mordidas.

Me pregunto: ¿Sabrán los tiburones que la piscina es en forma de riñón? ¿Sabrán que Ernesto está ahí, muy cerca del trampolín, mirándolos?

Lagarto. Un desgraciado con alma de reptil.

El trampolín me grita: "¡Homicidio justificado!"

Le hago caso omiso a los gritos del trampolín. Los tiburones se mantienen tan mudos como una mujer que, para no herirte, calla lo que piensa.

Estoy en el Acuario de la Revolución. Aquella piscina parece una sopera infernal, un plato enorme abarrotado de fideos mortíferos dando vueltas.

He venido con Luis XVI, Tony, Ernesto, Manuel y Rafael. Acabamos de encontrar un pez loro precioso que quedó varado en uno de los charcos que el mar dejó atrás en La Puntilla, y lo trajimos corriendo para acá en un cubo de agua salada. Nunca antes había visto un pez tan bello. Por Dios lo juro que era como un arco iris vivo. Si yo fuera Dios, nunca permitiría que algo tan bello muriera. El director del acuario nos explica qué tipo de pez es, nos da las gracias por haberlo traído y lo pone en una pecera grande en el portal de atrás de la mansión.

Establecieron el Acuario de la Revolución en Miramar en una residencia preciosa que queda junto al mar, no lejos de donde vivimos nosotros. Aquella casa rosada da al mar y su piscina está llena de agua salada. El traspatio, que también da al mar, está lleno de enormes peceras dentro de las cuales hay maravillas. Peces preciosos, extraordinarios. No hay ojos para tanto. Comparado a los demás, el pez loro que rescatamos se ve insignificante. Todos aquellos peces parecen de otro mundo. Primera vez que veo colores como esos. Tienen dibujos y formas que nunca hubiera imaginado, ni siquiera si viviera por una eternidad. Son los mismos que siempre están allá afuera, nadando con los tiburones, anguilas morenas, pastinacas, langostas y cangrejos.

Me pregunto: ¿De quién habrá sido esta casa? ¿Cómo sería vivir ahí, día tras día, con piscina propia, al lado del mar azul turquesa? ¿Cómo sería tener que abandonar todo esto? ¿Qué pensarían los antiguos dueños del Acuario de la Revolución? ¿Qué pensarían de los tiburones en su piscina? ¿Cómo sería para ellos regresar ahora mismo, con sus recuerdos aún intactos? ¿Será que al ver la piscina de tiburones todos sus recuerdos se desvanecerían, como si quedaran disueltos por ácido?

Pienso que habrá pasado poco tiempo desde que hubo niños bañándose en esa piscina. Seguro que un hombre y una mujer hace poco se besaron en ella. De eso no cabe duda. ¿Habría alguien que pudiera resistir el impulso de darle un beso a otra persona dentro de esa piscina, a la orilla del mar color turquesa?

El director nos cuenta cómo van a ampliar el acuario. Según él, va a ser un enorme proyecto modelo que será reconocido mundialmente. Nos dice que lo único que hace falta es la voluntad de hacerlo. La residencia será uno de los mayores acuarios del mundo. Esa es la esencia de la Revolución. El pobre, de verdad se cree el cuento.

Otra vez nos da las gracias por haber traído un pez loro tan lindo.

De pronto me doy cuenta de que el acuario es la primera cosa positiva que ha dado la Revolución. Los tiburones en la piscina se verán raros, pero un acuario es una gran idea.

Los tiburones están como sardinas en lata, sin nada que comer a menos que se vuelvan caníbales. No les puedo quitar los ojos de encima. De vez en cuando levanto la vista y me fijo en el trampolín y en Ernesto parado al lado. Cómo me gustaría que los tiburones se lo tragaran de un sopetón. No, espera. ¿Por qué no decir la verdad? Cómo me gustaría que lo masticaran lentamente. Cómo me gustaría ver el agua en la piscina tornarse en un bonito rojo oscuro, con su sangre.

Ya eso sería demasiado. De eso no hay duda.

De repente me acuerdo de que estoy en el limbo. Estoy aquí ahora, pero no va a durar mucho. Se va a acabar, junto con todo lo relacionado al pasado. El futuro ya viene llegando en forma de un enorme vacío, gris y amorfo. En sólo unos cuantos días nos llegará el telegrama informándonos del día en que podemos salir para los Estados Unidos. Rafael y Manuel también están esperando su turno. Mientras tanto, hacemos tiempo.

Ernesto está loco por que nos vayamos.

Y sigo mirando los tiburones que dan vueltas y más vueltas.

¿Por qué será que nadan tan pegados al fondo de la piscina? ¿Cuándo les darán de comer, y a qué hora, y cómo? ¿Dormirán? ¿Se enamorarán? ¿Alguna vez se habrán preocupado por el futuro? ¿Serán tan egoístas como parecen? ¿Cómo fue que los atraparon y metieron en la piscina? El Acuario de la Revolución me dejó con millones de preguntas y poquísimas respuestas.

Avancemos rápidamente diecisiete años.

Estoy nadando en una piscina olímpica en Minnesota, bajo techo, por supuesto. Afuera la temperatura alcanza los veinte grados bajo cero Fahrenheit. Las lágrimas se congelan al instante cuando hace tanto frío. Soy el único en la piscina. Es la hora del almuerzo. Acabo de almorzar tanto como para mofarme del dios de las embolias. Le di treinta vueltas a la piscina cuando de repente me apresa un terror absurdo. Acabo de nadar del lado poco profundo al más profundo. La piscina también es buena para saltar del trampolín. Miro al fondo muy lejos de mí. A pesar de su color azul verdoso, lo que veo es un tono color turquesa. Veo a los tiburones dando vueltas. Los siento subir de lo más profundo, por detrás de mí y a ambos lados. Estoy lejos de la parte menos honda, lejos de donde me puedo librar del peligro.

Qué imaginación más estúpida. Qué estúpido ese Acuario de la Revolución. Ojalá que nunca más deba acordarme de eso. Siento que me cercan las mandíbulas de los tiburones. Veo mi sangre mezclándose con el cloro del agua. Veo el fémur de la pierna que me arrancan. Siento el dolor.

¡Para ya! ¡Para ya, coño! ¡Basta!

Nado hasta el otro lado de la piscina y salgo de un brinco, temblando como si fuera gelatina. Miro el agua. Es de un color azul verdoso. Está tranquila. No veo ni un solo tiburón. Coño, estoy en Minnesota. Perdóname que diga malas palabras, pero es difícil no decir malas palabras cuando me acuerdo de Minnesota.

Coño, ¿cuánto voy a tener que esperar hasta que aparezca alguien? No tendré ningún problema si hay otra persona en la piscina que atraiga los tiburones.

Pasaron cinco minutos hasta que alguien abrió la puerta del cuarto de taquillas, entró, se dirigió derecho a la piscina y saltó al agua de cabeza. Ahora ya puedo terminar. Me falta dar treinta vueltas. Ojalá que ese tipo se quede el tiempo que me demore dar las dichosas vueltas. Efectivamente, se quedó nadando y pude terminar. Me doy una ducha y regreso al trabajo.

Créeme, si alguna vez llegas a ver una piscina llena de tiburones, nunca volverás a ser la misma persona. Te lo garantizo.

Puede que ese suceso hasta te lleve a tu futura esposa.

Avancemos rápidamente dos años más.

Ahora estoy viviendo en lo que una época fue los Estados Confederados de América. Hace sólo una semana que empecé en este trabajo, en un pueblo que para mí es totalmente nuevo. Llegué bajando por la ladera oriental de las montañas Blue Ridge en mi automóvil Karmann Ghia —que iba tan repleto con todo lo que tenía que no daba para más—, con *Can't You Hear Me Knocking* de los Rolling Stones a todo volumen. Estamos en el mes de septiembre, pero todavía hace un calor brutal. Más que en Cuba y mucho, mucho más húmedo. En el pasillo frente a mi oficina conozco a una mujer simpática que se llama Jane. Ella inicia una conversación. Hablamos un poco. Salimos a cenar. No sé por qué, pero empiezo a contarle de cuando vi la piscina llena de tiburones. Hablar de cosas raras con las mujeres que me gustan es uno de mis peores defectos. Para mí es más fácil tocar temas extraños que hablar abiertamente de lo que siento. Jane me confiesa que nunca ha visto una piscina llena de tiburones, pero que sólo pensar en eso la aterra. Siempre le ha tenido miedo a encontrarse con un tiburón en una piscina. Le creo y le confieso que el recuerdo de la piscina todavía me aterra.

Nos sonreímos mutuamente, un poco avergonzados, y cambio de tema. Me parece muy conocida. Quién sabe si la conocí hace una eternidad.

Avancemos rápidamente dos años más.

La mujer de la piscina de los tiburones y yo nos casamos enfrente de la piscina más grande del pueblo.

Avancemos rápidamente dieciséis años más.

Es de madrugada, casi ya al amanecer, y las ranas toros croan en mi pantano. Hace horas que estoy consumido por la inquietud que me provoca santo Tomás de Aquino y sus cinco pruebas de la existencia de Dios. Después de tanto esfuerzo de mi parte, sólo he formulado cuatro. Parece que el Doctor Angélico me ganó. A pesar de que estoy terminando la carrera, él me sigue llevando la ventaja. Tomás de Aquino murió cuando tenía más o menos mi edad. Entonces, ¿cuánto tiempo me quedará a mí para formular cinco pruebas?

¡Espera! ¿Qué es esto?

Pero… ¿por qué no lo vi antes? Dios mío, ¿por qué no lo vi?

Parece mentira.

La quinta prueba es la zarza ardiente, o la calma en pleno torbellino, o cuando el agua se volvió vino, o las redes rompiéndose bajo el peso de los peces capturados.

Jesucristo Come-Pescados.

Ya cerca del final de la carrera, un refugiado cubano alcanza a Tomás de Aquino. Al final formula su quinta prueba de la existencia de Dios: una piscina llena de tiburones.

32

Thirty-two

Dos son las desgracias de este mundo que son difíciles de aceptar.

Una es saber que nunca tendrás lo que te pertenece *por derecho*. Saber que todo lo que amas, todo lo que necesitas y lo que más profundamente deseas con todo tu ser jamás estará a tu alcance. Nunca será tuyo, ni en esta vida, ni en ninguna otra, ni en ningún universo paralelo, si existe tal cosa.

La otra es saber que lo que no debe ser tuyo *sí* lo es y siempre lo será. Saber que lo que totalmente rechazas, lo que detestas de todo corazón, lo que no tiene nada de bueno, te pertenecerá para siempre, sin tregua. Esa maldad asquerosa siempre será tuya porque es la esencia de lo que eres, hasta después de que el perdón sea liberado de su jaula.

Tú sabes de lo que estoy hablando. Seguro. Todo el mundo es experto en este tema.

No vayas a pensar que me estoy quejando. Por nada del mundo cambiaría la historia de mi vida por la de otro. Estoy alardeando, en lugar de ello. Eso es todo. Puedo soportarlo todo. Soy más duro que el pellejo del demonio más viejo y más malo que haya en el infierno.

Sin embargo, no me preguntes cuál de las dos desgracias es peor. Ambas son igualmente abominables. Lo único que sí te puedo decir es que no debes desearle ninguna de las dos a nadie, jamás, ni siquiera a tu peor enemigo. Como ya sabrás, debes perdonar a tus enemigos. Ofréceles la otra mejilla. Si te piden la camisa, dales el abrigo. Si te dan una bofetada en la mejilla derecha, ofrécele la izquierda. Si tratan de matar y violarte, diles "Muchísimas gracias. Me lo merezco".

Son mandamientos difíciles de cumplir, sobre todo si tus enemigos te han herido profundamente. Demasiado difíciles, incluso para cualquiera que sea más duro que el pellejo del demonio más viejo y más malo que haya en el infierno.

Alrededor del mismo tiempo en que los aviones bombardearon mi barrio y que sucedió el tiroteo de los automóviles en el parque de la esquina, durante aquel año que no fui al colegio, cuando me estaba preparando para dejar atrás todo lo que yo conocía, se apareció un enemigo. Y me dejó un regalo que jamás pedí.

Se materializó de la nada. O por lo menos así me pareció. De repente se apareció, con un gorro de marinero y un perro negro que le hacía compañía. ¿O sería un sombrero de chofer? ¿Quién sabe? Pero sí era un tipo joven. Tendría unos diecinueve o veinte años. Era delgado, de tez morena, y con un pelo rizado negro escondido debajo del gorro, del mismo color de su perro.

Jorge y yo estábamos frente a la entrada de mi casa, bajo la sombra del árbol de caucho, preparándonos para subirnos a las ramas más altas para buscar lagartijas que pudiéramos matar.

—¿Qué pasa, *fiñes*? ¿Cómo están? —preguntó. También preguntó quiénes éramos y qué estábamos haciendo.

Lucía normal. Un tipo cualquiera, con un gorro estúpido y un perro. El perro parecía ser simpático. Nos dijo que quería venderlo. No le preguntamos dónde lo encontró, ni cuánto hacía que lo tenía, ni nada por el estilo. Ni siquiera le preguntamos si de verdad era suyo y si tenía derecho a venderlo. Lo único que le dijimos fue que no conocíamos a nadie que quisiera comprar un perro.

—Me reviento de las ganas de mear. ¿Habrá un servicio por acá?

—Aquí —dije, señalándole mi casa—. Si quieres, usa nuestro baño.

—No, no, yo no puedo hacer eso. Es que no quiero molestarlos.

—Pasa, no te preocupes. Vamos. No hay ningún problema.

—No, no, no. No puedo. Es que me da pena.

Su respuesta me debería haber alertado, pero en ese momento no me di cuenta de lo que estaba pasando.

—Bueno, tenemos el baño de atrás. El baño de la criada. Entra en ese pasillo, por el lado, y sigue hasta el traspatio. Ahí está. Ni tienes que entrar en la casa.

—No, no, no. Tampoco puedo hacer eso. Qué va. Vaya, me da pena. No quiero molestar a nadie. Lo que estoy buscando es donde mear afuera sin que nadie me vea.

¿Por qué será que no sonó una alarma en mi mente? Me pareció raro que tuviera tanta pena, sin embargo no se me ocurrió que el tipo ya estaba traspasando la frontera de lo normal.

Jorge le ofreció una alternativa.

—Bueno, al doblar hay un terreno vacío. Empezaron a hacer una clínica ahí, pero nunca la terminaron.

—¡Perfecto! ¿Cómo se llega allá? No conozco bien este barrio.

—Es fácil —dije—. En la esquina, dobla a la derecha. No te vas a perder. Tres casas más allá de la esquina. Es un solar grande y al lado tiene un edificio que nunca terminaron.

—Pero es que me da miedo perderme. ¿Me podrían acompañar?

—Sí, cómo no —contestó Jorge.

Fue en ese momento que me empecé a preocupar un poco. ¿Cómo es que se iba a perder en camino al solar de la clínica? Hasta un retrasado mental lo encontraría sin ningún problema. Había algo raro ahí, pero Jorge abrió la boca y ofreció acompañarlo. No nos quedaba más remedio que ir con él.

Lo acompañamos. El perro lo seguía, sin correa, junto a nosotros. No se apartaba de él. Se me ocurrió que el tipo lucía un poco raro, demasiado infantil. Pero nunca me pasó por la mente que nos quisiera hacer daño. Para mí su único problema era que el tipo era un poco raro.

Cuando llegamos nos pidió algo más.

—Aquí está bien. ¿Pero qué van a pensar los vecinos si me ven? Aquí la gente no me conoce. Mete miedo eso allá atrás. ¿Uno de ustedes me podría acompañar? Así puedo mear detrás del edificio sin que nadie me vea. Por favor. Me da miedo ir solo. Esos árboles allá atrás son muy grandes y ahí todo está muy oscuro. ¿Ustedes nunca han sentido miedo? ¿Ustedes no saben lo que es sentir miedo? Díganme si no tengo razón.

Yo sí sabía bien lo que era tenerle miedo a entrar en un lugar oscuro, desconocido. Sin embargo, algo me parecía que andaba mal. ¿Por qué tendría tanto miedo un tipo que era mayor que nosotros?

—¿Y qué hacemos con el perro? —pregunté—. ¿Y por qué no te lo llevas contigo para que te haga compañía?

—No, no. El perro no sirve. Necesito que me acompañe una persona. ¿Está bien? Se los pido de favor. ¿Por qué uno de ustedes no me acompaña, eh?

Miré a Jorge y él me miró a mí. Él también se veía un poco confundido. El tipo con el gorro de marinero y el perro me miró a mí.

—¿Por qué no vienes tú conmigo? Tú eres el mayor y el más grande. Tú me puedes proteger mejor. Vamos, por favor. Apúrate, que me voy a mear en los pantalones. Ya no aguanto más. Vamos, por favor.

Sentí pena por él. Sin embargo, ya me estaba fastidiando. *¿Por qué no te portas como un hombre?*, pensé.

—Está bien —dije.

—Y tú —le dijo a Jorge—, quédate aquí y vigila a ver si viene alguien. No dejes que nadie pase para allá. Es que me da pena.

Tan pronto entramos al pasillo del edificio en obras, sacó un cuchillo. Era un pasillo en forma de ele, y cuando doblamos la esquina, nadie nos podía ver. Jorge no tenía la menor idea de lo que estaba ocurriendo. Era una navaja con un mango de nácar y una hoja bien larga que salía cuando se apretaba un botón. El tipo la abría y cerraba, la abría y cerraba, *clic, clic, clic,* y cuando llegamos al fondo del edificio, detrás de la sombra de los árboles que él decía temer tanto, la dejó abierta.

El sol iluminó la navaja y el reflejo me dio con toda la feroz indiferencia del universo. Me cegó. Aquella navaja iluminada se volvió una espada flamígera.

Me agarró fuerte con el brazo que tenía libre y me jaló hacia él. No me iba a soltar.

—Ayúdame a mear.

El perro, que había estado tranquilo hasta entonces, se puso a dar brincos. ¿Sería que él sabía lo que me iba a pasar? El perro estaba tratando de alcanzar el cuchillo, pero el tipo le dijo que se quedara quieto. Dijo el nombre del perro por primera vez. Me pareció un nombre estúpido, pero no lo recuerdo. En ese momento tenía otras cosas en mente.

Como el cuchillo, por ejemplo. Y la forma en que el tipo me estaba sujetando. Él sí que no me iba a soltar. Y ni hablar de cómo se pudo abrir el zipper con la mano en que tenía el cuchillo. Aunque debe ser difícil bajarse el zipper con un cuchillo en la mano, no sé cómo, él sí lo supo hacer. Parece que ya lo había hecho muchas veces antes.

No creo que de verdad tenía tantas ganas de mear. Estaba demasiado excitado. Nunca antes había visto a nadie tan excitado.

—Vamos, ayúdame a mear. Pon la mano aquí.

Por Dios, ¡jamás!

Me puso el cuchillo frente a la cara, me agarró con mayor fuerza y me dijo cómo quería que lo ayudara. A pesar de ser tan flaco, era un tipo fuerte. Y aunque el sol se reflejaba en ella, la navaja se sentía fría.

Tenía que decidir simplemente y dolorosamente entre dos cosas: o hacía lo que él quería o me arriesgaba a recibir una puñalada.

Entonces, en el momento en que me arrastraba este tipo para el infierno, salió una voz del cielo, con una gritería obscena, bastante cerca.

—¡Coño, carajo, hijo de puta, cabrón, qué mierda, puñetera madre que te parió, mal rayo te parta, mojón del diablo…!

Era El Loco. El borracho del barrio a quien tanto mortificábamos, gritando a todo dar, recitando malas palabras en cadena, como si estuviera rezando el rosario. Gritaba como siempre, pero en esta ocasión me sonó como un coro angélico.

El pervertido dio un brinco cuando oyó la gritería de El Loco y me soltó un poco. En ese mismo momento Jorge se puso a gritar.

—¡El Loco! ¡El Loco! ¡El Loco!

Nosotros le teníamos miedo, ya que lo mortificábamos constantemente y nos había perseguido muchas veces. Jorge le tenía más miedo que yo, y por lo tanto se había ido corriendo y gritando.

Los gritos de Jorge asustaron al pervertido lo suficiente como para que me soltara un poco más. Fue en ese momento que me libré y salí de allí como una tromba. El perro ladró y me fue arriba, pero eso no me importó un bledo. Eché una carrera fuera de ese pasillo, bajé la cuadra a toda velocidad, doblé la esquina, bajé por mi calle y entré en mi casa sin mirar para atrás. Pasé corriendo por el lado de las flores de mar pacífico, tan rojas como sangre, totalmente ajeno a ellas y sus deseos. Tampoco vi a El Loco, aunque el eco de sus gritos retumbó en mis oídos hasta que llegué a casa. Quién sabe si me estaba persiguiendo y ni me di cuenta.

El Loco no me preocupaba. Me salvó de la vergüenza, y tal vez hasta me salvó la vida. En ese momento lo que me preocupaba era aquel loco que andaba con la navaja.

La pandilla entera estaba reunida en el portal de mi casa. ¿Por qué no habían estado ahí unos minutos antes?

Fui corriendo al baño. Me dieron ganas de vomitar, pero no me salía nada. El cuerpo se me sacudía, sudaba y sentía escalofríos, todo a la misma vez. Las manos me temblaban. Me puse a pensar en el pervertido, lo cual me preocupó mucho. ¿Qué pasaría si me estuviera siguiendo? Él sabe dónde vivo. ¿Qué pasaría si en ese mismo momento estuviera ahí, esperando a que yo saliera, con su navaja en el bolsillo? ¿Qué pasará mañana o pasado mañana? ¿O el día después de ese? ¿O el mes que viene?

Ese día no volví a salir de la casa.

Jorge pasó por la casa y me preguntó por qué se había demorado tanto el tipo para mear.

—No sé. Es un tipo raro. No sé…

—Oye, ¿viste cómo por poco nos agarra El Loco? No sé de dónde salió. Tremendo susto, ¿eh?

—Sí, tremendo susto —dije, mintiendo.

No le conté a mis padres ni a nadie lo que pasó. Me moría de vergüenza, de mi propia imbecilidad. No sé cuántas veces me advirtieron mis padres de que no hablara con desconocidos, ni que los acompañara a ningún lado. *Qué idiota fui,* me dije. No se lo puedo contar a nadie. Y peor que eso, no puedo decirle a nadie que el tipo me pidió que lo ayudara a mear. De ninguna manera.

Pero después de que pasaron unos cuantos meses se lo conté a Mamá. Se lo conté porque seguía preocupado de que el tipo volvería a aparecerse en la puerta. Traté de salir afuera lo menos posible. El miedo me tenía preso en casa.

Entonces se me ocurrió algo aún peor. ¿Y qué pasa si fue Ernesto quien lo había mandado? Si lo pienso bien, ¿cómo fue que el tipo se apareció en nuestra casa? Él mismo dijo que era la primera vez que visitaba el barrio. ¿Entonces qué hacía aquí? ¿Por qué insistió en que yo, y sólo yo, lo acompañara al edificio abandonado? No se lo podía preguntar a Ernesto, ya que tendría que contarle lo que me pasó. Y además, yo sabía que si había sido él quien le había pedido a aquel tipo que me atacara, jamás lo iba a admitir.

Me volví tan paranoico como tío Filo. Hasta pensé con miedo en que podía encontrarme al pervertido en los Estados Unidos. Me estaba volviendo loco pensando cómo sería estar solo en los Estados Unidos, sin nadie que me protegiera de aquel degenerado.

Por eso se lo conté a Mamá. Me abrazó y me dijo todo lo que una madre le debe decir a un hijo, pero también me regañó un poco por no habérselo dicho antes.

—No te olvides de que tu padre es juez. Si me lo hubieras dicho antes, lo hubieran encontrado y tu padre lo hubiera mandado a la cárcel, como se lo merece. Seguro que anda suelto por ahí, atacando a otros niños.

Ahora también era culpa mía que anduviera suelto el hijo de puta, excitándose con los niños pequeños. Pero Mamá tenía razón. No lo podía negar. Si en el momento que entré en casa aquel día hubiera brotado la verdad de mi boca, seguro que ya estaría preso. De eso estoy seguro, porque dos o tres días después, cuando al fin me atreví a salir de la casa, me topé con su perro.

Ahí estaba aquel desviado perro brincador. Ahí estaba para recordarme lo que había ocurrido.

Ahora estaba viviendo en casa de unos vecinos. Después de que trató de meterme el cuchillo, aquel cabrón fue de puerta en puerta y se lo vendió a la familia vasca cuyo traspatio lindaba con el nuestro.

No me quedaba más remedio que tener que oír el ladrido de aquel perro infernal todos los días y tener que verlo constantemente. Le conté a Mamá lo del perro cuando le dije lo del pervertido, pero cuando ella fue a contárselo a los vecinos, ellos le dijeron que no sabían cómo se llamaba el tipo que se lo había vendido, ni dónde vivía.

Too late, too bad.

Demasiado tarde, demasiada mala suerte.

Qué Revolución más gloriosa. Se suponía que fuéramos transformados repentinamente, salvados del egoísmo. ¿Ya nos habrían transfigurado?

Sí, cómo no. Habíamos cambiado tanto como las lagartijas.

Las lagartijas, como siempre, indiferentes a todo lo que hacían los seres humanos, fijaban la vista allá en el Jardín del Edén y detrás de aquel edificio abandonado.

Malditas lagartijas, tan dichosas.

33

Thirty-three

Si nunca has visto las frutas maduras del árbol del pan, lamento informarte que no has vivido.

Cuando maduran, se vuelven increíblemente blandas y esponjosas. Muchos años después de que sostuve por última vez en mi vida una fruta del pan, cuando vi *Rebelión a bordo,* al momento comprendí por qué el buque *Bounty* iba tan cargado de esa fruta y por qué los británicos decidieron exportarla a todas los confines tropicales de su imperio, incluyendo el Caribe. Cuando caen al piso revientan maravillosamente; se vuelven un completo reguero. Un imperio sin frutas del árbol del pan no vale la pena llamarse imperio.

El árbol de la fruta del pan en el patio vecino era tan alto como el monumento al *Maine* en el Malecón. Siempre cargado de enormes frutas verdes del tamaño de cocos, con cáscaras gomosas, cubiertas de pequeñísimos montículos, cada uno bendecido en el centro con un asomo de pezón. Centenares de pequeños senos ordenados en magníficos redondeles, teticas que rezumaban un líquido lechoso si las pinchábamos o cuando las acribillábamos con las municiones de nuestras armas de aire comprimido. Eran enormes pelotas verdes con una pulpa blanda y lechosa que también tenían un tallo duro por donde las agarrábamos. En otras palabras, esos tallos carmelitas nos permitían tirarlas mejor. Eran como las granadas que usaban los nazis en las películas de guerra, sólo que redondas en lugar de cilíndricas.

Sabíamos que la fruta del árbol del pan se podía comer. Lo supimos porque muchas veces vimos a un jamaiquino recogiéndolas. Llenaba a reventar un saco y se las llevaba a su casa. En su bello acento, nos explicó que eran muy sabrosas, pero lo tomábamos por loco y nos burlábamos de él. Qué locura, comerse esas frutas. No servían para comer, sino sólo para tirar al blanco o para lanzarlas como bombas.

Años más tarde, después de que Tony y yo nos fuéramos y luego de que mi madre se fuera y después de que mi tío Filo se volviera loco, a mi padre y a Ernesto no les tocó otro remedio que comerlas. Eso es lo que pasa cuando hay una Revolución, sobre todo una con erre mayúscula.

Pero años antes de que Luis XVI tuviera que comerse la fruta del pan, durante uno de esos días que pasamos en el limbo, de repente nos dimos cuenta de que la cosecha del árbol vecino era abundante, y lo hacía doblarse bajo su peso. Había frutas regadas por todo el jardín. La sombra que daba el árbol —una sombra muy oscura y fresca— debía haber preservado las que habían caído. Había tantas que el jardinero del vecino recogió las que pudo y las apiló en una esquina del jardín cerca de nuestra casa. Con sólo saltar por sobre la cerca de hierro —con cuidado de no quedar empalados en una de sus afiladas puntas— nos dimos de tope con el paraíso de las frutas del árbol del pan. No nos importó pisotear las flores de mar pacífico bajo la cerca. Las flores eran prescindibles.

Nos habíamos tirado frutas del pan antes de ese día. Y sabíamos bien lo que podíamos hacer con ellas. Pero nunca antes habíamos tirado más que unas cuantas. No recuerdo qué fue lo que nos inspiró a tener una guerra de frutas del pan ese día. Lo único que sí recuerdo es que tiramos una o dos y de repente perdimos el control totalmente.

Aquellas frutas eran perfectas. Absolutamente perfectas.

Era una maravilla el eco de detonación que hacían al estrellarse contra cualquier cosa que encontraran en su camino. Un *¡plaf!* fantástico, un temblor reverberante y encantador. Un eco casi inaudible pero que a la vez te alcanzaba bien adentro del alma. Y además, qué maravilla de espectáculo. Imagina lo que era aquello. Imagina toda esa pulpa pegajosa volando por el aire y pegándose a lo que encontrara en su camino, o cayendo al suelo en arcos perfectos, obedeciendo cabalmente las leyes de la gravedad. Y aquel olor: un aroma primordial, un olor a almizcle, como si proviniera de la quinta dimensión, algo que anunciaba la presencia de pantanos, cieno, lodo, óvulos y esperma y la reproducción infinita. En aquella época ignorábamos todo eso, o por lo menos algunos de nosotros no sabíamos nada del tema. Pero lo que sí sabíamos era que aquellas frutas tenían una peste sabrosísima e incomparable, que emanaba delirantemente desde la elusiva frontera que separa lo correcto de lo que no lo es.

Saltamos por sobre la cerca filosa, saqueamos el montón de frutas que el jardinero del vecino había apilado y comenzamos a tirárnoslas. La mayoría de las veces no dábamos en el blanco, aunque a veces sí. No hay sonido comparable al de una fruta del pan cuando revienta en el pecho de un niño de diez años. Quizá sólo sea comparable con el que hace al explotar en la cabeza de un niño de diez años. Verlas reventarse era un gran espectáculo. Las camisas, los antebrazos y sobre todo las barbillas y los cuellos embarrados de pulpa. Las hebras colgándonos de las barbillas y nosotros atacados de la risa. Las hebras colgándonos de las cejas y las hebras que se nos metían por las narices. Es para morirse de risa. Sobre todo cuando el blanco de la fruta es tu hermano.

No formamos equipos, como era la costumbre (los mayores contra los menores, lo cual siempre garantizaba que Rafa y yo perdiéramos). No, decidimos que el lema de esta pelea era: sálvese quien pueda, Dios en contra de todos. *Jeder für sich und Gott gegen alle.* Nuestra guerra mundial, la cual conocíamos tan bien a través de las películas. Era la caída de Berlín, la caída de Roma, la caída de La Habana. Era el principio y el fin a la misma vez. El alfa y omega. Emanación y Remanación. La Gran Explosión. El gran suspiro.

Los cinco sabíamos de sobra que nuestro mundo había llegado a su fin. El Apocalipsis había llegado. Sabíamos que nuestros padres estaban haciendo los trámites para mandarnos para los Estados Unidos. Sabíamos que teníamos contados los días que pasaríamos debajo de aquellos árboles. Por eso nos volvimos locos y nos pusimos a tirar esas frutas tan apestosas y pegajosas. Tratamos de herirnos lo más posible. Y no podíamos aguantar la risa. Aunque el impacto de las frutas dolía bastante, ni lo sentíamos. Seguíamos riéndonos y tirando más y más bombas de pan.

Creo que fue Eugenio, El Alocado, el que, como era de esperar, encontró la manera de abrir la puerta del jardín del vecino. Pero eso no importa. Lo que sí importa es que la guerra de las frutas del pan —la cual inicialmente estuvo contenida en ese jardín— se desbordó y salió a la calle. Como la única regla era la de sálvese quien pueda, cada uno tendría que buscar sus propias municiones y defenderse por sí mismo. No era fácil saquear el montón de frutas, recogerlas del suelo una vez que se acabaran las que estaban apiladas y a la vez estar al tanto de lo que hacían tus cuatro adversarios. Tener que salir a la calle con los brazos cargados de frutas blandísimas mientras estás siendo bombardeado con misiles desde los cuatro costados resultó ser aún más difícil. No sé cómo lo hicimos, pero lo hicimos.

Entonces nos dio por cambiar las reglas. Muchas de las casas en mi calle tenían muros de mampostería que daban a la acera. Como la mayoría de esos muros tenían unos tres o cuatro pies de altura, enseguida nos dimos cuenta de que los podíamos usar como fortalezas. Uno de nosotros gritó "¡Tregua!" y cada uno fue a recoger sus municiones y las depositamos detrás de nuestras respectivas murallas.

No me acuerdo cuánto duró la tregua. Sin embargo, sí recuerdo muy bien que cada uno de nosotros recogió la suficiente cantidad de frutas como para embarrar de cabo a rabo una calle entera a las afueras de una ciudad tropical. Y eso fue precisamente lo que hicimos. Éramos cinco niños tirándonos frutas del pan de una acera a la otra, con la calle como tierra de nadie en el medio, igualito a como lo habían hecho los soldados en las trincheras de Verdún. Cinco niños guareciéndose de proyectiles pegajosos detrás de cinco muros en aceras opuestas, lanzando, arrojando, tirando a dar y dañar, o por lo menos de asfixiar a su mundo con una pulpa pegajosa y apestosa. Los que estábamos en la misma acera no podíamos tirarnos bombas unos a los otros porque las matas de los jardines nos ocultaban y protegían. Por lo tanto éramos tres en una acera y dos en la otra, con los frutos del árbol del pan volando sobre la calle.

Así deben ser las peleas de bolas de nieve, me dije.

Las frutas del árbol del pan volaron aquel día como nunca antes y como jamás volverían a volar. Nunca jamás, en ningún lugar sobre la faz de la Tierra, se lanzarían las frutas del árbol del pan con tanta rabia, placer y valor. Y como pasa en todas las guerras y en todos los juegos, llegó el momento de la valentía deslumbradora e impresionante, de gallardía, fulgor y heroísmo.

Cuando se nos empezaron a agotar las municiones, Manuel se atrevió a atacar la trinchera de mi hermano Tony. Armado con una sola fruta en la mano, Manuel salió corriendo por detrás de su muro y penetró en la tierra de nadie, dándoles la oportunidad a los otros a que le dispararan a mansalva. Con toda su fuerza, Manuel lanzó su misil verde en dirección a Tony cuando lo vio asomar su cabeza rubia por encima del muro. La fruta siguió una trayectoria perfectamente recta, pero no dio en el blanco. En lugar de darle a mi hermano en la cabeza, se estrelló contra el muro con tanta fuerza que se estremeció. De eso no tengo duda, porque lo vi con mis propios ojos. El sonido del impacto fue el más sublime de todos los que oí aquel día. No fue un *¡plaf!* cualquiera, sino más bien como un enorme trueno, como el estruendo de un terremoto. Todavía me parece oírlo y sentirlo. Supongo que es algo que no olvidaré. ¡Qué ruido más precioso, coño, como el

latido de un corazón humano! También siempre llevaré grabada en la memoria la imagen de aquel muro cuando se
movió. Eso sí que fue un milagro, un muro estremecido por
una fruta, una fruta lanzada por un niño a punto de ser expulsado del paraíso.

Un niño que unos cuantos años más tarde terminaría combatiendo en una guerra de verdad, en Vietnam.

En lugar de irle encima a Manuel, los cuatro —tanto los
que estábamos de pie como los que estábamos agazapados—
nos quedamos inmóviles, paralizados. Entonces rompimos a
reír y no podíamos parar. Vimos el reguero que habíamos
hecho. Había pulpa de fruta por doquier. Por las paredes, en
los troncos de los árboles, por las aceras y la calle, por los portales de los vecinos y por los muebles y las lámparas de los
portales. Estábamos cubiertos en pulpa de pies a cabeza. Fue
entonces que nos dimos cuenta de que casi habíamos agotado
todos los proyectiles que teníamos a nuestra disposición. Ahí
fue cuando paró la risa. Regresamos corriendo a nuestras respectivas casas, nos limpiamos bien y nos pusimos a hacer
como si nada hubiera pasado.

Entonces empezaron las llamadas de los vecinos. Las quejas.
Parecía como si el teléfono nunca iba a dejar de sonar. Puesto
que nuestro Apocalipsis se llevó a cabo en nuestra cuadra, nos
tocó a mi hermano y a mí y a Mamá y Papá dar la cara. Mi
padre abrió la puerta, miró hacia afuera e hizo dos llamadas,
una a la casa de Manuel y Rafael y otra a casa de Eugenio.
Dentro de media hora, los cinco estábamos limpiando el reguero con mangueras, escobas, palos de trapear y palas. Casi
nos tomó la tarde entera para borrar el último estrago de
nuestra gloriosa guerra de las frutas del árbol del pan.

Nunca antes habíamos trabajado tanto. Trabajamos mucho
más que el bedel que limpiaba los charcos de vómito y meado
en nuestro colegio. Nos vencimos con nuestra propia guerra,
nuestra interpretación de una contrarrevolución. Fuimos
transformados de gusanos en abejas trabajadoras por las gloriosas y apestosas frutas del árbol del pan. Lo más interesante
es que, por primera vez en mi vida, no me quejé de tener que

trabajar tan duro. O simplemente no me acuerdo de haberme quejado. Sólo me acuerdo de lo profundo que aspiré y de cuánto me reí.

Y ahora, en cualquier ocasión que la rabia comienza a apoderarse de mi alma, me esfuerzo por sonreír y respirar hondo. Al hacerlo, casi siempre lo que huelo es el aroma de las frutas del pan. Maduras. Bien maduras.

34

Thirty-four

Yo fui el primero que vio a "La Culona". Coño, aquella mujer tenía un trasero monumental. Tan grande que podía albergar el mundo entero y toda su historia en él.

Aquel culazo, escondido debajo de una tela roja finita, no hablaba, pero así y todo decía muchas cosas. Hablaba silenciosamente de los campos fértiles, del sol, del agua, de las lombrices, del trabajo duro, del sudor, de las raíces, de las verduras, de las frutas, de las ubres, de la leche, de las moscas, de pezuñas cubiertas de lodo, de las plumas, de camiones llenos de productos agrícolas, de los puestos en los mercados, de la sangre, de la carne, del dinero, de las jabas de lona a punto de reventar, de las cocinas repletas de cazuelas estropeadas, de las latas de aceite de oliva español, de los fogones sucios, de la manteca envuelta en papel de cera, del olor a ajo, de las chispas de los cuchillos cuando son afilados en ruedas de sílex que giran a base de pedales —chispas que volaban como planetas en el proceso de nacer—, de las curitas, del yodo, de los delantales manchados de recuerdos, de los cucharones, de las espátulas, de las cucharitas, de los tenedores, de los vasos man-

chados de pintura de labios, de las tazas, de las servilletas, de
los manteles doblados por las abuelas, de los platos calientes en
la mesa, de los aguacates cortados en finas lascas, de los plátanos fritos, de la malanga, de la yuca, de la carne asada, del arroz
con pollo, del picadillo, de la ropa vieja, del tasajo, de las papas
rellenas, de montones de arroz, de los frijoles negros, de los
garbanzos, de los frijoles colorados, de la paella, de la cerveza,
del vino, del ron, del café, del flan hecho en latas de chorizos,
de la natilla llena de galletas de vainilla, de las galleticas con
pasta de guayaba y queso crema, de un montón de azúcar, de
las puestas del sol, de las conversaciones infinitas, de los susurros, de los gritos, de los chismes, de las canciones, de la música que se oye por la radio, de bailar en un cuadradito, de las
manos en las cinturas, de las manos en las espaldas, de los huesos bien conocidos que se sienten bajo la piel, de los huesos
que se acaban de descubrir, del calor que se siente por dentro
y por fuera, de los besos, de la alegría, del desengaño, de la
traición, del sufrimiento, de las peleas, de las oraciones, del
sexo, de los nacimientos, de las libretas de racionamiento, de
los pelotones de fusilamiento, de las enfermedades y de la
muerte.

Y, por supuesto, de las berenjenas.

Ah, sí, y del amor también. Estoy seguro de que el amor
tuvo mucho que ver con aquel trasero enorme.

Bueno, de todas formas, la mujer más culona del mundo
estaba parada bajo una palma, cerca de una fuente de agua po-
table, hablando con sus amistades. Toqué los chícharos que
tenía en el bolsillo y a Rafael en el hombro.

—Mira para allá, el blanco perfecto.

—¿Me lo dices?

—Vamos a buscar a los otros. ¡Se lo tenemos que decir!

Estábamos paseando por el parque nuevo que habían
hecho a orillas del Almendares, tirándole a la gente con nuestras cerbatanas. Nos las había hecho Luis XVI con una antena
de televisión vieja. Un arma fácil de fabricar y fácil de usar.
Unos tubitos delgaditos de aluminio, de unas diez o doce pulgadas de largo. Lo único que nos faltaba era algo duro que

pudiéramos lanzar con la fuerza de la lengua y los pulmones. Era fácil dar en el blanco, sobre todo de cerca, con un proyectil tan duro como lo es el chícharo.

Recientemente, habíamos visto un documental sobre las tribus indígenas amazónicas, que seguramente había recibido la aprobación de los mandamases e inquisidores revolucionarios. Nos volvimos locos con las cerbatanas que usaban aquellos indios.

—Yo les puedo hacer mejores cerbatanas que esas —pronunció el rey Luis.

Le encantaba entretenernos. Sacó su serrucho y cortó en pedacitos una antena vieja. Luego lijó y pulió bien a ambos extremos de cada cilindro y nos dio a todos cerbatanas robustas y casi indestructibles.

—Siento mucho no poder fabricarles dardos envenenados —nos dijo mientras nos entregaba nuestras armas.

Y siguió con voz bastante abatida.

—Sé cómo hacerlos, pero no creo que pueda conseguir el veneno.

Pero la expresión de su cara enseguida se animó.

—Pero pueden usar chícharos. Todavía se consiguen por la libre, sin libreta. A cada uno le voy a comprar una bolsita de chícharos.

Nos acomodamos dentro del Plymouth del '51 de colores azul y crema y fuimos a la bodega más cercana. Por el camino practicamos con pequeños tacos de papel que escupimos por las ventanillas o que soplábamos entre nosotros mismos. Aquellas peloticas quemaban como loco. Se pegaban a lo que fuera que le tirábamos. A los automóviles estacionados, a los postes de teléfono, a los peatones, a lo que fuera. Las hicimos de las páginas que arrancamos de una vieja revista *Bohemia*.

Pero los chícharos eran superiores a los tacos de papel. Ni se podían comparar. Salían volando de las cerbatanas como los torpedos de los submarinos y hacían un ruido muy agradable cuando los disparábamos. ¡Zu! Pero ese ¡zu! tenue no se comparaba al ¡tak! que hacían cuando dábamos en el blanco. Ese sí que era un sonido sublime.

Practicamos con los chícharos por uno o dos días antes de ir al parque nuevo. Ya íbamos por la segunda bolsita de municiones, muy agradecidos a la Revolución de que los chícharos todavía podían comprarse sin complicaciones.

Este parque en el Bosque de La Habana fue uno de los primeros proyectos urbanos que terminó la Revolución. El río Almendares separaba el Vedado de Marianao. Por lo tanto, formaba una barrera natural entre los dos municipios, y atravesaba lo poco que quedaba de selva en la capital. Estaba situado a un nivel bien elevado, en un escarpado que daba hacia el Almendares. Antes de la Revolución, los únicos que penetraban en él eran los que se atrevían a enfrentarse a la jungla. Pero ahora la Revolución había hecho un parque ahí para el disfrute del Pueblo.

Bueno, déjame aclarar este punto. No lo supe por más de cuarenta años, pero ese parque no fue planificado por la Revolución. De ningún modo. Fue diseñado y creado por arquitectos que contrató el gobierno del malvado presidente Batista y después que Fidel asumió el control del país, su maravillosa Revolución obstruyó y demoró la construcción. Pero después de haberlo abandonado, alguien en el gobierno revolucionario decidió resucitar el proyecto, y al fin se terminó, con una avalancha de propaganda que le daba todo el mérito a Fidel y su santa *robolución*. Y yo me tragué toda la mierda de la propaganda que me echaron encima Fidel y sus lacayos.

Si por casualidad necesitas alguna prueba del poder de las mentiras, aquí te presento una que es escalofriante.

No creas lo que te dice el gobierno. Cualquier gobierno.

Nosotros nos habíamos atrevido a entrar en el "Bosque" mucho antes de que lo convirtieran en parque. A Luis XVI le encantaba llevarnos ahí. Recorríamos los senderos naturales que los habaneros habían hecho poco a poco por más de cuatro siglos. Nos quedábamos maravillados con los árboles y los escarpados. Había un precipicio en particular que de verdad metía miedo. Teníamos que avanzar muy lentamente por un saliente estrecho, agarrándonos de la piedra de tiza que teníamos enfrente. Supongo que sería una caída de por lo menos unos doscientos pies. Si te equivocabas, te jodías.

No sé cuántas veces recorrimos aquel saliente.

Todavía, años después, puedo cerrar los ojos y ver aquel río Almendares allá abajo y el gordón de mi padre tratando de meter la barriga mientras pasaba por el sendero estrecho de ese precipicio, avanzando lentamente por el borde del saliente. También puedo ver mis propios pies y puedo oír a Papá animándome a seguirlo.

—No te pares. Sigue. Si paras y miras para abajo, te da un vértigo. Dale. Sigue. Vamos.

—¿Qué es el vértigo?

—Lo que estás sintiendo en este mismo momento.

Yo creo que Luis XVI era el hombre más descuidado que había en Cuba. O quizá el hombre más descuidado del mundo entero. Todavía puedo oír el sonido que hacían las piedrecitas en aquel estrecho saliente cuando las pisábamos y caían al precipicio. No era un saliente muy firme que digamos. Las doscientas y tantas libras que pesaba mi padre hacían que las piedrecitas cayeran en cascada desde lo alto.

—Oye las piedras —me decía Papá mientras se aguantaba precariamente de la superficie de la piedra caliza—, e imagina cómo sonará un cuerpo si se cayera. Imagina sus gritos alejándose. Imagina el eco de los gritos. Imagina el sonido que haría el cuerpo cuando cayera en el río.

En eso Luis XVI tenía razón. En el Bosque se oían ecos tremendos. Hasta se oía el eco de las piedrecitas cuando caían como gotas de lluvia durante un aguacero. Allá dentro había un lugar maravilloso donde de veras se oían los ecos claramente. Gritábamos y esperábamos oír el eco. Cuando todos gritábamos en rápida sucesión, el estruendo de nuestras voces era algo espectacular. Cada eco obedecía la pausa que le correspondía.

Sin embargo, Luis XVI también nos tomó el pelo.

—Saben, aquí hay ruinas esperando que alguien las descubra —nos solía decir, señalándonos la otra orilla del río—. Son más antiguas que la Atlántida, el continente que se hundió en el mar. Era una civilización mucho más avanzada que la nuestra. Pero sólo la persona más indicada podrá ver las ruinas, leer los documentos que dejaron y dejarle saber al mundo los grandes secretos que tenían. Esas ruinas esperan su Mesías. ¿Las ven? Ahí mismo están. A lo mejor uno de ustedes las va a descubrir. A lo mejor uno de ustedes es el Mesías de las Ruinas.

Papá nos hizo creer que, efectivamente, sí las podíamos ver y que se parecían a la Acrópolis de Atenas. Le suplicamos que nos llevara a la otra orilla del río.

—Lo siento. Tendrán que ir por su propia cuenta. Quizá cuando sean hombres hechos y derechos.

Creo que fue ahí mismo, contemplando las misteriosas formas de la escarpada orilla del Almendares, cuando me empezó a interesar el pasado y la historia.

Pero todos esos viajes al Bosque habían ocurrido en otra época, en el pasado, antes de que el mundo cambiara, o poco después. Ahora la civilización y la Revolución habían llegado al Bosque. Ahora le pertenecía al pueblo de Cuba. Debíamos reconocer que habían hecho un parque muy bonito, aunque no sabíamos que la obra no era verdaderamente un proyecto revolucionario. El parque tenía caminos, bancos, quioscos y hasta estaba alumbrado. Tenía vistas hermosas. Aunque quedaba muy cerca del río, no había peligro alguno. Los senderos por donde habíamos caminado tantas veces antes seguían en su lugar, más arriba, tan remotos como siempre. No los tocaron cuando hicieron el parque.

Nosotros estuvimos presentes el primer día que lo abrieron al público. Una multitud enorme salió a presenciar la inauguración de este Parque de la Revolución. El lugar estaba repleto de gente, tan lleno como la piscina de tiburones del Acuario de la Revolución. Por eso fue que pudimos tirar los chícharos impunemente. ¡Zu!… ¡Tak!

Nos fue fácil escondernos detrás de la gente y los árboles. Le tiramos a docenas de personas y nos escapamos sin que nadie nos viera. Nos daba mucha gracia ver cómo reaccionaban. Yo les apuntaba a las cabezas. Mi hermano les tiraba a las espaldas y las nalgas. Los otros les tiraban indiscriminadamente a sus víctimas.

De vez en cuando, de sorpresa, también nos disparábamos los unos a los otros.

No me había divertido tanto desde la guerra de las frutas del árbol del pan. Era casi como si nada hubiera cambiado y hubiéramos vuelto a nuestro mundo de antes. Aun así, esa tarde jugamos con una brutalidad insólita en aquel parque nuevo junto al Almendares. Sabíamos que no nos quedaban muchos días en nuestra patria. Y estábamos bien encabronados.

Lo que no sabíamos era que esa sería nuestra última aventura. No sabíamos que nunca jamás estaríamos juntos. Supongo que si alguien nos lo hubiera dicho, lo hubiéramos tirado al río.

Luis XVI trajo a Ernesto, pero éste dijo que ya era demasiado maduro para meterse en nuestras travesuras. El rey Luis no se molestó para nada en supervisar la pequeña escuadra de guerrilleros que llevó al parque. Supongo que le daba placer vernos a todos nosotros soplando chícharos a diestra y siniestra, con las cerbatanas que nos había hecho. Por eso él y Ernesto se fueron a pasear por los senderos pavimentados, los mismos que nosotros estábamos acechando. El rey Luis casi no le prestó atención a lo que estábamos haciendo.

Eugenio, Manuel y Tony tenían trece y catorce años. Por eso me ganaban en lo que se refiere a la agresividad y en el atrevimiento ante el peligro. Rafa y yo teníamos sólo once, por eso éramos más cobardes.

Finalmente, Eugenio, El Alocado, se descuidó demasiado. Le tiraba a la gente casi sin esconderse. Lo único que hacía era esconder la cerbatana detrás de la espalda, darle la cara a sus víctimas y reírse. Todos le pedimos que tuviera más cuidado, pero no nos hizo caso. Entonces Manuel y Tony dejaron de advertirle y se unieron a él.

¡*Zu!*... ¡*Tak!* ¡Ja, ja, ja!

Es comprensible que le dijera a mis amigos de aquella culona. Éramos una sola alma con cinco cuerpos. Algo como eso se debía compartir. Como decían los Tres Mosqueteros, *con todos y por el bien de todos.* Y por última vez, también.

Por eso los cinco decidimos tirarle a La Culona a la vez. Cualquier niño normal hubiera hecho lo mismo.

Lo que hicimos fue un acto de puro amor.

San Agustín de Hipona diría que lo que nos guió fue "caritas", o caridad, el amor puro dirigido a Dios y al prójimo.

Nos pusimos en fila, como si formáramos un pelotón de fusilamiento, a unos diez pies de donde estaba La Culona. Tenía la espalda hacia nosotros, y la gente estaba tan ocupada hablando que no se daba cuenta de que estábamos ahí. No podíamos gritar "¡Preparen! ¡Apunten! ¡Fuego!" porque nos hacía falta tener las bocas y lenguas libres para lanzar los chícharos. Por lo tanto nos hicimos señas con los ojos y otras señales sutiles y todos apuntamos las cerbatanas al mismo tiempo.

¡*Zu!*... ¡*Tak!* ¡Multiplicado por cinco!

Me da gran orgullo decir que los cinco dimos en el blanco. Fallar hubiera sido una enorme vergüenza. Dar en aquel blanco fue tan fácil como darle con un chícharo a El Escorial, o a La Estatua de la Libertad, o al Coliseo de Roma, o a las Pirámides de Egipto, o al Kremlin, o a la Gran Muralla China, o a cualquier otro edificio enorme.

—¡Aaaaaaaay! ¡Qué fue eso!

Se viró más rápido de lo que esperábamos y de donde estaba, nos vio inmediatamente.

—¡Aaaaaaaay! ¿Qué hacen? ¡Degenerados! ¿Qué me hicieron? ¡Milicianos! ¡Milicianos! ¡Auxilio! ¡Socorro! ¡Por favor, ayúdenme! ¡Hagan algo!

Se abalanzó sobre nosotros. Bueno, más o menos se abalanzó. Cuando pesas tantas libras es difícil lanzarte rápidamente contra nadie. Se nos acercó gritando como una loca. La gente en el parque se quedó asombrada y se nos quedaron mirando. Y nosotros, como era de esperar, nos largamos de ahí, corriendo a toda velocidad.

Puesto que Luis XVI estaba cerca, nos abrimos paso por

dentro de la muchedumbre hasta que llegamos adonde él estaba.

—¿Qué pasa? ¿A qué viene tanta gritería, muchachos?

—No sé, una mujer ahí se volvió loca.

—¿De verdad? Déjame ir a verla.

—No, no. No vayas… Vámonos ya.

La Culona se abrió paso por entre la multitud y nos encontró hablando con el rey. Se puso a gritarle a toda voz a Papá, agitando los brazos apasionadamente con toda esa vehemencia tan natural en cualquier cubano. Usando su dedo índice como si fuera una bayoneta, La Culona atacó a mi padre, gesticulando violentamente, las masas de grasa que le colgaban de sus brazos ondulando como las papadas de una morsa.

—Oiga, Señor, ¿qué hacen estos niños? ¡Qué vergüenza! ¡Me tiraron no sé qué y me humillaron en público! ¿Qué clase de hijos está criando usted? Debo denunciarlo a usted y a todos estos niños. ¡Qué pandilla de delincuentes! ¡Eso es lo que son! ¡Criminales! Deben estar presos o sirviendo a la Revolución en una brigada de trabajo.

—Lo siento, señora, pero no sé de qué habla usted.

Dejamos al juez dar la cara y nos escabullimos mudos y de puntillas. Ninguno de mis amigos, ni yo, sabíamos cómo Luis XVI se las iba a arreglar. Salimos del parque y lo esperamos en el automóvil. No guardábamos duda alguna de que Papá iba a salir ileso del ataque de La Culona. Y así fue. Unos minutos más tarde nos encontró recostados sobre el Plymouth.

—Oigan, esta vez sí que se pasaron con esa mujer. ¿Qué se les metió en la cabeza? ¿Cómo le van a tirar chícharos a la gente así? ¿Están locos? Esa señora estaba lista para denunciarlos a los milicianos, para que se los llevaran. ¿Ustedes acaso no entienden el peligro que nos rueda, el peligro de lo que hicieron?

No sonaba enojado. Al revés, me lucía preocupado y triste.

No dijimos nada. Nos quedamos tan mudos como los chícharos que llevábamos en los bolsillos.

Ernesto se echó para un lado, detrás de Papá, con una sonrisa de engreído. A medida que se acercaba el destierro mío y de Tony, Ernesto el iguananoide tenía esa misma expresión en la cara a menudo.

—Esta vez los pude salvar, pero no fue fácil —dijo Luis XVI—. Por poco me meten en un lío. Nunca más vuelvan a hacer eso. ¿Está claro?

Le dijimos "okey" y nos metimos en el Plymouth. Sabíamos de sobra que nunca jamás tendríamos la oportunidad de hacer eso o cualquier otra cosa juntos. Y supongo que él también lo sabía.

De sobra.

35

Thirty-five

Fue un milagro. Tuvo que haber sido un milagro. Lo que uno ve con sus propios ojos no se puede poner en tela de juicio. Si no fue un milagro, entonces los milagros no existen.

El color del mar estaba cambiando, como si le estuvieran dando brochazos gigantescos de arriba abajo. Me quedé mirando un raro arco iris, en forma de nube, que repentinamente apareció en el agua. Tenía manchas de color naranja, como pedacitos de la puesta del sol al mediodía, y otras manchas en forma de flores del hibisco color rojo oscuro.

Se movía. Aquellas nubes de colores dentro del agua no se detenían un segundo mientras se enroscaban y giraban a gran velocidad.

Fue la cosa más extraordinaria que jamás he visto y quizá la más bella. Me quedé tieso bajo el sol y las nubes, ahí en el muelle de la playa de lo que fuera un club privado. Para mí no había duda de que era una visión enviada directamente del cielo. Una visión que me hablaba directamente sin matarme del susto. Hasta ese momento, todas las visiones de las que había oído hablar me habían asustado. Jesucristo y la Virgen apareciéndoseles a niños y niñas para darles mensajes que ninguno de los adultos que los rodeaban creían. Había oído hablar de estatuas en las iglesias que se movían o que respiraban, o que hasta hablaban. También ya había visto una película que me dio mucho miedo sobre un niño llamado Marcelino que se hizo amigo de un crucifijo que se movía y hablaba. Una noche los curas italianos de la casa de enfrente la habían exhibido al aire libre, frente a su casa. Ninguno de nosotros nos atrevimos a poner las manos frente al proyector, ni mucho menos el dedo del corazón. Esa película nos dejó con los pelos de punta. Tener que ver a un Jesucristo crucificado, resucitado y que me hable, sería para mí peor que ver a Frankenstein, al Hombre Lobo, a Drácula, a la Momia y al Monstruo de la Laguna Negra todos juntos.

Veinte años después, en Lugo, cerca de donde nacieron mis abuelos, por poco me dejan encerrado toda una noche en una capilla con un crucifijo del mismo estilo. El sacristán no se dio cuenta de que yo estaba adentro mirando el altar cuando cerró las puertas con llave. Supe que no podría aguantar toda una noche encerrado con un crucifijo de tamaño natural y en una oscuridad total. Pegué gritos de auxilio hasta que vinieron a abrir las puertas. Mis primos gallegos se pasaron varios días riéndose de lo que me había sucedido.

Les expliqué que le tenía terror a los Cristos sangrantes. Sin embargo, mi explicación los hizo reír aún más todavía. Supongo que se seguirán riendo de eso.

—¡Cuidado que no te topes con un Cristo sangrante en el camino! —me advirtió uno de mis primos cuando me subí al tren con rumbo a Madrid.

Aquellos colores y formas que se movían tan rápidamente dentro del mar color turquesa sí eran un milagro maravilloso. No se detenían. A veces se partían en la mitad y las mitades daban vueltas hasta que se volvían a unir. Mientras que las dos mitades bailaban, el contraste entre la nube y el mar color turquesa crecía en intensidad.

La verdad, la belleza, la bondad y la eternidad estaban allá afuera bailando con los tiburones y todos los otros animales que se devoran los unos a los otros y a veces a los seres humanos, con sus dientes afilados o el veneno punzante. El amor también estaba ahí, sin el estorbo del egoísmo, del querer poseerlo todo, de las dudas o de los celos. El amor sin complicaciones, retorciéndose dentro de un mar maravilloso, incomparable.

¿Sería una visión de despedida de todo lo que fue bello en la tierra que me vio nacer?

Era mucho más agradable que cuando el Cristo de la Ventana o el Cristo de los Ojos adquirían vida. Ahí estaba la gracia de Dios, la pura gracia de Dios, encarnada entre los tiburones.

No recuerdo cuánto tiempo estuve de pie ahí, ni tampoco lo que dije. Sentí una sensación rarísima, como si no tuviera los pies puestos sobre el piso. Entonces mi hermano y mis amigos Rafael y Manuel se aparecieron. Eugenio ya estaba más allá del horizonte, en los Estados Unidos. Nos preguntábamos qué sería lo que estábamos viendo y qué diría El Alocado.

Tony llamó a Papá para que viera el espectáculo, y llegó acompañado por Ernesto. A pesar de todas las experiencias que tuvo en esta y otras vidas, Luis XVI se quedó perplejo.

—¡Qué maravilla!

Lo cierto era que el milagro no era sólo para mí. Eso fue lo que más me agradó.

La bulla que estábamos haciendo atrajo la atención de otra gente que estaba también allí.

—Son peces loros. Un banco de peces loros —dijo un hombre que estaba detrás de mí—. Debe haber cientos de esos peces. Quién sabe si miles. Nunca he visto tantos juntos.

Nos explicó que los peces loros andan en grupos y que a veces se acumulan muchos grupos a la vez.

Pensé en la piscina de los tiburones en el acuario y en el pez loro que rescatamos. Regresábamos casi una vez por semana sólo para verlo. Por supuesto, cada vez que lo veíamos, también íbamos a ver la piscina de los tiburones. Y cada vez había más y más tiburones dentro de la piscina.

El trampolín no paraba de hablarme de Ernesto. Sin cesar: "Empújalo ahora. Hazlo ahora. Acércatele por atrás sin que se dé cuenta. Te vas a sentir mucho mejor después de que lo empujes. ¡Hazlo ahora! ¡Empújalo!"

Todos nos quedamos ahí por largo rato, admirando cómo aquel milagro se revelaba ante nuestros ojos. Era como si estuviéramos pegados al muelle y flotando en el aire a la vez. Ernesto también se quedó ahí, sin decir una sola palabra.

Finalmente, el milagro desapareció tal como había llegado. Los colores se movieron más y más para allá, hacia el horizonte, hacia el norte, hendiendo la corriente del Golfo hacia los Estados Unidos. Y entonces, de pronto, no los vimos más.

Otra cosa más que voy a tener que dejar atrás, pensé.

Por mucho que lo deseamos, los peces no regresaron aquel día, ni ningún otro más, y jamás he podido pensar en ese día sin sentirme herido por la distancia que separa el presente del pasado. Nos quedamos ahí en ese muelle por un rato, deseando que regresaran, pero por fin volvimos a la casa para reencontrarnos con el desengaño que seguramente nos esperaba.

36

Thirty-six

Era una escalera imponente, de eso no cabía duda. Nunca había visto una escalera tan monumental, tan impresionante, tan moderna. Parecía un sacacorchos elegante y descomunal, o esas serpentinas de papel que los cubanos se tiraban unos a los otros en los carnavales y los cumpleaños.

Parecía flotar en el aire.

Supongo que tendría pasamanos. Seguro que sí. Los cubanos no pensaban mucho en el peligro —salvo cuando se trataba de las embolias en la playa o las pulmonías en la intemperie— pero no creo que serían tan irresponsables como para hacer una escalera sin pasamanos.

La escalera estaba dentro de una casa hermosa de Miramar, no lejos de la mía. Tenía una piscina —sin tiburones— y cinco estatuas de mármol que la rodeaban, representando a las cinco hijas de la familia, ya mujeres hechas y derechas.

Mi madre era amiga de la familia que vivía en ella, dueños de unas tiendas de camas y colchones. Trataba yo de imaginar cuánto dinero había costado la casa y cuántas camas y colchones habían vendido para poder fabricarla. En aquel entonces,

me parecía que la casa seguramente valía como un millón de
colchones, y me maravillaba pensar que de algo tan prosaico
podía salir algo tan grandioso.

Mi tía Lily había estado comprometida para casarse con el
tío de las cinco muchachas. Pero él había muerto muy joven
y mi tía enviudó sin llegar a ser esposa. Yo conservo el anillo
de zafiro de su novio. Mi madre lo sacó de Cuba escondido
dentro de un "kótex", como le decían en Cuba a las toallas sa-
nitarias. Pero ya me queda apretado en el dedo y es mi mujer
quien lo usa. Mejor así: ese anillo luce de lo más bien en una
mano femenina. Cuando me acuerdo de esa familia, no puedo
imaginarme nada masculino. En aquella casa sólo vivían mujeres. La matriarca viuda, Pilar, y cuatro de sus cinco hijas. Tres
eran solteras y una era divorciada. La otra estaba casada y vivía
cerca.

Eran cinco mujeres preciosas. La madre por poco se mete a
monja y el padre había sido seminarista. Dios bendijo a la que
casi fue monja y al que casi fue cura con lo que se merecían:
cinco hijas encantadoras.

Fidel conoció a una de las hijas en un restaurante una
noche de mucho calor. En aquella época, al principio de la
Revolución, Fidel solía aparecerse en restaurantes con su comitiva de guardaespaldas. Entablaron conversación y Fidel se
fue con la hija, que le decían Kika, a su casa. Entró en su automóvil Volkswagen con ella y le dijo que manejara. Le dijo
que por primera vez vería con sus ojos los méritos revolucionarios del "Carro del Pueblo" que había inventado Hitler y
sus nazis, pero resultó ser demasiado chiquito para él. Ahí fue
cuando Fidel descubrió que el Carro del Pueblo, el Volkswagen, era muy incómodo para la gente alta como él. Así mismo
lo dijo el Máximo Líder aquella noche. Fueron para Miramar
en caravana, con otros vehículos llenos de guardaespaldas al
frente, a los lados y detrás.

—Tú manejas muy bien —le dijo Fidel.

Cuando llegaron a casa de la joven, los guardaespaldas acor-
donaron la manzana entera. Fidel y Kika entraron en la casa
acompañados de un montón de otros hombres. Fidel se sentó

al lado de la piscina y conversó ahí con Kika por un rato
mientras se tomaba todo un litro de leche. Eso fue lo que hizo
el Gran Comandante, el hombre más inteligente del mundo
entero. Pidió un litro de leche y no dejó ni una gota en la botella. Debo añadir que Fidel pidió específicamente un litro sin
abrir. En aquella época las tapas de los litros de leche venían
selladas con un alambrito que nosotros a veces usábamos para
amarrar las flores de mar pacífico. Fidel se cuidaba de no
tomar nada que no saliera de una botella que no estuviera claramente sellada, y seguro que todavía vive así, con un miedo
constante al veneno en su comida y bebida. Es la gran cruz
que han debido cargar todos los déspotas desde tiempos in-
memoriales: el miedo a morir envenenados. Ni se molestó en
echar la leche en un vaso. Le quitó el sello y el alambrito y
disfrutó el placer de tomarse su leche tranquilo, directamente
de la botella, como si fuera un biberón.

Seguía conversando con Kika mientras su comitiva de
guardaespaldas lo rodeaba a él y a toda la casa.

—¿Y dónde está tu familia? —preguntó.

Kika vaciló un poco, pero enseguida le explicó que todas
estaban acostadas porque tenían catarro. La verdad era que
Fidel le caía fatal a la matriarca y las otras tres hijas y por eso
se habían quedado arriba en sus dormitorios.

Fidel sabía bien dónde estaban y por qué no habían hecho
acto de presencia. Sabía que la matriarca y las otras hermanas
no eran buenas revolucionarias. Lo sabía todo. Quizá hasta
sabía dónde estaban las cinco tiendas que habían sido suyas y
cómo eran, ya que se las había quitado, como había hecho con
todos los negocios. Ahora las hijas tenían que trabajar como
empleadas del estado en *sus* tiendas. Como ya sabrás, todo el
mundo estaba obligado a trabajar. "El que no trabaja, no
come" era una de las consignas favoritas de Fidel.

Levantó el litro de leche por encima de la cabeza, como
para hacer un brindis, y se viró hacia la ventana del primer
piso que daba a la piscina.

—¡Salud, señora y señoritas! Espero que se mejoren

pronto. ¡Y les agradezco mucho la leche! Yo sé lo difícil que es conseguirla.

Me dicen que se rió después que dijo eso. Y claro, él sabía mejor que nadie que la leche estaba racionada y que sólo se conseguía un poco con la libreta.

Fue Pilar misma la que me hizo el cuento. Me contó que ella se quedó tiesa detrás de las persianas cerradas de su dormitorio cuando Fidel hizo el brindis con la leche que ella había debido comprar con la libreta de abastecimiento. A ella le tocaban sólo unas cuantas onzas por semana.

Como ya dije, a las revoluciones les encanta contar todo onza por onza.

Pilar también me contó que Fidel la dejó sin aliento, y que no pudo respirar normalmente por largo rato, hasta muchas horas después de que Fidel y su comitiva se fueron de su casa.

Fidel nunca regresó. Nunca más vio a Kika. Quién sabe si fue porque dijo algo que Fidel no quiso oír, o si se le olvidó decir algo que sí quería oír. O quién sabe si fue por culpa de todas esas otras mujeres que estaban mirando por las persianas. O quién sabe si fueron las estatuas al lado de la piscina que lo desilusionaron. Eso era todo de mal gusto. Demasiado burgués e intolerable y un precio demasiado alto para él, el Máximo Líder. ¿Qué le iba a importar a él, el hombre más inteligente del mundo, si no podía pasarse la noche con una mujer linda o si perdía él la oportunidad de dejar otro hijo bastardo por ahí? Tales oportunidades eran su gran derecho cada día, cada hora y cada minuto, *per omnia seculae seculorum,* por siempre jamás, o por lo menos mientras duraba la gloriosa Revolución.

Aun así, con la Revolución en su punto, a Pilar y a sus hijas les encantaba dar fiestas en la casa los sábados por la noche para ver películas. Tenían acceso a películas de Hollywood, incluso a las más recientes, las que habían sido prohibidas en los cines cubanos. Las pasaban en la sala palaciega de la casa con el mismo tipo de proyector que usaban en los cines. La mayoría de las veces yo me sentaba a verlas en la escalera de caracol, la escalera que iba al cielo, *the stairway to heaven.*

¡Imagina eso! ¡Poder convertir la sala de tu casa en cine! Esa sala era lo suficientemente grande como para acomodar unas veinte personas. Nos daban refrescos. Se conseguían sólo por la libreta, pero todavía se conseguían. Sin embargo, no había rositas de maíz. Ya no existían. Pero no eran los puñeteros refrescos revolucionarios que a veces sabían a jabón lo que me fascinaba tanto. Lo que hacía esas noches inolvidables era el evento en su totalidad. Y también me encantaba que podía quedarme despierto hasta mucho después de la medianoche.

Los adultos hacían chistes mientras veían la película. Nadie ponía el dedo del corazón sobre la pantalla para tapar a los artistas, pero los comentarios eran por el estilo. Nosotros los menores nos quedábamos sentados, quietos, viendo y oyendo.

Cuando me pongo a pensar en cómo hubiera sido mi vida de adulto en Cuba si el mundo no hubiera cambiado, recuerdo esas reuniones. Las luces apagadas, los ruidos del proyector, el agua de la piscina resplandeciendo detrás de las puertaventanas y los comentarios.

—¡Oye, Demetrio! ¡Necesitas un ajustador!

Estábamos viendo a Victor Mature en *Demetrio y los gladiadores,* la continuación de *La túnica sagrada.* Se había gastado tanto dinero en los decorados de *La túnica sagrada* que los productores llegaron a la conclusión de que les sería más lucrativo hacer una segunda película. Era la historia del esclavo griego del centurión romano que se ganó la túnica de Cristo en un juego de dados, al pie de la cruz. Aquella película era pura basura de Hollywood. En la primera de las dos películas, *La túnica sagrada,* Richard Burton y Jean Simmons habían terminado como mártires a manos de Calígula, el desequilibrado emperador. Después a alguien se le ocurrió escribir un guión sobre lo que le pasaba al esclavo de Richard Burton. Y como Victor Mature ya había hecho el papel del esclavo en la primera película, a él naturalmente le tocó el papel estelar de la segunda. Ahora nos tocó verlo sacar sus enormes músculos pectorales, en el papel de gladiador.

—¡Oye, Demetrio, a ti te hace falta ponerte un ajustador de copa C!

En aquel entonces me parecía un humor bastante fuerte. A nadie en mi casa se le ocurriría jamás gritar semejante cosa, sobre todo durante la proyección de una película con un tema religioso. Si me hubiera atrevido a gritar algo así, me hubieran abofeteado. En mi casa, esas cosas eran blasfemias, malos modales o, peor que todo, mal gusto. O como se decía en Cuba, algo de chusmas; una chusmería.

En el curso de unos cuantos meses vimos *Demetrio y los gladiadores, Cómo casarse con un millonario, Tres monedas en la fuente* y otras películas más. Serían los últimos meses que pasaría en Cuba.

Luis XVI nunca iba a estas reuniones. Esas eran amistades de mi madre y a él no le agradaban. De todas formas, el rey Luis y María Antonieta ya no hacían nada juntos.

Ni siquiera tenían pensado irse juntos para los Estados Unidos para reunirse con nosotros. Ni siquiera eso. Ya se habían puesto de acuerdo en que sólo María Antonieta nos iba a seguir. Era minusválida, no sabía cómo hablar inglés y no sabía hacer nada con qué ganarse la vida, salvo la costura. Aun así, ella era la única que iría a reunirse con nosotros para cuidarnos en los Estados Unidos hasta que pudiéramos regresar a Cuba. Eso no iba a demorar tanto. A lo mucho serían unos dos o tres años. Fidel no iba a durar mucho. El plan era que el rey Luis se quedara en la casa para que la *robolución* no se llevara su adorada colección de antigüedades. Él nunca sacrificaría sus cosas, ni para estar con sus propios hijos. Sin embargo, sí pensaba en nosotros. Con el pasar de los años, mientras nuestra separación se alargaba y Fidel se consolidaba en el poder, él nos repetía que se quedaba en Cuba para que no perdiéramos nuestra herencia.

Pero llegó el día en que se le reventó el corazón y Ernesto se quedó con todo.

Después de que se terminaban las fiestas de cine, Kika, la hija que una vez atrajo la atención de Fidel, nos llevaba a casa en su automóvil. Pasábamos por todo Miramar a la una o dos de la madrugada dentro de la oscuridad y el silencio total, en el mismo automóvil en que Fidel había viajado. Era la madrugada, la hora mágica antes del amanecer, cuando el mundo entero está durmiendo y te crees que eres el único que está despierto. La hora del sereno. La mejor hora del mundo. La única hora cuando la verdad se aparece sin que la invites. Aun así, tienes que tener cuidado. No puedes permitir que la verdad se adueñe de ti. Es mejor dejar algunas verdades en el olvido. Si no lo haces, puede que algunas de ellas te dejen a ti en el olvido.

Confieso que soy un idólatra y que hago sacrificios diarios, hasta uno cada hora, en el altar del dios de los que quieren vivir de espaldas a la realidad. Constantemente sacrifico verdades dolorosas, sobre todo de mí mismo, y las entierro antes de leer sus entrañas. Fue una táctica de supervivencia que aprendí rápidamente cuando me fueron desarraigando poco a poco de mi mundo. No sé cómo lo hice, pero pude asirme a un pedazo de ficción que flotaba sosegadamente encima de las ruinas, sin alterarse: Yo sigo siendo el mismo de siempre.

Sigo siendo el mismo a pesar de que todos mis amigos han desaparecido.

Sigo siendo el mismo a pesar de que mi colegio preferido nunca más volverá a existir.

Sigo siendo el mismo a pesar de que mi primer amor infantil desapareció de la noche a la mañana.

Sigo siendo el mismo a pesar de que ya no tengo más muñequitos, ni helados, ni tarjetas de béisbol, ni Coca-Cola, ni chicle, ni juguetes, ni películas buenas, ni zapatos decentes.

Sigo siendo el mismo a pesar de que no tengo el derecho de expresar lo que pienso en mi propia casa, y mucho menos en público.

Sigo siendo el mismo a pesar de que mi padre ha adoptado a un pervertido que ahora es mi hermano.

Sigo siendo el mismo a pesar de que otro cabrón pervertido trató de arrastrarme al infierno.

Sigo siendo el mismo a pesar de que me han tirado con armas de fuego y me han arrojado bombas encima.

Sigo siendo el mismo a pesar de que mis padres han decidido mandarme lejos de ellos.

Sigo siendo el mismo de siempre. No puedo cambiar. Soy como los músculos pectorales de Victor Mature en *Demetrio y los gladiadores*. Victor Mature ya estará muerto y enterrado, pero siempre le hará falta un ajustador en aquella película. Soy como el ojo tuerto de Kirk Douglas en *Los vikingos*. No importa qué edad tengan Kirk y Janet, o cuán muertos estén, aquel ojo tuerto siempre podrá ver claramente cuando Janet Leigh sale en la pantalla. Y cómo le va a arder.

Siempre seré quien soy.

No reconocer la realidad es una maravilla. Si nunca lo has hecho, hazlo algún día. Pero no cuentes mucho con eso. Tarde o temprano, la realidad se deniega a ella misma.

Avancemos rápidamente a dos meses después de mi última fiesta de películas, aquella en la casa de Miramar con la piscina de las cinco estatuas.

Estoy sentado en una silla muy moderna, en una sala con pocos muebles, donde entra mucho sol, en el sector de Southwest Miami —en Westchester— a dos cuadras al norte de Coral Way, cerca del Palmetto Expressway, por la avenida 79. En la jerga cubana de Miami, diría *en Güéchéte, en el Saúgüé, cerca del Palméto, por la setenta y nueve*. Estoy en la gloria, donde todo es perfecto. No hay ningún arte religioso por ningún lado. Los únicos cuadros que hay son reproducciones de Picasso y Miró. No reconozco el arte como tal y ni siquiera sé que los pintores son españoles. Aunque esta casa me parece rara, también es una maravilla. No hay nada original enmarcado. No hay nada viejo por ningún lado. El piso es de madera y no de mármol. La sala y el comedor son de verdad un solo cuarto grande y hay un aire acondicionado empotrado en la pared, encima del sofá de la sala. Más allá del comedor, detrás de las puertas corredizas de cristal, veo un traspatio poco común. Está completamente cubierto con una tela metálica finísima, que deja el espacio abierto a la intemperie, pero impide que pasen hasta los bichitos más pequeños. ¿Quién será el genio que me robó la idea? Yo estaba loco por hacer algo como eso. Allá en La Habana planeé hasta el último detalle, acostado en mi cama bajo el mosquitero. La idea se me ocurrió de momento mientras miraba el polvo arremolinándose dentro del mosquitero. ¿Por qué no envolver los patios con mosquiteros gigantes, forrar el aire libre y así dejar afuera a las lagartijas y sus secuaces, los alacranes, arañas peludas, sapos, culebras, avispas, hormigas bravas, moscas, mosquitos y cucarachas?

Ahora, en los Estados Unidos, me doy cuenta de que me ganaron. Aun así, me da placer ver que mi idea ha sido realizada, a pesar de que me la robaron. Me encanta que la casa tenga un traspatio envuelto en tela metálica. Estoy contento de estar en los Estados Unidos, donde todo se basa en la razón y donde todo es nuevo y perfecto. Estoy contento de estar en la gloria, rodeado de desconocidos amables.

No sé cuántos kilómetros he recorrido en automóvil para conocer a la familia que me quiere recibir. Me lleva el marido de una amiga de mi madre, que no sé cómo se las ha arreglado, pero ha conseguido que esta familia me salve del campamento de niños refugiados en Homestead. El único día libre que tiene ese señor esta semana lo está empleando en resolverme el problema.

Hace dos semanas que estoy viviendo en el campamento, desde que nos separaron a Tony y a mí en el aeropuerto de Miami. Tan pronto pasamos la aduana, a Tony lo metieron en una guagüita y a mí en otra. De ahí nos llevaron a campamentos diferentes. Tony fue a parar a un campamento para adolescentes en Kendall y yo a otro para niños menores en Homestead.

Extraño muchísimo a Tony.

Y ya vi mi primera nube en forma de Cuba.

También he aprendido la palabra *spic* de las niñas pecosas de la base de la fuerza aérea que nos lo gritan cada vez que se acercan a la cerca que rodea el campamento.

Por poco me trago un pedazo de metal que apareció dentro de los macarrones que nos sirvieron en el comedor del campamento. Ahí estaba escondido, dentro de la pasta, el queso y la salsa de tomate, un trozo de metal torcido. Al morderlo, casi me parto una muela. El tipo sentado al lado mío también lo sorprendió aquella metralla. Y el otro tipo que estaba sentado al lado de él se cortó la lengua con otro pedazo. En menos de un minuto el aire del comedor se llenó de un zumbido nervioso y de los llantos y gritos de los heridos. No sé cómo pasó, pero parece que los pedazos de metal de las latas de los macarrones cayeron dentro de la comida. Nos dijeron que la botáramos y que nos pusiéramos en cola para recibir otro almuerzo distinto de bocaditos de *pinobode*. Me entero por primera vez de que existe el *pinobode,* o sea, *peanut butter,* que en español es mantequilla de maní. ¡Qué manjar, esa pasta!

También sin querer me casé con una botella de Coca-Cola.

Me llamó la atención ese vidrio, ese anillo verde de cristal que estaba tirado en el suelo. *Mira esto.* Era la boquilla de una botella de Coca-Cola, que alguien había roto o serruchado muy cuidadosamente, y que parecía un perfecto y precioso anillo de jade transparente. *Qué maravilla.* Claro, tuve que ponérmelo en el dedo. Seguro que hubieras hecho lo mismo. Pero coño, ese anillo me quedó apretado y en menos de una hora empezó a cortarme la circulación del dedo, el cual se me puso morado y se hinchó como un globo. Mientras más fuerza usaba para tratar de quitármelo, más me dolía y más me sentía como un burro. No fue como cuando se me trabó la cabeza en el banco de la iglesia. Aquello fue un arrobamiento místico; lo del anillo de cristal era una imbecilidad monumental. Terminé en la cocina del campamento. Cuando el cocinero vio lo que me había pasado, se echó a reír.

—Oye, chico... vamos a tener que cortarte el dedo —dijo, muy serio.

Como era cubano el tipo, yo le creí. Me entró un pánico inmenso, sobre todo cuando sacó un enorme cuchillo serrado. Entonces rió un poco más y me puso una buena cantidad de jabón en el dedo y poco a poco me fue quitando el anillo de cristal. Pero también me arrancó el pellejo.

Del mismo modo hubo una monja que me cambió la vida para siempre, aunque no me di cuenta en aquel entonces. El campamento de Homestead estaba a cargo de monjas. No me preguntes por qué. Fue establecido por el gobierno de los Estados Unidos, pero estaba a cargo de monjas cubanas. Imagínate eso, en un país donde la ley prohíbe que el estado se meta en los asuntos de la iglesia y viceversa. Bueno, era Semana Santa y una de las monjas le dijo a unos ochenta niños y niñas que habían acabado de dejar sus familias en Cuba y que ahora estaban en un país ajeno que cuando Jesucristo aceptó Su cruz en camino al Calvario, Él vio todos los pecados cometidos por la raza humana desde el Jardín del Edén, y todos los que serían cometidos durante toda la trayectoria de la humanidad, incluyendo todos los pecados que todos nosotros, los ahí reunidos en aquel salón, cometeríamos en los años que nos quedaban por vivir. No sé cómo lo hizo, pero fijó su vista en cada uno de nosotros a la misma vez, con una expresión que jamás antes había visto, ni siquiera en los ojos de los curas. Yo sabía que aquella monja había estado en un lugar que ninguno de nosotros jamás habíamos estado y donde lo más probable era que jamás iríamos, por lo menos antes de morirnos. Los ojos de la monja ardían con más fuerza que el sol cubano y emanaban rayos más concentrados que los que pasan por cualquier lupa al mediodía en el Trópico de Cáncer. No dijo nada de nuestra situación o de lo que nos estaba pasando ahí. A pesar de que pudo haber hablado de problemas específicos y más inmediatos, como la metralla en los macarrones, la monja se puso a hablar en términos generales de nuestros pecados y de cómo debíamos salvar nuestras almas. O sea, se concentró en el problema mayor y en la solución mayor. Nos contó que Jesucristo sintió gran felicidad cuando abrazó y cargó Su cruz y que lloró de la alegría cuando vio todos los pecados del mundo incrustados en aquellos dos horripilantes trozos de madera que significarían la muerte para Él a la edad de treinta y tres años. Nos explicó que Jesucristo era Dios hecho hombre, un Dios que nos amaba y que sufrió y murió para que pudiéramos elegir la redención por cuenta propia. Nos habló también de cómo nuestro libre albedrío puede ser redimido por la gracia divina y cómo es que uno se puede ganar la vida eterna.

Salí desorientado de aquel edificio de metal, que años atrás había servido de almacén para excedentes militares, sintiéndome como si me hubieran dado un fuerte puñetazo en el alma. Me quedé aturdido. Todo lo que dijo la monja y la forma en que lo dijo me penetró y me impresionó más que ninguna clase de catecismo y más que ninguna misa.

Sin darme cuenta, me habían convertido. Y encima de eso, ya habían pasado dos semanas bien largas desde la última vez que había visto a mis padres y mis parientes. Mientras tanto, mi destreza en negar la realidad me estaba funcionando de maravillas. Esto, lo del exilio, es una brisa suave. Es hasta divertido.

En aquella sala de la pequeña casa de Miami me presentan a la familia que me quiere alojar. Parece muy buena gente. Son más jóvenes que mis padres y también tienen dos hijos adoptivos. Uno tiene más o menos un año y medio y el otro como unos ocho meses. Me encanta oír que el menor se llama igual que el personaje de Tony Curtis en *Los vikingos*. También tienen un pastor alemán enorme que, por el momento, está ladrando al otro lado de las puertas de cristal, allá afuera en el traspatio forrado de tela metálica. Son personas buenísimas. La amiga de mi madre tiene que servir de intérprete durante toda la conversación, pues todavía no hablo muy bien el inglés. Me cuesta trabajo expresar hasta las cosas más sencillas. Lo único que sé decir son cosas rudimentarias, pero importantes, tales como *I don't eat chicken* y *I don't eat fish. Too much like lizards.* No como pollo y no como pescado. Demasiado parecidos a las lagartijas. Lo poco que digo lleva un acento muy fuerte.

Esta gente agradable me pregunta de mi familia, de mis pasatiempos favoritos y del campamento de Homestead. Escuchan bien todo lo que les digo. Parece que les he caído bien. Me cuentan que la casa de al lado tiene una piscina muy bonita y que los vecinos tienen un hijo de mi edad y que ya me han invitado a nadar en la piscina cuando se me antoje.

Tony está aquí conmigo. Después que terminemos en esta casa, vamos a otra casa a conocer a la familia que lo quiere alojar a él. Da la casualidad —o quién sabe si fue gracias a la Divina Providencia— que la familia que quiere alojar a Tony son buenos amigos de la familia que me quiere alojar a mí. Viven como a unas diez cuadras, cerca del colegio Rockway Junior High School, donde matricularían a Tony. Tienen un hijo adolescente de la edad de Tony y una hija adolescente un poco menor.

El marido de la amiga de mi madre, Juan Bécquer, ha hecho todos estos arreglos bajo las circunstancias más raras que te puedes imaginar. En Cuba había sido abogado y representaba los intereses del Hilton de La Habana. Ahora estaba limpiando pisos en una empresa radicada en Miami, la misma compañía que decoró el Havana Hilton. Cuando aterrizó en Miami, lo primero que hizo fue ponerse en contacto con todos los negociantes americanos que conoció en Cuba. Uno de ellos era dueño de la empresa que decoró el Hilton y éste le consiguió un trabajo en su almacén. Fue este mismo interiorista el que quería alojar a Tony, y sus amigos eran los que querían alojarme a mí.

Fue la Divina Providencia. Mamá ya le había informado a su amiga Marta de nuestra llegada y Marta seguía molestando a Juan, su marido, contándole lo difícil que era nuestra situación. Muchas veces he tratado de ponerme en su lugar. Soy un abogado que limpia pisos, con dos niños recién nacidos y una esposa y dos suegros que alimentar. Y ahora mi mujer quiere que yo ayude a dos niños que casi ni conozco. Creo que si hubiera estado en su lugar se me hubiera olvidado preguntarle al jefe si él podía hacer algo. Al contrario, lo único que le hubiera pedido era que me aumentara el sueldo.

Tuvimos la buena suerte de que no se le olvidó preguntarle a su jefe si podía hacer algo por nosotros. Así se ayudaban los cubanos en Miami en aquel entonces. Todo el mundo hacía lo que podía por su prójimo exiliado. Juan sabía que pronto llegaríamos y le habló a su jefe de Tony y de mí. Él casi no nos conocía y nosotros casi no lo conocíamos a él. Creo que en La Habana lo vi unas tres o cuatro veces, si eso. El jefe le dijo que a lo mejor podía recibir a uno de nosotros y que él tenía unas amistades que quizá podían alojar al otro.

Eso sí fue un milagro. Algo muy parecido a los peces loros. Muy parecido.

Ambas familias eran judías. Querían acoger a dos niños cubanos católicos que casi no hablaban inglés. Tenían que alimentarnos y darnos de vestir, tenían que obligarnos a hacer la tarea, a que nos bañáramos, a que nos limpiáramos los dientes y también tenían que vigilarnos para que no nos metiéramos en ningún lío. Sin embargo, ninguna agencia gubernamental jamás los compensó por todo lo que nos dieron. Ya tenían sus propios hijos y sus casas no eran muy grandes que digamos. Aun así, nos querían ayudar. Querían hacer algo bueno sólo por el mero hecho de que, según ellos, era su obligación ayudar a los demás.

Había catorce mil cubanos menores sin hogar. Catorce mil huérfanos esperando que les dieran las visas y los permisos de salida a sus padres. Todos nosotros fuimos enviados a los Estados Unidos por nuestros padres pensando que no demorarían más de unos cuantos meses en reunirse con nosotros. Lo más que demorarían sería un año.

Ninguno de nosotros pensó que nuestra orfandad duraría más que eso.

Estoy sentado en aquella sala con esa gente agradable, y me fijo en la reproducción de la pintura de Picasso con tres músicos, en los niños recién nacidos y en el perro en el traspatio. Los oigo hablando inglés y me doy cuenta de que el sol afuera es un poco más débil que el sol con que me crié. Sólo un poquitico más débil.

Y me doy cuenta de que ya no soy el mismo y que jamás volveré a serlo.

Extraño a mi madre. Extraño a mi padre. Extraño a todo el mundo, menos a Ernesto.

Extraño el sol.

Extraño mi maqueta de un barco vikingo y los muñequitos.

Ya no soy la misma persona de antes. Ya no soy la misma persona de antes. ¡Quizá hasta esté muerto!

Todo esto me invade, sin decir una palabra, como un maremoto, un tsunami inesperado.

¿Qué es esto? ¿Por qué estaré llorando como una magdalena? Ahora sí. ¿Qué va a pensar esta familia de mí? ¿Por qué estaré llorando así? ¿Por qué? ¿Por qué? Esta es la primera vez que lloro así. Por favor Dios mío, ayúdame a parar. *¡Coño, qué mierda!*

Pero no puedo. *No puedo parar… Es que no puedo.*

Juan Bécquer, el limpiapisos que en otros tiempos fue abogado, me lleva afuera, lo más lejos posible de la casa, más allá del traspatio cubierto. Me habla. Me hace preguntas. Me fijo en las lagartijas en el traspatio. Están por doquier, lagartijas verdes y carmelitas, maldiciendo la red metálica que las separa del traspatio. También veo una rana, una rana grande carmelita, muy quieta en la hierba, tan quieta como una piedra. Lo único que puedo hacer es llorar y explicarle a Juan que no entiendo por qué estoy llorando tanto.

Pero él me sigue diciendo que yo tengo que saber por qué estoy llorando, que todo el mundo siempre tiene que saber el porqué de las lágrimas. Él me recuerda lo importante que es esta entrevista y me explica con lujo de detalles todo lo que voy a perder si sigo llorando. Juan es tan firme, preciso y frío. Igualito a Kant.

—Estoy llorando porque no merezco vivir con una familia tan buena. Son demasiado buenos para mí. Son demasiado buenos —le digo para quitármelo de encima.

—No hables basura —dice— y no seas tan comemierda.

Papá nunca me habló así.

Poco a poco me agota con la determinación de un abogado. No me calma nada en particular de lo que me dice, sino simplemente el acto de hablar allá afuera y la manera en que Juan Bécquer razona conmigo, casi como si yo fuera un adulto, la manera en que él trata de doblegar la lógica retorcida que me provoca las lágrimas. Casi no conozco a este tipo y me está tratando como si yo fuera su hijo. Coño. Quién sabe si la gente dentro de la casa me vaya a tratar igual.

Quizá uno no necesita vivir con sus propios padres.

Quizá la vida sea más feliz sin Ernesto.

Quizá la muerte es el comienzo de una vida mejor.

Paro de llorar y vuelvo a la sala de la casa, y aquella gente simpática me ofrece algo de tomar y unas galleticas. Conversamos un poco más y nos olvidamos de mi pequeña crisis.

Louis y Norma Chait me alojan. Y sus amigos, Sid y Carol Rubin, alojan a Tony. Dos días más tarde, la casa con el traspatio cubierto y la reproducción de la pintura de Picasso se vuelve mi hogar. Aquella gente tan buena me da mi propio dormitorio y un radiecito.

Gente tan valiente. Gente tan buena. Gente que son la prueba perfecta de la existencia de Dios.

(Y oye, presta atención: ésta es mi sexta prueba de la existencia de Dios, que la cuelo aquí de repente).

Mis nuevos padres, Lou y Norma, me dan un dinerito todas las semanas. Me dejan sacar la basura y me enseñan cómo hacer huevos revueltos o revoltillo. Me animan a que vaya al colegio en bicicleta. Me buscan amigos en el barrio. Cada dos días me hacen llamar a Tony. Me suplican que lo vaya a ver. Me hacen escribirle a mi familia dos veces por semana. Y a pesar de que son judíos, insisten que vaya a misa los domingos en la parroquia de Saint Brendan y me dan un dólar para que tenga algo que dar cuando pasen la canasta. Empiezo a pensar en ellos como si fueran mi madre y mi padre, y los empiezo a querer. Mi papá nuevo me lleva a ver cosas nuevas. Me lleva a pescar en bote. Me lleva a la playa. Me lleva a comer en restaurantes. Me lleva a conciertos de jazz donde él toca el saxofón. Mi madre nueva me cuida con la misma atención y el cariño de mi propia madre. Es una mujer muy divertida y siempre me hace reír. Y me enseña a no copiar palabra por palabra los artículos de la enciclopedia en mis tareas.

—¡Tú no escribiste esto!

—¡Yo sí lo escribí. Mira ahí, esa es mi letra. ¿No la ves? (Mi pronunciación en inglés va mejorando, pero todavía me queda mucho camino por recorrer antes de poder competir con Desi Arnaz, que en aquel entonces me parecía que hablaba un inglés perfecto).

—No. Lo que quiero decir es que éstas no son tus palabras. ¿Eschew? ¿Altruistic enterprise? ¿Flawed, fragile premises? (¿Abstenerse? ¿Empresa altruística? ¿Premisas frágiles y viciadas?). Yo no creo que tú ya puedas escribir como si fueras un profesor universitario.

—No te entiendo.

—Que tú sacaste esto de una enciclopedia.

—Sí, tienes razón. El *World Book* es una enciclopedia magnífica. Tiene artículos muy buenos. La maestra me dijo que la usara. Y por eso hoy fui a la biblioteca y copié el artículo que me hacía falta.

—Pero es que no puedes copiar un artículo completo, palabra por palabra, y entregarlo como parte de tu tarea. Eso sería demasiado fácil. Y tampoco está bien. A eso le dicen "plagio" y la persona que hace esa trampa se llama un "plagiario". Tú debes de buscar y usar tus propias palabras, siempre. ¿En Cuba tú no tenías que preparar monografías?

—No. Nos hacían escribir ensayos y tomar exámenes, pero no teníamos que preparar monografías como ésta.

—Bueno, siempre deberías usar tus propias palabras en una monografía. Puedes buscar los datos en las enciclopedias o en los libros, pero siempre debes usar tus propias palabras cuando escribas tus monografías. Siempre debes buscar tu forma de decir las cosas.

Qué pena que no pudieron alojarme por más de nueve meses. Sencillamente no pudieron. María Antonieta nunca se apareció cuando se esperaba que llegara. A nadie se le permitió salir de Cuba después de la crisis de los misiles de octubre de 1962. Mamá y los padres de doce mil menores quedaron atrapados en la Isla y nadie sabía cuándo los dejarían irse. Por eso la familia Chait no me pudo tener más. Sus amistades, la familia Rubin, tampoco podían tener a Tony más en su casa.

El día que me fui de aquella casa fue como otra muerte. Pero en esta ocasión enterré y escondí el dolor un poco más profundo.

Norma y Lou me mostraron muchísimo cariño mientras pudieron, e hicieron más por mí de lo que tenían que hacer. Yo era un mal mentiroso que siempre les inventaba cuentos, y ellos lo sabían y me lo aguantaban. Me dieron muchos regalos que me han durado una vida entera. Yo los quise mucho y todavía los quiero y siempre, siempre tendré presente que en lo que se refiere a hacer cosas buenas por los demás, no me puedo comparar en nada con ellos.

Ellos me encaminaron bien en mi nuevo país. La tierra de las eventualidades.

Poco a poco me fui dando cuenta de que podía vivir solo sin mi madre y mi padre, y por fin me convencí de que yo podía ser mejor madre y padre para mí mismo que María Antonieta o el rey Luis.

Poco a poco fui encontrando una vida que no incluía fiestas de cine en casas palaciegas con piscinas rodeadas de estatuas, pero que sí tenía muchas otras maravillas que ofrecer, como los videos de *Demetrio y los gladiadores* y el episodio de *Seinfeld* que trataba del ajustador para hombres que le hubiera venido bien a Victor Mature. (Y te apuesto a que había por lo menos un cubano en el equipo que escribía los guiones de *Seinfeld*).

Poco a poco aprendí el inglés bien. Ya es mío. Me pertenece por completo. Lo compré palabra por palabra, fiado, como se compra todo en este país. Y él es mi dueño también. Pienso en inglés. Hasta sueño en inglés, salvo cuando Luis XVI se aparece. Mi español dejó de crecer y se quedó como un enano feo y deforme. Será un enano omnisciente y casi místico, el que guarda las llaves de mi alma, pero así y todo, sigue siendo un enano jorobado.

Poco a poco fui perdiendo mi acento. Bueno, casi se me fue por completo. Me gusta pensar que hablo igualito a Jimmy Stewart o el capitán James Tiberius Kirk, pero si me escuchas bien, te darás cuenta de que hay algo raro en mi cadencia cuando hablo en inglés, y en la forma en que pronuncio algunas palabras, como por ejemplo *eschew*. Y no me hables cuando estoy enojado o cansado, pues entonces me sale un acento fuerte y puede ser que me confundas con Desi Arnaz.

Poco a poco hasta me he ganado el privilegio de plagiarme a mí mismo, usando el material de un artículo de una enciclopedia para otro artículo. Te lo juro. Mal rayo me parta. Fue una cosa maravillosa. Lo hice la semana pasada y me pagaron por hacerlo. No me pidas más detalles. Te puedes buscar tremendo lío si te plagias a ti mismo. Eso, si te pillan.

Sobre todo si usas la palabra *eschew* demasiadas veces.

37

Thirty-seven

La Habana de los turistas estaba llena de clubes nocturnos, bares, casinos y prostíbulos. La Habana mía estaba llena de piscinas. Y a todas yo les puse un nombre: la de los tiburones, la de las cinco estatuas, la de Popeye, la del destornillador, la medio llena, la de las gomas, la cegadora, la invisible, la de la lava azul, la del inodoro gigante, la de mis sueños.

Así es que cuando recuerdo los últimos días que pasé en Cuba, la piscina de mi tío es lo primero que acude a mi mente.

Tremenda piscina que era. A pesar de que estaba pegadita al mar, no tenía ni una gota de agua dentro. A pesar de que no había ni siquiera un solo árbol cerca, tenía muy buena sombra. A pesar de que tenía forma de piscina, no había nada más que cemento áspero y gris y polvo por doquier. El sitio olía a concreto, aunque ya habían pasado cuatro años desde que fuera construida. Era un enigma.

Mi tío Amado, el arquitecto, mandó hacer la piscina *debajo* de su casa. No estoy hablando de una piscina bajo techo, sino una piscina al aire libre construida *debajo* de la casa. Desde la calle, aquella casa parecía una casa normal de tres plantas. Pero detrás del vestíbulo no tenía una planta baja. Donde debía estar la planta baja, detrás de la pared del vestíbulo, había un espacio abierto, soportado por gruesas columnas. En otras palabras, la casa entera estaba construida *sobre* la piscina. Lo podías ver bien si mirabas la casa desde atrás.

Tío Amado tuvo muchas razones para no haber terminado la piscina. Pero eso no le quitaba el aura enigmático a ese hueco áspero de cemento, que estaba escondido en una sombra profundísima, tan seco adentro como un cráter de la luna.

Las piscinas me fascinaban. En el agua, uno no pesa nada y al no pesar nada, la mente se siente libre. Pero con el progreso de la Revolución, las piscinas empezaron a desaparecer, tal como la libertad. Los clubes donde solíamos nadar, que adornaban la costa de Miramar como un collar de perlas, se desvanecieron con gran rapidez. Algunos los destruyeron en orgías de venganza en contra de los privilegiados y otros los cerraron sumariamente. Algunos los dejaron abiertos al público, gratis. Pero pronto se le acabaron a la Revolución las ganas y los recursos para mantener los pocos balnearios que quedaban en ese collar de perlas y así también se le acabó el agua a las piscinas. Por lo tanto, hacia el final, de lo único que podíamos disfrutar era de nuestros recuerdos, no de las piscinas.

La piscina que mejor recuerdo era la de Popeye, tal vez porque en ella fue donde aprendí a nadar.

Le dimos ese nombre en honor a su conserje, el cual nos odiaba. Esa era la piscina donde iban Manuel y Rafael y la cuidaba un tipo que todo el mundo conocía sólo como "El Marinero". Por supuesto que enseguida le pusimos "Popeye". Se parecía un poco a Popeye, salvo que no fumaba en cachimba. Hasta se ponía una gorra de marinero como la de Popeye. Nos odiaba porque nos tirábamos en la piscina totalmente embarrados de arena, solamente para ver cómo la arena se esparcía como un nubarrón dentro del agua. No sé cuántas veces lo hicimos, a pesar de que Popeye siempre nos regañaba.

—¡Cabrones, me van a tupir el filtro con la arena otra vez!

Siempre nos maldecía y con razón. Éramos unos niños malcriados, bitongos que ni siquiera podían imaginarse que algún día les tocaría trabajar como El Marinero. Bien merecimos ser arrojados de nuestra cumbre en Cuba a lo más bajo, duro y peor en los Estados Unidos. Una vez pasé un verano entero, antes de matricularme en la universidad, trabajando sesenta horas a la semana en la fábrica donde trabajaba mi madre, insertando millares de tornillos por la mañana y sacando los mismos tornillos por la tarde, día tras día. Eran tornillos provisionales que sujetaban dos partes mientras una goma fuertísima cuajaba entre ellas. Los tornillos que yo enroscaba y desenroscaba luego serían reemplazados por otros tornillos permanentes, al unirse esa pieza con otras. Eso le tocaba a otra persona en la cadena de montaje.

¡Coño, qué infierno fue eso!

En aquella fábrica de fotocopiadoras, María Antonieta era una de las estrellas de la cadena de montaje. A pesar de que tenía una pierna lisiada, no había un solo trabajo en aquel infierno que ella no hiciera mejor que nadie. Rutger, el supervisor, un alemán que había pasado varios años en la Argentina y de quien todos sospechaban que había sido nazi, la adoraba. A veces ella le enseñaba cómo montar las piezas de mejor manera o cómo mejorar los diseños. Cuando Rutger llamaba a los ingenieros a que vinieran a ver lo que ella le estaba enseñando y lo veían con sus propios ojos, asentían con la cabeza y se quedaban aturdidos.

Suponían que ningún cubano podía ser más inteligente que ellos. Y la mayoría de los obreros en aquella fábrica eran cubanos. Algunos habían sido profesionales o gente de negocios antes de salir de Cuba. Uno de los que limpiaba los pisos había sido abogado en La Habana.

Yo también tuve que limpiar pisos, pero no en una fábrica. Mientras obtenía el doctorado, limpié pisos en una casa de pobres en un barrio pobrísimo, de una de las ciudades más pobres de los Estados Unidos. Lo peor que me tocó hacer en aquel trabajo fue arrancar el papel tapiz que cubría las paredes, todo lleno por detrás de nidos de cucarachas. Fajarme con las ratas que andaban por los latones de basura tampoco era nada fácil, pero aun así, prefería esas luchas a mis encuentros con los libros de Kant.

Perdón. Me aparté del tema. Permíteme regresar al punto. Aquellas piscinas confirmaban los grandes privilegios que yo creía que me pertenecían. Sabía que tenía varias piscinas a mi disposición y que lo único que tenían los niños de Regla era un muelle apestoso. Lo sabía de sobra y me encantaba saberlo. Me encantó hasta el último momento que pasé en suelo cubano, aunque ya para aquel entonces había perdido mis piscinas.

Que Dios bendiga las cucarachas detrás del papel tapiz y los tornillos de la fábrica y los platos rotos del hotel Conrad Hilton. Que Dios bendiga sobre todo a las niñitas pecosas que se arrimaron a la reja y me gritaron *"¡spic!"* el primer día que llegué al campamento de refugiados de Homestead. Gracias a todo esto me volví un reglano —un niño de Regla— y así mi orgullo pudo convertirse rápidamente en una vergüenza que todavía llevo colgada del cuello como si fuera una iguana podrida. Esos reglanitos nunca salen del fondo de mi mente, donde bucean en sus calzoncillos, buscando menudo debajo de mis peores pensamientos. Y ahí nadarán infinitamente, eternamente, por siempre jamás.

Mi mente también está llena de piscinas que nunca existieron. Me encantaba inventarme piscinas que algún día construiría cuando fuera un arquitecto o ingeniero, como lo era mi tío Amado. Yo quería, algún día, construir puentes y túneles y casas e iglesias y escuelas. Y sobre todo, piscinas.

Maravillas, como la piscina de gelatina.

Tal vez la idea más genial que se me ocurrió fue la de construir una piscina gigantesca, más grande que cualquier otra en La Habana, y llenarla con gelatina en vez de agua. No estoy hablando de una piscina llena de trozos de gelatina traídos poco a poco en camiones, sino de gelatina hecha dentro de la misma piscina. ¡El molde de gelatina más grande del mundo! Una piscina titánica, resplandeciente, llena de gelatina que reverberara, que se estremeciera, que temblara. Tendría una superficie tan lisa como el vidrio y reflejaría el cielo azul y las nubes. Y claro, tendría que estar al aire libre, rodeada de trampolines altísimos. El único problema era cómo lograr que la gelatina cuajara en el calor tropical.

Yo tenía grandes planes. Se me ocurrió un techo retráctil que permitiera que se enfriara la piscina y que en una sola noche la gelatina tomara forma. Me inventé el techo retráctil mucho antes de que construyeran el estadio AstroDome y el SkyDome y todas esas otras versiones inferiores de mi invento que hoy en día hay por toda Norteamérica. Apuesto que si me hubiera quedado en Cuba ya estaría cubierta la Isla de cabo a rabo con piscinas de gelatina.

También planeaba construir una piscina con un tobogán o canal para las bicicletas. Tendría que ser una piscina muy larga y profunda con un canal gigantesco, como del tamaño de una pista de salto de esquí. Como de cien pies de alto o más. Por ahí bajarías en bicicleta y saldrías volando por el aire por una eternidad antes de caer en el agua, donde te hundirías bien lento, junto a la bicicleta, hasta el fondo de la piscina.

Una mañana, al alba, mientras que el polvo se arremolinaba a toda velocidad, se me ocurrió la gran idea de combinar la piscina de gelatina con la piscina del canal. ¡Coño, qué maravilla! Yo quedé tan satisfecho con esa idea, que por poco se me revienta la cabeza de orgullo.

Claro que ni pensé en cómo la gente iba a salir del fondo de la piscina una vez que cayera en ella. Lo que más me interesaba a mí era la caída y cómo sería el impacto en la gelatina desde tanta altura. Supongo que al caer tendrías que rebotar un par de veces sobre la superficie antes de hundirte.

Si yo hubiera sido mi tío Amado, yo hubiera colocado la piscina al lado de la casa. Jamás la hubiera colocado a la sombra de la casa. Pero ¿quién soy yo para opinar o para corregir a mi tío? Por lo menos él construyó su piscina. Yo ni siquiera llegué a dibujar la mía.

Durante mi niñez, tío Amado siempre fue un misterio

—un enigma, tal como su piscina. Él era casi invisible. Su nombre se mencionaba en la casa, pero nunca lo veíamos. Aun así, él era como el peñón de Gibraltar de la familia de mi padre; la única torre en una muralla vulnerable. Siempre tenía la mente enfocada en lo práctico, sin ningunas ilusiones. Pero siempre guardaba la distancia con todos y daba la impresión de ser frío. Luego me daría cuenta que de veras era muy cariñoso, quizá el más cariñoso de toda la familia, pero el problema era que le costaba trabajo mostrarlo. Tenía dos hijas de casi la misma edad que Tony y yo. Vivían a sólo unas cuadras de donde vivíamos nosotros, pero casi nunca nos reuníamos. Amado y el rey Luis no se llevaban muy bien.

Pero la Divina Providencia decidió que Tony y yo termináramos viviendo con él y su familia. El tío que casi no conocíamos nos rescató del orfelinato que quedaba cerca del estadio del Orange Bowl. Y los dos años, dos meses y dos días que viví en su casa resultaron muy agradables —una de las épocas más felices de mi vida.

Sin embargo, puedo contar con los dedos las veces que lo vi a él y a su familia en La Habana, ya que casi nunca los visitábamos. Creo que fuimos a su casa solamente un par de veces cuando yo era más pequeño. Vivían entonces en otra casa, cerca del Tropicream, la heladería donde Papá nos llevaba a tomar esos batidos que nos gustaban tanto. Recuerdo que una vez les pregunté a mis padres por qué la hija mayor de tío Amado se veía tan débil y por qué caminaba con tanta dificultad. Recuerdo que me dijeron que simplemente hay niños que nacen así. Recuerdo como si fuera ayer mismo lo maravillado que quedé cuando vi la piscina vacía bajo la sombra, la primera vez que fuimos a la casa nueva que tío Amado se había construido junto al mar.

También recuerdo demasiado bien el día en que nos invitaron a que fuéramos a nadar en su casa. Eso pasó poco antes de que desapareciéramos. Tony y yo estábamos esperando que nos llegaran los permisos de salida y a Amado y a su familia ya les habían llegado los suyos. En unas pocas semanas dejarían su casa preciosa junto al mar y la piscina enigmática y partirían hacia un futuro incierto. Amado no sabía que terminaría trabajando como un humilde delineante en Bloomington, Illinois, donde le pagarían un sueldo miserable.

Alejandra, la mujer de Amado, nos pidió que nos pusiéramos zapatos tenis, ya que no se podía caminar ni nadar descalzo por las rocas puntiagudas y afiladas de la costa que lindaba con la casa. A esas piedras les decían "dientes de perros". Así que nos pusimos los tenis para poder nadar en aquella preciosa agua transparente. Y como Alejandra también nos dijo que trajéramos máscaras de buceo, nos las pusimos cuando salimos a nadar.

¡Qué mundo aquel dentro del agua! Los peces. Los corales. Los erizos de mar negros llenos de púas. Las estrellas de mar. Las anémonas. Los colores. Y eso sólo era lo que había en la costa. Más allá había un mar entero lleno de maravillas por el estilo. ¡Qué suerte tenían los tiburones!

Tony se dio cuenta de eso inmediatamente.

—¡Esto es tremendo! Voy adonde está más profundo.

Estábamos con María Antonieta, que aunque casi nunca se metía en el agua, ese día sí lo hizo. Como era de esperar, Luis XVI no estaba con nosotros. Tío Amado, tía Alejandra y sus dos hijas, mis primas Marisol y Alejandrita, todos estaban presentes. Ni María Antonieta ni Amado le advirtieron a Tony que no fuera tan lejos. Quizá no se les ocurrió preguntar qué quería decir con "más profundo".

Se separó de la orilla y siguió nadando y nadando hasta que lo único que se veía de él era un puntito flotando entre el cielo y el mar, como el punto final de una oración escrita por Dios.

Él era tan audaz. Y tan ingenioso.

Fue a Tony a quien se le ocurrió arrancar las flores de mar pacífico del jardín de la casa vecina y amarrarlas para mantenerlas cerradas durante toda una noche. Fue Tony quien se dio cuenta de que si se le echa agua fría a un bombillo caliente, el bombillo se revienta. Fue a Tony a quien se le ocurrió inventar un alfabeto nuevo. Empezamos a escribirnos cartas con aquel abecedario secreto, y en sólo unas cuantas semanas ya éramos expertos.

Tony era una de las personas más cómicas que jamás he conocido. Cuando empezaron a salir las videocaseteras, me mostró un video en el cual dobló la voz de Míster Rogers con la suya. Míster Rogers, el ejemplar animador de programas televisivos infantiles, salía hablando como un loco chiflado y borracho. Aquel video sí que era una obra maestra.

Mi hermano, tan audaz, no se ajustaría muy bien al exilio. A veces pienso que el exilio lo aplastó. Supongo que ya estaba dañado cuando salimos de Cuba. No es fácil que te impongan un hermanastro, sobre todo cuando el nuevo hermanastro es un pervertido.

Después de que llegamos a los Estados Unidos, a Tony le faltó el equilibrio. Al bajarse del avión se dio cuenta inmediatamente de que tenía la libertad de ser su propio padre y madre, y decidió apoderarse de dicha libertad completamente. E igual que yo no puedo culpar a nadie por los muchísimos errores que yo he cometido en mi vida, él tampoco le puede echar la culpa a nadie por los suyos. Pero debido a que me llevaba tres años, sus errores graves ocurrieron en una etapa más crítica de su vida que de la mía. Y esos errores le han costado muy caro.

Pero aquel día que pasamos en casa de tío Amado, Tony se fue nadando mar afuera hasta que llegó adonde el fondo del mar que rodea Cuba desaparece repentinamente en un acantilado abismal. Según él, se encontró con tiburones, barracudas, mantas gigantescas y peces indescriptibles. Me dice que llegó al borde del precipicio más profundo y oscuro que uno se puede imaginar. Me dice que fue como toparse con el borde de la noche. Miró para abajo y lo único que vio fue una oscuridad total e insondable, y que como no había estrellas allá abajo, eso era más oscuro que el cielo nocturno. Ni una sola luz. Solamente una infinidad negra. El negro más negro de todos.

Me dice que era bellísimo eso. Yo le creo.

Le he visto hacer muchas otras cosas audaces y locas. Lo he visto aguantar un petardo hasta que no le quedara ni un milímetro a la mecha prendida y sin que le temblara la mano. Lo he visto con un cigarrillo en la boca desafiando a un tipo a que se lo tumbara con un látigo. Lo he visto arañado de pies a cabeza después de que un automóvil lo arrastrara por las calles de Miami. Él había aceptado el reto de sujetarse al parachoques de un carro y dejarse remolcar en su bicicleta a toda velocidad, y como a Tony no se le puede retar de tal manera, no soltó el dichoso parachoques, ni hasta después de caerse de la bicicleta. Yo estaba presente cuando salió con su bicicleta sobre un lago congelado, en Miller Park, en Bloomington, Illinois, cuando vivíamos allá con tío Amado. Aquel lago se había congelado sólo un par de días antes, así que el hielo todavía no estaba muy grueso. Yo oí el hielo crujir y rajarse, a punto de quebrarse. Lo he visto tirarse en un montículo de nieve desde un tercer piso. Y una vez me monté con él en un Jeep en el aeropuerto O'Hare de Chicago, donde dimos vueltas por las pistas a toda velocidad, desafiadamente cruzando el camino de los aviones que aterrizaban.

—¡Me encanta hacer esto! ¡Trato de hacerlo todos los días! —me gritó por encima del estruendo de los aviones.

Lo he visto llegar a la casa con una bala incrustada en la palma de la mano.

—No es nada —me dijo.

Y he visto las ametralladoras y las granadas que tenía guardadas en un clóset de su casa. Lo he oído hacer alardes de las dos mil quinientas multas que le han dado y cómo las botó todas sin siquiera mirarlas.

—¿Adivina qué? Yo soy el número dos en la lista. ¡El número dos! ¡Nada más hay un solo tipo en Chicago a quien le han puesto más multas que a mí! Mi nombre apareció en el periódico de hoy. ¡En primera plana! ¡Le debo a la ciudad setenta mil dólares! ¡Ja, ja, ja!

No sé ni cuántas veces tuve que calmar a nuestra madre cuando Tony desaparecía de la faz de la Tierra sin despedirse de nadie, ni siquiera de su mujer. Y no quiero contarte lo que pasó cada vez que reapareció de repente, con mil cuentos fantásticos.

Lo he visto comerse un postre de helado con chocolate derretido después de que le dio diabetes, en un día cuando tenía el nivel de azúcar peligrosamente alto.

Me dijo que ese abismo fue bello. Yo le creo.

Ahora me llama una vez al día, y a veces hasta más, para contarme de sus perros y de la temperatura allá en Chicago y del alcalde que vive frente a su casa. Y me cuenta de sus enfermedades y me dice que le queda muy poco tiempo de vida. También habla mucho de nuestra niñez.

Le gusta hablarme del abismo. Ese es uno de sus temas preferidos. Le encanta hacerme el cuento, siempre con los mismos detalles, repetidamente, como si nunca antes me lo hubiera contado.

De igual manera que Tony no puede borrar el abismo de su mente yo tampoco puedo olvidarme de la piscina que tío Amado nunca terminó, aquella piscina incompleta construida en el lugar menos esperado, aquella piscina que representaba los desengaños y los destinos amargos. Tío Amado, cuando estaba en la cúspide de su carrera como arquitecto, construyó la casa de sus sueños. Pero el arquitecto tenía una hija que no era tan ágil como los otros niños. Aquella piscina representaba las necesidades de la niña y el dolor de su padre. Representaba la Revolución, que vino a destruir o a interrumpirlo todo. Representaba las extrañas vueltas que da la vida y un sinnúmero de otras cosas.

En la oscuridad de la madrugada, poco antes del amanecer —muchos años después y a muchas millas de distancia—, veo en mi mente cómo la piscina más grande del mundo se une a la piscina de tío Amado y las imágenes se entrelazan. Veo el mar que tenía tan cerca, aquella gigantesca piscina azul turquesa en la cual flota la Isla de Cuba. Una piscina llena de tiburones, abismos, maravillas y tinieblas.

Veo la cabeza de mi hermano asomarse muy, muy lejos por el horizonte, un puntito meciéndose en un océano de lágrimas azules, suspendido sobre un abismo invisible. El abismo no se ve, pero sí se puede oír cómo lo llama. Antes Tony me hacía reír, pero ahora me hace llorar. Era valiente. Era descuidado. Muy a menudo le tocaba a otros pagar las consecuencias de sus locuras. Vivía sólo en el presente y le encantaba vivir así. Se desesperó buscando sustancias que le devolverían la sensación de aquel abismo. Mientras más fuertes fueran, mejor. El azabache de la oscuridad era lo que le atraía. En la oscuridad no se ven imágenes. No se ve nada. En la oscuridad absoluta no hay remordimientos, ni nada que olvidar. Nada.

Nada, nada, nada.

Y acuérdate que en español también se "nada" en el agua.

He aquí mi séptima prueba de la existencia de Dios: un niño nadando hacia el abismo, desde una casa con una piscina incompleta y vacía. La séptima y última prueba.

38

Thirty-eight

Calor. Mucho calor. Un día como cualquier otro en La Habana, en la víspera de mi partida al destierro. El sol aullaba con frenesí, quemando todo a su paso.

Qué lástima que los altavoces echaran a perder un día tan bello. Estaban colocados en los postes de todas las esquinas, de manera que conectaban toda la ciudad con la Plaza de la Revolución, donde el Máximo Líder daría otro discurso ese día. Los altavoces intentaban lograr lo que el sol no podía: penetrar en los cuartos más oscuros, más ocultos, más recónditos de todas las casas del Ensanche de La Habana, el barrio donde vivían mis abuelos.

Nos bombardeaban a todos. Traté de salvaguardar mi mente contra las palabras del Máximo Líder, y durante la gran parte de ese día triunfé. Aquellas palabras rebotaban en mis oídos y caían al piso heridas de muerte, asfixiándose por falta de sentido. Pero de vez en cuando se me bajaba la guardia y unas cuantas se escabullían por detrás de mi rabia y me penetraban el seso.

Revolución, esto, Revolución, lo otro. ¡Abajo los yanquis!

¡Viva el Máximo Líder! ¡Gracias, Fidel, qué maravilloso eres! Nos has dado libertad por fin. Ahora todos somos libres, pero libres de verdad, bajo la orientación minuciosa de tu guía. ¡Venceremos! Vamos a construir una sociedad ideal. Vamos todos a pensar igual, pensar como mejor nos parezca, pero unidos al pensamiento de nuestro Comandante. Revolución esto, Revolución lo otro. ¡Abajo el imperialismo! ¡Abajo el capitalismo! ¡Que viva el comunismo y el marxismo-leninismo! ¡Muerte a los gusanos!

Era un día muy especial para el Máximo Líder y su Revolución. Rusia, el mejor país del mundo, había decidido que Cuba merecía ser visitada por el primer hombre que orbitó la Tierra. El cosmonauta Yuri Gagarin estaba en La Habana aquel día tan precioso, e iba a presentarse en la Plaza de la Revolución.

Yo tenía que verlo. No me importaba si era un comunista y también un ateo. No me importaba un bledo lo que le dijo a Nikita Kruschov, que en el espacio no encontró ni siquiera la sombra de Dios.

Por eso me pasé la noche anterior en casa de mis abuelos, que estaba muy cerca de la ruta que tomaría el desfile de Yuri. Aquella fue la primera noche que pasé fuera de mi casa, y me costó trabajo dormir. Fue más duro aún despertarme y darme cuenta de que mis padres no estaban ahí.

Así mismo va a ser, me dije. *Esto es lo que me espera de aquí a uno o dos meses.*

Igual como hizo Yuri cuando se preparó para que lo lanzaran al espacio, yo también me estaba preparando para que me lanzaran hacia un mundo desconocido. Supongo que esa era una de las razones por las cuales lo quería ver en persona. No sólo porque él era el primer hombre que volara tan alto por encima de nuestra atmósfera: lo que más me impresionó fue cómo mantuvo su compostura en un entorno tan extraño.

Yuri tenía cojones. Cojones tan grandes y duros como un par de cocos. Esos serían los cojones que me harían falta a mí en el exilio. Uno no se mete en una capsulita de metal montada sobre el cohete más grande que jamás se ha fabricado sin tener cojones del tamaño de unos cocos. Yuri era un mensajero del mundo de los valientes, y además del futuro. Algún día me tocaría el turno de viajar al espacio también. Así pensaba: seguro que para cuando cumpla cincuenta años todos ya pasaremos las vacaciones en la Luna. Seguro que podré viajar a la Luna con mis hijos en el verano del año 2000 y por el camino contarles que yo vi al primer cosmonauta en persona, mientras que la Tierra se va haciendo más y más chiquita atrás.

La Habana estaba llena de cartelones dándole la bienvenida a Yuri. BIENVENIDO GAGARIN. También portaban el mismo lema escrito en ruso. Me parecía un idioma interesantísimo. El alfabeto cirílico era casi tan magnífico como el que Tony se inventó, salvo que tenía demasiadas letras.

El rostro de Yuri era bien rojito. Eso fue lo que más me impresionó al verlo. Se parecía a las flores de mar pacífico. En camino a la Plaza de la Revolución, paseó por toda La Habana en una caravana de automóviles, sentado en el asiento de atrás de un automóvil descapotable. Bueno, de verdad que no iba sentado *dentro* del automóvil, sino más arriba, encima de la parte trasera, y tenía los pies colocados en el asiento de atrás.

El sol lo estaba achicharrando. Para un ruso tan blanco, Cuba era más peligrosa que el espacio. Aquel sol aullaba de alegría cuando pegaba de lleno contra la cara roja del cosmonauta.

Un ruso desfilando por La Habana. ¡Qué espectáculo! En aquel entonces yo no sabía que la Unión Soviética también incluía a los uzbecos, a los ucranianos, a los lituanos, a los tártaros, a los armenios y a un montón de otras naciones que vivían bajo el yugo soviético. Yo pensaba que todo el mundo en la Unión Soviética era ruso, como Yuri. No tenía ni idea de que Rusia había sido un imperio por mucho tiempo, ni que Cuba no era su primera colonia. Pero sí estaba enterado de otra cosa. Todo lo que hacían los rusos era una mierda. Los carros rusos eran una mierda. Los aparatos eléctricos rusos eran una mierda. Las bicicletas rusas eran una mierda. Los juguetes rusos eran una mierda. El aceite y la gasolina rusa eran peor que la mierda. Las calles de La Habana se estaban volviendo

ríos de mierda negra. Luis XVI me explicó que eso tenía que
ver con la gasolina rusa, que era o demasiado ligera o demasiado espesa para los automóviles americanos que la mayoría
de los cubanos todavía manejaban, y que por eso se le salía a
los vehículos y embarraba el pavimento.

Y aquel lodo negro se iba poniendo más y más espeso.

Una vez, cuando intentaba cruzar de prisa la avenida ancha
de Carlos Tercero, se me perdió el zapato dentro de aquel lo-
dazal. A Luis XVI le dio un ataque de risa cuando vio mi zapato pegado a la calle.

El rey Luis y yo paseábamos mucho en aquella época, a
principios del año 1962. Durante el año que no fui al colegio,
mientras esperaba que me dieran la salida, Luis XVI a veces
me llevaba con él a hacer diligencias que tenía que hacer en
plena capital. Nunca antes me había divertido tanto con él. Lo
que más recuerdo es andar a su lado, escuchando sus cuentos.
Él siempre tenía alguna historia de cada uno de los lugares
que visitábamos. Ya yo sabía que las historias de Papá no eran
necesariamente recuentos fidedignos del pasado. Así y todo, a
mí me encantaba oírlo darle vida al pasado, incluso si era un
pasado falso.

Y el pasado de Papá era mucho más interesante que su
presente.

A veces trato de imaginarme lo que sentía él mientras paseábamos y conversábamos por toda La Habana, sabiendo que
pronto me perdería. ¿Cómo le afectaba saber que Tony y yo
nos íbamos y que no había garantía alguna de que nos volvería a ver? ¿Cómo le afectaba darse cuenta de que había ele-
gido quedarse con su colección de antigüedades y con
Ernesto en lugar de irse con nosotros a los Estados Unidos?

Papá nunca tocó el tema. Lo único que sé es lo que años
más tarde escribió en una carta que me envió poco antes de
morir. Fue una carta muy rara, llena de emociones. Quizá
sabía que la muerte se avecinaba, ya que él raramente expresaba sus emociones. En la carta me decía que toda su vida
había estado seguro de que tendría hijos y que algún día los

perdería. Me dijo que lo supo cuando María Antonieta le planteó por primera vez que nos mandaran solos a los Estados Unidos que ese sería el destino de nosotros y el suyo. Fue lo que Dios quiso. Según él, en un principio no estaba totalmente a favor del plan, pero pronto cambió de idea debido a que estaba consciente de que así lo quería Dios.

También me contó que cuando el avión despegó, se sintió como si le hubieran arrancado el corazón del pecho. Dijo que fue el dolor más intenso que sintió en su vida. Añadió que siempre llevaba ese dolor por dentro. No pasaba un día que no lo sintiera.

Todavía no lo entiendo. Ni tampoco él me entendía a mí. De lo contrario nunca hubiera adoptado a Ernesto. Ni tampoco me hubiera hecho comprar un disco que no me gustaba, que fue lo que tuve que hacer en una de nuestras vueltas por La Habana Vieja.

Tenía cinco pesos y se me ocurrió gastármelos en un disco. Sería el primer disco que compraría. Luis XVI me dijo que sabía de una tienda de discos muy buena que todavía tenía muchos discos a la venta, y los dos nos montamos en una guagua y fuimos juntos a esta tienda en La Habana Vieja.

Aquella parte de la capital se veía viejísima y llena de fantasmas, hasta en pleno día, a pleno sol. Todo lucía sucio y acabado, pero a la misma vez bello. La tienda de discos era una de muchas que había bajo un largo portal, cerca de un sitio que se llamaba La Plaza del Vapor. Donde antes estuvo La Plaza del Vapor ahora había un hueco gigantesco del tamaño de una manzana entera, lleno de agua color verde oscuro. Fue un proyecto revolucionario de renovación urbana que fue muy mal. La capa freática estaba demasiado alta, algo que cogió a los ingenieros por sorpresa, y no tenían los medios para resolver ese error. Y así fue que La Habana Vieja se quedó con un lago perfectamente cuadrado.

Tan cuadrado como las carátulas de los discos que vendían en aquella tienda. ¡Qué gran lugar! Tenían todo tipo de música: clásica, cubana, jazz, rock and roll y quién sabe cuántas más categorías. Había de todo. También había una cabina donde se podían probar los discos antes de comprarlos. Creo que entré diez veces en aquella cabina y cada vez que lo hacía, Papá se ponía más y más impaciente e irritado.

No le gustaba lo que yo estaba escogiendo.

—Sabes que eso es jazz, ¿verdad? Eso es basura. No botes el dinero en eso.

—Pero a mí me gusta.

—Eso no importa. Basura es basura. No lo debes comprar.

—A mí me gusta cómo toca este tipo, Miles Davis. Me encanta este disco.

—Todavía no sabes lo que es bueno. Eso es basura.

Seguimos discutiendo así por largo rato hasta que me di por vencido y dejé que me convenciera de que todos los discos que me gustaban eran basura. Sobre todo los discos de jazz. Fuimos para la sección de música clásica y con sus consejos de experto, a los cuales ya yo me había entregado por completo, terminé comprando un disco de música clásica de piano, *Arthur Rubenstein toca las piezas favoritas del presidente Eisenhower.*

Jesucristo Afinador de Pianos.

Me di tan totalmente por vencido ante mi propio líder máximo que cuando regresé a casa toqué el disco muchas veces. Yo esperaba que mi gusto mejorara con cada vuelta del disco, pero fue todo lo contrario. Con el sonido de cada nota que se desvanecía y con cada otra que llenaba su lugar, mi gusto por aquella música iba declinando en picada. Dos días después de que compré el disco, el cual tenía un retrato de Eisenhower con cara de tontorrón, me empecé a odiar a mí mismo por ser tan filisteo. Detestaba aquel disco. No tenía una nota o acorde que no odiara. Y me odiaba a mí mismo porque odiaba algo que era bueno y bello.

Algo en mí andaba muy mal.

Pero así y todo, el disco me parecía una gran mierda y una atrocidad. Sonaba horrible, incluso cuando lo toqué en el clavicordio viejo de Luis XVI, el mismo que él modificó con bocinas estereofónicas que le instaló por dentro. Si esa música no me sonaba bien saliendo del clavicordio, entonces era yo el que tenía un problema.

Miles Davis era mejor. No tenía ni idea de quién era ese tipo, pero podía oírlo tocar en mi mente, y no había manera de convencerme de que la música de los tontorrones Eisenhower y Rubinstein era superior.

Dejé de oír el disco después de un par de días y con mucho gusto lo olvidé. Pero a Luis XVI sí que le gustaba. Lo oía constantemente durante los últimos meses que pasé con él. Seguro que también lo siguió oyendo después de que me fui, como yo mismo he estado escuchando a Nirvana en estos últimos meses. A más no poder.

La Habana estaba lejos de Nirvana aquel día que Gagarin vino a hacernos la visita. De cada tres palabras que salían como disparos de aquellos infernales altoparlantes, una era "Revolución" y de cada diez, una era "yanquis". Era un dualismo cósmico puro, la guerra del bien contra el mal. La luz contra la oscuridad. Era el Apocalipsis. La luz todavía no había triunfado, pero ya estaba en camino. La gloriosa Revolución pronto barrería el piso cósmico con los atroces imperialistas yanquis.

Ni siquiera los hermanos de La Salle, que siempre se las pasaban hablando del diablo, de las llamas del infierno y del juicio final, jamás habían pintado un panorama tan desolador en la historia.

¿Pero a quién se le podría ocurrir el Apocalipsis en un día en que el sol rajaba las piedras, como decimos los cubanos? Olvídate del sol que es lo suficientemente caliente como para freír huevos, que es el sol más caliente de los americanos. Eso no bastaba para los cubanos, que supongo fríen huevos con el calor del sol todos los días, sin asombrarse. No, el sol nuestro tenía que ser lo suficientemente fuerte como para rajar las piedras.

Y Yuri sí que se estaba tostando en el asiento de atrás de aquel automóvil descapotable. Ahora, cuando me fijo bien, me acuerdo que la cara se le puso tan roja como la de El Colorado en las pesadillas de mi niñez. Pero Gagarin parecía buena gente. Tenía una expresión bastante tonta en la cara mientras saludaba al público. No tan tonta como la expresión de Eisenhower en la carátula de aquel disco, pero de todas formas tonta, sobre todo para un héroe como él.

Saludé al héroe ateo del programa espacial ruso con la mano y él me saludó a mí.

Contacto. Me volví parte de la historia.

De la ruta del desfile, mi abuelo Amador y yo fuimos a la Plaza de la Revolución para ver a Fidel.

—Quiero ver a ese cabrón que me lo quitó todo —dijo mi abuelo.

Tienes que entender que mi abuelo había trabajado muy duro por más de treinta años de camionero. No era un hombre rico, ni un explotador capitalista. Era un inmigrante a quien le tocaron muchas desgracias y a quien le hubiera ido mucho mejor si se hubiera quedado en Galicia, adonde nunca regresó por miedo a la vergüenza de ser visto como un fracaso. Ahora Fidel le había quitado lo poquito que tenía ahorrado. Y encima de esto, más o menos al mismo tiempo que la Revolución le robó todo el dinero, chocó el camión y se partió la pierna en tantas partes que no se la pudieron arreglar bien. El resultado fue que caminaba con un bastón, igual que su hija.

Supuestamente, Amador Eire, miembro del proletario y camionero humilde, debía amar la Revolución. Pero sólo sentía rabia contra ella.

Así es que fuimos a ver al Máximo Líder. Si ya estábamos tan cerca, ¿qué más daba?

Caminamos bajo un sol brutal hasta la Plaza de la Revolución, junto con centenares de otros cubanos. Nos congregamos en la enorme explanada debajo del monumento al patriota cubano José Martí, el poeta que murió en la guerra independentista cubana. El obelisco monumental del centro de la Plaza —en forma de una estrella de cinco puntas— medía unos veinte pisos y debajo tenía una plataforma amplia con un púlpito desde donde el Máximo Líder predicaba a las multitudes. Aquel obelisco parecía un signo de admiración permanente.

Eso era como una marea humana. Era la primera vez que veía tanta gente congregada. Había por lo menos decenas de miles de personas. Algunos estaban ahí por curiosidad, como yo. Algunos otros porque de veras creían en la Revolución. Algunos eran como mi padre, que tenían que estar ahí, en la sección reservada para todos los jueces. Había miles de cubanos ahí en la misma situación que él, asignados a secciones especiales. Los militantes de la Revolución tomaban la asistencia. Si faltabas, te tocaba enfrentarte a consecuencias muy severas. Los militantes de la Revolución constantemente estaban recordándole a la gente de que su tarea era hacerle imposible la vida a cualquiera que no mostrara una actitud revolucionaria.

Y Radio Habana Cuba, con mucho orgullo, seguía trasmitiéndole al mundo que Cuba era "el primer territorio libre de América".

Me asustaba aquella muchedumbre. La gente hablaba al unísono y también parecían pensar al unísono. En los momentos indicados chillaban y gritaban consignas como "¡Cuba sí! ¡Yanquis no!" También tenían muchas otras. Pensé que todo ese espectáculo se parecía mucho a la misa. Era un ritual, la liturgia de la forma correcta de pensar, con las interrupciones de la participación de los feligreses.

Y el sumo pontífice era el Máximo Líder.

Yo lo vi. Abuelo lo vio también. Se veía como un puntito, bien lejos. Un puntito que se movía. Una mota de polvo. Hasta desde lejos se veía su cuerpecito dar brincos mientras hablaba. No podía hablar sin menearse. Brincaba y agitaba los brazos como si fuera un baloncestista o un demoníaco.

Por supuesto que lo podíamos oír bien claro gracias a todos los altoparlantes que había por doquier en aquella enorme explanada que era la Plaza de la Revolución.

Era imposible escapar de su voz. Si te tapabas los oídos con los dedos, el estruendo de su voz era tan alto que buscaba cómo penetrarte el cerebro. Era posible ignorar las palabras, pero era imposible ignorar el estruendo.

Nos estaba bombardeando.

Nos estaba diciendo qué era bueno. Nos estaba diciendo qué debíamos pensar. Nos estaba diciendo qué debíamos escoger y cómo escogerlo. Nos estaba diciendo que ya no nos quedaban opciones. Y nos estaba diciendo que ya éramos libres. Que, al fin, ya éramos libres.

Aquel puntito insignificante que brincaba debajo de aquel gigantesco signo de admiración de piedra, aquella manchita, aquella mota de polvo que controlaba a todo el mundo congregado en aquella plaza y a todo el mundo en la Isla, se podía eliminar como nada. Aquel puntito era la misma poca cosa que dos años antes mi primo Fernando había querido borrar de la faz de la Tierra en aquel mismo lugar. Ir a la Plaza aquel día fue una de las más espeluznantes experiencias de toda mi vida. Me asustó más que cualquiera de las pesadillas que había tenido antes.

—Abuelo, por favor, ¿ya nos podemos ir?

—Sí, coño. Vámonos.

Con mucho cuidado nos escabuchamos por entre la muchedumbre que se nos había amontonado detrás. La gente seguía llegando, mientras nosotros tratábamos de salir. Algunos de los que llegaron tarde venían en grupos, y los guiaban sus pastores cederistas como manadas de ovejas.

—Agárrate de mi mano. No quiero que te me pierdas aquí —dijo mi abuelo, alzando su voz por encima del estruendo.

Ya yo estaba demasiado grande para andar de la mano pero lo obedecí.

Y me alegró darle la mano, ya que sería la última vez que se la tocaría. Le di la mano a mi abuelo por última vez en aquel lugar, mientras las palabras de Fidel nos caían encima como granizo, como fuego y azufre. No éramos sino dos gotas dentro de un mar casi infinito. Pero éramos dos gotas que sabíamos bien lo que estaba pasando, dos gotas que luchaban por liberarse del océano que nos rodeaba. Un viejo que hacía muchos años había tenido que dejar su patria atrás por culpa de un amor prohibido y un niño que pronto dejaría la suya por culpa de una Revolución.

Éramos dos puntitos insignificantes moviéndonos en dirección contraria.

Dos puntitos insignificantes que pronto se separarían para siempre, gracias a otro puntico.

Un puntico bañado en el sol ese día, igual que todo el mundo.

Un puntico insignificante.

Qué lástima.

39

Thirty-nine

—¡**M**ira la Pata 'e palo! ¡Oye! ¡Mira la Pata 'e palo! ¡Dale, rápido, agárrala!

La turba atacó a María Antonieta frente a la embajada suiza. Había pasado un par de días haciendo cola en la acera, esperando un turno para pedir el visado para los Estados Unidos. De pronto se formó una turba que comenzó a lanzarle insultos a quienes esperaban frente a la embajada. No tardó mucho para que empezaran a tirarles botellas.

Las botellas volaban zumbando por ambos lados de María Antonieta antes de que se reventaran en la acera. No las contó. Aterrada, salió corriendo lo más rápido que pudo con la pierna buena. Una amiga de ella, Blanca Barceló, la madre de Ciro, mi amigo del quinto grado, la agarró por el brazo y la acompañó en la huida. Pero Mamá vivía tan acostumbrada a su discapacidad que ni cuenta se dio de que la turba le estaba gritando a ella.

—¿Y quién será la "Pata 'e palo" de quien hablan? —le preguntó María Antonieta a su amiga mientras las botellas pasaban silbando y se estrellaban a los pies de las dos.

Entre gritos de "¡Ay Dios mío!", Blanca se lo explicó.

—¡Se están refiriendo a ti, boba! ¡Nos están cayendo atrás a nosotras!

La turba empezó a cruzar la calle, pero en lugar de huirle, María Antonieta se le enfrentó.

—¡¿Por qué me quieren hacer daño?! ¡¿Qué les he hecho yo a ustedes?!

—¡Tú lo que eres es una gusana que no sirve para nada! —gritó una mujer.

—¡Puede ser que yo sí sea gusana, pero también soy un ser humano, igual que ustedes, y todavía sigo siendo cubana! ¡Yo no los conozco y nunca jamás les he hecho ningún daño ni tampoco les he deseado nada malo! ¡¿Entonces por qué me están tirando botellas y por qué me insultan así?!

—¡La gente escoria como tú se merece que la maten. Vamos a matarlos a todos ustedes antes de que se vayan. Ustedes no merecen vivir ni irse del país. ¡Ojalá que tú y todos los que son como tú se mueran!

—Ahora sí... —gimió Blanca—. ¡Ahora sí que nos van a matar!

María Antonieta insistió en razonar con la turba.

—Ustedes no tienen ningún derecho de insultarnos o desearnos cosas malas. Ningún derecho. Lo único que yo quiero hacer es salir del país para reunirme con mis hijos. Yo nunca les he hecho nada malo a ninguno de ustedes. ¡Métanselo bien por la cabeza!

—¡Que se mueran todos los gusanos! ¡Patria o muerte, venceremos!

Hubo más consignas entonadas al unísono, incluyendo la oración favorita del Máximo Líder: "¡Cuba sí, yanquis no! ¡Cuba sí, yanquis no!"

Cuando mi madre me hace este cuento, por lo menos cinco o seis veces al año, siempre termina con la guagua. Ella no sabe cómo pasó, pero como si por acto de magia, con la turba casi al punto de atacarlas, una guagua se materializó de la nada y paró para recogerlas. Iba en camino para una zona de La Habana que ni siquiera sabía que existía. Mamá y Blanca se suben y después de una veintena de cuadras se bajan jadeando y dando resoplidos, mirando para atrás para ver si hay alguna otra turba, y ahí cambian para otra guagua que las llevará para el Vedado, donde vive Blanca.

María Antonieta estaba haciendo lo que los padres y las madres de los más de catorce mil menores que salieron solos por el puente aéreo de Pedro Pan estaban haciendo por toda Cuba: tratando de buscar la forma más rápida de salir del país para reunirse con sus hijos. Blanca también estaba haciendo lo mismo. Ella ya tenía a tres hijos en los Estados Unidos, dos niñas y un varón. Su hija menor tenía problemas cardíacos que la llevaron al quirófano a los tres años.

Blanca y Mamá anduvieron por toda La Habana haciendo lo que tenían que hacer, buscando lo que no se encontraba fácilmente: alguien que les dijera qué hacer para obtener la salida del país. Blanca cruzó la línea de portería antes que Mamá, o por lo menos así parecía. Pronto obtuvo el permiso de salida y una visa para ella y su esposo. Pero cuando salían para el aeropuerto de Rancho Boyeros los llamaron por teléfono para informarles que sus salidas habían sido revocadas y que por lo tanto, tenían que volver a pedirlas. En ese mismo momento su esposo cayó muerto de un ataque al corazón. Tenía cincuenta años.

Pero fuera lo que fuera, María Antonieta no se daba por vencida. Trató de salir del país muchas veces sin éxito. No sabía que le tomaría tres años y medio reunirse con nosotros. No sabía que le darían el permiso de salida para que luego en el aeropuerto le informaran que no se podía ir. "Lo siento señora, no se puede ir hoy. Hay un diplomático que necesita su asiento". No sabía que cada vez que le dijeron en el aeropuerto que no se podía ir le tomaría más de un año para que le volvieran a dar otro permiso de salida. No sabía que iría primero a México gracias a que tenía una amiga allá que conoció en un cóctel a un funcionario mexicano que le pudo resolver el problema. No sabía que tendría que pasar seis meses en México viviendo gracias a buenas amistades hasta que le dieran la visa para los Estados Unidos. No sabía que en

Ciudad de México le daría una hemorragia que la llevaría de urgencia al quirófano. No sabía que la transfusión de sangre que le pondrían la dejaría padeciendo de hepatitis C. No sabía que una semana después de la cirugía habría un terremoto. No sabía que dos días después de aterrizar en Miami la agarraría un huracán. No sabía que tendría que esperar tres meses más en Miami tratando de resolver cómo se iba a juntar con nosotros. No sabía que terminaría viviendo en Chicago. No sabía que ni Tony ni yo la necesitábamos más, o por lo menos no de la manera que ella esperaba que la necesitáramos. No sabía que yo ya estaría más alto que ella cuando al fin me volvió a ver, cuando ya calzaba un número diez que la dejó fría.

Lo sacrificó todo, ciegamente, tan sólo para estar con nosotros.

No sé dónde estábamos Tony y yo en el momento exacto cuando la turba arremetió contra ella allá en La Habana. Podíamos haber estado en muchos lugares, todos lejísimos de ella.

Ya estábamos viviendo en otro mundo. Aquel día quizá Tony se sintió muy triste. Siempre se sentía muy triste. Sin embargo, puede ser que yo estuviera contento. Depende. Me encantaba la aventura de estar solo, aunque pasé algunos días con un hambre espantosa, allá en el orfelinato que quedaba cerca del estadio del Orange Bowl.

Quién sabe si en ese momento estaría nadando en la piscina de los vecinos en mi primera casa en Miami. Quién sabe si estaría leyendo un libro en el orfelinato. Quién sabe si estaría montado en mi bicicleta en Bloomington repartiendo periódicos. Quién sabe si sería en el momento preciso cuando sin querer le tiré un periódico bien enrollado al pecho de un cliente y lo oí gemir "¡Uuuuuuuuu!". Quién sabe si sería cuando sin querer rompí el cristal de una contrapuerta con un periódico, o cuando un perro rabioso que siempre tenían amarrado se zafó y me persiguió por toda la calle. Quién sabe si sería cuando me enamoré de Nancy, una muchachita de ojos azules como los del Cristo de los Ojos y con un peinado igualito al que tenía mi noviecita del quinto grado.

Lo único que sí sabía a ciencia cierta era que cuando me fui de mi casa mis pesadillas prácticamente se desvanecieron por completo y que además aprendí a cómo enterrar el amor que sentía por mis padres y mi familia hasta casi ya no sentir nada por ellos. Una de las cosas que me ayudó a olvidarlos era pensar en qué agradable era no tener que vivir más ni con la María Teresa, ni con la Mujer del Candelabro, ni con el Cristo de la Ventana, ni con los brujos.

Por supuesto, de vez en cuando lo que había enterrado salía a relucir y casi me mataba del susto. Pero eso no pasaba muy a menudo. A la edad de once años ya yo era experto en lo que se refiere a vivir de espaldas a la realidad.

Así y todo, no podía enterrar las lagartijas. Maté tantas que jamás iba a poder enterrarlas todas.

Todas las manchas que llevo en el alma son en forma de lagarto. A algunas les faltan los rabos. Y esos rabos mutilados se menean frenéticamente.

Ataqué a las lagartijas como una turba que se la tiene jurada a alguien. Las perseguí durante toda mi niñez. Para mí eran la maldad hecha realidad. Y llegó el día que le ganó a todos los demás: el día del Apocalipsis de las lagartijas.

—Vamos a acabar con todas las lagartijas del barrio —le dije a mi amigo Jorge.

—Eso no lo vamos a poder hacer. Hay demasiadas.

—¿Entonces por qué al menos no matamos las que están en nuestra manzana? Nada más que en esta manzana. No tenemos que cruzar la calle. Sólo matamos las que están aquí.

—Está bien. ¡Vamos!

Cada uno agarró su escoba y salimos de caza. Las portábamos como si fueran bates de béisbol, cazadores valientes queriendo librar el barrio de las temibles lagartijas.

No revelaré los detalles de lo que hicimos, pero fue bien espantoso. Basta con decir que la cacería nos fue de lo más bien. De hecho, tuvimos tanto éxito que treinta y ocho años más tarde las pequeñas almas de aquellas lagartijas aún me persiguen.

Aquel pellejo de las lagartijas, aquel pellejo mágico todavía me provoca gran envidia. Es tan maravilloso como los colores que les cambian a los peces loros en el mar color turquesa. Y esos rabos que tienen. ¿Por qué no me tocó tener un rabo así? De vez en cuando me gustaría poder dejar mi rabo meneándose en la boca del peligro. Y aquellos ojos. Ojos que giran como la tierra, ojos que lo siguen a uno por doquier, como los del Cristo de los Ojos.

Los lagartos eran tan bellos. Sobre todo los camaleones verdes con ese pañuelito rojo colgado del pescuezo que enrollaban y desenrollaban. Aquellos camaleones eran los más bellos de todos los lagartos. Y también eran los que yo más temía y más odiaba.

Jorge y yo matamos todas las lagartijas que pudimos. Empezamos por la casa de él y le dimos la vuelta a la manzana entera. A mí me fue mejor en un lugar específico: detrás del edificio abandonado donde el pervertido sexual me había puesto su cuchillo en la cara. Allá atrás había un montón de lagartijas. De eso estaba seguro porque aquel día espantoso me miraron con indiferencia. Bajo un fuerte y resplandeciente sol y en la sombra más oscura, las matamos a todas. Las cazamos con la misma resolución con que un buen historiador investiga todos los pies de página que encuentra en su camino. Ese día nos encaramamos en los árboles, brincamos cercas y pisoteamos matas como locos.

De más está decir que la mayoría de la gente que para esa época estaba viviendo en aquellas casas se había mudado hacía poco para el barrio. A muchos no los conocía y por eso no me importó un bledo brincar por encima de sus cercas o pisotearles las matas. Los veía como a una partida de ladrones que se habían adueñado de las casas que otros habían tenido que abandonar.

Yo ya estaba a punto de salir de Cuba. Nos habían dado los permisos de salida. Ya sabía la fecha y hora de mi partida. Sería el seis de abril a las seis de la tarde.

No habría más Jorge, ni más Luis XVI, ni más María Antonieta, ni más abuelos, ni tíos, ni tías, ni primos. No habría más juguetes. No habría más historietas. No habría más tarjetas de béisbol. No habría más lagartijas.

Pero me iba a poder llevar conmigo algo que ningún inspector de aduanas en Rancho Boyeros iba a poder encontrar, hiciera lo que hiciera. Me iba a llevar conmigo el número exacto de las lagartijas que maté en aquel solo día.

Cuarenta y una.

Se me olvida cuántas mató Jorge. Lo único que sí sé es que su cantidad fue inferior a la mía y que por lo tanto deberá pasar menos tiempo que yo pagando por aquel pecado en el purgatorio. Quizá cuarenta y un mil años menos.

Perdónenme, bichos odiosos, espantosos, feos, contentos y maravillosos. Me desquité con ustedes. No se lo merecían.

Perdóname, Señor Jesucristo. ¿Acaso una vez no dijiste "Bienaventuradas las lagartijas porque ellas heredarán la Tierra"? Estoy seguro de que sí. Simplemente a uno de esos apóstoles mediocres Tuyos se le olvidó incluirlo en la última versión del Sermón de la Montaña. ¿Sería eso? Estoy seguro de que dijiste un millón de cosas que se les olvidó poner en el Evangelio. Estoy seguro de que allá en Tierra Santa viste un montón de lagartijas, tomando el sol por el patio del Templo, por las vides, por las piedras silenciosas, por las higueras y por las redes que ponían a secar en las orillas del mar de Galilea. Quizás hasta iban hacia Ti en tropel.

Estoy seguro de que hasta Te acompañaron al pie de la cruz, un detalle que los pintores han ignorado por casi dos mil años. Señor Jesucristo, si algún día me dedico a la pintura, Te prometo que las incluiré en la escena de la crucifixión. No olvidaré salpicar las gotas de Tu sangre en la piel de las lagartijas. Y si alguna vez pinto Tu Sagrado Corazón, no se me va a olvidar incluir una lagartija por entre las espinas que lo rodean.

Estoy seguro de que Tú hablaste mucho del tema de las lagartijas. Toda esa gente allá, en Tu época, creían que la tierra y que todo lo que la habitaba fue creado por una deidad maléfica y que las lagartijas, serpientes y cocodrilos eran la prueba definitiva de la existencia de un creador maléfico.

Gente como yo.

Seguro que Tú les aclaraste estas cosas. El peor error de todos era confundir el Creador con la serpiente y el pensar que la existencia de algunos animales sería la prueba de que el Padre era malo, ¿no es cierto?

¿No es verdad que Tú hablabas mucho de las lagartijas en Tus parábolas? ¿Como en la parábola de la lagartija sin rabo? ¿Como en la parábola de la lagartija que con mucha paciencia esperó a los niños portando escobas? ¿Como en la parábola de la lagartija que por poco realiza un vuelo orbital? ¿Como en la parábola de las nubes en forma de lagartijas? ¿O como en la parábola del pecador con alma de lagartija?

Estoy consciente de que anteriormente dije que Tú nunca las besarías, pero ahora me arrepiento de haberlo dicho. Después de haberlo meditado por muchos años, estoy seguro de que Tú sí las besaste. Y que ellas Te besaron a Ti. Pero no como Judas. Las lagartijas son incapaces de traicionar.

Señor Jesucristo, nadie Te forzó a que las besaras. Sin embargo, no puedo decir de mí lo mismo. Ya yo he hecho las paces con ellas, pero aún así, todavía no tengo fuerza para besarlas. Sólo he besado las lagartijas metafóricas, pero no de mi propia voluntad, ni mucho menos con cariño. Siempre me dejan un sabor amargo en la boca.

Por lo menos ya reconozco lo bellas que son. Reconozco que lo son a su manera. Pero eso no significa que me gusten tanto como para besarlas. Todavía no.

Las únicas lagartijas que sí puedo besar son las de juguete. Mi hijo menor tiene una iguana de juguete preciosa que es más bonita que una de verdad. A esa sí que le he dado besos. También he besado lagartijas de goma y de plástico, hasta una que en realidad es un cojín relleno de bolitas. De niño yo no tenía ni siquiera un juguete que se pareciera a una lagartija, pero mis hijos sí, y muchos. Y cuando vamos a la Florida y las ven, se quedan encantados y no se les ocurre hacerles daño por nada.

Sin embargo, yo todavía las rechazo. Creo que eso se debe a que aún me aferro a la idea de que lo feo o doloroso o aterrador es en realidad feo y doloroso y aterrador. No hay forma de dejar a un lado lo de las lagartijas. Todavía no he logrado el abandono total de la *gelassenheit*.

No cabe duda de que el día de la redención llegará. Quizá no tendré que esperar hasta mi resurrección. Quizá me llegará en esta vida en un sueño. Quizá ocurra en el mejor sueño que jamás tendré, mejor que el sueño en que mi padre me vino a ver. Quizá volverá a visitarme, pero con un amigo esta vez.

En ese sueño mejor de todos los sueños yo sé que estaré durmiendo y que Luis XVI se aparecerá con sus pantalones anchos y sus zapatos carmelitas.

—No, no vengas así otra vez. Ven cuando yo esté despierto.

—Alguien vino a visitarte —es todo lo que me dice.

Veo a un hombre parado junto a él a quien enseguida reconozco. Saca la mano hacia mí, con la palma hacia arriba. Siento algo que se agita en ella.

—*Küss die Eidechse, kleiner Kubaner.*

—Cubanito, besa a la lagartija —dice Immanuel Kant en alemán.

Miro con deleite el camaleón verde que Kant tiene en la mano.

—Te perdonamos. De verdad que te perdonamos —dice aquella criatura, sin palabras y en nombre de todos los lagartos.

En ese sueño de sueños, beso a la lagartija con cariño y la suelto para siempre.

40

Forty

—Papá, ¿tú no quisieras ser niño otra vez? —preguntó mi hijo mayor.

—¿Pero de qué tú hablas? —pregunté—. ¡Si sigo siendo un niño!

La ola golpeó con tanta fuerza que por poco me arranca el traje de baño, pero no me importó. Armados con pequeñas tablas de surf, esperábamos que llegara la ola perfecta. Algunos de los hombres más viejos que estaban en el agua hacían surfing sólo con sus cuerpos, sin tablas. Pero casi todos en aquella playa usaban algún tipo de tabla. Algunos eran surfistas profesionales, que cabalgaban olas suficientemente grandes que les permitían recorrer largas distancias. Y los que eran listos vestían trajes isotérmicos.

No era agua tropical. Hacía más o menos una hora el frío me había entumecido las manos y los pies, pero no me importó.

No me importó un bledo. Para mí fue una maravilla ver a mis tres hijos retozar en el agua, haciéndole frente a olas de diez y doce pies.

No había nubes con la forma de Cuba. Ni una siquiera.

Sujeté a mi hijo menor en su tablita en el momento que la ola venía. Cuando al fin arremetió contra nosotros, la ola pegó con fuerza. Volví a tambalearme, pero el menor parecía surcar el mar con aquella ola hasta que llegó a la orilla. Mi hijo mayor, mi hija y yo navegamos la tercera ola que iba tras la primera y casi llegamos hasta donde el menor nos esperaba de pie, sonriendo.

Todo esto ocurrió en la playa Nauset Light del cabo Cod de Massachusetts, treinta y ocho años, tres meses y once días después de que me morí por primera vez.

Desde aquella vez me he muerto varias veces; tantas veces que ya se ha vuelto rutinario. De hecho, mientras escribo estas palabras siento que otra muerte se avecina. Una muerte bien importante. Me estoy sintiendo como si fuera mi padre, pero con una gran diferencia.

Aunque Papá decía haber vivido un sinnúmero de vidas, cada una de ellas en un cuerpo diferente y en lugares y épocas diferentes, yo me jacto de haber vivido unas cinco o seis vidas en un solo cuerpo. A veces incluso en el mismo lugar y más o menos al mismo tiempo.

Por más que trate, todavía no entiendo bien lo de la reencarnación. Incluso, diecisiete años más tarde, he regresado a un lugar donde viví, pero como una persona muy diferente a la que fui, con un cuerpo envejecido y más flojo. Hubiera sido mucho más agradable haber regresado con un cuerpo nuevo y un corazón más fuerte.

Hay muchas maneras de morirse. Y por supuesto, hay una sola muerte terminante. Pero antes de que esa nos lleve, hay muchas otras, como las olas en la playa.

La primera no tiene por qué ser la más dulce. Sin embargo, creo que la mía sí lo fue. Mi muerte llegó a tiempo, esperada, como la de un condenado a muerte. Ese día me desperté sintiendo algo muy parecido a lo que seguro sintieron Luis XVI y María Antonieta el día de su muerte, allá en 1793. O lo que seguro sintieron muchos de los amigos de mi primo Fernando el día que les tocó morir. Como siempre, me fijé en las motas de polvo que surcaban el aire, salí de la cama, me lavé la cara y me vestí.

Me sentía como si estuviera al borde de desmayarme. O quizá debía probar desmayarme. Quizá si me desmayara, me meterían en un avión y me mandarían para los Estados Unidos y ahí me despertaría, sin tener que pasar por el trauma de despedirme. Como pasa cuando a uno le dan anestesia antes de una intervención quirúrgica. En otras palabras, uno se encuentra en un lugar y sin saber qué fue lo que pasó, termina transportado a otro, poniéndole fin al calvario.

Pero no me desmayé. Traté, pero no pude. No soy el tipo de persona que se desmaya fácilmente.

Hacía poco que me había dado por patinar mucho. Por eso, después de desayunar, me puse mis patines prerrevolucionarios y salí a darle una última vuelta al barrio. Pasé por todas las casas donde mis amigos habían vivido. Todos mis amigos se habían ido. Tenía unos cuantos amigos nuevos, muy buena gente todos ellos, pero no los conocía muy bien. También pasé por sus casas. Fui al Rívoli, un cine viejo clausurado que quedaba al frente de la casa-zoológico de los Aulet. El cine Rívoli lo cerraron antes de que yo naciera y lo único que quedaba de lo que fuera el cine era el edificio grande, un bar y una quincalla que vendía refrescos, caramelos, tabacos y cigarrillos. Yo compré muchos refrescos y un montón de chicle en aquella quincalla de la Cuba de ayer. Tío Filo también pasaba largos ratos en aquel bar de la Cuba de ayer. Cuando necesitaba reposarse después de largas horas de estudio en la biblioteca de mi padre, iba a pie al Rívoli y regresaba mucho más contento.

Me miré los pies. Me miré las manos. Me quería mirar la cara, pero no podía. Quería acordarme de haber estado ahí en aquel instante. Quería seguir siendo el mismo para siempre. Solo, por aquel instante, pero no independiente del todo, a sólo una cuadra de donde estaban mis padres y mi casa.

Cuando pensé en mi casa me acordé de Ernesto, y de repente me dieron ganas de huir corriendo al aeropuerto. Fue ahí, en el clausurado cine Rívoli, que le pegué con fuerza suficiente como para que dejara de portarse tan asqueroso conmigo. Un día, cuando todos nos estábamos divirtiendo explorando aquel cine oscuro y vacío que olía a humedad, Ernesto me agarró por atrás y trató de apretarse en contra de mí cuando mis amigos andaban por otro lado. Le metí un codazo por la barriga, me volteé y le di por los brazos y el pecho. Supongo que también le metí una patada por la espinilla. Ahí mismo, a sólo unos pies de distancia de donde estaba parado con mis patines puestos, quedaba el lugar donde me liberé de mi verdugo.

Pero ya estaba a punto de librarme de él de una vez y por todas. Por un instante se me ocurrió que sería mejor si no regresaba nunca a Cuba. En otro instante se me ocurrió que sería mejor si me fuera por un largo rato y regresara como un hombre hecho y derecho, fuerte como un buey y con fuerza suficiente como para darle una paliza a Ernesto y dejarlo sin sentido. Quizá entonces ya sería lo suficientemente fuerte como para matarlo con mis manos. Me imaginé agarrándolo por el cuello con mis manos de hombre maduro. Imaginé su expresión cuando le faltara el aliento, la cara volviéndosele azul, tan azul como sus ojos e imaginé su alma de reptil saltándole del cuerpo, descendiendo derechito para el infierno.

Esa sí que no era una imagen bonita. Aún me persigue.

Pasé por el zoológico de los Aulet y me despedí de Blackie el mono y el pájaro que decía malas palabras como la emperatriz María Teresa de mis sueños.

Regresé a casa, me quité los patines y me puse la ropa que iba a llevar puesta en el avión. Tony y yo nos vestimos de chaquetas de sport y cuello y corbata, ya que si no las llevábamos puestas, no nos iban a dejar sacarlas del país. Está de más decir que María Antonieta fue la que nos hizo la maleta. De hacer maletas yo no sabía nada.

Y aun así estaba a punto de irme a vivir solo.

Luis XVI brillaba por su ausencia. Ese día salió temprano por la mañana y regresó a la hora del almuerzo para despedirse. No quiso acompañarnos al aeropuerto, ni tampoco explicó por qué. No se habló más del asunto.

Nos despedimos de él en la sala, bajo la mirada de la María Teresa y el Niño Jesús Buen Pastor. Me dijo que fuera valiente.

Abuelo Amador nos llevó a Rancho Boyeros. Toda la familia, Abuela, Abuelo, Mario, Lily, María Antonieta e incluso tía Lucía, la mujer sin deseos, nos acompañaron. Todos, salvo Luis XVI.

Lo de Rancho Boyeros fue una tortura. Supongo que la Revolución consideraba que debían situar bien lejos a quienes se iban para los Estados Unidos de quienes los acompañaban al aeropuerto, para que no les pasaran cosas después de la inspección y el registro. Por lo tanto, los mandamases del aeropuerto mandaron a hacer un cuarto con paredes de cristal —conocido como "la pecera"— frente a la puerta de salida.

Teníamos que estar en la pecera temprano, tres o cuatro horas antes de que saliera el avión. Ahí nos registrarían y comprobarían a fondo todos los documentos, un proceso que demoraba mucho.

Mi familia se quedó apiñada por un instante frente a la pecera junto a otras familias que también se veían nerviosas. Algunas de esas familias iban a viajar como núcleos familiares, padres y menores juntos. Cuánta envidia les tenía. Había otros menores de edad que viajaban solos, igual que nosotros, los Pedro Panes, los Niños Perdidos. Aunque parezca raro, no sentí ninguna solidaridad con ellos. Ninguna.

No recuerdo a nadie llorando. Ni siquiera una sola persona lloró. Hicimos todo lo posible por ser valientes.

A Tony y a mí nos resultó bastante conocido lo que nos estaba pasando. Unos meses antes, cuando acompañamos a Manuel y Rafael al aeropuerto, más o menos ensayamos nuestra salida de Cuba. Hasta el último momento todos estuvimos haciendo chistes. Me acuerdo haber visto un anuncio turístico de Chicago colgado en la pared.

—¿Crees que los americanos saben lo que quiere decir "cago" en español? —le pregunté a Rafa.

—Debe ser divertido vivir ahí —contestó Rafa.

—No sé cómo debe ser eso por allá —dije.

Veintiocho años más tarde, mirando el color azul oscuro

del océano Pacífico, desprovisto de peces loros, desde el punto más alto de la torre *Space Needle* de Seattle, Rafa y yo nos reímos cuando recordamos aquella conversación. Y por supuesto que conversábamos en inglés. Ninguno de los dos ya nos sentíamos cómodos con nuestra lengua materna.

Solamente un amigo nos acompañó el día que nos tocó irnos, un amigo nuevo, Miguel Sales, que luego terminaría en las cárceles de Fidel. Tony y yo dijimos chistes lo más que pudimos. El cartel de Chicago seguía dándonos mucho de qué reír.

Luis XVI apareció en el momento que ingresábamos a la pecera. Supongo que se le hizo insoportable estar solo sentado en la casa. Se veía tenso. Siempre se veía un poco tenso, pero aquel día se veía como si lo hubieran electrocutado a medias. Como nunca tomaba ni una gota de bebida alcohólica y se burlaba de los calmantes, el aspecto tenso era todo natural. Papá era una madeja de nervios, una madeja de nervios al desnudo.

Si yo hubiera estado en su lugar supongo que me hubiera parecido más a tío Filo cuando lo recibió el rey de España. Saturado de calmantes, y desmayado.

Por supuesto que nadie en Rancho Boyeros tenía ni idea de cuánto duraría nuestro exilio. Podía durar sólo unos cuantos días, meses o años. Nadie lo sabía a ciencia cierta. Pero te apuesto que ni una de las personas apiñadas frente a la pecera aquel día habría imaginado que llegaría el siglo veintiuno y que todavía estaríamos desterrados.

Supongo que aquella incertidumbre fue lo que nos hizo menos difícil la partida. Fue el mejor y más natural de todos los calmantes. Me acuerdo que le pedía a Dios que la salida de Cuba fuera una aventura más o menos corta. Del mismo modo recuerdo que estaba seguro que Mamá se reuniría con nosotros en unos meses, no más de nueve.

Si todo el mundo hubiera sabido que esa sería la última vez que muchos nos íbamos a ver y abrazar, aquel día todos los presentes en Rancho Boyeros hubieran llorado como magdalenas. Los cubanos somos gente muy emotiva y nos gusta mucho el contacto físico. En la cultura cubana ser frío y reservado es visto como un defecto.

Por la forma en que se portaron aquel día en aquel aeropuerto, todos aquellos cubanos fácilmente hubieran pasado por relojeros suizos calvinistas, o por filósofos kantianos en un congreso, o por monjes zen rastrillando la gravilla.

Jamás nunca pensamos que el exilio duraría tanto. Como tú ya sabrás, cuarenta es un número bíblico. Al escribir estas palabras en el año 2000, ya nos hemos pasado por un año. El cuarenta y uno es "lagartija" en la charada china cubana. Si uno sueña con una lagartija, al día siguiente tiene que jugar el cuarenta y uno. Han pasado cuarenta y un años de Fidel como el Máximo Líder de aquella isla con forma de lagarto. Quizá debemos jugarlo todo a la lagartija. Si alguien debía saberlo, era yo.

Pero no supe que el cuarenta y uno era "lagartija" hasta la semana pasada. La identidad del número cuarenta y uno se me apareció de sorpresa, como una nube en forma de Cuba, en una fotocopia de un documento que me pasó una amiga. Fue una de esas coincidencias que casi comprueban la existencia de Dios.

Tony y yo nos despedimos calmada y cariñosamente de todo el mundo. Durante unas horas más los oiríamos levemente a través del cristal, pero no los podíamos tocar.

Esa fue la peor tortura. Estar encerrado en una pecera, con nuestros parientes a un lado y nosotros al otro, comunicándonos principalmente por medio de señas y movimientos mudos de los labios que se podían leer a través del grueso cristal.

Hijos de putas. Que Dios los perdone, compañeros.

Entramos en la pecera, dejamos que nos registraran desnudos, mostramos lo que llevábamos en ambas maletas y nos sentamos a esperar por lo que nos pareció una eternidad. Tony y yo tratamos de animarnos haciendo chistes. Por largo rato sentí en la cintura el ardor del elástico del calzoncillo y de la risa del inspector de aduanas.

Estábamos dentro de un acuario, el verdadero Acuario de la

Revolución. ¿Seríamos nosotros los tiburones o los peces loros?

La hora de partida no parecía llegar nunca. Imagínate estar dentro o frente a esa pecera, despidiéndote de tus seres queridos, sin saber que sería la última vez que los verías en vida. Imagínate tener que pasar tres, quizá cuatro, horas ahí esperando. Para ese tipo de meditación no hace falta estudiar el zen.

Yo tengo una mesita de café en forma de bumerán, una pieza de los años cincuenta, cuyo cristal es de la mitad del grosor de la cortina de cristal de la pecera de Rancho Boyeros. A mí me encanta esa mesa, pero siempre me recuerda a las despedidas. Todos los cristales gruesos me traen el mismo recuerdo.

Después de tenerla guardada por largo tiempo, hace poco la saqué. La guardé por más de doce años. Mi bella esposa y yo la compramos en una subasta al mismo tiempo que nació nuestro primer hijo. Los niños y las mesas de cristal no hacen buena pareja. De eso estábamos muy consciente, y por lo tanto la guardamos en una caja de madera en varios sótanos mientras nos mudábamos de una casa a otra.

Ya que mi hijo mayor tiene exactamente la misma edad que tenía yo cuando alcé vuelo y me fui de Cuba, ya que mi hija tiene la misma edad que tenía yo cuando se llevaron preso a mi primo Fernando, y ya que mi hijo menor tiene la misma edad que tenía yo cuando el petardo se me reventó en la mano, era hora de que la mesa saliera de su escondite. La mesa ahora adorna mi sala estilo Eisenhower, la cual es una especie de cápsula de tiempo. En una casa tipo colonial de Nueva Inglaterra ubicada dentro del bosque hay toda una sala decorada en el estilo que se usaba en Cuba antes de Fidel. La Habana, 1958.

No te voy a contar del comedor estilo Kennedy que linda con la sala. Ni de la bandada de flamencos plásticos rosados que tenemos en el jardín, ni tampoco del buzón color naranja chillón sobre un poste color amarillo, como el de los taxis neoyorquinos, que los vecinos siguen tumbando y que yo sigo poniendo en el lugar que le corresponde.

Lo que sí quiero que se te quede grabado es esa mesa. Tiene forma de riñón, como la piscina de los tiburones. Gruesa, pero no lo suficientemente gruesa. Sólo la mitad del grosor de la pecera.

La mesa y este libro salieron de sus escondites al mismo tiempo. Este libro también demoró muchos años por salir a la luz. Esperó hasta ahora.

Tú preguntas: ¿Y por qué ahora? Yo contesto: Hay tantas razones como todas las nubes en forma de Cuba que he visto en los últimos treinta y ocho años, y ninguna de las razones te importaría. Si te las explicara, lo único que verías sería un abismo profundo y oscuro, donde no hay peces loros.

Por eso me parece bien que ya terminemos.

Tony y yo nos subimos al avión al anochecer, sin dejar de mirar hacia atrás. Veíamos a nuestros parientes de lejos, detrás del cristal. Los vimos claritos a pesar de que estaba anocheciendo. Lo último que vi ese día antes de morirme fue a mi madre despidiéndose con el bastón y mi padre parado a su lado con las manos en los bolsillos. Aquellos bolsillos enormes de esos pantalones ridículos que siempre se ponía después de ponerse los zapatos.

Di el paso y entré en el avión y a un vacío totalmente nuevo. Tony también dio el paso con su bello abismo a rastras. El tipo del aeropuerto no se lo pudo encontrar durante el registro, como tampoco encontró mis cuarenta y una lagartijas.

¿Quieres saber cómo se siente morirse?

El tipo de muerte de que hablo yo no tiene océanos de tiempo por los cuales los recuerdos nadan incesantemente. Para nada. Es un tipo de muerte que llega de manera fulminante, rápida como un relámpago. Tan sigilosa como una lagartija cuando un niño la aplasta con una escoba. Oí cuando encendieron los motores. Eso sí lo oí. Había que estar sordo para no oírlos. Como oí los motores clarito, eso significa que el silencio del que hablo es de otro tipo.

Es el silencio que encontramos bien envuelto dentro de cada paradoja.

Es el silencio al cual no nos podemos acercar sin hacerle reverencia.

Es el silencio que humilla a todos, desde el más fuerte hasta el más temible.

Del mismo modo algún día Fidel oirá ese silencio. Quizá pronto. Quizá no tan pronto.

De verdad que no importa cuándo lo oiga. Porque sí lo oirá; de eso no cabe duda.

Es un silencio que va más allá de las palabras.

Es un silencio que va más allá de la razón.

Es el desconocido indecible.

Es el silencio omnisciente que sólo se puede ver con el tercer ojo.

Es el silencio gozoso que acepta la imperfección como la perfección absoluta.

Es el silencio ardiente, la dulce llama que lo deja a uno descalzo y gritando "¡Fuego! ¡Fuego! ¡Fuego! ¡Me estoy desapareciendo! ¡Todo me voy consumiendo!"

En un pestañear —hasta en menos de eso, te lo juro— uno pasa por dentro de aquel silencio ardiente y sale por el mismo lugar, con el mismo cuerpo, transformado gloriosamente, transformado en una resplandeciente tabla rasa.

Al principio la transfiguración no parecerá gloriosa, pero eso no le quita lo glorioso. Es resplandeciente y tan nítidamente blanca como la nube más blanca.

Y duele como el carajo.

Yo nunca había volado en avión. Para mí volar fue algo muy emocionante. El avión salió corriendo por la pista en lo que me pareció una velocidad extraterrestre y la fuerza me empujó contra el espaldar del asiento. Empezó a acelerar más y más rápido hasta que de pronto alzamos vuelo.

Ya estábamos en el aire. Había dejado atrás el suelo cubano. Estábamos volando, como Pedro Pan. Estábamos entre las nubes. Pude ver la campiña cubana por primera y última vez. Como toda mi vida había estado dentro de aquella Habana bella y espantosa, de verdad que nunca vi la mayor parte de esa isla en forma de lagarto. A Luis XVI no le gustaba viajar, y por lo tanto nunca nos llevó muy lejos de la capital. Supongo que en sus vidas previas ya había visto casi todo lo que había que ver en esta Tierra.

Me quedé paralizado mirando por la ventanilla mientras que abajo Cuba se volvía más y más pequeña.

¡Mira qué verde es! ¡Mira eso! ¡Qué verde es!

¡Imagina cuántas lagartijas deben haber allá abajo!

¡Imagina todos los brujos y demonios que dejo atrás, allá abajo, allá, escondidos dentro de todo aquel verdor!

¡Mira eso! ¡Qué cosa! ¡Mira todas esas palmas reales! Son igualitas a los palillos de dientes con coronillas de papel de aluminio de muchos colores que hacen para los cócteles! ¡Son igualitas a los palillos que le pusieron a los bocaditos que me comí cuando mi primera comunión!

¡Mira aquellas nubes! ¡Son mucho más grandes de lo que se ven desde la tierra!

¡Mira ese mar! ¡Es mucho, pero mucho más grande de lo que yo pensaba! Y las olas, ¿dónde están? No las veo. En ese momento me pregunto cuántos peces loros y tiburones habrá allá abajo. ¿Cuántos habrá?

¡Y mira para allá! ¡Mira el sol cómo baja!

Como siempre, es de color naranja y resplandeciente como una hostia incandescente, pero no está bajando en el mismo lugar donde siempre lo veo bajar. Lo único que veo es agua, sólo agua debajo de nosotros. Ya no hay más Habana. Ya no hay más Habana color naranja.

—Qué rico va a ser poder tomar Coca-Cola otra vez, ¿no es verdad? —le dije a Tony.

—¿Que si no? Y masticar chicle también.

—En el momento que me baje voy a pedir que me den una Coca-Cola.

—Y yo les voy a pedir un paquete entero de Doublemint.

Traspasamos el silencio ardiente. Lo traspasamos por su núcleo. Y ahora aquí estoy, escribiendo estas palabras. Ya esta parte ha concluido. Pero es sólo una pequeña parte del cuento. El silencio puede ser algo bello. Nunca dejes que te asuste demasiado. Tampoco témele al abismo.

La muerte puede ser bella.

Y poder despertarse puede ser aún más bello. Incluso cuando el mundo ha cambiado. Sí, efectivamente, cuando el mundo ha cambiado.

Tú sabes.

Imagina un amanecer interminable color naranja que nunca deja de cernirse sobre un remolino de peces loros en el mar azul turquesa.

Imagina las olas asesinas arremetiendo contra ti, olas azul turquesa bajo nubes blancas en forma de Cuba impregnadas de un color naranja que las hacen aún más resplandecientes.

Imagina que las olas fueran infinitas, sin fin.

Sin fin.
En fin, sin fin.
Tú sabes.

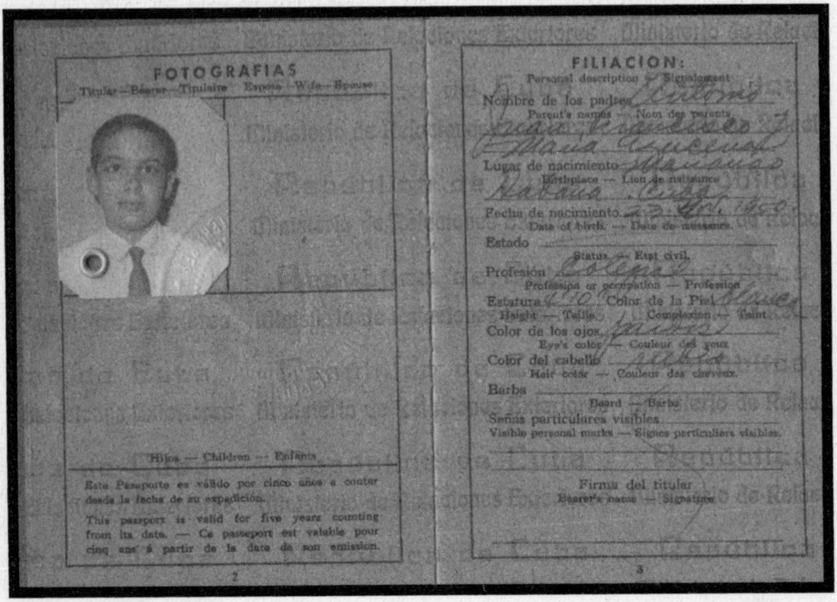

FOTOGRAFIAS

Titular—Bearer—Titulaire Esposa—Wife—Epouse

Hijos — Children — Enfants

Este Pasaporte es válido por cinco años a contar desde la fecha de su expedición.

This passport is valid for five years counting from its date. — Ce passeport est valable pour cinq ans á partir de la date de son emission.

2

FILIACION:

Personal description — Signalement

Nombre de los padres

Parent's names — Nom des parents

Lugar de nacimiento

Birthplace — Lieu de naissance

Fecha de nacimiento

Date of birth — Date de naissance

Estado

Status — Etat civil

Profesión

Profession or occupation — Profession

Estatura Color de la Piel

Height — Taille Complexion — Taint

Color de los ojos

Eye's color — Couleur des yeux

Color del cabello

Hair color — Couleur des cheveux

Barba

Beard — Barbe

Señas particulares visibles

Visible personal marks — Signes particuliers visibles

Firma del titular

Bearer's name — Signature

3

Epílogo

La memoria puede que sea nuestra más inmediata conexión con la historia y el más elocuente testigo que tendremos en el Juicio Final, pero cada memoria humana es una fracción infinitesimal de toda la verdad dada a Dios.

El historiador que escribe valiéndose solamente de su memoria y sin investigación previa, debe estar listo para recibir algunas sorpresas una vez que su libro ha sido publicado.

Desde el 2003, cuando este libro apareció por primera vez, mis propias memorias han sido corregidas y ampliadas por muchas personas que son parte de mi pasado.

Permíteme, por favor, ofrecer las siguientes disculpas y revelaciones.

Primero que nada, necesito pedirles disculpas a mis primos Fernando, Rafael y María Luisa.

A mi primo Fernando le ofrezco mis más sentidas y sinceras disculpas. Escribí sobre tus esfuerzos heróicos y sobre todo lo que habías sufrido en Cuba según lo había imaginado en mi infancia. Mi imaginación infantil te relacionó incorrectamente con otros disidentes anticastristas que plantaban bombas. Y

ahora debo dejar perfectamente claro a todos aquellos que leyeron mi libro que no tuviste nada que ver con bombas o con
los hombres que las pusieron, y que en ningún modo apruebas tales procedimientos violentos. También necesito dejar
perfectamente claro que el capítulo que tiene que ver con tu
encarcelación está basado completamente en recuerdos míos
y en cosas que escuché de otros miembros de la familia, especialmente mi madre y mi hermano, y no de información
alguna que me hayas revelado directamente.

A ustedes tres, mis primos, les pido disculpas por no haberles pedido permiso cuando escribí sobre su padre, mi tío Filo,
y el encarcelamiento que sufrió en las manos de los compinches de Fidel, o sobre cómo se recuperó tras sus abusos. Espero que entiendan que no tenía la intención de faltarles el
respeto. Su padre siempre ha sido un gran héroe y una constante fuente de inspiración para mí.

También le debo una disculpa a mi amigo Miguel Sales Figueroa. Siento mucho y me causa profundo pesar que no
fuera capaz de recordar que estuviste allí en el aeropuerto, el
6 de abril de 1962, día aciago en que dejé Cuba. Confiando
tan sólo en mi memoria, afirmé en el Capítulo 40 que ninguno de mis amigos fueron a despedirse al aeropuerto. Pero
tú estabas allí, amigo mío, al otro lado de aquella maldita "pecera". Yo estaba tan concentrado en mi familia que fui
incapaz de recordar tu presencia. Atribúyelo a mi trauma,
aunque no por esto dejará de figurar como uno de los más
significativos y vergonzosos lapsos de mi memoria. Terminaste
pasando muchos años en las cárceles de Fidel. Yo y todo cubano te debemos mucho.

Volver a encontrarte en París en al año 2004 fue un evento
transcendente, el más grande que la vida.

También pido disculpas por no haberte mencionado por tu
nombre, ni tampoco a Tavito o a Oswaldo. Ni a aquellos dos
hermanos que vivían al comienzo de mi cuadra, cuyos nombres lamentablemente no puedo recordar. Ustedes fueron mis
grandes amigos durante el último año que pasé en Cuba,
aquel año en que no fui a la escuela. No quise apegarme de

masiado a ustedes porque sabía que me iba a ir, pero ustedes merecen una mayor presencia en las páginas finales de mi libro.

Gracias, Miguel, por revelarme que el nombre de El Loco era Manuel, y que no simplemente gritaba jerigonzas y malas palabras, sino que también declamaba bella y compleja poesía del barroco español.

Perdón, Loco. Salvaste mi vida, pero no sabía que eras un erudito y un poeta. Mereces que se te recuerde como tal.

Gracias también a todos aquellos que me revelaron la ignominiosa suerte de Blackie, el chimpancé, que terminó triste y solo en una solitaria jaula del zoológico de la Habana. Se me partió el corazón cuando me enteré que se había suicidado mediante una huelga de hambre, pero saber la verdad es mejor que permanecer en la ignorancia. Por muy doloroso que sea, es un alivio saber que los seres humanos no fueron los únicos cubanos traicionados por la Revolución.

Perdón, Blackie. Todos te extrañamos mucho y te pedimos disculpas eternas por la manera en que te maltratamos.

Y ya que le estoy hablando a los animales, también necesito perdirle disculpas a Porky y a Pele, nuestros fox terriers. Los dejé fuera de la historia, perritos locos. Perdón, Porky, me arrepiento por no haber recordado que tú estabas en el asiento trasero del auto cuando caímos en medio de aquel tiroteo que describo en el Capítulo 2. Mi madre me recordó que tú también estabas allí, brincando y ladrando, y que a ella le preocupaba tu suerte tanto como la de su esposo e hijos.

¿Qué se puede decir de un historiador que no menciona a sus perros, y en particular uno que sobrevivió un tiroteo?

Nada bueno, estoy seguro.

Finalmente, una revelación más. Pequeña pero significativa.

El Caballero de París se llamaba José María López Lledín. Y en cierta ocasión le regaló a mi abuela Josefa un poema.

Ese poema se perdió para siempre.

El Caballero terminó en Mazorra, el tristemente célebre hospital siquiátrico donde los disidentes anticastristas eran curados de sus enfermizos impulsos contrarrevolucionarios, y allí murió el 11 de julio de 1985, a la edad de 86 años.

El Ministerio de cultura de Fidel eventualmente erigió una escultura de bronce de tamaño natural del Caballero en La Habana Vieja, frente al convento de San Francisco de Asís.

Y allí sigue, uno podría decir, como un monumento a la locura, la más rápida y segura vía de escape de ese laberinto de ruinas que es la Cuba de hoy.

Agradecimientos

Este libro ha sido la sorpresa más grande de mi vida. Comencé a escribirlo el 28 de abril de 2000, sin ningún esquema, plan o resumen y sin saber cuántos meses o años le dedicaría al proyecto. No sabía lo que me esperaba. Una vez que me puse a escribir, no pude parar. Pasé cuatro meses seguidos escribiendo todas las noches, desde más o menos las diez hasta las dos o tres de la madrugada, a la vez que daba clases durante el día, dirigía una facultad universitaria, podaba el césped de la casa, llevaba a los niños a nadar, realizaba mis investigaciones como historiador y escribía otras cosas. El único día de ese verano que no escribí fue el día que tuve que operarme de una lesión bastante seria.

Nunca se me ocurrió durante esos cuatro meses que le estaba robando el tiempo a nadie. Si yo escribía por la noche, después de que todos los de mi familia se habían acostado y después de que ya había cumplido con todas las obligaciones de mi puesto universitario, cuando ya debía yo echarme a dormir, ¿a quién podría estarle robando el tiempo, sino a mí mismo? Pero la verdad es que me engañé y estaba equivocado.

Según mi esposa Jane yo desaparecí por cuatro meses. Y, claro, ella está en lo cierto. Aunque mi cuerpo estaba aquí, en mi casa, en Connecticut, la verdad es que me fui para otra dimensión, al mundo de este libro. Después de pasarme muchos años estudiando la bilocación —la presencia sobrenatural de una persona en dos lugares a la misma vez—, la logré. O para no exagerar: *casi* la logro.

Pero la bilocación cuesta caro. El que logra bilocarse nunca puede darse cuenta de la manera en que se disminuye su presencia o de lo poco que está presente, aunque su cuerpo esté ahí. La verdad es que la bilocación diluye al bilocante, y eso puede afectar profundamente a sus seres queridos. Pero a Jane no la asustó mucho esto. Al contrario, a pesar de mi existencia fragmentaria y casi fantasmagórica, Jane me embullaba continuamente para que siguiera escribiendo, advirtiéndome de que no diera marcha atrás. Del mismo modo me decía que confiara en las imágenes y que me olvidara de todo lo que yo había escrito antes. No sé cómo, pero también logré hacer eso.

Un sencillo "gracias, Jane" jamás bastaría. Tú, Jane, siempre diste la cara cuando yo faltaba y tus palabras de aliento me guiaron constantemente. Tú te quedaste aquí, esperándome, y cuando yo salí de la otra dimensión por última vez, completamente transformado, me recibiste como si nada hubiera cambiado. "Gracias" es una palabra demasiado limitada para lo que quiero decir. Me parece una expresión insignificante y barbárica. Creo que se tendrá que inventar algún otro idioma que pueda expresar adecuadamente lo que pienso y siento, alguna forma nueva de explicar la gratitud que sobrepasa a las gracias. Ojalá que algún día encuentre ese idioma y que lo pueda aprender bien, pues si hay alguien en este mundo que se merece poemas escritos en una lengua nueva y superior —la del amor puro—, ese alguien eres tú, Jane.

Lo mismo va para nuestros dos hijos y nuestra hija. Cada noche durante esos cuatro meses del año 2000 les leí lo que había escrito la noche anterior y así, noche tras noche, me vieron aparecer y desaparecer. No se puede pedir un mejor público ni uno más sincero que ustedes, pues me mantuvieron por el camino correcto y nunca me dejaron vacilar. También me dieron el pasaporte y la visa que yo necesitaba para la bilocación. Por esto y una cantidad infinita de razones, todas las cuales le pido a Dios que ustedes descubran por cuenta propia, les dedico este libro a ustedes, John-Carlos, Grace y Bruno.

Valga decir que también le agradezco a todos los que aparecen como personajes en este libro, tanto a los vivos como a los muertos, tanto a los buenos como a los malos como a los indiferentes. Sin ustedes no existiría este libro. Puede ser que mis recuerdos no sean exactamente iguales a los suyos, así que espero que no se ofendan al ver su pasado tal como lo cuento yo. Sobre todo, le quisiera dar unas gracias muy merecidas a mi madre María Azucena y a mi hermano Tony. Les estoy más que agradecido por haberle dado vida al pasado cuando compartían sus recuerdos conmigo, a veces con una sola palabra. Más que nada, les agradezco el cariño que me dan. Gracias por todo.

También me hace falta darle las gracias a mi representante, Alice Martell, por todo lo que ha hecho por mí, por sus consejos y por su amistad. Estoy convencido, Alice, de que no sólo eres un ángel, sino uno del más alto rango, un epítome de sabiduría, energía, eficacia, buen humor y compasión. Sin ti jamás me hubieran ofrecido tantos contratos tan rápido, ni tantas traducciones, ni tampoco hubiera sabido qué hacer cuando las cosas no me iban bien.

Sin ti nunca hubiera conocido a Rachel Klayman, quien no sólo redactó la versión original de este libro en inglés para la editorial The Free Press, sino que también me enseñó más sobre cómo escribir que ninguna otra persona y cuya infalible perspicacia y juicio han hecho de éste un libro mucho mejor. Gracias, Rachel, por haberme guiado con la destreza de una experta y por haberme ayudado a desentrañar a Kant de sus escondites en mi prosa. También te doy las gracias por siempre saber lo que sería mejor para mí, sobre todo cuando yo no quería enfrentarme a la realidad.

También estoy seguro de que este libro nunca se hubiera escrito si no hubiera sido por el hecho de que después de pasar casi cuarenta años alejado de mi pueblo y cultura, tuve la dicha de encontrar a tres extraordinarios colegas cubanos aquí en la Universidad de Yale. Aunque cada uno me inspiró de forma diferente, todos me enseñaron a sentir las mismas tres cosas: el placer de volver al pasado que dejamos atrás, el dolor de pensar en el futuro que perdimos y la añoranza por el futuro incierto que nos espera.

¿Y qué puedo decirte, Georgina Dopico-Black? Te debo demasiado, Gigi. Tú sabes cómo me ayudaste y cuánto te debo y siempre te deberé. Así y todo, tengo que darte las gracias aquí en estas páginas, aunque te parezca una quijotería, o algo tan ridículo como el transcurso del tiempo. *Danke schön*.

Y María Rosa Menocal, a ti también te debo mucho. Quiero que sepas lo agradecido que estoy por nuestra amistad. *Merci*, María Rosa, no sólo por dirigirme a Alice Martell, sino por todo, hasta por las conversaciones más breves que hemos tenido.

Roberto González Echevarría, tú me has ayudado más de lo que te imaginas, amigo. Gracias por haberme enseñado tantas cosas y por haberme enseñado la verdadera cubanía con cada palabra y gesto.

A mis queridos amigos John Corrigan y Sheila Curran, ustedes me han ayudado con lo desconocido, quizá hasta sin saber que lo han hecho. Espero que ahora ya sí lo sepan. Como siempre, gracias.

Y por último, quisiera darle las gracias al padre Robert Pelton de Madonna House y al padre Carleton Jones de la Orden de los Hermanos Predicadores por haberme ayudado a enfrentar las lagartijas y la noche oscura del alma, y por ser simplemente quienes son, ministros fidedignos de la gracia infinita y de la luz divina. *Dóminus vobíscum*.

Guilford, Connecticut, Estados Unidos
Mayo 2002